런던 위인전

이 도서의 국립중앙도서관 출판예정도서목록(CIP)은
서지정보유통지원시스템 홈페이지(http://seoji.nl.go.kr)와
국가자료종합목록시스템(http://www.nl.go.kr/kolisnet)에서
이용하실 수 있습니다. (CIP제어번호 : CIP2019011240)

Johnson's Life of LONDON

뻔뻔하지만 납득되는

런던 위인전

보리스 존슨 지음 | 이경준, 오윤성 옮김

차례

9

런던 브리지
London Bridge

17

부디카
Boudica

27

하드리아누스
Hadrianus

37

멜리투스
Mellitus

45

앨프리드 대왕
Alfred the Great

60

정복왕 윌리엄
William the Conqueror

72

제프리 초서
Geoffrey Chaucer

89

리처드 휘팅턴
Richard Whittington

108

윌리엄 셰익스피어
William Shakespeare

129

로버트 훅
Robert Hooke

160

새뮤얼 존슨
Samuel Johnson

존 윌크스
John Wilkes

229

윌리엄 터너
William Turner

258

라이어널 로스차일드
Lionel Rothschild

283

플로렌스 나이팅게일
Florence Nightingale

메리 시콜
Mary Seacole

311

윌리엄 스테드
William Stead

326

윈스턴 처칠
Winston Churchill

360

키스 리처즈
Keith Richards

383

미들랜드 그랜드 호텔
The Midland Grand Hotel

402 감사의 말
404 찾아보기

런던 브리지

London Bridge

오늘도 그들이 나타나 물밀듯이 다리를 건너온다.

이들은 화창한 날에도, 바람 불고 비 내리고 눈 오고 진눈깨비 날리는 날에도 매일 행군한다. 나는 거의 매일 아침 자전거를 타고 물결처럼 밀려드는 대오 옆을 지나간다. 런던 브리지 역에서 쏟아져 나온 그들은 강 위을 지나가는 239미터 대로를 성큼성큼 걸어 일터로 향한다.

그럴 땐 마치 내가 명예로운 통근 부대의 강행군을 사열하고 있는 기분이 든다. 버스 바큇자국이 난 차도 쪽에서 그들을 지나치노라면 가끔 '좌로 나란히'를 하듯 내 쪽으로 눈길이 쏟아진다. 사람들은 나에게 미소를 지어 주고 때로 경쾌한 욕설이 섞인 인사를 건넨다.

누구는 통화를 하고, 누구는 옆 사람과 이야기를 나누고, 누구는 문자 메시지를 확인한다. 그래도 몇몇은 풍경에 눈길을 줄 것인데, 이 다리에서 보이는 풍경은 실로 볼만하다. 왼편으로는 시티의 빛나는 탑들이, 오른편으로는 노르만족의 하얀 요새*와 순양함 벨파스트호

[*] 런던 타워를 뜻한다.
이하 모든 각주는 옮긴이 주이다.

의 포신과 타워 브리지의 현란한 축성이 보이고, 아래로는 힘차게 굽이치는 강물이 태양의 위치에 따라 녹색이나 갈색을 띤다. 그러나 사람들은 대체로 그런 풍경에도 다문 입과 멍한 눈빛으로 일관한 채, 이제 막 버스나 지하철이나 열차에서 내려 그날 하루를 대비하느라 안으로 침잠한 분위기를 풍긴다.

알다시피 T. S. 엘리엇은 바로 이 광경에 경악했다. 은행원이었다가 시인이 된 이 예민한 사람은 얼마나 많은 사람이 런던 브리지 위를 흘러가는지 모른다고 썼다. 저렇게 많은 사람이 죽음에 잡아먹혔을 줄은 미처 몰랐다고 탄식했다. 그러나 엘리엇이 기겁한 지 90년이 지난 지금 다리 위의 인파는 더더욱 거대해졌다. 한가한 시간대에 다리를 건너 보면 보도가 발길에 얼마나 닳고 쓸렸는지 알 수 있다. 하도 밟아대서 껌 자국 하나 없다.

엘리엇이 그 시대의 참상을 목격한 후로 군중의 모습은 달라졌다. 오늘날에는 수천 명의 여성이 하이힐이 든 가방을 들고 운동화 발로 행군하고 있다. 남자들은 서류가방을 드는 대신 륙색을 멘다. 이젠 그 누구도 중산모자를 쓰지 않고, 파이프담배는커녕 궐련을 피우는 사람도 거의 보이지 않는다. 그러나 그 어느 때보다 많은 사람이 예전과 똑같은 목적으로 무거운 걸음을 옮기고 있다.

오늘날 런던의 버스는 역사상 가장 많은 승객을 실어 나른다. 런던 지하철은 그 어느 때보다 긴 거리를 달리고, 그 어느 때보다 많은 사람을 태운다. 이것이 사람들이 자가용보다 대중교통을 선호해서 나타난 결과라면 좋겠지만, 역설적이게도 자가용 운행량 또한 증가하고 있으며, 자전거 이용은 2010년도에만 15퍼센트가 늘었다.

지난 20년의 정보기술 혁명을 돌아보면, 이루어질 것이 분명했던 예언 하나가 아직도 이루어지지 않았다.

앞으로는 도킹이나 도싯 같은 소도시에 사는 사람들이 집 주방에서 '초고속 정보통신망'에 접속하여 '원격 통근'을 하게 될 것이라고들 했다. 화상회의가 가능해져서 직접 만날 필요가 없어질 것이라고 했다. 퍽이나.

사람에게 무엇이 필요하고 무엇이 필요 없는지 몰라도, 사람은 다른 사람들을 직접 보고 싶어 한다. 이에 관한 자세한 분석은 인류학자의 몫으로 남기겠다. 하지만 일주일만 '재택'을 해 보면 그게 생각만큼 즐겁지 않다는 것을 알 수 있다.

커피를 내려 마시고 인터넷 서핑을 하는 것도, 냉장고에서 맛있는 치즈를 꺼내 먹는 것도 곧 시들해진다. 하지만 정수기 근처에서 서로의 냄새를 킁킁거리고 싶어 하는 인간의 이 완강한 욕망에는 그보다 더 심오한 이유들이 있다. 하버드대 경제학 교수 에드워드 글레이저가 설명했듯이, 우리가 도시로 향하는 것은 산업혁명 때에 그러했듯 정보혁명 시대에도 똑같이 합리적인 선택이다.

내가 자전거를 타고 퇴근할 무렵이면 오전의 인파 대부분이 다리 위를 반대 방향으로 행군한 다음이다. 런던은 바닷속의 거대한 산호충처럼 하루 단위의 대단한 호흡을 마쳤다. 아침 일곱 시부터 아홉 시까지 수백만 직장인을 빨아들였다가, 오후 다섯 시에서 일곱 시 사이에는 그들을 다시 근교와 위성도시로 효율적으로 배출하는 것이다. 하지만 집으로 흘러가는 길은 좀 더 휘청거린다. 도중에 들러야 할 펍이 있고 클럽이 있고 바가 있으므로. 보도로 나온 술꾼들, 느릿한 미뉴에트를 추듯 서로 풀어졌다가 뭉쳤다 하는 취한 무리를 지켜보노라면 도시가 시골을 가볍게 압도하는 이유를 알 수 있다. 도시는 기회가 넘쳐흐르는 장소다.

우리는 지하철 에스컬레이터에서 단테와 베아트리체처럼 눈인사를 나눌 수 있다. 실수로 상대의 카페라테를 쏟았다가 새로 한 잔 사드리겠다고 할 수 있다. 상대가 발을 밟았을 때 이쪽에서 먼저 사과를 건넬 수 있고, 강아지들의 목줄이 서로 꼬일 수 있고, 그저 길을 걷다 맞부딪힐 수도 있다. 원한다면 석간신문의 만남 광고도 이용할 수 있고, (낡은 방식이지만 아마 지금도) 술 한잔 같이하자고 청할 수도 있다. 물론 인간이라는 종족이 짝을 찾는 전략은 이 밖에도 다양하지만, 통계적으로 그 성공 확률은 도시에서 훨씬 높다. 도시는 짝이 될 후보의 수와 선택지가 훨씬 많기 때문이다. 게다가 실패했을 때의 불이익이 훨씬 낮다.

메트로폴리스는 거대한 다국적 원자로와도 같다. 쿼크 군과 중성미자 양이 최대 속도로 움직이다가 서로 부딪쳐 아주 짜릿한 결과를 만들어 낸다. 이것은 비단 로맨스나 번식만의 문제가 아니다. 아이디어의 문제다. 타가수분은 몇 안 되는 개별 벌집이 아니라 초거대 벌떼 사이에서 일어나기 쉬운 법이다.

아마 여러분은 이 말을 기다리고 있을 텐데, 나도 세계의 여러 대도시가 각종 근거를 들어 최고의 도시 자리를 주장할 수 있음은 얼마든지 인정한다. 그러나 서구 문명을 음울하게 평가하는 태도가 지나치다 싶게 유행하는 지금, 나의 조심스러운 주장은 런던이 지난 500년간 세계의 문화와 기술, 정치와 언어에 가장 큰 영향을 미친 도시라는 것이다. 파리나 뉴욕이나 모스크바, 베를린, 마드리드, 도쿄, 베이징, 암스테르담의 시장님들도 런던이 (아테네와 로마에 이어) 역사에서 세 번째로 중요한 도시라는 내 말에 토를 달지 못할 것이다.

세계 어디에나 엇비슷한 통근자 부대가 있고, 다들 이윤 경쟁에 임하는 결연한 태세로 엇비슷하게 생긴 보도를 성큼성큼 걷는다. 이들은 런던의 발명품을 입고 있다. 즉, 짙은 색의 재킷과 바지와 넥타이로 구성된 수트는 18세기 댄디들이 처음 시도하고 빅토리아 시대에 다듬어진 의복 형식이다. 통근자는 런던에서 발명되었거나 발전한 이동 수단을 타고 다닌다. 지하철(1855년에 패딩턴-패링던 구간 개통)이 그렇고 버스도, 심지어 자전거도 런던에서 (발명된 것은 아니더라도) 대중화된 장비다.

비행기는 또 어떤가? 이 기계가 하늘을 안전하게 날 수 있게 인도하는 관제사는 제프리 초서 시대 런던에서 현대적인 형태를 갖춘 그 언어를 구사하도록 훈련받는다.

사람들은 현금인출기(1967년 엔필드에 처음 등장)에서 돈을 뽑아 백화점(1909년 옥스퍼드가에 최초의 현대식 백화점 등장)에 간다. 집에 돌아와서는 텔레비전(1925년 소호의 프리스가에 있는 지금의 '바 이탈리아' 위층에서 최초의 텔레비전 시연) 앞에 털썩 쓰러져서 축구(1863년 그레이트 퀸가의 한 펍에서 규칙이 성문화됨) 중계를 본다.

나는 그 밖에 기관총부터 인터넷, 샤토 오브리옹 선물시장 등등 런던이 이룩한 혁신에 관해 열변을 더 늘어놓을 수도 있다. 하지만 런던이 영성과 사상의 측면에 기여한 바도 빠뜨려선 안 되겠다. 영국 국교회 선교사들은 런던에서 번역된 위대한 책인 『킹 제임스 성경』을 들고 아프리카 전역으로 퍼져 나갔다. 미국인이 위대한 공화국을 세우는 데 영감이 된 것 중 하나는 런던 급진주의자의 반(反)군주제 슬로건이었다. 현대 세계의 많은 정부가 빈말로라도 옹호하는 의회 민주주의와 인신보호법 개념을 확립하는 데 런던은 그 어떤 도시보다 큰 역할을 했다.

다위니즘이 런던에서 태동했다. 마르크시즘도 마찬가지다. 대처리즘도 런던에서 나왔고, 무정부 공산주의를 주창한 피터 크로포트킨은 브롬리에 살았다.

마치 캄브리아기의 대폭발처럼 런던 사람들이 빅토리아 시대의 기술과 활력을 세계에 퍼뜨리게 된 가장 큰 동력은 지도를 분홍빛으로 점철했던 드넓은 제국령이었다. 그러나 제국은 우연한 결과가 아니고, 런던이 1800년 세상에서 가장 크고 힘 있는 도시가 된 것은 뜬금없는 요행이 아니었다. 제국 시대는 다름 아니라 수백 년 진화의 산물이었다. 빅토리아 시대 사람들은 앞 시대 런던 사람들이 축적한 이점들—아름다울 만큼 유연한 언어, 은행업 기술, 해군 지식, 안정된 정치 체제 등—을 한꺼번에 상속받았다.

대도시는 사람들에게 짝과 돈과 음식을 찾을 기회를 준다. 그리고 한 가지 더, 총명한 사람들이 런던에 와서 찾는 것, 인간이 돈 자체보다도 더 탐내는 통화가 있다. 명성이다.

높은 평판과 위신을 차지하기 위한 영원한 경쟁은 런던 사람들이 병원 건립에 기부하고, 위대한 희곡을 쓰고, 해군을 위해 경도 문제를 풀도록 추동했다. 환경이 아무리 쾌적하다 해도 어디 마을 같은 데 살아서는 유명해질 수 없었다. 지금도 마찬가지다. 사람들이 있어야 내가 해낸 일을 인정받을 수 있다. 관객이 있어야 박수를 받을 수 있다. 무엇보다도 세상 사람들이 현재 무엇에 매달리고 있는지를 알아야만 한다.

목표가 높은 사람이 다른 이들의 아이디어를 엿듣거나 빌리거나 그저 통찰한 다음에 그것을 저 자신의 아이디어와 혼합하여 새로운 것을 내놓을 기회, 도시는 그것을 준다. 목표가 좀 낮은 사람은 도시로 출근하여 상사의 눈앞에서 바쁘게 일하는 척하면서 그럭저럭 밥그릇을 지킬 수 있다. '재택'을 하면 아무래도 훨씬 쉽게 잘릴 테니까.

이 밖에도 많은 이유에서 사람들은 고양이와 함께 집에 머무는 삶을 선택하지 않았다. 그래서 런던 브리지 위를 쿵쿵 건너는 무리가 존재한다. 지난 수백 년간 사람들은 석유나 금이나 다른 무슨 천연자원을 찾으러 런던에 오지 않았다. 런던에는 플라이스토세의 흙과 진흙뿐이므로. 그들이 찾으러 온 것은 사람이다. 타인의 승인이다. 바로 이 명성 경쟁이 천재적인 순간들을 끌어냈고, 그것이 이 도시를, 때로는 전 인류를 전진시켜왔다.

1만 년 전의 런던은 유럽에 있는 여느 하구 습지와 똑같았다. 멸종을 코앞에 둔 매머드가 살고 있었을진 몰라도 인간의 정착지는 없었다. 그 후 1만 년이 지나도록 별다른 일은 없었다.

다른 곳에서는 바빌론 문명과 모헨조다로 문명이 나타났다 사라졌다. 파라오들이 피라미드를 지었다. 호메로스가 노래를 불렀다. 멕시코의 사포텍 사람들이 글을 쓰기 시작했다. 페리클레스가 아크로폴리스를 단장했다. 중국 황제는 진흙 군사를 창조했고, 로마 공화국은 피의 내전을 치른 뒤 제국이 되었다. 그때 런던에는 사슴이 나무 사이를 뛰노는 소리 말고는 정적뿐이었다.

그때 템스강은 폭이 지금보다 네 배 넓었고 훨씬 천천히 흘렀지만, 코라클 배*는 거의 보이지 않았다. 구세주가 갈릴리에서 제자들에게 말씀하실 때쯤에야 거의 헐벗고 글자도 모르는 한 줌의 원조 영국인이 여기 살았던 것 같다. 그러나 런던 사람이라고 부를 수 있는 사람은 없었다. 지금의 런던 자리에는 규모가 크거나 오래 지속된 거주지가 없었다. 정착지가 될 가능성이 전혀 없었기 때문이다. 오늘날 내가 매일 건너는 이 중요한 교통 시설이 없던 그때에는.

내 계산으로 지금의 런던 브리지는 최초의 다리가 열두 번째인지 열세 번째로 되살아난 것이다. 이 다리는 거듭거듭 부서지고 파괴되고 불타고 폭격당했다. 마녀들이 이 다리 위에서 강물에 던져졌다. 바이킹이 이 다리를 파괴했다. 성난 농민들이 다리에 불을 지른 게 최소 두 번이다.

내가 매일 이용하는 이 다리 위에 한때는 교회와 집, 엘리자베스 시대 궁전, 약 200개의 가게와 업체가 있는 상점가가 들어서 있었고, 까맣게 탄 역적의 머리통이 꼬챙이에 꽂혀 내걸려 있었다.

현재의 런던 브리지가 세워지기 전의 무너져 가던 다리는 1967년,

[*] coracle: 고대 영국에서 쓰인 작은 바구니 모양의 배.

수출에 일가견이 있는 이 도시가 벌인 기막힌 사업을 통해 미국의 기업가 로버트 P. 맥컬록에게 매각되었다. 그는 246만 달러에 다리를 샀다. 모두가 얼굴을 가리고 웃었다. 저 가여운 맥컬록 씨가 런던 브리지를 더 근사한 다리인 타워 브리지로 착각했다면서. 그러나 미주리주의 사슬톱 부자는 보기만큼 어수룩하지 않았다.

다리는 돌 하나하나로 완전히 분해된 뒤 애리조나주 하바수 호수에서 재조립되었으며, 이제 이곳은 미국에서 그랜드캐니언 다음으로 인기 있는 관광지다. 이 다리가 런던의 탄생에 가장 중요한 역할을 했다는 점에서, 감탄하며 구경할 가치는 충분하다고 본다.

이 다리가 있었기에 항구가 생겼다. 다리 북쪽에서 요금을 걷으려면 보초가 필요했고, 보초가 살도록 처음으로 집이 지어졌다. 서기 43년경에 이 최초의 다리, 이 부교를 건설한 것은 로마인이었다.

요컨대 런던을 세운 것은 뱃심 좋은 이탈리아 이주민이었다. 17년 후, 멍청한 고대 영국인들은 이 멋진 문명의 선물에 화답하여 런던을 잿더미로 만들고 다리를 파괴하고 눈에 띄는 모든 인간을 살육했다.

부디카

Boudica

로마인을 괴롭혀 투자를 끌어내다

분명 여기 어디였을 것이다. 화창한 가을날인 오늘, 나는 최초의 로마인 정착지의 중심이었을 곳을 찾아냈다. 런던 브리지 바로 위쪽, 그레이스처치가와 롬바드가가 만나고 오른편으로 펜처치가가 이어지는 곳.

건너편에 마크스 앤드 스펜서 백화점과 이추 레스토랑이 있지만, 내가 읽은 모든 책에 따르면 지금 내가 찾는 장소는 바로 저기, 노란 금이 그어진 박스 교차점이다.

나는 자동차 경적을 몇 번 무릅쓰고 자전거로 그곳에 이른다. 문득 무아지경에 빠진 듯이 머릿속이 텅 빈다. 빛나는 새 은행 건물과 회계 사무소 건물이 시야에서 사라지고, 짓다 만 듯한 나무집들이 나타난다. 새로 들어선 수천 채의 가옥에서 자욱하게 피어오르는 연기가, 새로 낸 비포장도로가, 그리고 저 멀리 숲이 보인다. 다시 서둘러 페달을 밟기 직전에 나는 저 가엽고 지친 수에토니우스 파울리누스의 삶은 어땠을까 상상한다. 그가 이 새로운 속주의 총독이다.

그는 최대 속도로 군대를 이끌고 행군해 왔다. 노스 웨일스에서부터 현재의 A5를 따라 에지웨어 로드를 거쳐, 치프사이드를 지나, 이윽고 저 최초의 런던에서 시장으로 쓰이던 자갈밭에 섰다. 그의 앞에는 런던 상인 한 무리가 공포에 떨고 있었다.

그들은 카물로두눔(에식스주 콜체스터)에서 무슨 일이 벌어졌는지 들었다. 수천 명이 날카로운 켈트 검에 썰리고, 창에 꿰이고, 나뭇가지를 엮어 만든 집 안에서 산채로 불탔다. 클라우디우스 황제의 신전마저 약탈당한 뒤 잿더미가 되었고 그 안에 있던 사람들은 숯덩이가 됐다. 그들은 들어 알았다. 이케니족과 그 왕인 부디카가 얼마나 흉포한지를. 그 여자가 얼마나 크고 얼마나 무서운지를. 붉은 머리칼을 가진 왕이 제 딸들을 강간한 로마군에게 복수를 벼르고 있다는 것을.

"도와주십시오, 수에토니우스." 그들은 로마군 수장에게 간청했다. 그러나 이 딱한 남자는 고개를 저었다. 그는 론디니움(런던) 구석구석에서 정착민의 야심을 느낄 수 있었다. 공식 콜로니아, 즉 속주의 수도는 카물로두눔이지만, 런던은 이미 가장 많은 사람이 사는 중심지였고, 타키투스에 따르면 상인들과 온갖 종류의 떠돌이가 모여드는 집산지였다.

수에토니우스의 오른편, 그러니까 다리 쪽으로 고개를 돌리면, 부두에 배들이 묶여 있었다. 이 도시에 속속 들어서는 새집을 꾸미기 위한 터키산 대리석이며 프로방스산 올리브유며 에스파냐산 피시 소스가 내려지는 중이었다. 또 이 나라 최초의 수출품이 배에 실리고 있었다. 사냥개나 주석이나 금, 그리고 에식스의 음습한 숲속에 살던, 몸을 대청(大靑)으로 칠한 우울한 얼굴의 노예들이다.

수에토니우스는 도처에서 이 도시에 쏟아져 들어온 투기 자금을 알아볼 수 있었다. 그의 눈앞에 있는, 주랑이 58미터에 이르는 새 상점 건물에서는 머릿수건을 쓴 여자들이 저울을 들고 값을 흥정하고 돼지들이 쓰레기에 코를 박고 있었다. 처음에 지었던 원시적인 둥근 오두막 대신에 제대로 된 로마식 사각형 건물을 짓기 위한 생나무도 수북하게 쌓여 있었다. 집의 뼈대로 쓸 쌩쌩한 나뭇가지와 그 위에 바를 새로 갠 진흙이 있었다. 집 짓는 일에 고용됐지만 삯을 다 받지 못한 목수들이 있었다. 그리고 로마의 도로 기준에 맞춘, 9미터 폭에 자갈을 단단히 박아 넣고 중앙을 약간 높여 빗물이 도랑으로 잘 빠지게 한 도로들이 깔려 있었다.

대략 하이드파크 크기의 땅에 약 3만 명의 런던 사람이 살고 있었다. 여기서 말하는 런던 사람은 당연히 우리가 생각하는 런던 토박이가 아니다. 아니, 그들은 영국 사람조차 아니었으며, 굳이 따지자면 영국인을 경멸하는 쪽이었을 것이다. 후에 한 로마 병사는 '브리툰쿨리'(Brituncululi, 쪼그만 영국놈)라는 호칭을 만들기도 했으니 말이다.

그들은 로마 사람이었다. 라틴어를 쓰고 토가나 튜닉을 입는 무역업자들이었다. 지금의 프랑스, 에스파냐, 독일, 터키, 발칸 반도 등 제국 전역에서 온 사람들이었다. 그들은 와인을 마시고 멋진 부조를 넣은 붉은 테라 시질라타(terra sigillata) 그릇을 쓰는 등 호화로운 로마식 취향을 가졌다. 그들은 이 안개 자욱한 외지까지 와서도 소파에 편히 기대어 우아한 시리아산 유리잔으로 건배를 들곤 했다.

그 모든 것이 돈이었으므로, 그들은 무거운 빚더미를 안고 있었다. 그리고 바로 그것이 곧 그들을 덮칠 재앙의 근본 원인이었다.

"미안하네. 우리는 여기 있을 수 없네. 이건 감당할 수 없는 일이야." 수에토니우스는 바들바들 떨고 있는 대표단에게 말했다. 규모부터가 달랐다. 그의 군사는 이미 녹초 상태였고, 웨일스부터 여기까지 행군하느라 발이 부르텄다. 그는 섬 전체에서 1만 명가량을 총동원했다. 그러나 부디카가 이끄는 이케니군은 이미 12만 명이었고 반란의 깃발 아래 더 많은 인원이 모이고 있었다.

참고로 로마 병사들은 결코 겁쟁이가 아니었다. 독일, 세르비아, 네덜란드 지역 출신인 그들은 딱딱한 빵과 물만으로도 며칠을 버티고, 그러고도 강에 부교를 놓는 자들이었다. 그러나 그들은 부디카의 군대가 페틸리우스 세리알리스의 제9 군단을 어떻게 격파했는지 알았으며, 같은 운명을 스스로 선택하고 싶진 않았다. 그래서 수에토니우스는 로마인에게 그 무엇보다 괴로운 결정을 내렸다.

그는 작전상 후퇴를 명하고 현재의 에지웨어 로드까지 퇴각했다. 제 발로 걸을 수 있고 함께 가기를 원하는 자는 모두 데려갔다. 숲을 여러 번 통과해야 하는 행군이 무서운 노인, 병약자, 여자 들과 투자한 돈을 도저히 포기할 수 없는 상인들은 남았다.

그로부터 몇 시간 동안 런던은 미국 서부영화에서처럼 복수 직전의 으스스한 분위기에 휩싸였다. 차양이 바람에 퍼덕였고, 사람들은 여닫이창 사이로 텅 빈 거리를 몰래 살폈다. 그때의 공황 상태를 짐작하게 하는 고고학적 증거가 몇 가지 있다. 이스트치프의 누군가는 리옹산 솥에다 인탈리오* 네 개를 넣고 땅에 묻었다.

지금의 킹 윌리엄가에 살던 누군가는 붉은 유약을 바른 작은 그릇에 동전 열일곱 개(주로 클라우디우스 황제의 두상이 찍혀 있다)를 담아 구석에 숨겼다. 다른 많은 사람은 기도를 올리고 동물을 제물로 바치고(염소 뼈가 발견되었다) 집에 모시던 작고 까만 진흙 신상을 붙들고 있었을 것이다.

한참 후, 지금의 비숍스게이트에서 굉음이 울렸다.

이케니족 전사들과 왕이 버들가지를 엮어 만든 전투마차를 타고 나뭇가지로 뒤덮인 길을 짓밟으며 도착했다. 부디카는 대단한 인물이었다고 디오 카시우스는 기록했다. 그는 키가 매우 컸고 목소리가 거칠었고 늘 화려한 색의 튜닉을 입었다. 목에는 1킬로그램은 될 듯한 거대한 금목걸이(두꺼운 밧줄을 꼰 모양으로 '토크'[torc]라고 한다)를 차

[*] intaglio: 반지에 붙이는 음각 보석.

고 있었다. 가슴이 얼마나 큰지 그 안에 미래를 점치는 예언 토끼를 숨겨 둘 수 있었다. 왕은 전투를 선포하는 연설을 마치면 토끼를 쑥 꺼내어 그것이 왼쪽으로 가는지 오른쪽으로 가는지 보고 전투 결과를 점쳤다. 그 큰 가슴 안쪽에는 피의 복수만을 원하는 심장이 있었다.

지금도 런던 거리의 저 밑에서 부디카 학살의 흔적이 발굴되고 있다. 불에 타고 남은 약 45센티미터 두께의 잔해가 그것이다. 이케니군은 먼저 수에토니우스가 상인들을 만났던 그레이스처치가에 불을 질렀다. 무방비 상태의 민간인들이 집에서 나와 도망치자 켈트 병사들은 그들의 머리통을 댕강 자르거나 그들을 월브룩에 몰아넣고 죽였다. 월브룩은 낮은 두 언덕(지금의 콘힐과 러드게이트)사이를 흐르던 악취 나는 개울로, 여기도 옛 런던에 속한다.

타키투스에 따르면, 분노에 휩싸인 그들은 사람들을 닥치는 대로 목매달고 불태우고 십자가에 못 박았다. 디오 카시우스에 따르면, 그들은 가장 지체 높고 가장 아름다운 여자들을 잡아다가 옷을 벗기고 가슴을 자른 다음 그것을 그들 입에 꿰매 붙여 마치 제 가슴을 먹고 있는 것처럼 보이게 했다고 한다. 그들은 무덤까지 더럽혔다. 시티 오브 런던 유적에서 발굴된 증거를 보면 그들은 한 노인 남성의 시체를 꺼내 그의 다리 사이에 젊은 여자의 머리통을 끼웠던 것으로 보인다.

이케니군은 다리를 건너가서 지금의 서더크에 있던 건물들에 불을 질렀다. 그사이 런던 중심의 건물들은 한 번의 방화에 완전히 무너졌고 연기 기둥이 피어올랐다. 런던은 건설된 지 겨우 17년 만에 파괴되었다.

부디카는 세인트올번스도 똑같이 해치웠다. 그때까지 왕이 죽인 사람이 7만 명에 달했다고 타키투스는 말한다. 수치가 실제보다 과장되었을 수도 있지만, 비율로 따지면 부디카는 흑사병보다, 대화재보다, 헤르만 괴링보다 훨씬 더 처참하게 런던과 런던 사람을 파멸시켰다.

왕은 극도의 무정부주의적 행위를 통해 브리타니아의 상업 기반 시설 전체를 공격했다. 이케니족 자신에게도 중요했던 교역 중심지를 파괴한 것이다.

그들은 침략자인 로마인들에게 말을 팔면서, 로마의 관습도 따르면서 살아가고 있었다. 부디카의 죽은 남편인 프라수타구스 왕은 로마 시민이었던 것으로 추측되며, 그렇다면 부디카도 로마 시민이었다. 그런 자가 자멸을 택할 만큼 분노한 이유는 무엇이었을까? 그 답은 끔찍할 만큼 멍청했던 로마인의 처신에 있다.

죽음을 앞둔 프라수타구스는 이스트 앵글리아의 왕국을 딸들과 네로 황제에게 반반씩 남김으로써 영토를 가족에게 물려주려고 했다. 그러나 로마 당국은 모친을 죽인 폭군 네로가 명령해서인지 어쨌는지 이케니족의 재산을 몰수하기로 했다. 징세 책임자였던 행정관 카투스 데시아누스—거만한 멍청이었다—는 프라수타구스와 부디카가 해자와 방벽을 둘러치고 살던 세트퍼드에 백부장을 보냈다.

그들은 이케니족 왕을 붙잡았다. 그러고는 켈트인다운 그 우윳빛 피부에 매질을 하고 그 딸들을 강간했다. 그다음엔 더더욱 멍청하게도 이케니족 지배층의 재산을 탈취하고 죽은 왕의 친척들을 포로로 잡음으로써 그들을 모욕했다. 바로 이 굴욕이, 그리고 로마인의 탐욕이 이케니족을 격분케 했던 것이다. 그런데 여기서 다시 의문이 생긴다. 로마인들은 왜 그런 악수를 두었을까? 이에 대해서도 타키투스가 다 기록해 두었다. 가장 큰 이유는 경제적 실패에 있었다.

서기 43년, 말을 더듬는 학구파 황제 클라우디우스는 로마에 전해 내려오는 충고를 무시하고 군사적 명예를 좇아 영국을 침략했다. 수많은 전문가가 말하지 않았던가. 영국은 쓰레기 땅이며, 그것도 최악의 쓰레기 땅이라고. 100년 전 첫 원정에서 별 소득을 얻지 못한 율리우스 카이사르는 영국이 얼마나 보잘것없는 곳인지 가져올 만한 게 전혀 없더라고 했다. 아우구스투스 황제는 지금 있는 북쪽 경계 위로는 가 볼 필요도 없다고, 그건 황금 바늘로 낚시하는 격이라고 했다. 무얼 낚든 손해라는 뜻이다.

로마인의 눈에 비친 영국인은 진창에서 멱을 감는 사람들이었다. 옷도 제대로 입지 않는 데다 마오리족 스타일의 이상한 도형이나 동물을 몸에 새기고 자랑하는 사람들—요즘의 축구 팬과 비슷하다—이었다. 오비디우스는 영국인의 피부가 녹색이라고 했다. 마르티알리스는 푸른색이라고 했다. 반인반수라는 설도 있었다. 영국에 간다는 것은 달에 가는 것과 비슷했다. 즉, 유용한 것을 얻기 위해서가 아니라 영광을 좇기 위한 것이었다.

코끼리를 타고 영국에 도착한 클라우디우스는—군사적 피해를 거의 입지 않은 채로—영국 왕들의 항복을 수락하게 되었으니, 그때 로마인의 자부심은 하늘을 찔렀을 것이다. 아울루스 플라우티우스 장군은 그 전까지 이 땅에 살던 모든 사람이 결코 풀지 못했던 문제를 능숙하게 해결했다. 바로 최초의 런던 브리지를 놓은 것이다.

다리가 개통되자 영국 나머지 지역이 열렸다. 남쪽 해안에서 사람들이 올라왔고, 런던은 곧 급속히 번성하는 도시가 되었다. 인구가 급증했고, 물가가 올랐다. 집을 짓고 가게를 열려면 돈을 끌어와야 했기에 사람들은 투자자에게 손을 벌렸고 은행업자들이 런던으로 몰려왔다.

가령 네로의 스승 세네카는 영국 개발 사업에 4000만 세스테르티우스를 투자했다. 당시 로마 병사의 연봉이 900세스테르티우스였음을 생각하면 얼마나 큰 돈이었는지 알 수 있다. 문제는 영국 투자가 수익을 내지 못했다는 것이다. 혹은 수익을 냈더라도 대부업자들이 만족할 만한 속도가 아니었다. 콜체스터에 클라우디우스를 모시는 번쩍이는 흰 건물을 짓고 런던에 항구와 쇼핑가를 조성하는 데 이미 막대한 돈이 들어갔다.

대출금 상환이 신통치 않았다. 악성 대출이 생겨났다. 그러자 징세관 카투스 데시아누스가 날뛰기 시작했다. 그는 주민에게 막대한 세금을 때리고, 현지인을 쫓아내고, 마지막엔 이케니족의 토지와 재산을 강탈하려 들었다.

브리타니아를 묘사한 가장 오래된 이미지인 터키 아프로디시아스의 조각을 보면 당시 영국인의 처지를 짐작할 수 있다. 투구와 흉갑 차림의 클라우디우스가 가슴이 다 드러난 한 여자를 뒤에서 제압하고 있다. 여자는 눈이 약간 사시처럼 보이는 표정을 짓고 있다. 카디프 대학의 미란다 올드하우스그린 교수에 따르면 이 장면에서 "그가 곧 여자를 범하리라는 불쾌한 예감을 느끼게 한다".

요즘 언어로 말하면, 빌려준 사람이나 빌린 사람이나 모두 죄가 있는 어리석은 부동산 투기가 이어지면서 발생한 대가를 영국의 평범한 사람들이 치르게 된 것이다. 이는 로마제국에서 처음 있는 일도 아니었고, 런던에 다시 없을 일도 아니었다.

여왕 부디카는 방법은 좀 남달랐지만 역사상 최초로 시티 오브 런던의 은행을 공격한 인물이었다고 할 수 있다. 여성 지도자를 따르는 런던의 위대한 전통 또한 그로부터 시작되었다. 옛 영국에 강한 여성 인물이 많았다는 증거가 있으니, 가령 브리간트족의 왕 카르티만두아는 남자들을 혹독하게 다루었다.

엘리자베스 1세가 에스파냐 무적함대와의 전투를 앞두고 틸베리에서 한 위대한 연설을 떠올려보라. 자신의 몸은 나약한 여자이지만 심장과 위장은 남자와 같다고 했다. 누가 봐도 부디카의 후손이 아닌가. 빅토리아의 타탄 망토와 브로치를 보라. 이케니족의 여왕이 떠오를 수밖에 없다.

마거릿 대처의 금발과 곧은 눈빛과 거친 목소리와 국권에 관한 확고한 견해는 또 어떤가. 이제는 런던의 국가적인 여성 영웅들이 부디카와 하도 가깝게 동일시되는 나머지 실제로 무슨 일이 벌어졌는지 헷갈릴 정도다.

웨스트민스터 브리지에는 1884년에 세워진 유명한 조각상이 있다. 저 높은 곳에 맨가슴을 드러낸 분노한 여왕과 강간당한 그 딸들이 바퀴에 큰 낫을 박은 전투마차를 타고 있다. 조상의 받침돌에는 18세기 시인 윌리엄 쿠퍼의 유명한 시 「부디카 송가」가 몇 줄 적혀 있다.

저 카이사르가 결코 닿지 못한 땅을
그대의 후손이 통치하리니,
황제의 독수리가 날아오르지 못한 그곳에서
그 무엇도 그들을 꺾지 못하리라.

그러니까 쿠퍼는 부디카가 결국 로마를 제압했다고 말하고 있다. 부디카의 "후손", 즉 그의 혈통을 이어받은 영국인들이 카이사르의 제국보다 더 광대한 제국을 건설하게 되었다고 주장하고 있다. 너무도 애국적이고 뭉클한 이야기이지만 사실과는 전혀 다르다.

세인트올번스를 친 뒤 중부 지방으로 향한 부디카는 아직 그 위치가 정확히 밝혀지지 않은 어느 평원에서 마침내 수에토니우스 파울리누스와 결전을 치렀다. 기운을 되찾은 뛰어난 로마군은 20 대 1의 수적 열세를 뒤집었다.

부디카는 이질에 걸려 죽었든가 스스로 독을 마시고 죽었다. 그리고 절대로 킹스크로스 역 플랫폼 밑에 묻히지 않았다. 쿠퍼의 시는 틀렸다. 부디카는 참패했다. 그가 쓰던 언어는 거의 사멸했고, 그의 켈트계 후손은 거의 대부분 영국 변방으로 밀려났다. 먼 훗날 도래한 영국 제국의 언어는 부디카의 것보다는 수에토니우스 파울리누스의 것에 훨씬 더 많은 빚을 진 언어였다.

부디카가 런던에 끼친 가장 중요한 영향은, 로마인을 충격과 분노에 빠뜨린 결과 이후 이 속주를 되찾고 론디니움을 더더욱 화려하고 중요한 중심지로 세우는 일이 로마인의 위신이 걸린 사안이 되었다는 것이다.

로마인은 부디카가 런던의 은행업자들을 습격한 사건을 계기로 이 도시를 제국 북부에서 가장 크고 북적이는 도시 중 하나로—고고학자들은 최근에야 그 규모를 제대로 파악하기 시작했다—재건했다. 클라우디우스의 명예를 위한 원정이 런던에 초석을 놓았다면, 하드리아누스가 행차한다는 소식이 발표되었을 때 런던은 역사에 길이 남을 어마어마한 건설 열기에 휩싸였다.

하드리아누스

Hadrianus

런던을 수도로 삼다

카캉! 런던 브리지를 재건하던 1834년, 인부 한 사람이 강 밑바닥에서 무언가를 발견했습니다. 처음에는 끈적끈적한 녹색 물질에 뒤덮여 있었지만, 더께를 걷어 내고 보니 잘 만들어진 로마인의 두상이었습니다. 길이 43센티미터, 크기는 실물보다 약간 더 컸지요.

그것은 어느 황제의 머리였습니다. 곧게 뻗은 긴 코, 살짝 찌푸린 표정, 그리고… 턱수염과 단정한 콧수염이 눈에 띄었습니다! 네로만큼 통통하진 않았고, 턱수염이 마르쿠스 아우렐리우스만큼 덥수룩하진 않았어요. 좀 더 우아한 턱수염이었죠. 이 상의 주인공은 그리스 문화 애호가이자 지식인이었으며, 역사를 통틀어 가장 뛰어난 행정가 중 한 사람이었습니다.

그의 이름은 푸블리우스 아일리우스 트라야누스 하드리아누스 아우구스투스, 줄여서 하드리아누스. 서기 76년 제국의 변방 이베리아 반도에서 태어난 이 황제는 임기 내내 제국을 순회했고 우리에게 고대 로마의 가장 웅장한 유적 몇 가지를 남겼지요. 다시 지은 로마

판테온부터 아테네의 제우스 신전, 그의 이름이 붙은 영국의 성벽 등이 그의 작품입니다.

누군가가 황제를 기려 이 멋진 청동상을 만들고 시장에 세웠을 겁니다. 그런 다음 누군가가 그 목을 잘라 강물에 던졌을 겁니다. 청동을 녹여 냄비라도 만들 수 있었을 텐데 그러지 않았어요. 그들은 강한 경멸을 드러내려고 했던 겁니다. 황제를, 사람을 내려다보는 그 거만한 표정을 욕보이고 싶었던 겁니다.

존경하는 배심원 여러분, 이 범죄는 거의 1700년 전에 발생했습니다만, 저는 이 섬뜩한 범행을 저지를 만한 동기를 가졌고 그럴 기회도 있었던 자들을 여러분께 제시하고자 합니다.

하드리아누스 참수의 미스터리를 이해하려면 먼저 당시엔 이 청동상이 실제로 신성한 물건이었다는 사실을 아셔야 합니다. 이것은 신의 머리였습니다. 로마제국의 첫 황제 아우구스투스는 정교한 제국숭배(imperial cult) 체계를 고안했습니다. 이로써 황제는 로마의 위력과 신성의 현현이 되었습니다. 지방 출신이지만 제국에서 성공하고 싶은 야심 있는 사람이라면 이 체계를 섬기는 사제가 되어야 했습니다. 그러했기에 로마 시대 영국에 최초로 세워진 중요한 신전이 클라우디우스 황제를 모시는 신전이었던 겁니다. 또 그래서 부디카는 그것을 불태우며 그토록 즐거워했던 겁니다. 황제의 신전은 곧 지방 정부의 중심지이자 권력의 상징이었습니다.

서기 121년, 황제가, 즉 살아 있는 신이 곧 영국에 온다는 소식은 런던을 천둥처럼 뒤흔들었습니다.

부디카가 초기 정착지를 불태웠을 때 로마인들은 거의 공황 상태에 빠졌습니다. 네로 황제는 속주 전체를 포기하려고 했지요. 그러나 부디카를 물리친 뒤, 로마인은 다시는 그런 일이 벌어지지 않도록 대비하기로 했습니다. 그들은 런던에 돈을 쏟아부었고, 서기 78년부터

84년까지 아그리콜라 총독은 광장과 신전, 대규모 주택단지 건설에 보조금을 지원했습니다. 반란이 완전히 멈추지는 않았고 변방 켈트족의 압력도 있었지만, 어떻게 보면 그러한 위협 자체가 런던에 도움이 되었습니다. 런던은 예의 그 다리 덕분에 군사작전의 중심지가 되었고, 군인들이 돈을 많이 벌었습니다.

런던 사람들은 치프사이드에 욕장을 지었고 허긴 힐에도 더 지었습니다. 고지식한 사람들은 혼욕하는 광경에 충격을 받았지요. 지금도 남아 있는 길드홀 지하의 대경기장에 가면 남자들과 짐승들이 죽어 나가던 으스스한 살육 현장을 확인할 수 있고, 여성 검투사의 유골도 볼 수 있습니다. 부디카의 반란으로부터 하드리아누스의 행차까지 60년간, 런던은 빠르게 로마화되고 있었습니다.

런던 사람들은 바지를 벗고 토가(toga)를 걸치기 시작했고, 라틴어를 전보다 잘하게 되었습니다. 타키투스에 따르면 갈리아 사람보다 실력이 나았다는군요. 런던 사람들은 서로를 초대하여 함께 저녁을 먹었습니다. 식당은 제국에서 유행하던 새빨간 색으로 칠했고, 값비싼 지중해산 은그릇에 넙치를 담아냈으며, 적포도주나 백포도주로 건배를 들었습니다. 이것이 런던식 디너파티의 기원입니다. 그러나 타키투스는 이렇게 코웃음 치죠. "토박이 영국인은 이런 것을 문명이라고 불렀지만, 사실 그것은 노예화의 일부였을 뿐이다."

런던은 이미 충직한 전초기지로 점점 발전하고 있었습니다만, 황제가 온다는 소식에 사람들은 더욱 열정을 불태웠습니다. 그건 올림픽 개최지로 선정된 것이나 마찬가지였습니다. 그 도시의 가장 멋진 모습을 보여 주어야 했고, 그것은 곧 기반 시설 투자가 필요했다는 뜻입니다. 황제는 병사들과 함께 막사에서 자는 걸 좋아한다고 알려져 있었기에 런던 당국은 새 막사—크리플게이트의 사각 요새—를 세우고 황제가 즐겨 시찰한다는 병사들까지 준비했던 것으로 보입니다.

지금의 캐넌가 역 자리에는 총독 관저로 보이는 건물이 세워졌습니다. 곳곳에 안뜰과 분수가 있는 화려한 궁전이었지요. 수에토니우스 파울리누스가 최초의 런던 시민들에게 연설했던 작은 자갈밭보다 훨씬 더 널찍한 포럼도 새로 지었는데, 그 자리는 지금의 리든홀 마켓에 걸쳐 있었습니다. 이 넓은 공간의 북쪽 끝엔 바실리카가 세워졌습니다. 상점들과 법정이 한데 섞인 건물이었지요.

그레이스처치가 90번지의 이발소 지하에 가 보시면 이것이 평범한 바실리카가 아니었음을 눈으로 확인할 수 있습니다. 건물을 받치는 기둥 중 하나였던 거대한 돌덩어리를 보면 그 규모를 짐작할 수 있지요. 이곳은 알프스 이북에서 가장 큰 포럼과 바실리카였습니다. 길이가 약 150미터나 되었고요. 런던 박물관에 있는 모형을 보면 이 도시가 로마제국에서 차지했던 위상에 대해 다시 생각하게 됩니다.

122년, 하드리아누스는 이 크고 떠들썩한 도시에 도착했습니다. 당시 런던의 인구는 10만 명에 달했고, 지배 계층은 황제의 기분을 맞추려고 혼신을 바쳤습니다. 그들은 황제와 수행단을 새로 지은 세련된 막사와 총독 관저에 모셨습니다. 그들은 그에게 한층 더 좋아진 욕장과 포럼을 보여주었고, 황제는 델몬트사의 오렌지 조사관처럼 만족스럽게 고개를 끄덕였습니다. 다음 순서는 당연히 저 훌륭한 바실리카였겠지요? 그들은 지금의 리든홀 마켓 근처에서—이 동네에서 커다란 청동 팔 한쪽이 발견된 것으로 보건대—황제를 향한 특별한 상징(꽃으로 장식한 조상)을 제막했습니다. 황제는 환한 미소를 지었습니다.

다음으로 런던 사람들은 예배를 드렸을 겁니다. 하드리아누스교 사제들이 거룩하신 그의 현전에 감사 인사를 올렸겠지요. 나아가 황제를 우러르는 마음을 표하겠다고 암소나 수소 한 마리를 그의 면전에서 도살했을 수도 있습니다. 혹은 유피테르에게 소를 잡아 바쳤을

지도 모르는데요. 어느 쪽인가는 중요하지 않았습니다. 둘 다 신이니까요. 로마 시대 런던(그리고 로마 세계 전체)의 가장 매력적인 특징 중 하나가 이것입니다. 그 수백 년간 종교와 인종은 관용의 대상이었습니다.

런던 사람들은 블랙프라이어스 브리지 근처에 이집트의 신 이시스에게 바치는 신전을 세웠습니다. 이시스는 모성의 신이었고, 그 남편 오시리스는 매년 범람하는 나일강을 상징했어요. 남아 있는 증거를 보면 런던 사람들은 대모신 키벨레도 숭배했습니다. 이 신은 아티스라는 청년에게 연정을 품었는데, 그가 자신의 구애를 거절하자 적으로 돌아섰다고 합니다. 아티스가 다른 사람과 놀아나는 것을 발견한 키벨레는 그를 미치게 하여 스스로 거세하게 만들었습니다. 당시 런던의 멀쩡한 청년들은 그와 똑같은 행위로 대모신에게 충성을 바쳤던 듯합니다. 이를 확신할 수 있는 것이, 런던 브리지 근처 강 속에서 동방 신의 머리로 장식한 겸자 세트가 출토되었기 때문입니다. 전문가들은 이 유물의 용도가 그 용도였다고 말합니다.

그 근처에는 엘리엇이 "이오니아풍의 흰색과 금색이 불가해한 광휘를 낸다"고 묘사한 성 마그누스(Magnus) 교회가 있는데, 바로 이 이름에 대모신(Magna Mater) 숭배의 흔적이 담겨 있다고 보는 설도 있습니다. 물론 기독교도 입장에서는 이 아름다운 교회의 이름을 자해를 일삼는 미개한 동방 밀교의 기억으로 더럽힌다고 불쾌해할 만합니다. 그러나 대모신 숭배와 기독교의 교집합은 우리가 흔히 짐작하는 것보다 큽니다.

초기 런던 사람들이 아티스 신화에서 가장 좋아한 부분은 그가 스스로 낸 끔찍한 상처 때문에 죽었지만 그 후 죽은 자들 가운데서 기쁘게 부활했다는 점입니다. 그리스 로마의 전통 종교에는 내세 개념이 거의 없었고 저승은 횡설수설하는 망령들이 사는 춥고 비참한 장소였습니다. 많은 사람이 현실의 고난과 불의에 시달리던 로마 사회에서 동방의 부활 신화가 점점 더 인기를 끈 것도 놀라운 일이 아닙니다. 심지어 하드리아누스 황제도 영국을 다녀가고 얼마 후, 나일강에서 의문의 죽임을 당한 자신의 남자 친구 안티노우스를 기묘한 방식으로 숭배하기 시작했습니다. 이 청년을 모시는 신전과 신탁소가 지어졌고, 그의 꿍한 얼굴이 동전에 찍혔습니다.

안티노우스 숭배가 얼마나 성행했던지 런던에도 그의 추종자가 나타났던 것으로 보입니다. 결국은 그 또한 아티스와 오시리스와 같은 부활과 구원의 이야기였기 때문이지요. 그러나 런던에 나타난 모든 동방 밀교 가운데 (특히 병사들에게) 가장 인기 있었던 것은 미트라교였습니다. 생명의 바위에서 태어난 미트라는 수소를 죽이고 그 피를—왜 뿌렸겠습니까—인류의 갱생을 위해 뿌렸다고 합니다.

중요한 것은, 이 모든 종교가 그럭저럭 평화롭게 공존했다는 사실입니다. 현대의 힌두교도가 가네샤 신전에도 가고 하누만 신전에도 가듯이, 로마 시대 런던에서는 블랙프라이어스에 이시스 신전을 두고, 런던 브리지에 키벨레 신전을 두고, 맨션 하우스에는 미트라 신전을 두는 게 전혀 이상하지 않았습니다.

이윽고 또 하나의 동방 종교, 기독교가 도착했습니다. 겉으로 보면 이 종교는 앞선 여러 밀교와 비슷한 구석이 많았습니다. 완벽한 도덕군자인 젊은 남자가 한 번 죽었다가 신으로 다시 태어난다는 이야기였으니까요. 이 종교 역시 영원한 생명을 약속했고요. 그러나 기독교는 그 전신인 유대교처럼 (또한 둘의 후신인 이슬람교처럼) 다른 종교와의 공존이라는 개념을 용인하지 않았고, 이 종교의 추종자는 유피테르, 이시스, 하드리아누스, 키벨레, 그 밖의 누구도 인정하지 않았습니다.

예수는 "내가 곧 길이요 진리요 생명"이라고 말했습니다. "나를 거치지 않고서는 그 누구도 아버지께 갈 수 없다"고 했습니다. 런던 사람들은 이 강력한 유일신 주장에 그다지 흥미를 느끼지 않았지만, 312년 콘스탄티누스 황제가 기독교를 제국의 국교로 삼으면서 역사의 물줄기가 바뀌게 되었지요.

이제 이교도들은 압박을 느끼기 시작했습니다. 1954년 9월 18일, 고고학계에 일대 사건이 있었습니다. 일반인에게도 꽤 큰 뉴스였지요. W. F. 그라임스 교수가 맨션 하우스 근처에서 드디어 미트라 신전을 찾아낸 것입니다. 신전은 너무도 잘 보존되어 있었습니다.

우리는 옛사람들이 소를 잡아 그 피로 땅을 적셨던 곳을 볼 수 있습니다. 미트라의 횃불지기—카우테스는 횃불을 위로 쳐들고 카우토파테스는 횃불을 아래로 향하게 듭니다—가 서 있던 곳도 짐작할 수 있고요. 어둠과 연기에 잠긴 신전에 모여 제물의 희생을 찬미하며 노래하는 회중이 눈앞에 그려집니다. 그런데 신전을 연구하던 그라임스 교수는 흥미로운 사실을 하나 발견했습니다.

회중석과 복도 밑의 얕은 구덩이에 중요한 유물이 묻혀 있었습니다. 프리기아식 두건을 쓴 미트라의 두상, 그리고 세라피스의 상과 단검을 휘두르는 손이 발굴되었습니다. 고고학자들은 곧 이에 관한 가설을 세웠습니다.

4세기 초 어느 시점에 런던의 미트라교 신자들은 박해를 당하기 시작했습니다. 그러다 더는 모욕과 괴롭힘을 견딜 수 없는 지경에 이르렀지요. 자신들의 운명이 얼마 남지 않았다고 느낀 신도들은 몰래 신전으로 들어가 가장 중요한 성물을 땅에 묻었습니다.

그 직후, 그들을 박해하던 다른 종교의 신도들이 난입하며 남은 조상을 모조리 부수고 제단을 무너뜨리고 미트라 신전을 완전히 파괴했습니다. 그들은 알렉산드리아의 세라피스 신전 등 다른 많은 곳에서도 그렇게 했습니다. 이렇게 초기 런던의 종교 다원주의는 야훼

일신론에 무릎을 꿇었습니다.

존경하는 배심원 여러분, 저의 주장은 바로 이들이 포럼으로 가서 이교도의 인신(人神) 하드리아누스의 우상숭배적인 조상을 끌어내려 강물에 던진 범인이라는 것입니다. 이건 기독교도의 소행이 분명합니다. 게다가 그들에겐 하드리아누스를 특별히 싫어할 이유가 있었습니다. 테르툴리아누스, 오리게네스 등 초기 기독교 교부들이 하드리아누스의 생애와 안티노우스 숭배에 대해 동성애 혐오 발언을 퍼부은 것을 보시면 쉽게 알 수 있는 사실입니다.

기독교가 로마제국 전역으로 확산되면서 황제 숭배가 끝났습니다. 우리는 제국 몰락의 원인으로 기독교를 지목한 에드워드 기번을 들먹이지 않아도(그는 기독교의 굴종적인 교리가 로마의 전통적인 호전성에 반했다고 보았습니다) 결국 무언가가 사라졌음을 알 수 있습니다.

하드리아누스의 청동 머리통은 원래 로마의 권위를 신격화한 상징물이었습니다. 그러나 이제 황제는 신이 아니라고 합니다. 어떻게 되었겠습니까? 누구든 황제가 될 수 있었습니다. 혹은 누구나 황제 자리를 노릴 수 있었죠. 3세기 중반부터 런던 주둔군은 다른 접경의 파병 요청으로 인해 꾸준히 약화되었습니다.

수많은 참주가 나타나 황좌를 요구하는 가운데 런던의 병력은 그중 일부를 지원하느라 계속 자리를 비웠습니다. 이제 이 도시는 지금의 네덜란드와 독일에서 오는 침략자들에게 속수무책으로 당하기 시작했습니다. 생활수준이 퇴보했고, 소와 돼지를 모자이크 깔린 바닥에서 길렀습니다. 런던에는 402년 이후로 제국의 통화가 새로 유입되지 않았고 410년부터는 공식적으로 로마제국에서 제외되었습니다.

로마 시대 영국은 긴 시간에 걸쳐 죽어 갔습니다. 앞으로 살펴보겠지만, 그 후 런던 사람들은 그 시기의 기억을 결코 완전히 잊는 법이 없었습니다.

하드리아누스의 런던 행차는 짧았지만 그 의미는 굵직했습니다. 그가 방아쇠를 당긴 건설 열풍은 이후 수백 년간 이 도시의 뼈대를 이루었지요. 그는 공식적으로 런던을 속주의 수도로 삼고 콜체스터의 지위를 낮추었습니다. 그가 초석을 놓은 잉글랜드와 스코틀랜드의 물리적 분열은 오늘날까지 이어지며 그간 새뮤얼 존슨 등 런던 사람에게 거친 풍자의 소재를 제공했습니다.

런던은 하드리아누스 시대의 종교적 관용 정신을 잃은 뒤 21세기가 도래할 때까지도 그것을 되찾지 못했습니다. 저는 가끔 자전거를 몰고 미트라 신전 유적을 보러 갑니다. 원래 있던 장소에서 옮겨져 지금은 퀸 빅토리아가에 전시되어 있지요.

여러분도 한번 가서 한때는 지하 깊은 곳에 있었지만 이제 지상에서 비바람을 맞고 있는 저 불가사의한 석조를 보십시오. 기독교도에게 쫓겨 겁을 먹고 몰려드는 저 불쌍한 미트라교도를 떠올려 보세요. 성상이 산산이 부서지는 광경에 눈물을 흘렸을 그들을. 지금이라면 생각할 수 없는 일이지요. 하드리아누스 시대에도 생각할 수 없는 일이었습니다.

그다음에 벌어진 일은, 인간의 기준은 반드시 위로 올라간다고 믿는 모든 자유주의 교육자들이 새겨들어야 할 무서운 경고입니다. 끊임없이 밀려오는 침략자들 때문에 옛 로마의 질서는 완전히 와해되었고 문명은 거의 사라졌습니다. 런던 사람들은 라틴어를 말하는 법을 잊었습니다. 읽는 법도 잊었습니다. 다리를 수리하는 방법도 잊었습니다. 서더크에는 400년부터 850년 사이에 인간이 살았던 흔적이 없습니다. 결론은 딱 하나입니다. 아울루스 플라우티우스가 놓았던 부교가, 그동안 여러 세대에 걸쳐 수리하고 보강했던 그 다리가 무너져 강물 속으로 사라진 것이지요. 그 중요한 고리가 없어진 것입니다.

그래도 지금의 코벤트 가든 주변에는 터럭이 수북한 사람들—농부와 돼지치기—이 살았지만 그 수는 전에 비할 바가 아니었습니다.

서기 800년, 바그다드는 인구 100만 명의 도시였습니다. 그곳에는 위대한 학자와 시인의 무리가 있었고, 도서관에는 대수학부터 의학, 시계 제작에 이르기까지 모든 것이 담긴 수천 권의 책이 있었어요. 그 해 런던은 다시 야만으로 돌아가 있었습니다. 로마 땅도 아니고 기독교 땅도 아닌 상태가 7세기 초 로마에서 해결사를 보낼 때까지 이어졌습니다. 그의 이름은 '달콤한 꿀이 발린'이라는 뜻의 멜리투스. 이제 런던에 그의 이름을 아는 사람은 몇 없습니다만.

멜리투스

Mellitus

기독교를 다시 전하고 쫓겨나다

"멜리투스요?" 가이드가 살짝 놀란 눈치로 반문했다. 나는 마치 웨이트로즈 슈퍼마켓에 들어와서 아무도 찾지 않는 물건(이를테면 배럴에 담긴 꿀술)을 찾는 사람이 된 것 같았다. 그러나 비비언 커머스는 세인트폴 대성당의 공인 가이드로서 어깨에 붉은 띠를 두르고 있었다. 이곳에 관한 한 그가 모르는 것은 없었다.

"그렇죠, 멜리투스 말씀이시군요. 서기 604년에 주교로 서품되었고, 지금까지 이 자리에 세워진 여러 교회 중 최초의 교회를 세운 인물이죠. 이쪽으로 오세요."

"잠시만요. 그 최초의 건물에 관한 물리적인 증거는 전혀 없는 걸로 아는데요." 내가 물었다.

"없죠. 하지만 멜리투스의 아이콘이 하나 있답니다."

"아이콘요?" 나는 깜짝 놀랐다.

우리는 크리스토퍼 렌이 설계한 멋진 교회를 천천히 걸으며 넬슨 제독과 웰링턴 장군의 기념비를 지나쳤다. 다이애나 스펜서 부인이 결국 불행하게 끝날 황태자와의 결혼을 맹세한 곳도 지나갔다. 존 던을 위시한 역대 주임 사제의 이름이 적힌 곳도 지나갔다. 그의 걸출한 전임자인 앨릭잰더 노월은 병맥주 제조법을 발명하기도 했다. "그걸로 인류에게 큰 공헌을 하셨죠." 비비언이 말했다.

교회 동쪽 맨 끝에 자리한 미군 기념 예배소, 거기에 — 2차 대전에서 전사한 미군 2만 8000명의 이름이 기록된 채색 명부 위쪽에 — 멜리투스가 있었다.

구체적으로 말하면, 멜리투스의 외양을 짐작해서 그린 아이콘 양식의 초상화로, 꽤 최근에 그린 것이라 색이 밝았다. 이 그림은 그리스 정교회가 세인트폴 성당에 기증한 것이다.

나는 그의 길고 가는 코와 움푹 들어간 갈색 눈을 바라보면서 이 용감한 성인의 머릿속에 들어가 보고자 했다. 그는 1400년도 더 전에 위험한 사명을 안고 이곳에 왔다.

그의 뒤쪽에 펼쳐진 런던은 이제 벽과 지붕을 단단히 잘 갖추고 있고 한가운데에 세인트폴 성당의 시대착오적인 돔이 하늘로 불룩 솟아 있다. 나는 멜리투스가 펴든 성경 위의 그리스어를 해석하며 잘난 척을 해 보았다.

"왕좌에 앉으신 자가 이르되, 보라, 내가 모든 것을 새로이 한다."

모든 것을 새로이 할 것. 그것이 이 로마 주교가 런던에 안고 온 사명이었다. 승산은 희박했다.

나는 성화에 예의를 표한 뒤 밖으로 나와 성당 계단에 서서 그가 처음 마주했을 심란한 광경을 상상했다.

하드리아누스가 떠난 뒤 로마 시대 런던은 성쇠를 거듭했다. 어떤 건물은 손쓸 수 없이 무너졌지만 중요한 건물이 새로 들어서기도 했다. 그중 하나가 지금도 옛 런던의 경계에 띄엄띄엄 남아 있는 약 3킬로미터 길이의 성벽으로, 서기 200년경에 세워진 것으로 짐작된다.

3세기에 로마제국은 장기 인플레이션과 대혼란의 시기에 접어들었다. 런던은 고난의 시기에 접어들었다. 물자 보급이 너무 늦어졌고 공무원은 급료를 받지 못했다. 도덕이 땅에 떨어졌다. 410년, 색슨족의 공격이 얼마나 심각했던지 런던 사람들은 황제 호노리우스에게 절박한 호소문을 썼다. 그는 영국인의 마음 깊은 곳에 아동기 거절 콤플렉스를 심은 인물로 역사에 길이 남을 만하다.

"안됐지만 방법이 없노라." 황제의 대답이었다. 내줄 병력이 없었다. 446년, 런던 사람들은 마지막으로 한 번 더 아에티우스 장군에게 도움을 청했다.

"색슨족은 우리를 바다로 몰아넣습니다. 바다는 우리를 색슨족에게 돌려보내고요! 이건 살육입니다." 그들은 울부짖었다.

소용없었다. 런던은 버려졌다. 더 이상 제국의 일부가 아니었다. 로마는 아우구스투스의 단호한 판단, 즉 이 나라엔 병사 한 사람의 뼈도 아깝다는 태도로 다시 돌아섰다.

이제 저 막강한 게르만 부족을 막을 방법은 없었다. 헹기스트와 호르사가 건너왔고, 로마계 런던 사람들은 검에 베이거나 켈트족이 사는 변방으로 쫓겨났다. 내가 서 있는 이곳, 지금의 러드게이트 힐 꼭대기에 당도한 멜리투스는 종말 이후의 풍경을, 자랑스러운 로마인의 심장을 덜컥 내려앉게 하는 광경을 목도했다.

나는 내 마음의 시야에서 버스와 관광객을 지우고 강둑과 코스타커피 매장도 없앴다. 그러자 604년의 런던이 보인다. 욕장과 대경기장은 폐허가 되었고, 사람들은 낡은 주택 안뜰에 돼지를 길렀다. 온돌난방법은 잊혔고, 런던에 중앙난방이 다시 도입되려면 몇백 년이 더 지나야 했다.

총독 관저는 진작 무너졌고, 도시를 이루었던 큰 구역(한때는 야심 있는 로마계 런던 사람 수만 명이 살아가고 꿈꾸던 공간)은 검은

흙으로 뒤덮여 있었다. 고고학계는 이 흑토가 모종의 참사를 가리키는지, 아니면 그냥 농사를 짓기 위해 땅을 갈아엎은 흔적인지를 두고 의견이 갈린다.

런던에 남은 사람들은 캐스울프, 시월린 같은 이름을 가졌다. 그러니까 그들은 본질적으로 게르만족이었다. 그들은 아그리콜라가 입으라고 했던 토가를 벗고 바지를 입었다. 그렇다, 이제 런던에는 바지를 입은 야만인들이 살았다. 그뿐인가. 콘스탄티누스가 기독교로 개종한 지 거의 300년이 지난 그때, 그들은 게르만의 만신을 믿고 있었다. 그들의 통치자는 보덴의 후손이었고, 매년 11월 엄청난 양의 소와 돼지가 희생 제물로 바쳐졌기에 그 달을 '피의 달'이라고 불렀다.

로완 윌리엄스에 따르면, 런던에 당도한 멜리투스는 "기독교에 관한 흔적은 거의 찾을 수 없었다".

주교에겐 계획이 있었다. 러드게이트 힐 꼭대기에서 주변을 살피던 그는 쓰러져 가는 로마 신전에 시선을 고정했다. "그래, 저기가 적당하겠어."

그의 사명은 591년에 구상되었다. 교황 그레고리우스 1세는 로마의 노예 시장을 구경하다가 피부가 희고 머리칼이 금빛인 남자 노예들을 발견했다. "저들은 어디 출신인가?" 그가 물었다.

"잉글랜드에서 왔습죠." 경매인이 대답했다. 아마 라틴어로 "Angli sunt"라고 했을 것이다.

교황은 손뼉을 치며 유명한 농담을 남겼다. "Haud Angli, sed Angeli!"(영국인이 아니라 천사로구먼!) 그리고 물었다. "기독교도인가?"

"안타깝지만 아닙니다." 이에 교황은 "그렇군. 한번 생각해 봐야겠군"이라고 말했다.

596년, 그는 일단 아우구스티누스를 보냈다. 아우구스티누스는 그럴듯한 성과를 올렸다. 켄트의 애설버트 왕은 이교도였지만 그의 아내 버사가 기독교에 관심이 있었다. 왕은 곧 구세주를 믿게 되었고 아우구스티누스는 로마에 증원을 요청했다. 그는 일이 빠르게 진행되고 있지만 물건이 부족하다고 보고했다. 제의, 제단 장식품, 영대, 종교 문헌 같은 것 말이다. "어서 물건을 보내 주십시오." 그는 교황을 재촉했다.

그레고리우스 교황은 멜리투스 등 몇 명을 파견하면서 영국의 이교도를 개종할 방법에 관한 유명한 편지를 보냈다. "뭘 하든 급하게는 하지 마라. 이교도의 축제와 제사를 금하지 말고 계속 즐기게 놔 두어라. 그들의 턱에 기름과 육즙이 줄줄 흐르게 내버려 두어라. 다만 그게 다 하느님의 은총임을 가르쳐라. 이교의 신전도 파괴하지 말고 그 한쪽에다 새 오두막을 붙여 지어라."

지금의 세인트폴 성당이 있는 자리 어딘가에서 멜리투스는 애설버트의 조카인 새버트에게 교회를 짓게 해 달라고 설득했다. 그는 디아나 신전의 폐허에 간소한 목조 회중석을 짓고 그것을 성 바울에게 바쳤다.

그렇게 런던 땅에 기독교가 돌아왔다. 그러나 아직 상황은 위태롭기만 했다.

616년이나 618년경 애설버트와 새버트가 모두 죽고 기독교는 색슨족의 가장 중요한 후원자 둘을 잃었다. 성비드에 따르면, 애설버트의 아들 이드월드는 특히 못되게 굴었다. 그는 당장 기독교를 버렸고 아버지의 아내와 살림을 차렸다고 발표했으니, 그레고리우스 교황에게 보고할 만한 이야기는 아니었다.

새버트의 아들들로 말할 것 같으면, 그들은 멜리투스를 조롱했다. 그들은 런던의 새 주교가 그 작은 목조 교회에서 성도들에게 성체—구세주의 몸—를 나누어 주는 모습을 목격했다.

"우리도 그 빵 좀 주시지요, 멜리투스님?" 새버트의 자식들이 말했다.

“글쎄요, 빵이야 줄 수 있지만 먼저 그대들이 구세주를 믿고 성수에 몸을 담가야 합니다.”

“뭘 담가? 그런 건 싫소. 어서 그 빵이나 내놓으쇼.”

“미안하지만 순서가 있습니다. 빵을 먹고 싶다면 믿음부터 가지십시오.”

이 버릇없는 젊은이들은 주교에게 욕을 퍼붓고 그를 런던에서 내쫓았다. 그는 다시는 돌아오지 못했다.

멜리투스의 유산은 결국 눈부시게 이어졌다. 그가 처음 세운 교회는 대공습 기간에 국가적 저항의 상징이 되었고, 오늘날까지도 런던 사람들은 세인트폴 성당을 바라보는 일을 어찌나 신성하게 여기는지 그것을 볼 수 있는 조망권을 엄격하게 보호하고 있다. 어떤 건물도 리치먼드 힐, 프림로즈 힐 등 도시 곳곳의 고지대에서 돔이 보이는 시야를 방해해선 안 된다.

그러나 멜리투스가 쫓겨난 시점까지도 런던에는 이교가 여전히 굳건했고, 2대 주교인 성 시드는 654년에야 런던의 주교좌를 물려받았다. “참 오랜만입니다, 형제자매여!” 그는 첫 설교에서 이렇게 말했을 것이다.

나는 2010년의 어느 날 저녁, 영광스럽게도 교황을 알현하게 되었을 때 멜리투스를 떠올렸다. 나는 수많은 인종과 종교를 자랑하는 이 현대적인 대도시를 대표하여 히스로 공항 활주로에 서 있었다. 그때, 우리 런던 사람들의 불경함과 방탕함에 대해서 사과랄까 해명이랄까 그런 걸 해야겠다는 생각이 얼핏 들었다.

마치 내가 몸에 대청을 칠하고 머리에 기름을 바르고 바지를 입은 야만스러운 색슨족이 되어 로마에서 오신 찬란한 귀인에게 나 자신과 이 도시를 소개해야 할 것만 같았다. 마침내 교황이 알리탈리아 항공 전세기에서 모습을 드러냈다. 지친 기색이었지만 그래도 흰색 제의를 입고 진홍색 신을 신은 모습은—마치 설탕을 입힌 아몬드처럼—어딘가 반짝이는 빛을 발했다.

"이게 다 410년에 시작된 일이네요." 로열 라운지의 소파에 함께 앉았을 때 내가 말을 꺼냈다.

교황은 그 시절 티타임에 관한 이야기인가 싶은지 나를 유심히 바라보았다.

나는 호노리우스 황제의 결정이 이 나라에 얼마나 큰 심리-역사적 의미를 가지는지 말하고 싶었다고 주절주절 설명했다. 그로써 영국은 로마제국의 다른 많은 속주와 달리 완전히 과거로 돌아갔다.

한때 완전히 로마화되고 또 완전히 기독교화되었던 도시가 다시 이교와 죄악의 땅으로 돌아간 것이다.

시간만 더 있었다면 나는 런던 깊은 곳에는 변치 않는 이교 기질과 야성이 존재하는 것 같다는 의견까지 밝힐 뻔했다. 5세기에 로마로부터 떨어져 나온 경험(그리고 로마에 배반당한 경험)이 있기에 우리는 지금도 종교나 정치를 통합하려는 그 어떤 대단한 범대륙적 계획에도 잠재의식적으로 불신을 느낀다고 말이다.

호노리우스가 탯줄을 끊었던 그때 기억이 헨리 8세부터 영국의 유로화 가입 거부까지 모든 것을 얼마간 설명해 준다는 내 가설을 설명하려던 참이었다.

교황께는 다행히도 내가 겨우 몇 문장 읊었을 때 그를 호텔로 모셔 갈 추기경 행렬이 나타났다.

"아주 흥미로운 이야기였어요!" 교황은 이렇게 말했다.

배은망덕한 이교도에 의해 런던에서 추방된 불쌍한 멜리투스의 이야기엔 우스운 구석도 있다. 그러나 그가 이곳에 왔기에 런던이 기독교의 품으로 돌아갈 수 있었다는 역사적이고 획기적인 의의는 부정할 수 없다.

그가 나무로 된 저 허술한 성 바울의 교회를 짓지 못했다면 어땠을까? 로마가 떠난 런던의 검은 땅에 그 연약한 신앙의 꽃을 다시 심지 못했다면? 영국의 지배층이 그때부터 오늘날까지 쭉 구세주 예수가 아니라 개울과 숲과 바위에 대고 맹세했다면 어땠을까? 그랬다면 영국 제국은 정말로 전혀 다른 성격을 가졌을 것이다. 그에 따라 미합중국의 역사도 달라졌을 것이다. 그가 없었더라면 지금도 우리는 "보덴을 따르는 하나의 민족"이라고 선서했을 것이고, 크리스마스나 추수감사절이 아니라 피의 달이 지나치게 상업화되었다고 불평했을 것이다.

물론 구세주의 거룩한 계획을 믿는 이들은 이 공상을 일축하겠지만, 멜리투스 이래 300년간 이교도는 결코 멀리 떠나지 않았고 그들의 방법은 악랄했다.

멜리투스의 교회가 남긴 흔적도 없지만, 색슨족의 초기 거주지 역시 지금은 완전히 사라졌다. 그들은 서쪽으로 옮겨 가서 올드위치와 코벤트 가든 여기저기에 자리 잡았다. 적은 템스강을 타고 쳐들어왔다.

우리는 그들을 제압하고 저 고대의 도시를 탈환하고 재건한 한 남자의 이름을 안다. 수백 년간 쇠락한 런던에 로마의 기억을 되살릴 명석한 자가 나타났다.

앨프리드 대왕

Alfred the Great

런던을 되찾다

영국이 지구상 최강국을 자임할 수 있게 된 것은 겨우 100년 전 일이다. 전함 드레드넛이 바다를 돌아다니던 때였다. 영국인 해군 창설자의 동상을 세웠다. 그는 도끼를 들고 양말을 대님으로 묶었으며 턱수염이 덥수룩한 모습이다. 산타클로스가 쓸 법한 모자 밑에 움푹 들어간 눈이 보인다.

잉글랜드에 사는 어린이라면 누구나 그의 이름을 알았다. 그를 기념하는 한 축제에서 로즈베리 백작은 앨프리드 왕에게 "이상적인 잉글랜드인, 완벽한 군주, 잉글랜드의 위대함을 개척한 자"라는 최고의 찬사를 바쳤다. 후에 휘그파 역사가 E. A. 프리먼은 그를 "역사상 가장 완벽한 인물"이라고까지 평했다.

해군의 아버지라면 그로부터 탄생한 영국 제국 및—21세기에 접어든 지금까지도 크게 달라지지 않은—막강한 앵글로색슨 세계 전체의 아버지인 셈이지만, 무엇보다 앨프리드 왕은 미개한 나라에 교육을 다시 일으키고 잔인한 이교도를 내쫓고 왕국을 통일한 인물이었다. 그는 런던을 망각의 늪에서 구한 자로 역사에 길이 남을 것이다.

그런데 오늘날 이 왕은 의아할 만큼 인기가 없다. 그의 이미지는 기억에서 지워지거나 사실에서 멀어졌다. 완티지에 있는 앨프리드 상은 꾸준히 훼손당하고 있다. 어린이들은 그에 대해 아무것도 배우지 않는다. 마치 우리가 그를 이 나라의 암흑기로, 그가 우리를 구해 냈던 그 시대로 돌려보내려고 작정하기라도 한 것 같다.

남은 유물로만 보면 앨프리드 왕 이전 색슨 시대의 런던은 한심한 도시였다. 양의 어깨뼈를 깎아 만든 이 빠진 빗이 있고, 백랍 재질의 노리개는 캠든 록 마켓에서 파는 것과도 비슷한데 품질은 그만도 못하다. 초등학생의 솜씨 같은 찌그러진 도기도 있고, 런던 박물관에 있는 나무집 복원 모형은 지저분한 히피의 집 같다. 벽돌도 없고 석공업도 없고 프레스코화, 모자이크화도 없었으며 로마인이 쓰던 공중위생 설비 같은 것은 물론 없었다.

일부 앵글로색슨파 역사가는 바로 그때가 우리의 황금기였다고, 그 모형 오두막에 쪼그려 앉으면 빽빽한 머리카락에 밴 연기 냄새와 돼지들의 향기가 나며 이어서 발목을 타고 오르는 암흑시대의 습기가 느껴지고 동상과 부스럼과 32세의 기대수명을 줄줄이 느낄 수 있다고 주장할 만하다.

하드리아누스 시대 이후 런던 인구는 위험할 정도로, 짐작건대 수천 명 수준으로 감소했다. 런던은 에식스나 잔인하고 교양 없는 왕 오파가 통치하는 머시아에까지 신종(臣從) 의무를 졌다. 런던 사람들은 옛 로마 시대 도시를 떠나서 살았는데, 이는 폐허를 무서워하는 미신 때문이었던 듯싶다.

오늘날의 스트랜드와 올드위치에는 룬덴윅이라는 정착지가 있었고, 그래도 이쪽엔 뭔가가 있었던 모양이다. 우리는 메로빙 왕조 시대 유럽과 교역이 활발했음을 보여 주는 단지를 발견했다. 1980년대에는 코벤트 가든 인근에서 가옥 60여 채가 있는 거리가 발굴되었다.

성 비드에 따르면, 런던은 여전히 "뭍으로 바다로 여러 민족이 모여드는 거래소"였다. 쇠락하긴 했어도 9세기 초 런던은 이 나라에서 가장 부유하고 가장 중요한 지역이었다. 물론 그 지위가 그렇게 얻기 힘든 것은 아니었다. 상황은 악화일로에 놓여 있었다.

어떤 의미에서 이는 앵글로색슨족이 자초한 결과였다. 바로 그들부터가 이 땅의 약탈자였다. 이 금발의 무법자들은 게르만의 일파로, 원래 엘베강과 베서강 사이 평원에서 살았다. 이들이 기존 인구를 어찌나 무자비하게 다루었던지—닥치는 대로 죽이고 쫓아냈다—비잔틴 역사가 프로코피우스는 영국이 두 나라로 이루어졌다고 생각했다. 에스파냐 맞은편은 '브레타니아'이고, 라인강 하구 맞은편의 게르만족 영역은 '브레티아'라고 말이다.

앨프리드 왕이 통치하는 시기까지도 색슨족은 로마-켈트계 영국인에 대한 탄압을 멈추지 않고 그들을 서쪽의 웨일스와 콘월로 내몰았다. 앨프리드의 외조부 오슬락은 왕족의 집사장이었는데, 그는 자기 가문이 와이트섬에 있던 영국인을 모조리 살육했다는 사실을 즐겨 자랑했다.

집단 학살의 전문가였던 색슨족은 앨프리드가 태어나기 전에 천벌을 받았다. 일설에 의하면 덴마크 지역의 인구 폭발이 침략의 원인이었다고 한다. 당시 복혼 관습을 따랐던 데인족에는 후처들과의 사이에서 많은 아이들이 태어났고, 작은아들들이 잉글랜드의 양 떼에 눈독을 들였다는 것이다. 이유야 어쨌든, 바이킹은 바닥이 평평한 배를 타고 은밀하게 강을 거슬러 오르다가 갑자기 섬뜩한 포효를 내지르며 상륙했다.

붙잡힌 색슨족 왕들은 '피의 독수리' 의식을 치러야 했다. 등에 독수리 문양을 새기는 정도로 끝나는 때도 있었지만, 정식으로는 산 사람의 척추에서 늑골을 끊어 양쪽으로 벌린 다음 흉곽 속의 폐를 꺼내어 늑골 위에 '독수리 날개' 모양으로 멋지게 걸치는 처형식이었다.

그들은 다른 종류의 인간 제사도 행했다. 그들에게 교회는 그저 건물일 뿐이었기에, 게다가 금이 있을 가능성이 큰 장소였기에 교회를 약탈했다. 곤경에 빠진 웨식스와 머시아의 왕들은 뇌물을 써서 그들을 쫓아내려 했다. 바이킹은 금을 받고 나서 물러나겠다고 엄숙하게 선서했다. 그리고 약속을 파기했다. 『앵글로색슨 연대기』(*The Anglo-Saxon Chronicle*)에는 842년에 런던이 습격을 당하고 "엄청난 살육"이 자행되었다고 쓰여 있으나, 진짜 참사는 851년에 벌어졌다.

로릭이 이끄는 350척 선단이 템스강을 거슬러 올라왔다. 그들은 먼저 캔터베리를 휩쓸었다. 그런 다음 배를 더 몰아 템스강 북쪽 강둑에 내렸다. 이번에는 룬덴윅이었다. 그들은 여자들을 강간하고 남자들을 죽였다. 그들의 피가 개울을 거쳐 템스강으로 흘러들었다.

훗날 이 사태에 복수할 사람은 그때 겨우 서너 살이었다. 아이는 웨식스 왕족의 영지에서 사냥하고 총 쏘고 낚시하고 기도하며 성장했다. 그는 애설울프의 아들이었고, 애설울프는 애그버트의 아들이었고, 애그버트는 얼문드의 아들이었고, 얼문드는 이파의 아들, 이파는 이오파의 아들, 이오파는 잉글리드의 아들이었다. 즉, 앨프리드는 색슨족 왕가의 번듯한 도련님이었다.

유일한 문제는, 그의 부모가 이미 아들 넷(애설스탄, 애설볼드, 애설버트, 애설레드)과 딸 하나(애설스위드)를 두었다는 것이었다. 일단 앨프리드는 그들보다 멋진 이름을 얻었다(그 뜻은 '요정의 지혜' 정도 된다).

그의 전기작가(애서라는 아첨꾼 수도사)는 우리에게 이 어린아이가 시를 외는 승부에서 형과 누나를 이겼다고 전한다. 금발의 막내 녀석이 환히 웃는 어머니 앞에서 조잘거리는 모습에 나머지 아이들이 얼마나 속이 뒤틀렸을지 눈에 훤하다.

그러나 그의 성장기에서 훨씬 더 중요한 사실은 아버지 애설울프가 앨프리드를 특별한 자식으로 선택했다는 것이다. 명목상 애설울프는 이교신의 우두머리 보덴의 후손이었지만 실제로는 독실한 기독교도였고, 하느님을 얼마나 경외했던지 852년 아클레아(지금의 오클리) 전투 직후 아주 특이한 행보를 보였다. 아직 바이킹이 잉글랜드 주변을 배회하던 그때—즉, 침략의 위협이 여전했던 때에—왕은 다섯 살짜리 아들을 데리고 바다 건너 산 넘어 로마를 순례하기로 했다.

교황 레오 4세는 성베드로 바실리카에서 턱수염 난 색슨인을 맞이했고, 고용인들이 웨식스 왕의 공물—2킬로그램이나 되는 금관, 장식용 검, 금빛 열쇠 무늬를 넣은 자주색 튜닉—을 조심스럽게 받아드는 동안 교황은 방문객에게 어울리는 인사를 떠올렸다. 애설울프는 집정관에 임명되었다. 로마 공화국 최고의 관직으로 저 옛날 키케로가 간과 쓸개를 팔아 가며 얻어 낸 그 자리를 무명의 게르만계 족장은 그 자리에서 따낸 것이다. 게다가 꼬마 앨프리드는 교황의 대자가 되었다.

그런 대접을 받았으니, 애설울프는 당연히 로마라는 곳에 약간 취했던 듯하다. 부자는 스콜라 색소눔(schola saxonum), 즉 성베드로 바실리카 근처에 지어진 색슨풍 오두막 군집으로, 잉글랜드에서 온 순례자가 쓰도록 설계한 시설에 기거하며 1년이나 로마에 머물렀으며, 그곳 교회들의 개조 사업에도 나랏돈을 내주었다. 2년 후 앨프리드가 일곱 살이 되었을 때, 부자는 다시 한번 로마를 순례했다.

나는 일전에 딸과 함께 로마에 간 적이 있다. 우리는 콜로세움 주변을 걸었는데, 그 유적의 모습은 앨프리드 시대로부터 크게 달라지지 않았을 것이다. 나는 거무튀튀한 아치 아래로 은빛 화살처럼 쏟아져 내리는 빗물을 쳐다보면서 이곳이 사진으로 본 것보다 훨씬 더 거대하고 웅장하다고 생각했다. 어린아이의 눈에는 이 건축물의 규모가 얼마나 놀라웠을까? 카라칼라 욕장은 색슨족이 살던 사우샘프턴—런던 다음으로 큰 교역 중심지—전체가 쏙 들어가고도 남을 정도로 컸다.

물론 로마 대부분은 로마 시대 런던만큼 황폐해진 뒤였다. 그러나 꼬마 앨프리드의 대부 레오 교황은 기독교 건물을 세워 이교도 유적에 맞서는 데 특히 굳은 의지를 보이고 있었다. 그는 바티칸 궁 둘레에, 그리고 한때 하드리아누스의 영묘였고 지금은 산탄젤로 성인 곳의 둘레에 육중한 성벽을 세웠다. 가장 감수성 높은 시기를 지나던 앨프리드는 한 도시가 재건되는 모습을 보면서 잉글랜드에는 무언가가 완전히 사라지고 없다는 사실을 깨달았다. 제 나라에는 도시라는 개념 자체가 없었다.

도시라는 개념을 폭력적으로 거부한 바이킹 때문이었다. 그들은 도시에는 관심이 없었고, 도시를 불태우는 데만 관심이 있었다.

그들은 860년에 웨식스 왕국의 수도 윈체스터를 약탈했고, 성년이 된 앨프리드는 거의 쉬지 않고 이 이교도들과 전쟁을 치렀다. 그의 아버지는 이미 858년에 세상을 떠났고 형들은 서른도 안 된 나이에 차례차례 죽어 가고 있었다. 871년, 스물세 살의 앨프리드는 지독한 상황에서 왕관을 썼다. 바이킹은 통제 불능이었고, 872년 '위대한 이교도 군대'의 일부는 비어 있는 런던을 다시 손에 넣기로 했고, 어쩌다 아직 근처를 배회하는 자가 있으면 강간하고 공격했다. 바이킹 대장 할프탄은 자신의 지배력을 입증하려고 런던에서 동전 주조까지 한 듯했다.

앨프리드는 '데인세(稅)'를 바쳐야 할 상황이었고(그 자체가 불명예스러운 전략은 아니다. 결과가 단순하진 않지만 탈레반에 대해서도 같은 전략이 쓰인다), 결국 서머싯의 황량한 습지로 밀려나 자신의 나라에서 도망자 신세가 되었다. 앨프리드는 바로 그 시절에 한 평민의 부엌에서 빵을 태워 먹은 일로 『1066년에 벌어진 모든 일』(*1066 And All That*)에 따르면 '부엌데기 왕' 칭호를 얻었다. 또 다른 일설에 의하면 그 시절에 앨프리드는 신하 한 사람과 함께 변장을 하고 데인족 병영을 염탐했다고 한다.

현대인이 보기에 사뭇 어리둥절한 면은 그가 빅토리아 시대 퍼블릭 스쿨의 신조, 즉 하느님을 열심히 믿을 뿐만 아니라 정신을 단련하면 신체의 약점을 극복할 수 있다고 강조하는 강성 기독교 정신의 소유자였다는 것이다. 성인이 되어 성적 충동에 시달리게 된 앨프리드는 정신을 딴 데 쏟을 수 있도록 병을 내려 달라고 기도하기까지 했다. 전능자가 그에게 얼마나 강력한 치질을 내려 주셨던지, 앨프리드는 평소처럼 콘월에 사냥을 나갔다가 결국 한 수도원에 들러 다른 병을 내려 주십사 기도했다.

그때 시작된 원인 불명의 복통은 그가 죽을 때까지 이어졌는데, 아마 크론병에 걸렸던 것으로 보인다. 후에 자신을 G20급의 세계적 지도자로 여기게 된 시점에 앨프리드는 예루살렘 총대주교 엘리아스에게 편지를 보내어 이 창자 문제를 해결할 의학적 조언을 구했다. 이에 엘리아스는 "변비에는 스카모니아를 쓰고, 옆구리가 쑤시는 덴 '구타몬'을, 설사에는 감송을, 심한 가래에는 트래거캔스 고무를 쓰고, 석유를 원액으로 마시면 속이 편해지고 '흰 돌'은 모든 알 수 없는 고통에 효과적이다" 하고 끔찍한 치료법을 쭉 적어 보냈다.

앨프리드가 복통을 치료하겠다고 정말로 석유를 마셨는지는 알 수 없지만, 현대 의학자 대다수는 그가 총대주교의 처방을 따르고도 목숨을 부지했다면 그 어떤 것도 그의 목숨을 빼앗지 못했으리라고 말한다. 어쨌든 제 위장을 제압한 앨프리드는 (아마 꽁무니로는 굉장한 배기가스와 악취를 내뿜으면서) 습지대에서 기세 좋게 뛰쳐나왔다. 그는 색슨족을 상비군인 '퓌르드'(fyrd)로 편성했고, 당번 체계를 두어 모든 병사가 돌아가면서 본업을 해결하게 했다. 그는 전과는 전혀 다른 방어 방식을 채택하여 약 30개 소도시를 이중으로 방비한 '성시'(burh)로 전환했다. 878년, 색슨족은 에딩턴에서 데인족에게 결정적인 승리를 거두었다.

앨프리드 군은 일단 고대 그리스의 보병처럼 밀집하여 1.8~2.4미터 길이의 창을 던졌다. 이어서 방패와 방패가 맞부딪는 길고 힘겨운 싸움이 시작되었다. 지금까지 남아 있는 단검(험악하게 생긴 길쭉한 '색슨칼')을 보면 바이킹이 그것을 왜 그렇게 싫어했는지 알 수 있다. 바이킹의 구드룸은 완패한 뒤 마지못해 앨프리드의 자랑스러운 대자로서 세례를 받기로 했다.

에딩턴 전투를 기점으로 바이킹의 위협은 사그라들었다. 물론 이 짐승 같은 족속은 아직도 완전히 떠나려고 하지 않았다. 882년에는 다시 런던을 습격한 것으로 보이는데, 공격 대상이 누구였는지, 무엇이었는지는 확실하지 않다. 슬프게도 그 시기 런던의 정착지는 망가질 대로 망가져서 정부라 할 만한 것도 없었다. 그러나 런던은 여전히 전략적 요충지였다. 로마 도로망의 중심에는 여전히 런던이 있었고, 앨프리드 왕이 잉글랜드 동부와 동남부를 어슬렁대는 바이킹을 처리할 생각이라면 가장 간단한 방법은 교차로를 장악하는 것이었다.

『앵글로색슨 연대기』가 전하는즉 앨프리드는 886년에 그 일에 착수했다. 그는 런던을 포위하거나 점령했는데, 어쨌든 런던은 다시 한번 불길에 휩싸였고 (바이킹이 어떤 형태로 살아가고 있었는지는 몰라도) 주민 다수가 죽었다. 크로이던에서 발견된 유명한 동전 무더기를 보면 이번에는 바이킹이 돈 되는 물건을 땅에 묻고 달아났음을 알 수 있다. 로마 시대의 수도를 손에 넣은 앨프리드는 대부인 레오 교황이 로마에서 했던 일을 그대로 할 수 있었다. 그가 어린이 순례자로서 흡수했던 그 모든 아이디어가 쏟아져 나왔으니, 애서에 따르면 "그는 도시를 훌륭하게 복구하여 다시 살 만한 곳으로 만들었다."

그는 역사가 있는 도시를 원했다. 그 전과 후의 수많은 통치자와 마찬가지로 '로마의 꿈'에, 샤를마뉴적 욕망에 한껏 부풀어서 한때 유럽을 지배했던 위대한 로마-기독교 문화의 계보에 자신의 이름을 써넣고자 했다. 그는 색슨족이 로마공포증을 극복하고 저 허물어져 가는 분홍색과 흰색의 거대한 성벽 안으로 돌아간다고 선언했다.

앨프리드는 치프사이드부터 템스강으로 이어지는 너비 약 300미터, 길이 1000미터의 옛 런던 땅을 선택했다. 그가 조성한 격자형 거리가 지금도 갈릭 힐, 브레드가, 보우 레인 등지에 남아 있다. 룬덴윅 시대가 끝나고 룬덴버그 시대가 시작되었다. 옛 런던이 새 런던이 되었고—올드위치('옛 시장')라는 이름이 의미하듯—새 런던이 옛 런던이 되었다.

새로운 옛 런던은 빌링스게이트와 퀸히스 두 항구를 두었고, 재건한 부두를 통해 교역이 발전하기 시작했다. 우리가 발견한 그 시대 유물 중엔 노르웨이산 숫돌, 독일 니더멘디크산 맷돌이 있다. 벨기에와 노르망디, 스코틀랜드의 동전은 런던이 다민족, 다언어 도시라는 과거의 위상을 되찾고 있었음을 보여 준다.

앨프리드는 이후 150년간 이어질 안정과 성장에 기틀을 마련했다. 물리적인 재건축보다 훨씬 더 의미심장한 변화는 그 시대 런던이 엄청난 새로운 정치 현실을 구현한 데 있었다. 앨프리드는 머시아 사람인 얼더먼 애설레드('앨더먼베리'가 그의 이름을 딴 지명으로 추측된다)에게 맡겼고, 런던은 웨식스와 머시아 간의 새로운 통합을 견인하고 상징하는 도시가 되었다. 앨프리드 본인도 머시아 왕족인 얼스위드와 결혼했으니, 이제 그는 웨식스만의 왕이 아니었다.

그는 자신이 떠올린 새로운 칭호로 렉스 앵글로색소눔, 즉 앵글로색슨 왕이 되었고 자신의 언어를 '앵글리스크'(Englisc)라고 일컬었다. 899년, 막대한 부와 명예 속에서 죽음을 맞이한 앨프리드는 "모든 잉글리시의 왕"이라고 불렸으며, 오스트랄로피테쿠스에게서 인간과 비슷한 특성을 발견하듯 이 표현에서 현대 세계 제1의 언어를 가리키는 말의 탄생을 볼 수 있다.

앨프리드는 당시로서는 놀라운 금액인 은화 2000파운드를 유산으로 남겼으니, 이는 앵글로색슨족이 바이킹을 격퇴하고 해로를 깔끔하게 정리한 뒤 그 이익을 누렸음을 보여 주는 증거일 것이다. 또한 그는 무지한 데인족에 맞서는 전략으로 문해력과 기독교 신앙을 널리 보급했다는 점에서 영국 역사상 가장 위대한 교육자 중 한 사람으로 기록된다.

앨프리드는 아우구스티누스와 보에티우스, 성경의 시편을 개인적으로 번역한 학자였다. 그는 그 자신의 법전(doom book)으로 법 체계를 세우고 정부론을 펼쳤다. 처칠을 닮은 그의 활력과 자신감은 실제로 당시에 쓰이던 배의 설계를 개선하는 업적으로 이어졌다.

현대의 냉소적인 역사가는 앨프리드의 배가 그리 대단한 것은 아니었다고, 알고 보면 무겁고 굼떴다고 설명할 것이다. 그러나 그는 오늘날 태평양의 가장 먼 지역인 베이징까지도 성가셔하는 앵글로색슨족의 제해권을 처음 구축한 장본인이다.

그는 자기만의 특별한 시계도 발명하여 하루 중 정확히 절반을 하느님께 기도하는 데 쓰고 나머지 절반은 속세의 일에 할당할 수 있었다. 그는 숱한 실험 끝에 사제들에게 72페니의 무게에 해당하는 촛농을 모으라고 시켰다. 그런 다음 이 밀랍 덩어리를 잘라 열두 치 길이의 가느다란 초 여섯 개를 만들었다. 앨프리드는 각각의 초가 정확히 네 시간 동안 탄다는 것을 알았고, 그런 식으로 계속 초를 만들어 하루 내내 태움으로써 시간의 흐름을 정확하게 표시할 생각이었다.

그러나 아쉽게도 그가 머무는 이런저런 막사와 교회는 바람이 하도 잘 통해서 앨프리드 시계가 계속 작동하기가 매우 어려웠다. "흠…. 빛은 통과시키고 바람을 막을 방법을 찾아야겠군." 앨프리드는 수염을 쓰다듬으며 이렇게 말했다.

그래서 목수를 시켜 나무로 상자 틀을 만들고 옆면에 반투명한 뿔로 된 패널을 끼웠으니, 보라! 왕께서 랜턴을 발명하셨도다!

사실 현대의 연구자들은 앨프리드식 촛불시계의 복원 작업에 애를 먹고 있다. 열두 치 길이의 가느다란 초는 네 시간이 되기 훨씬 전에 다 타 버린다고 한다. 왕은 뭔가 더 난해한 장치를 고안했는지도 모른다. 그는 바이킹을 바다 건너로 돌려보내고 왕국을 통일했을 뿐 아니라 배며 시계며 랜턴 등 굵직한 발명 특허에 본인의 이름을 남겼다.

그렇다면 그간 어떤 일이 있었길래 우리가 이 박학한 전사 겸 학자를 까맣게 잊게 된 것일까? 스트랜드에는 왕립재판소 근처에 그의 법학적 기여를 적절히 기념하는 동상이 하나 있다. 그러나 런던에는 그가 이 도시에 기여한 바를 기념하는 것이 아무것도 없다.

퀸히스 항구에 명판이 하나 있었지만 개발업자들이 그걸 '분실'했고 존 클라크의 끈질긴 주장에 힘입어 최근 런던 박물관에 겨우 복원된 정도이다. "이건 '망각형(刑)'이나 집단 기억상실증이나 다름없습니다." 클라크 교수의 말이다.

그 이유를 생각해 보면, 일단 앨프리드 왕은 런던에 이렇다 할 물리적 유산을, 그의 이름으로 기억될 주춧돌을 남기지 않았다는 점을 들 수 있다. 그 시대 색슨족의 궁과 교회는 벽돌 하나, 기둥 하나 남지 않았다. 그러나 우리는 그가 여러 면에서 비호감인 인물이 되었다는 서글픈 사실도 인정해야 한다. 사람을 질리게 하는 그의 기독교적 인품, 놀라운 활력과 극기심이 빅토리아 시대에는 매력적이었을지 몰라도 지금은 아니다.

우리, 현대의 쾌락주의자들은 성적 욕망을 치유하겠다고 기도로 치질을 요구하는 남자를 이해하기 어렵다. "벌이 화가 나서 침을 쏘면 생명을 다하듯이 부도덕한 욕정을 느낀 인간의 영혼은 타락하고 만다." 앨프리드는 자신이 번역한 보에티우스 책을 이렇게 서글픈 문구로 장식했다. 소설가나 할리우드 사람들은 이 인물에게 성적인 흥미를 가미해 보았지만 허사였다.

또한 지난 세기에는 그가 살짝 지나치게 게르만적인 인물이었기에 완벽한 국가 영웅이 될 수 없었다는 사실도 인정해야 한다. 빅토리아 왕 시대에는 옛 영국인과 옛 독일인 간의 강력한 연고를 이야기하는 데 아무 문제가 없었다. 왕의 남편부터가 독일인이었다. 그러나 두 번의 세계대전을 치른 뒤, 사람들은 두 민족의 연관성을 예전처럼 좋아하지 않게 되었다.

그런데 최근 들어 앨프리드를 괴롭히는 것은 게르만적 특성보다도 그가 역사상 궁극의 앵글로색슨족이었다는 사실이다. 1990년대에 뉴욕 앨프리드 소재 앨프리드 대학의 교수진은 그곳에 이름을 남긴 인물의 조상을 주문 제작하려고 했다. 그러나 이 계획은 즉시 논란을 불러일으켰다. 린다 미첼 박사는 이렇게 비판했다. "다양성을 중요하게 생각한다는 대학에서 이렇게 배타적인 상징물을 골라서야 우스운 일이다. 역사에서 백인 남성들이 독점했던 권력 구조를 새삼 강조하는 꼴이 아닌가."

웨식스의 수도인 윈체스터조차 그 동네가 배출한 왕을 기억에서 지우고 있다. 1928년부터 2004년까지 '킹 앨프리드 칼리지'로 불리던 배움의 장소가 이제는 '윈체스터 대학'으로 이름을 바꾸었다.

12월의 어느 토요일 아침, 나는 앨프리드가 옛 로마 도심에 주문 건설한 항구 퀸히스를 찾아 나서기로 했다. '항구 하나가 통째로 사라질 순 없지.' 나는 이렇게 생각했다. 뭔가 눈에 보이는 것이 있을 게 분명했다. 내가 막 어퍼 템스가에 이르렀을 때 전능자께서는 이 도시가 100년 만에 겪는 최악의 눈보라를 풀어 놓으셨고, 퀸히스를 비롯하여 앨프리드가 지은 기반 시설의 모든 흔적은 그 밖의 모든 것과 함께 백색 지옥으로 영영 사라질 것만 같았다.

몇 주가 더 지나서야 눈이 그치고 마침내 나는 그곳을 찾아냈다. 노력한 보람이 있다 싶었다. 그곳에 정말 그것이 있었으니까! 이제는 붉은색 벽돌로 지은 현대식 공동주택과 사무용 건물로 둘러싸인 템스강 기슭에 정사각형으로 파인 눈에 띄는 자리가 있었다. 나는 감시의 눈길이 없는 것을 확인하고 잽싸게 담장을 타 넘어 앨프리드 시대의 하안에 섰다. 그런데 나는 발밑을 확인하다가 깜짝 놀랐다.

퀸히스는 모든 것이 쓸려 올라오는 곳이라 발밑에는 수천 개의, 아니 수십만 개의 뼈가 있었다. 흰 뼈, 갈색 뼈, 양의 턱, 돼지의 갈비뼈, 소의 넙다리뼈, 그리고 셀 수 없이 많은 하얀 토관 조각과 목탄과 타일과 도기 부스러기가 쌓여 있었다. 강 건너로는 사우스 뱅크의 멋진 레스토랑들과 글로브 극장 건물이 보였다. 그러나 나는 런던 역사의 패총 위에 서서 저 아득한 과거를 돌아보고 있었다.

나는 퀸히스가 어떻게 강물의 물살을 완벽하게 피하는지, 과거에 뱃짐을 하역하는 데 얼마나 적당한 곳이었을지 깨달았다. 앨프리드의 항구가 중세 런던의 부흥에서 맡았던 역할도 이해할 수 있었다. 그리고 앨프리드 왕의 기억이 사라지도록 놔둔 사람들과 우리 시대의 무관심에 화가 났다.

앨프리드가 없었다면 런던은 실체스터처럼 버려진 로마 시대 소도시의 운명을 똑같이 맞이했을지 모른다.

앨프리드가 없었다면 '잉글리시'가 사는 나라는 없었을 것이고, 이 책은 아마 데인어로 쓰였을 것이다.

평화로운 100년이 지나고 데인족이 돌아왔으니, 그때 그들이 런던에 눈독을 들였다는 사실이 바로 앨프리드의 유산을 입증한다. 런던에는 항구가 생겼고, 대륙과의 교역이 재개되어 (한 중요한 필사본에 쓰인 단어가 lardam인지 lanam인지에 따라) 베이컨인지 양모인지 하는 물건이 거래되고 있었다.

앨프리드는 다리를 다시 지었다. 그 위를 건너다니던 런던 사람들은 로마 시대 때보다는 대체로 땅딸막하고 숫자도 적었지만, 건강에 좋은 소박한 음식을 먹고 살았다. 콩과 뿌리채소를 넣은 수프, 에그 스크램블, 이상하게 생긴 물고기로 만든 물고기 스튜가 그들의 주식이었다.

로마제국의 호사스러운 와인과 향신료는 사라지고 없었다. 세련된 시리아산 식기도 없었다. 그러나 런던은 최초의 민주적 제도—세인트폴에서 열린 색슨족 민회(folkmoot)—가 발생한 장소였고, 런던 사람들은 적들이 탐낼 만큼 돈을 풍족하게 벌고 있었다.

994년에 런던을 공격한 데인족은 끈질긴 저항에 맞닥뜨렸다. 이후 50년간 이 도시의 지배권은 방향을 홱홱 틀었다. 1014년, 색슨족은 데인족의 스웨인 포크비어드에게 패배했다. 그러나 색슨족은 그해에 다시 돌아와 자신들의 것인 다리까지 공격했다. 데인족이 점령한 도심으로 배를 몰고 가기 위해서였다. 그들은 노르웨이의 왕 올라프가 이끄는 동맹군의 도움을 받아 나무 기둥에 로프를 묶고 잡아당겼다. 바로 이 사건이 수십억 어린이가 "런던 다리가 무너지네"라는 노랫말로 동요를 부르게 된 배경이다. 이듬해에는 스웨인의 아들 크누트(Cnut)가 건너왔고 1016년이면 그가 런던을 지배했다.

덴마크 혈통과 폴란드 혈통이 반씩 섞인 크누트는 역사책에 등장하는 사람 가운데 오자를 냈다간 가장 큰일 날 이름을 가졌지만, 왕으로서는 훌륭한 인물로 기록되어 있다. 이제 데인족은 교회에 불을 지르지 않았다. 그들은 '허스팅즈'*로 불린 기독교도였기에 교회를 지었다. 그들은 민회도 없애지 않았다. 그들은 데인족 버전의 집회를 열었다.

그의 많은 업적 중에서도 미래를 아주 멀리까지 내다본 것이 하나 있다. 크누트는 관리들과 함께 로마 시대 런던의 서쪽, 즉 강줄기가 굽으면서 남북으로 흐르는 곳으로 갔다. 그는 이 지역의 소니섬이라는 저지에서 거주지를 지을 땅을 찾아냈다. 또—최소한 하원의 가이드 말에 따르면—그가 강기슭에 의자를 놓고 앉아 끊임없이 밀려드는 물결을 가리키며 조신들에게 통치 권력의 한계를 보여 준 곳도 바로 여기였다.

지금 그 장소에는 웨스트민스터 궁전이 들어서 있는데, 그곳 사람들은 크누트의 우화가 전하는 교훈을 너무도 자주 잊는다.

참회왕 에드워드는 크누트에 이어서 소니/웨스트민스터를 왕권과 정치권력의 중심지로 삼았으며, 후에 노르만족은 이 신흥 구역을 한층 더 발전시켰다. 그때부터 지금까지 런던의 역사는 이 근본적인 길항, 즉 정치가와 사업가 사이의, 런던 시티와 웨스트민스터 시티 사이의 긴장 위에 쓰였다.

시소처럼 권력의 향방이 바뀌던 바로 이 시기에 런던 사람들은 자신들에게 잉글랜드 왕을 '선출'할 권리가 있다는 생각을 떠올렸다. 그들은 1042년에 즉위한 참회왕 에드워드가 여론의 승인을 통해 본인들이 선택한 왕이라고 생각하기를 좋아했다.

나아가 그들은 정복왕 윌리엄에게 왕관을 쓸 '기회'를 본인들이 주었다고 생각하길 좋아했다. 그런 상황에서도 자신들에게 민주적 특권이 있다고 믿었다니, 참 기특하다.

[*] hustings 또는 house-thing: 가족 부족 등 생활공동체를 뜻하는 house와 초기 북게르만 사회에서 의회를 의미했던 things가 결합된 말로, 오늘날에는 선거 운동 또는 유세를 뜻한다.

정복왕 윌리엄

William the Conqueror

탑을 짓다

춥고 축축한 아침이었다. 템스강에서 살을 에는 바람이 불어왔다. 윤기 나는 거대한 까마귀가 금속성의 불길한 기운을 더하는 가운데, 하얀 요새는 우리가 성벽 처마로 다가갈수록 점점 더 크고 더 불길하게 솟아올랐다.

나는 희미한 안개에 휩싸인 정복왕 윌리엄의 희끄무레한 돌상을 올려다보며 이 장소의 흉포함을 몸으로 느꼈다. 앤 볼린 등 이곳—노란 상의를 입은 경비가 뭔가를 쓸어 내고 있는 바로 저기—에서 죽어 간 자들의 유령이 떠올라서가 아니었다. 성벽 속에 묻혀 있던 어린 아이들의 유골 때문도 아니고, 교회 밑에서 발견된 수천 구의 머리 없는 시신 때문도 아니었다.

런던 타워는 윌리엄의 명령으로 처음 세워진 순간부터 지금까지 늘 권력을 상징하는, 잔인한 깡패 같은 건물이었다.

"그 시대의 마천루였죠." 런던 타워의 수문장인 주임부사관 빅터 루카스의 설명에 우리는 목을 홱 젖히고 건물의 아름다운 윤곽을 살펴보았다. "앵글로색슨 시대 런던에 이 정도 규모의 건물은 전무했으니까요." 실제로 런던 타워는 템스강 통제에 유용했고, 수백 년간 끊임없이 강을 타고 올라와 런던을 들쑤시던 침략자들을 효과적으로 막아 냈다. 그러나 이 탑의 핵심 용도는 좀 더 상징적인 것이었다.

런던 타워는 잉글랜드인의 패배를 상징했다. 그들을 때리고 휩쓸고 욕보이고 정복한 민족이 이 섬에 한 번도 지어진 적 없는 거대한 규모의 탑과 감옥을 건설한 것이다.

노르만족은 이 성채를 지을 때 현지의 돌을 쓰지도 않았다. 그들은 켄트 지방의 무른 돌을 우습게 보면서 프랑스 노르망디에 있는 캉에서 석회암을 배로 날라 왔다. 이 건물은 설계만이 아니라 재료까지도 수입품으로, 어마어마하고 기기묘묘한 정육면체 요새가 로마 시대 폐허와 앵글로색슨 시대 주거지 한가운데에 불시착했다.

모든 것이 치욕이었고 애초에 터무니없는 협잡이었다. 저 윌리엄이라는 자—오늘날 귀족들은 그의 후예임을 즐겨 자랑하지만—는 잉글랜드와 아무 관계도 없었다. 이건 왕위 찬탈이었다.

그는 1028년경 팔레즈에서 노르망디 공 로베르 1세의 아들로 태어났다. 그는 사생아, 즉 로베르와 무두장이의 딸 사이에 생긴 위법적인 산물이었다. 그래서 그는 잉글랜드 왕위를 노리기는커녕 노르망디 왕위도 선불리 주장할 수 없는 처지였다.

1066년 당시 잉글랜드에는 참회왕 에드워드의 후계자로 지명받았던 해럴드 고드윈슨이라는 멀쩡한 왕이 있었다. 윌리엄은 어쩌다 잉글랜드 왕이 되었을까?

노르만족은 911년에 롤로가 프랑스 지역에 정착한 이래 프랑스화된 바이킹의 후손이었다. 윌리엄은 앵글로색슨족의 언어를 몰랐다. 그와 런던의 접점은 단 하나, 잉글랜드 역사에서 가장 무능했던 왕 중 하나로 유명한 '미비왕' 애설레드의 아내 엠마가 그의 큰할머니였다는 것이다. 연결 고리라기엔 참 미약한 관계였으나 어쨌든 윌리엄은 자기가 잉글랜드를 다스려야 한다고 믿었다. 그리고 매우 효율적인 방법으로 그 일에 착수했다.

어린 시절 암살 시도(친척들이 아기 침대에 누워 있는 그를 칼로 찔렀다)를 운 좋게 넘긴 윌리엄은 키가 훌쩍 컸고—노르만족에게 178센티미터는 큰 키였다—머리카락은 황갈색이었으며 전속력으로 달리는 말 위에서 화살을 쏠 수 있을 만큼 힘센 팔뚝을 가졌다. 먹는 것을 아주 좋아했던 그는 중세에 보기 드물 정도로 배가 나와서 적들이 그를 임신한 것으로 착각하기도 했다. 또 사냥과 전쟁에 관한 기술을 열심히 배워서 참회왕 에드워드가 세상을 떠날 무렵에는 카이사르식의 대담한 원정에 나설 준비를 마쳤으니, 그의 해상 침략은 잉글랜드 및 세계의 역사를 영원히 뒤바꾸게 된다.

이 원정에 대해 여기서 다시 요약할 필요는 없을 것이다. 해럴드는 데인족과 노르만족 양쪽에서 위협을 받았고, 스탬퍼드 브리지에서 전투를 치른 뒤 남쪽으로 가 헤이스팅스에서 싸우다가 눈에 화살을 맞았다. 이 정도는 열 살짜리 아이도 다 안다. 하지만 윌리엄이 어떻게 해서 그 자리를 차지하게 되었는지는 그리 분명하지 않다.

서식스 해안의 작은 언덕에 올라 내가 이 땅을 정복했노라고 선언할 수야 있었겠지만, 이 왕국의 열쇠는 앨프리드 왕이 수복하고 강화한 런던이 쥐고 있었다. 런던은 로마 도로망의 중심에 자리한 살찐 거미였고, 윌리엄이 이 도시의 주인이 되기까지는 뜻밖에 오랜 시간이 걸렸다. 사실 이 과정을 깊이 들여다볼수록 헤이스팅스 전투가 실제로 그렇게까지 결정적인 계기였는지 의문이 든다.

어쩌면 런던 사람들은 끝까지 버틸 수도 있었다. 어쩌면 역사의 진로를 바꿀 수도 있었다. 그들이 그렇게 형편없이 대처하지 않았더라면, 또는 지배층이 그렇게 형편없지만 않았더라면 말이다.

12세기의 '헤이스팅스 전투가'는 "런던은 위대한 도시"라고 노래한다. "고집 센 주민들이 잔뜩 모여 살고 이 나라에서 가장 부유한 곳, 왼편은 성벽이 오른편은 강물이 막아 주기에 적의 기습이 두렵지 않은 곳"이다. 결국 이 도시가—고로 이 나라가—윌리엄 손에 넘어가게 된 것은 런던 사람들의 냉소주의와 분열 때문이었다.

헤이스팅스 전투로부터 약 한 달 뒤, 윌리엄은 런던 주변을 서성이며 이 도시가 통째로 넘어오기를 기다렸다. 성벽 안쪽에 친노르만파가 있었고, 더욱이 참회왕 에드워드 세력부터 노르만화 성향을 보였었다. 그러나 당장은 친노르만계보다 친색슨계가 수적으로 우세했고, 친색슨계는 에드거 애설링의 왕위 계승을 지지했다.

우리는 이 시기의 런던에 여러 문화가 혼류하고 있었다는 사실을 염두에 두어야 한다. 지난 70년간 그들은 잉글랜드계 지배자와 스칸디나비아계 지배자 사이를 몇 번이나 왔다 갔다 했다. 윌리엄이 헤이스팅스에 도착했을 때 런던에는 잉글랜드계 색슨족과 잉글랜드계 데인족과 잉글랜드계 켈트족과 잉글랜드계 노르만족이 모여 살고 있었다. 국제적인 상인들이야 말할 것도 없었다.

그러니까 당신이 그 시대 사람이라면 잡고기 한 근을 사러 상점에 들어갔을 때 어떤 언어를 써야 할지 전혀 예상할 수 없었다. 런던 사람들이 이렇게 다양한 언어로 서로 삐걱대는 동안, 윌리엄의 군대에 이질이 돌았다. 그는 결판을 짓기 위해 런던 남부를 공격하여 서더크 대부분을 불태웠다. 그러나 어쩐 일인지 헤이스팅스의 승리자가 여기서는 패배했다. 이 대목에서 우리는 런던 사람들이 훈련만 더 잘 받았더라도 판세가 달라질 수 있지 않았나 하고 추측하게 된다.

윌리엄은 남서쪽으로 퇴각했고 결국 옥스퍼드셔의 월링퍼드까지 가서 템스강을 건넌 다음 갑자기 방향을 틀어 허트퍼드셔의 버캠스테드까지 올라왔다. 그는 그곳에서 다시 한번 런던 사람들에게 패배를 인정하라고 요구했다. 런던 사람들은 또다시 꾸물거렸다. 때는 1066년 늦가을에 이르렀고, 노르만군은 전염병과 긴 원정으로 인해 병력에 큰 손실을 입고 있었다.

시성 너머의 방위군은 앤스거라는 자가 지휘하고 있었는데, 일부 연대기에는 이 사람이 런던의 '시장'으로 기록되어 있다. 그는 헤이스팅스 전투에서 부상당한 뒤 들것에 실려 도시로 귀환한 영웅이었다. 그때 스톨러는 몇 주간, 어쩌면 몇 달간 자리를 보전해야 했다.

그는 아군의 방해만 없었어도 런던을 지켜낼 수 있었을지 모른다. 에드거 애설링—앵글로색슨족의 대안—뒤에는 노섬벌랜드 백작 에드윈과 그의 형 모카가 있었다. 그러나 결정적인 국면에서 그들은 군대를 끌고 북쪽으로 돌아가 버렸다. 에드거의 또 다른 지지자인 스티건드 대주교는 입장을 뒤바꾸어 윌리엄 편에 섰다. 1066년 12월, 스톨러는 더 이상 자리만 지키고 있을 수 없었다.

윌리엄은 수에토니우스 파울리누스처럼 지금의 에지웨어 로드로 진군하다가 지금의 세인트자일스 교차로에서 우회전하여 웨스트민스터에 본부를 차렸다. 그는 시티를 파괴하기 위해 그곳에 "공성전 병기를 설치하고 굴착기를 만들고 성벽 타격기에 쇠뿔을 달았다. (…) 그는 성보를 모래로 바수고 저 잘난 탑을 산산이 무너뜨릴 작정이었다."

아미앵 주교 기(Guy)가 말하는 "저 잘난 탑"이 무엇인지는 분명하지 않으나, 아마도 런던에 남아 있던 로마 시대 요새를 가리키는 듯하다. 앤스거의 군대는 병력이 얼마 남지 않을 때까지 격렬하게 저항했다고 한다. 그러나 윌리엄의 기사들이 더 강했다. 그들은 "런던의 많은 자식과 시민을 죽여 이 도시를 슬픔에 빠뜨렸다."

윌리엄은 1066년 크리스마스에 웨스트민스터 사원에서 잉글랜드 왕에 즉위했다. 당시 런던에 얼마나 팽팽한 긴장감이 감돌았던지 그날 의식은 하마터면 대참사로 끝날 뻔했다.

변절자 스티건드 대주교가 노르만 사람 머리에 잉글랜드 왕관을 씌우는 영광을 얻었고(사실 그해 해럴드의 머리에 왕관을 씌운 것도 그였다) 그가 잉글랜드 측 대표단에게 윌리엄을 왕으로 인정하겠느냐고 영어로 물었다. 그들은 큰소리로 동의했다. 노르만 기사들이 주위를 에워싸고 있었으니 그러지 않을 수 없었을 것이다.

다음으로 쿠탕스 주교 조프루아가 영어를 못하는 청중을 위해 프랑스어로 같은 질문을 던졌다. 이에 노르만 기사들이 프랑스어로 "네!" 하고 외쳤다. 그 목소리가 어찌나 컸던지 바깥을 지키던 경비병들이 안에서 반란이 일어났다고 생각했다. 그들은 옆 건물들에 불을 질렀고 안에 있던 사람들이 밖으로 피신했다. 일부는 불길을 진압했고, 일부는 가옥을 약탈했다. 성직자와 수도사 몇 명만이 남아 즉위식을 끝까지 진행했는데, 왕은 머리부터 발끝까지 몸을 부들부들 떨고 있었다. 앤스거로 말할 것 같으면, 그는 엔필드의 땅을 몰수당한 뒤 웨스트민스터 사원의 성직자로 조용히 생계를 이어 갔다.

노르만족의 런던 지배는 여러 의미에서 그 앞 시대를 계속 이어 간 것에 지나지 않았다. 새 왕은 그 유명한 '런던인을 위한 헌장'을 공포하여 프랑스계든 잉글랜드계든 가리지 않고 모든 시민을 환영한다는 뜻을 밝혔고, 에드워드 왕의 모든 법을 이어가겠다고 약속했다. 온화한 새 왕은 이렇게 말했다. "나는 모든 아이가 제 아비가 죽은 뒤 그의 상속자가 되게 할 것이고 그 누구도 부당하게 박해하지 않을 것이다. 여러분에게 신의 가호가 있기를." 런던의 정치 체제는 고스란히 존속되었다. 색슨식인 시장이 점차 노르만식인 지사로 대체되는 정도였고, 런던 사람들은 참회왕 시절에 획득한 자유를 대부분 그대로 누렸다. 상당히 친노르만적인 연대기를 쓴 윌리엄 푸아티에에 따르면 잉글랜드 사람들은 정복당한 상황에 너무도 만족했다.

"그의 아낌없는 자비 덕분에 많은 잉글랜드 사람이 제 조상이나 옛 군주들이 준 것보다 많은 것을 얻었다. (…) 왕은 고난과 위험을 기꺼이 무릅쓴 이들에게 넉넉한 봉토를 하사했다. 그러나 잉글랜드인의 것을 부당하게 빼앗아 프랑스인에게 주는 일은 결코 없었다."

잉글랜드인도 정말 그렇게 생각했는지는 알 수 없다. 윌리엄은 잉글랜드 북부를 짓밟았고, 객관적인 관점에서 노르만 족의 정복은 앵글로색슨족의 문화적, 정치적 재앙으로만 보인다. 그들은 토지와 작위를 노르만 귀족에게 빼앗겼다. 많은 귀족이 나라를 떠나 플랑드르로, 스코틀랜드로 피신했다. 일부는 비잔틴 제국으로 건너가 바랑기안 친위대가 되었고, 일부는 노예로 팔려 가기도 했다.

1086년경 노르만족 뻐꾸기들은 거의 모든 색슨족을 둥지 밖으로 밀어냈고, 잉글랜드 귀족층은 원래 소유했던 토지의 고작 8퍼센트만을 유지하고 있었다. 나라의 절반을 190명이 소유했고 4분의 1을 열한 명이 소유했는데, 전부 노르만족이었다. 앵글로색슨족이 잘하던 자수와 금속공예 기술이 사라졌다. 무엇보다 외국어가 강제되었다. 이후 300년간 이 나라는 프랑스어로 지배되었다.

월터 스콧이 지적한 대로, 오늘날의 언어에도 종속의 흔적이 뚜렷하게 남아 있다. 가령 우리는 가축에는 영어를 쓰고 그것으로 만드는 요리에는 프랑스어를 쓴다. 그러니까 색슨족 하인은 소(영어에서 온 cow)를 잡아 노르만족 주인에게 소고기(프랑스어에서 온 beef)를 바쳤고, 돼지(pig)를 잡아 돼지고기를(pork), 양(sheep)을 잡아 양고기(mutton)을 바쳤을 것이다. 스콧은 소설 속에서 왐바라는 인물의 입을 빌려 다음과 같은 짧은 노래를 부른다. "노르만인이 잉글랜드 작목을 썰어서, 잉글랜드인 목에 노르만 멍에를 씌우네. 잉글랜드 요리에 노르만인 입을 대고 오, 노르만이 원하는 대로 잉글랜드 요리되네."

이건 치욕이었다. 나는 이 정복 사건의 정치와 정략을 들여다볼 때마다 감탄한다. 바이외 태피스트리에 따르면 결국 "잉글랜드 사람들은 혼비백산하였다"(Et fuga verterunt Angli). 문자 그대로다. 잉글랜드인은 패배했고 노르만족이 우리를 정복했다.

나는 런던 타워의 수문장에게 우리—잉글랜드인—가 외국에 정복당했다고 생각하는지 묻는다. 그는 잠시 말을 고르더니 신중하게 대답한다. "제 생각에는 말이죠, 선생님. 종국엔 우리가 그들을 정복했다고 봅니다. 그 100년간 그들은 '잉글랜드 왕'을 자임했으니까요." 그 말은 사실이다. 그러나 그 300년간 잉글랜드 지배층이 사용한 언어는 프랑스어였고 앵글로색슨족의 사회적 지위는 처참하게 하락했다.

윌리엄은 죽어서 런던에 묻히지 않고 캉의 고향에 묻혔다. 그는 얼마나 살이 쪘는지 석관에 몸이 다 들어가지 않았다. 의식을 집전하던 주교가 뚜껑을 눌러 닫으려다가 시체가 터져 버렸고 그의 배 안에서 흘러나온 지독한 가스에 회중이 졸도했다고 한다.

땅을 빼앗긴 앵글로색슨 영주 4000명 가운데 그의 죽음을 애도한 사람이 한 명이라도 있었을까 싶다. 앵글로색슨족에게 노르만 정복은 악몽이었으므로. 그러나 노르만 정복이 런던에는 행운이었다.

헤이스팅스 전투에서 눈에 화살을 맞은 사람이 해럴드가 아니라 윌리엄이었다면 어땠을까? 혹은 앤스거가 런던 전투에서 승리했다면? 노르만이 런던을 정복하지 않았더라면 이 도시는 강력한 정부만이 보장할 수 있는 통합과 평화를 결코 누리지 못했을 것이다.

연대기에 따르면 정복왕 윌리엄 치세 때는 젊은 처자가 습격이나 강도를 당하지 않고 잉글랜드의 이쪽 끝에서 저쪽 끝까지 갈 수 있었다고 하는데, 상업 발전의 가장 핵심적인 조건이 바로 치안이다. 물건을 사고팔러 캉과 루앙에서 상인들이 건너왔고, 런던은 그 유명한 헌장 아래 번성했다. 런던은 윌리엄 왕이 지배 강화를 목적으로 실시한 대대적인 토지조사 보고서(Doomsday Book)에 기재되지 않았다는 사실이—윈체스터마저 결국 도시의 자산을 보고해야 했다—노르만

지배기에 이 도시가 누린 특별한 지위를 입증한다.

노르만 시대 런던은 아마 로마 시대 이래 역사상 처음으로, 결정적으로 그리고 공식적으로 잉글랜드 수도가 되었다. 그리고 윌리엄은 이 도시의 발전을 결정적으로 뒷받침할 개혁에 착수했다.

애초에 궁정을 앨프리드/로마 시대 경계 밖으로 옮긴 사람은 8세기에 세워진 '서쪽 사원'의 재건 현장을 지켜보고 싶어 했던 참회왕 에드워드다. 윌리엄은 웨스트민스터 사원에서 즉위하기로 했을 뿐 아니라 노르만계 궁정(행정과 사법의 중심지)을 웨스트민스터에 두었다.

그리하여 런던은 부의 중심지에서 살짝 떨어진 곳에 정치권력의 중심지가 있는 쌍두 지형을 획득했다.

때로는 사업가가 정치가를 들이쑤셨고 때로는 정치가가 대중을 선동하여 사업가를 괴롭혔다. 그러나 지난 1000년간 런던의 상업 지구는 정부에 쉽게 접근할 수 있었던 동시에 정부로부터 분리되어 있었으며, 바로 그 절반의 독립성이 시티의 상업계에 역동성을 부여했다.

그 점에 대해 우리는 노르만족에게 빚을 졌다. 또한 법치주의, 일군의 거대한 성, 무엇보다 우리의 언어를 프랑스어로 한바탕 휘저어 놓은 데 대해서도 감사한다. 만약 해럴드가 헤이스팅스 전투에서 승리했다면, 혹은 앤스거가 런던을 지켜 냈다면, 그 후 세계를 정복하게 될 잡종 언어의 축복도 결코 없었으리라.

이 잡종의 성공에는 한 위대한 런던인의 천재성이 필요했으니, 이 도시가 줄줄이 배출할 거물 가운데 첫 번째 인물을 다음 장에서 만나 보겠다.

우리는 초서를 만나기에 앞서 그의 순례자들에 관한 중요한 세부 사

항을 생각할 필요가 있다. 그들의 면면을 떠올려 보자. 간통을 저지르는 탁발 수도사, 음탕한 늙은 과부, 엄청나게 큰 종기를 가진 요리사, 주정뱅이 방앗간 주인, 젠체하는 수녀원장 등등. 이 다양한 계층이 런던이든 강의 북쪽 어디에서 왔든, 캔터베리로 내려오는 길은 단 하나였고, 나 역시 그 길로 매일 출퇴근을 했다. 런던 브리지는 여전히 유일한 다리였고, 노르만족이 잉글랜드 왕을 지내던 시대의 런던 브리지는 언제 무너져도 이상하지 않은 상태였다.

우리는 노르웨이의 올라프 왕이 1014년에 뱃사공을 시켜 런던 브리지를 꽤 쉽게 무너뜨렸다는 사실을 이야기했다. 그날로부터 1136년 사이에 이 다리는 열 차례 정도 무너지거나 심각하게 부서졌는데 그리 놀라운 일도 아니다.

도시 인구는 1000년부터 1200년 사이에 두 배로 늘어 2만 명을 넘어섰다. 점점 더 많은 사람과 물건이 이 허술한 다리 위를 오가고 있었다. 도싯에서 울이 올라오고, 도빌에서 와인이 건너왔다. 다리의 가장 넓은 지점이 폭 6미터에서 10미터 안짝이었으니, 짐마차 두 대가 나란히 오갈 수도 없을 만큼 좁았다. 그러던 1170년, 색슨족이 남긴 이 비칠거리는 기반 시설에 새로운 하중이 더해졌다. 중세의 통근자 부대가 등장했다고나 할까. 캔터베리 순례객의 말들은 여기저기 똥을 싸대고 발굽으로 바닥을 쿵쿵 찧어 댔다.

헨리 2세와 토머스 베켓은 교회와 국가의 권력관계를 두고 옥신각신했다. 이 논쟁은 일단 헨리 왕의 완승으로 끝났고, 치프사이드 출신 대주교는 캔터베리 대성당의 제단에서 머리통이 터져 죽었다. 그러나 여러 위대한 런던인은 살아서보다 죽어서 더 큰 힘을 발휘했다. 결국 헨리는 참회의 순례에 나섰고, 이 사건은 중세인의 마음에 하느님은 지상의 왕보다 위대하심을 각인시켰다.

혀를 날름거리는 지옥불을 문자 그대로 믿었던 중세인에게 순례 여행은 전능자에게서 점수를 딸 기회였다. 캔터베리로 향하는 사람이 더더욱 많아지기 시작했다. 이에 베켓이 세례를 받았던 교회의 사제였던 피터 드 콜처치라는 사람이 효과적인 해결책을 제시했다.

그는 헨리 2세에게 돌다리가 필요하다고 고했다. 순례자들과 거룩하신 순교자를 위해 그 정도는 해야 했다. 더는 나무다리를 고치는 데 돈을 쓰고 싶지 않았던 왕은 제안을 받아들였다. 다리 설계 작업에 아주 큰 돈이 필요할 것 같았기에 왕은 양모에 세금을 매기겠다고 공표하고 면죄부 판매로 자금을 조성하기 위해 '런던 브리지 형제회'라는 수도사 길드를 조직했다.

이렇게 자금줄을 확보하긴 했지만 이 사업은 12세기 잉글랜드인에겐 역부족이었다. 강은 폭이 900자, 즉 약 275미터나 되었고 물살이 세고 조수가 있었다. 설계에 따르면 이 다리에는 돌 교각이 20개 필요했으며, 각 기둥 밑으로 물살을 갈라줄 배 모양 방파석을 강바닥에 박아야 했다.

지금이었다면 임시로 가물막이를 세우고 물을 다 빼낸 다음 강바닥에 들어가서 공사를 했겠지만, 그때는 그럴 수가 없었다.

헨리 왕은 돈만 다 쓰고 죽었다. 피터 드 콜처치는 완성되지 못한 다리 밑에 묻혔다. 사자왕 리처드는 십자군원정 때문에 너무 바빴다. 30년이 지나고 그새 150명이 목숨을 잃은 뒤인 존 왕 시대에야 사업이 끝났다.

그는 런던 상인들과 기발한 계약을 맺었다. 다리를 완성할 자금을 받는 대가로 통행세 수익 및 앞으로 템스강에 지어질 모든 다리에 대한 권리를 넘긴 것, 요즘 말로 하면 '민자 개발'을 유치한 것이다. 런던 브리지는 1209년 완공 후 엄청난 대중적 성공을 기록했다. 다리 위에 집과 상점이 쭉 들어섰으며 서로 잇댄 처마 밑으로 인파가 몰려들었다. 교통 체증이 얼마나 극심했던지 순례자가 다리를 건너는 데 한 시간이 걸리기도 했다.

이후 150년간 그들은 중세의 모든 재앙을 겪어야 했다. 소빙하기가 있었고, 흑사병이 돌았으며, 프랑스와의 백년전쟁이 시작되었다.

그들이 순교자의 제단을 보러 간 것은 그가 자신들의 고통과 불행을 물리쳐 줄 수 있다고 믿었기 때문이지만, 여러 악재에 짓눌린 민중을 위로하기에 종교만으로는 역부족인 때가 많았다.

제프리 초서

Geoffrey Chaucer

인류 비공식 표준어의 아버지

1381년 6월 12일 수요일, 잉글랜드가 연중 가장 아름다운 절기에 접어들 무렵이었다. 밤나무에 아직 석양빛이 걸려 있고, 하지 무렵이라 저녁이 오래 이어졌다.

나이는 마흔 정도에 뚱뚱하고 살짝 의기소침한 한 작가가 공동주택의 창가에 앉아 점점 불안감에 빠져들고 있었다. 그의 아내는 평소대로 존 오브 곤트의 궁정에 가 있었는데, 우리에겐 부인와 태공의 관계가 그리 떳떳하지만은 않았다고 의심할 근거가 있다. 우리의 주인공으로 말하자면, 그 자신이 불륜을 저지른 것, 즉 세실리 샴페인이라는 젊은 여자의 '광홍'에 연루된 것이 겨우 1년 전 일이었다.

이 죄목이 정확히 무슨 뜻인지는 몰라도—그는 벌금을 내는 것으로 혐의를 벗었다—그의 명성이나 도덕성에 도움이 되었을 리는 만무하다. 그는 '양모 관세 및 기타 왕실보조금 검사관'이라는 번듯한 직업을 가졌고 시인으로서도 이름을 알린 상태였다. 사실 그는 지금까지도 두아니에 루소를 제치고 가장 위대한 세리 출신 예술가로 꼽힌다. 그의 시적 재능은 왕의 삼촌인 존 오브 곤트로부터 연금 10파운드를 받는 것 외에도 지난 17년간 하루에 와인 한 주전자(약 4.5리터)를 제공받는 특권을 선사했다. 본인이 그걸 다 마시진 못했어도 와인상의 아들이었던지라 술을 돈으로 바꾸는 방법은 잘 알았다.

제프리 초서는 14세기 잉글랜드의 중심에 있었다. 그는 열네 살 때부터 궁정을 드나든 상인이었고 사업가와 정치가를 두루 아는 신임 높은 사절이었으며 런던과 웨스트민스터 두 도시를 연결하는 다리나 다름없는 바쁜 인사였다. 집에 앉아 창밖을 내다보던 그 여름 저녁, 초서는 자신의 속한 세계를 송두리째 뒤엎을 사건의 시작을 목도했다.

그는 올드게이트에 살았다. 로마 시대 런던의 북동부에 있던 옛 관문에다 성곽 형태로 지은 특이한 건물이었다. 그는 집의 한쪽 창으로 런던을, 정복왕 윌리엄 이래 프랑스어를 하는 군주 밑에서 발전한 도시를 바라보았다. 노르만 시대 이후 런던은 우리에겐 이해가 가지 않을 정도로 기술 발전이 없었다.

집에 창문은 있었던 듯하나 사람들은 아직 짐마차를 타고 다녔고 활을 쏘며 싸웠다. 칼과 숟가락은 있었지만 포크는 아직 없었다. 배수 시설도 없었고 뜨거운 물도 나오지 않았다. 런던은 아직도 치통과 변비가 큰 문제인 세계였다. 이루 말할 수 없이 가난했고, 영아 사망률이 엄청났으며, 우리 죄 많은 종족에게 하늘이 내리는 벌인 전염병의 위험이 상존했다. 인구는 계속 늘어 50만 명에 육박했으나 아직 로마 시대 수준까지는 회복하지 못했다. 하지만 런던에는 돈이 있었다. 과거 어느 때보다 말이다. 잉글랜드는 지난 수백 년간 프랑스 및 저지대 국가들과 교역했고, 양모로 돈을 번 상인들은 스트랜드와 웨스트민스터 사이 채링의 부촌에 저택을 짓고 살았다.

돈은 상인의 태피스트리를 금빛으로 물들였고 그 아내를 실크로 감쌌다. 상인 계층의 부유함은 그 시대에 만들어진 모든 고상하고 세련된 것들, 침대 머리판의 장식조각과 사랑을 노래하는 시, 스테인드글라스를 끼운 창문, 늘어진 몸뚱아리와 헐렁한 실내화에 나타났다. 나아가 일부 상인은 얼마나 큰 돈을 벌었는지 그들의 부를 상징하는 표지에 귀족이 분개하기에 이르렀다. 1337년, 잉글랜드의 첫 사치금지법이 공포되어 사회의 특정 계층은 모피 옷을 입지 못하게 되었다.

돈은 절도와 매춘은 물론 방귀술 같은 이상한 여흥까지 활성화했고 초서는 전문 방귀꾼들의 재주를 무척 재미있어했다. 또 그와 같은 계층의 사람들은 멋진 갑옷 차림으로 마상 시합을 즐겼다. 회전하는 가로대 위의 과녁에 창을 던지는 놀이로, 빙빙 돌아가는 가로대에 뒤통수를 맞지 않게 각별히 조심해야 했다.

이제 영국의 지배층은 바로 그렇게, 뒤통수를 가격하는 문제에 직면하고 있었다. 그 원인은 그들이 빈부격차의 심각성을 제대로 깨닫지 못한 데 있었다. 초서는 도시 바깥쪽으로 난 반대편 창문으로 에식스를 내다보았다. 인구의 태반은 아직 그쪽에 살고 있었다. 시골의 삶은 대체로 별 볼 일 없었다.

14세기의 한 시인은 다음과 같은 광경을 묘사한다. 남자는 쉬지 않고 쟁기질을 한다. 웃옷은 천이 거슬거슬하고 모자는 찢어지고 신발은 망가졌고 장갑은 넝마나 진배없다. 뼈만 남은 암송아지 네 마리는 쟁기를 제대로 끌지도 못하고, 아내는 얼음에 베인 맨발로 남편 곁을 따른다. 고랑 끝에서 아이가 울면서 엄마를 부른다. 농부들은 1381년까지 10년간 거의 아무것도 수확하지 못했고, 농촌은 계속되는 전염병에 쑥대밭이 되었다.

초서 시대 사람들은 성경이 경고하는 재앙을 겪고 또 겪었으니, 겨드랑이와 샅에 자꾸 종기가 생겼다. 아프리카 중남부에 에이즈가 유행했을 때만큼 많은 어린아이가 부모를 땅에 묻어야 했다. 1340년부터 1400년 사이, 그러니까 대략 초서의 생애 동안 잉글랜드 인구의 절반이 흑사병으로 사망했다. 엎친 데 덮친 격으로, 신의 저주를 받은 농민에게 또 한 가지 세금을 내야 할 영예가 주어졌다. 다시 한번 프랑스와 전쟁을 벌여 영광을 얻으려는 왕의 자금을 대야 했던 것이다. 이 세금은 나라 안의 만인이 똑같이 내야 하는 인두세였다.

이보다 부당할 수 없었다. 가령 앞의 시에 등장하는 불쌍한 남자가 아내의 몫까지 내야 할 뿐 아니라 1년에 12실링을 번다고 할 때 그런 그가 그보다 100배 더 많은 돈을 버는 초서와 똑같은 세금을 내야 했던 것이다. 그해 5월, 에식스 포빙에서 주민들이 (세관을 속여) 납세를 피하려 했던 사건이 벌어지면서 불씨가 붙었고, 이제는 민중의 분노가 들불처럼 타오르고 있었다.

영국사에 '농민 봉기'(Peasants' Revolt)로 남은 이 사건은 잉글랜드 역사상 최초의 반란이자 어떤 면에서는 가장 중요한 반란이었다. 인민이 뚜렷하게 좌파적이고 평등주의적인 의제로 들고일어난 최초의 운동이었고 그 후 지금까지 런던의 역사에서 중요한 부분을 차지한 급진적인 강령이 처음 등장한 사건이었다. 집에 앉아 마일 엔드 들판 쪽을 내다보던 초서는 벌 떼와 비둘기 떼가 웅웅거리는 여름날의 소리를 뒤덮는 어떤 소리를 들었다. 농민 수천 명이 도시 밖에 진을 칠 준비를 하고 있었다.

어둠이 내렸다. 모반자들이 조용히 움직이기 시작했다. 런던 시장 윌리엄 월워스는 도시의 모든 관문, 특히 올드게이트를 폐쇄하라고 지시해 두었다. 한밤중, 윌리엄 턴지라는 시의원이 명령을 어기고 그들을 안으로 들인 것으로 보인다. 초서가 그때도 집에 있었더라면 사람들이 고대의 관문을 살금살금 통과하는 소리를 들었을 것이다. 그의 재능에 양분을 제공하던 세계를 파괴하려는 자들이 나지막이 퍼붓는 저주의 소리를 들었을 것이다. 초서는 이 혁명에서 얻을 것은 없고 오직 잃을 것뿐이었다. 그러나 어떤 의미에서 초서는 혁명가까진 아니더라도 급진파였다. 어떤 근본적인 면에서 그는 저 반란자들과 어깨를 건 동지였다. 프랑스 지배기 300년 후 그는 잉글랜드 민중이 쓰는 언어에 높은 지위와 명예를 부여했다.

『캔터베리 이야기』(*The Canterbury Tales*)로 활동을 시작한 런던 출판계의 선구자 윌리엄 캑스턴의 말을 빌리면 초서는 "영어의 존경스러운 아버지요, 이 언어를 처음으로 확립하고 장식한 사람"이었다. 그간 봉오리로만 머물러 있던 영어는 14세기 후반에 이르러 크고 정교한 꽃으로 만개하기 시작했다.

제프리 초서는 지금의 캐넌가 역 자리인 템스가에서 태어났다. 여기까지 이야기를 잘 따라온 독자라면 런던 역사의 굵직한 사건들이 바로 이곳에서 점점 더 자주 일어나고 있음을 알아챘을 듯하다. 122년에 런던에 온 하드리아누스 황제가 이곳에 있던 총독의 관저에 머물렀던 듯하고—그 후 십수 번 다시 지어졌음에도—초서가 태어났을 때 이곳 풍경에는 로마 시대 석공의 흔적이 조금은 남아 있었을 것이 분명하다.

초서는 멜리투스가 604년에 지은 세인트폴 교회(초서 시대에는 거대한 중세 성당으로 커져 있었고 오늘날보다 훨씬 더 높은 첨탑이 솟아 있었다)의 그림자가 드리우는 곳에서 공부했다. 그는 열네 살 때 얼스터 공작부인의 궁에 들어갔는데, 당시의 장부에 따르면 그는 짧은 웃옷에 붉은색과 검은색이 섞인 스타킹을 신었다고 한다. 초서는 열아홉 살 또는 스무 살의 어린 나이에 프랑스 원정에 참여했다가 랭스에서 포로로 잡혔다. 그때 에드워드 3세가 16파운드의 몸값을 지불하고 그를 데려온 것을 보면 그가 이미 어느 정도 영향력 있는 인물이었음을 알 수 있다.

이후 초서는 외교관, 하원의원, 첩자, 왕의 건축을 지휘하는 현장

감독, 무엇보다 궁정인으로 오래 활동했다. 궁정에서는 대체로 영어를 쓰지 않았다. 궁정의 공식 언어는 프랑스어였다. 그의 이름 초서부터가 프랑스어로 구두공을 뜻하는 '쇼서'(Chausseur)에서 왔을 것이다. 에드워드 2세의 궁정에서 한 귀부인이 가터벨트를 떨어뜨렸을 때, 왕은 뭐라고 외치면서 그것을 주워 제 종아리에 묶는 친절을 베풀었을까? 그는 "Never mind, darling"(신경 쓸 것 없도다)라거나 "There you go, sweetie"(이렇게 하면 문제없지)라고 하지 않았다. 그가 한 말은 "Honi soit qui mal y pense"(사악하게 생각하는 자가 부끄러워할 일이도다)였다. 기록에 따르면 존 오브 곤트가 한 부부에게 연금을 하사하려고 할 때 그가 한 설명도 "pour mielx leur estat maintenir"(그들이 생계를 유지하는 데 도움이 되기에)였다. 그러나 초서의 집 아래를 웅성웅성 지나가는 군중의 언어는 당연히 프랑스어가 아니었다.

학식이 좀 있는 사람 중 일부는 기회만 있으면 프랑스어를 더듬거린 모양인데, 설사 프랑스어를 할 줄 알아도 작품 속의 잘난 척하는 수녀원장 '장미 부인'처럼 억양 때문에 놀림을 당할 때가 많았다. "그의 프랑스어는 유창하고 우아하고 런던에서 배운 티가 난다"라고 초서는 점잖게 설명하지만, 실은 수녀원장의 프랑스어에 이스트 엔드* 액센트가 진하게 섞여 있었다는 뜻이다.

14세기 역사는 그처럼 성직자계급과 연관된 프랑스어와 라틴어에 대한 반란의 역사라고 볼 수 있다. 1362년에 제정된 의회법으로 이후의 모든 법정 진술은 영어로 이루어져야 했고, 그 무렵 시골에서는 존 위클리프와 그가 영어로 번역한 성경에 영향을 받은 롤라드파가 목소리를 높이고 있었다. 롤라드파는 자신들이 알아듣지 못하는 기도나 설교를 싫어했다. 그뿐 아니라 인간과 하느님 사이를 성직자가 매개하는 것 자체에 반감을 가졌다.

롤라드파의 격정적인 전도자 존 볼은 블랙히스에서 농부들을 선

[*] East End: 전통적으로 노동자 계층이 주로 거주했던 런던 동부 지역.

동할 때 압운을 넣은 영어 운문을 사용했다. "아담이 밭 갈고 이브가 베 짤 때, 대체 누가 귀족이었는가?"(When Adam delved an Eve span, who was then the gentleman?) 초서의 신분—실로 탄탄한 인맥을 보유한 상인이었고 플랑드르 귀족의 사위였다—에 주목하는 이들은 프롤레타리아의 언어로 새로운 약강 5보격 운문을 쓰겠다는 그의 결정이 모종의 정치적 행위가 아니었나 짐작한다.

몇몇 역사가의 추측대로 초서는 자신의 반(反)성직자 감정을 은근히 드러내는 것일까? 그가 알고 지낸 몇몇 기사와 마찬가지로 초서 역시 롤라드파인가? 이에 대해 초서는 (신랄했을지언정) 신실한 가톨릭교도였지 그 밖의 가능성에 대한 실질적인 증거는 전혀 없다고 반박하는 이들도 있다. 결국 우리가 확실히 배제할 수 있는 견해는 하나다. 시의원 턴지 등 일부 인사는 농민에게 적극적으로 협력하고자 했지만 초서는 그 부류가 결코 아니었다는 것이다. 다음 사흘간 벌어진 일들은 실로 끔찍했다.

6월 13일 목요일은 성체축일이었다. 그러나 그해 그날에는 가장 행렬도, 기적극도 없었다. 거리는 공포에 잠겨 있었다. 도시 외곽에서 벌써 가옥들이 불타고 있었다. 와트 타일러가 이끄는 무리는 서더크로 가서 마셜시 감옥을 급습했다. 램버스에 가서는 모든 기록물—그들을 지배하는 자들이 라틴어로 쓴 판결문은 증오스러운 상징이었다—을 불태웠다.

이어 타일러는 무리를 이끌고 런던 브리지로 가서 런던 시장이 플랑드르 여자들에게 '위탁'한 매음굴을 부수었다. 매음굴 자체를 문제시해서가 아니라 플랑드르 사람을 싫어해서였다. 그때 다시 한번 반역 행위가 발생하여(이번에도 턴지 무리가 움직인 듯했다) 문지기들이 월워스 시장의 명을 어기고 런던 브리지의 도개교를 개방했다.

이제 폭도들은 거침없이 공격을 퍼부었다. 그들은 플리트 감옥의

문을 부수었고 법학원을 공격하여 또 기록물을 파괴한 다음 스트랜드를 따라서 잉글랜드에서 가장 부유하고 가장 멋진 집, 즉 존 오브 곤트의 사보이 궁으로 향했다. 그들은 고급 침구와 걸려 있는 물건과 조각된 장식품을 남김없이 불태운 다음, 사고였는지 아니었는지 모르겠지만 화약 3배럴로 저택을 완전히 끝장내 버렸다. 다음 날에는 외국인 학살극이 시작되었다.

빈트리(초서가 어린 시절을 보낸 지역)에서는 잭 스트로라는 자가 이끄는 폭도들이 교회에 숨어 있던 가난한 플랑드르인 35명을 끌어내 목을 벴다. 또 다른 무리는 런던 타워에까지 들어가서—또 한 번 내부의 반역자가 도왔다—대주교 사이먼 서드베리와 그 밖의 이런저런 높으신 분들과 세금 징수원들을 죽였다. 폭도들은 그들의 머리를 잘라 런던 브리지의 장대에 꽂았다. 이어 그들은 플랑드르인이라면 모두가 같은 꼴을 당해야 한다고 선언하더니 균형을 맞춘다는 이유로 롬바드가에 가서 이탈리아인 은행업자들을 폭행했다. 방화와 참수는 다음 날인 토요일 오후까지 계속되었다. 그때 갑자기 어린 왕 리처드 2세가 교섭을 원한다면 모두 스미스필드에 모이라고 고지했다.

그날의 협상은 동전 던지기처럼 여차하면 정반대 방향으로 흘러갈 수도 있었다. 멋진 갑옷을 차려입은 어린 왕이 와트 타일러와 코가 불룩한 성난 켄트 농부들과 대치하는 모습을 상상해 보라. 전해지는 바로 타일러는 잉글랜드 왕을 건방지다 싶을 만큼 허물없이 대했다고 한다. 그는 농노제(지주의 땅을 농노가 경작해야 하는 제도) 폐지를 요구했다. 죄인을 사회에서 매장하는 제도를 없애라고 요구했다. 문제의 새로운 과세와 노임 제한의 폐지를 요구했다. 그러고는 시대를 앞선 공산주의자였던 전도사 존 볼의 요구, 즉 왕이 아닌 그 어떤 높으신 분도 농민을 지배할 수 없게 할 것, 교회의 재산을 박탈하고 주교는 딱 한 명만 남겨둘 것을 다시 한번 요구했다.

왕은 상당히 침착하게 대응했으며 이 무도한 요구에 동의하는 모습까지 보였다고 한다. 그러나 어쩌다 타일러와 월워스 사이에 싸움이 붙었다. 런던 시장 월워스는 말 위에 앉아 있던 타일러를 끌어 내리고 검으로 그를 찔렀다.

왕의 다른 측근들도 몰려와서 부상당한 타일러를 공격했다. 군중 사이에 분노의 함성이 일었다. 어쩌면 그들은 왕에게 활을 쏠 수도 있었으나 열네 살의 리처드 2세가 말에 박차를 가하며 큰소리로 그들을 제압했다. "그대들은 자신의 왕을 쏠 것인가? 나는 그대들의 수장이다! 나를 따르라!"

왕의 카리스마에 압도된 사람들은 일제히 북쪽으로 몇백 미터 떨어진 클러큰웰로 물러났다. 부상당한 타일러는 세인트바솔로뮤 병원 응급실로 급히 옮겨졌으나 월워스는 그 정도로 끝낼 생각이 전혀 없었다. 그는 타일러를 끌어내 그의 목을 벴다. 왕은 런던 브리지에 서드베리 대주교의 목이 걸렸던 자리에 타일러의 목을 꽂고는 농민들에게 집에 가라고 했다. 놀랍게도 그들은 왕이 시키는 대로 했다.

런던의 농민반란은 그렇게 끝났다. 왕은 월워스를 그 자리에서 기사에 봉작했다.

초서가 이 사건의 어느 한 부분에라도 힘을 보탰을 가능성은 없다고 봐야 한다. 그는 곤트가 자기 아내에게 한 짓에 분개하긴 했지만, 우리는 초서가 그의 죽은 아내 블랑슈를 기려 그에게 시를 써 바쳤다는 사실도 기억해야 한다. 자기 집이 불타고 있다는 소식(또는 장면)은 참으로 충격적이었을 것이다. 초서는 견문과 교양이 넓은 사람이었기에 무고한 플랑드르인이 살해당하고 이탈리아인이 두들겨 맞는 장면에는 경악했을 것이다.

과연 그는 본인이 의지하는 왕과 궁정에 맞서는 폭도에게 얼마나 공감할 수 있었을까? 아니, 그는 공감하지 않았다. 다만 그가 단 한 번 그해 농민반란을, 그 끔찍한 국가적 재난을 언급한 대목에는 묘한 익살이 느껴진다.

「수녀원 신부의 이야기」(The Nun's Priest's Tale)에서 초서는 여우를 쫓는 한 무리의 사람을 다음과 같이 묘사한다.

> So hydous was the noise, a benedicitee
> Certes he Jakke Straw and his meynee
> Ne made nevere shoutes half so shrill
> Whan that they wolden any Fleming kille
> As thilke day was maad upon the fox.

해석하자면, 여우 쫓는 소동이 어찌나 시끄러웠던지, 오 신이시여, 잭 스트로 일당은 눈에 띄는 대로 플랑드르 사람을 죽이고 싶어 날카롭게 소리칠 때도 여우를 쫓을 때만은 못하더라.

잭 스트로의 잔악한 학살을 여우 사냥에 빗대다니 경쾌한 느낌마저 드는데, 바로 이것이 초서의 문체이다. 그는 덤덤한 얼굴로 초연하게 비판하는 풍자가이다. 노인 '1월'이 나무 속에서 종자에게 상스럽게 안기는 아내를 목격하는 장면에서 초서는 이렇게 말한다. "그는 죽어가는 아기의 어미처럼 울부짖었더라."

우리는 이 무정한 태도에 쿡쿡 웃음을 터뜨린다. 바로 이것, 독자가 느끼는 재미가 초서의 동기일 것이다. 「방앗간 주인의 이야기」(The Miller's Tale)에 나오는 익살스러운 교구 서기 앱솔론을 보자. 그는 유부녀 앨리슨에게 욕정을 품는다.

어리석고 머리칼은 금발이고 발은 빠르고 욕정이 넘치는 이 성직자에 대한 묘사는 개혁이 필요한 교회에 대한 비판으로 읽을 수도 있겠다. 방앗간 주인 이야기의 결정적인 대목은 깊은 밤중에 앱솔론이 앨리슨의 방 창문으로 와서 입맞춤을 요구하는 다음 장면이다.

Dark was the nyght as pich, or as the cole,
And at the window out she put her hole,
And Absolon, hym fil ne bet ne wers,
But with his mouth he kiste hir naked ers
Full savourly, er he wer war of this.
Aback he stirte, and thoughte it was amys,
For wel he wiste a woman hath no berd…

칠흑같이, 석탄같이 까만 밤에
여자는 창문으로 뒷구멍을 내밀었다
앱솔론은 뭐가 뭔지 알지 못한 채
벌거벗은 거기에다 입을 맞추며
흥을 잔뜩 올리다가, 갑자기 깨달았더라
펄쩍 물러나며 생각하니 거 수상하더라
제 알기로 여인에겐 수염이 없거늘…

그래서 이렇게 저렇게 되었다는 이야기이다. '거기'(ers)가 어딘지는 독자 여러분도 다들 알 것이고.

내가 유치한 사람이어서 그런가, 620년 세월을 사이에 두고도 나는 초서가 이 따분한 이야기의 클라이맥스에 심어 둔 남고생 수준의 유머에 킥킥 웃음이 나온다. 그리고 바로 여기에 문제의 핵심이 있다. 초서가 영어로 글을 쓴 이유 말이다. 그건 영어가 모반의 언어이거나 종교적 이견의 언어라서가 아니었다. 그가 민중의 말을 가져다 쓴 이것은 정치적 주장을 펼치기 위해서가 아니라, 세상의 모든 작가와 마찬가지로 가능한 가장 많은 독자를 만나기 위해서였고 그들을 웃게 하기 위해서였다.

영어는 정의상 속된 언어였기에 음란한 언어였다. 영어는 초서가 즐거움을 주고자 하는 사람들의 언어였고, 글을 쓸 때 즐거움을 최고로 끌어낼 수 있는 언어였다. 타워 브리지부터 플리트에 이르는 강둑에는 런던 사람들이 돈을 벌기 위해 상품을 배에 올리고 내리는 부두가 늘어서 있었다. 이탈리아의 갤리선이 들어오는 선창이 있었고, 그 옆에 초서가 일하던 세관이 있었다. 그 옆에 빌링스게이트 어시장이 있었고, 그 옆에는 스칸디나비아, 동유럽과의 무역을 지배하던 한자동맹 상인들의 폐쇄적인 본거지인 '스틸야드'가 있었다.

이들 독일인은 부두에서 일하는 런던 토박이들과 영어로 대화했으니, 상인계급의 부상과 함께 영어는 점점 더 중요한 언어가 되었다. 14세기 말이면 런던 시의원의 정치력이 상당히 컸고, 왕은 그들의 재정 지원 없이 군사적 모험을 진행할 수 없었다. 인두세 도입이 처참하게 실패한 뒤였으니 말이다.

귀족들은 전쟁을 좋아했는지 몰라도 예로부터 겁 많은 자본가들이 늘 그랬듯이 상인들은 평화를 선호했다. 이제 결정권은 상인계급이 쥐고 있었다. 식료품상이었다가 후에 런던 시장이 된 니컬러스 브렘브르 같은 사람은 한 번에 1000마크*씩 융통해 주곤 했다. 1382년에 그랬듯이 그의 일파가 금고를 열지 않기로 하면 왕은 원정을 취소하는 수밖에 없었다. 이렇게 정치권력은 새로운 계급으로 옮겨갔다. 농민반란은 다른 수많은 프롤레타리아 반역이 그러했듯 실패하고 말았다. 그러나 언어의 혁명은 성공했고 다른 모든 성공한 혁명이 그렇듯 그 주동자는 부르주아였다.

초서가 영어를 선택한 것은 권력이 왕과 궁정에서 런던의 부유한 사업가에게로 이동하는 과정의 한 부분이었다. 시의원이 되지 못하는 신사가 있는가 하면, 런던의 시의원과 지사는 갈수록 사회적 인정에 목이 말랐다. 그리고 언제나 그렇듯이 귀족의 아들딸은 부자와 결혼하고 싶어 했다.

[*] mark: 중세 잉글랜드-스코틀랜드 지역에서 쓰이던 계산 단위. 1마크는 100페니(나중에는 160페니)의 가치를 지녔다고 한다.

런던의 길드는 점점 강력해졌고, 그로 인해 길드 간 권력 쟁투가 점점 더 치열해졌다. 그들은 부를 창출하는 동질적인 하나의 집단이 아니었다. 그들은 식료품상, 직물상, 포목상, 어물상 등등으로 나뉘어 경쟁했다. 주류상과 직물상은 쉬지 않고 유혈 충돌을 벌였고, 이 권력 투쟁에서 각 파벌은 흔히 특정한 귀족 가문, 나아가 특정한 왕가 뒤에 줄을 섰다.

1387년, 초서의 최종 배후였던 리처드 2세는 (직물상이 뒤를 받치는) 일군의 귀족에 의해 퇴위당할 지경에 이르렀고, 시인 토머스 우스크 등 초서의 동시대인 몇몇이 식료품상의 거두이자 거부인 니컬러스 브렘브르와 함께 처형당했다. 이 시기에 초서는 그리니치로 좌천되어 켄트의 하원의원직에 있었던 듯하며 어느 시점에는 서머싯에서 눈에 띄지 않는 삼림 감독관 일을 하면서 시 창작에 전념했던 것으로 보인다. 리처드와 곤트가 권력을 되찾자 초서도 일선에 복귀했고 '왕의 현장 감독'이라는 거창한 이름의 직책을 맡아 왕궁 보수 공사를 감시했다. 그러나 1399년, 모든 것이 끝났다.

리처드 2세는 사촌인 헨리 볼링브로크(『헨리 4세』 1부의 주인공)의 손에 폐위당했다. 이번에도 그 뒤에는 런던 상인들이 있었다. 역대 많은 왕과 정부가 그랬듯이 리처드는 부자들과 맞붙을 생각이었다. 그는 최근의 반란 사태에 책임을 물어 시티에 벌을 내리기로 했다. 그곳의 오래된 관행을 교란하는 방식으로 말이다. 왕은 시티에 책임자를 임명했고—무려 정복왕 윌리엄이 런던에 수여한 자유헌장을 위반하는 처사였다—시장의 임기를 1년으로 제한하려고 했다.

시티는 그럴 생각이 없었다. 리처드가 왕위를 찬탈하러 온 헨리에게 누가 시켰느냐고 묻자, 헨리는 "쉽게 말해, 런던 사람들"이라고 대답했다(라고 프루아사르는 전한다). 런던의 상인들은 자신들의 특권을 지키기 위해서라면 얼마든지 편을 바꾸었다.

곤트가 죽었다. 힘을 잃은 불쌍한 리처드 2세는 감금 생활 중에 33세의 나이로 굶어 죽었다. 일설에 의하면 초서 역시 살해당했다고 한다. 새로운 정권은 그를 좋아하지 않았고 새 대주교 아룬델은 『캔터베리 이야기』의 어조가 반종교적이라고 그를 공격했으니, 초서는 조용히 '도살'당했을 수도 있다. 그의 친구이자 동년배인 호클레브에 따르면 그렇다.

이는 이론상으론 그럴듯하지만 호클레브의 한마디 외에 이렇다 할 증거는 없다. 사실 새 왕은 초서가 받던 연금을 그대로 보장했고, 초서는 긴 직업 생활 내내 궁정과 길드 각각의 전쟁에서 고양이처럼 가볍게 움직이면서—군주와 상인에게 동시에 후원금을 끌어내면서—그 누구와도 갈등을 빚지 않는 능력을 보여준 사람이다. 그는 (시인이 아니라) 공직자로서 웨스트민스터 사원에 묻혔지만, 그가 영원히 남긴 유산은 문학작품이었다.

그는 두 갈래의 거대한 언어, 즉 독일어와 로망스어를 취해 둘을 한데 녹여 냈다. accident(사건), agree(동의하다), bagpipe(백파이프), blunder(실수), box(상자), chant(성가), desk(책상), digestion(소화), dishonest(부정직하다), examination(시험), femininity(여자다움), finally(마침내), funeral(장례식), horizon(수평선), increase(늘어나다), infect(감염시키다), obscure(무명의), observe(관찰하다), princess(공주), scissors(가위), superstitious(미신의), universe(우주), village(마을), 그 밖에도 초서가 자신의 시에 처음 쓴 수많은 단어를 지금 우리는 일상적으로 사용하고 있다. 그런데 약강 5보격 대구를 지으려는 시인이 영어를 선택한 결정적인 이유가 하나 더 있다. 어휘를 두 줄로 나란히 배치하고 운을 맞출 때, 노르만어-프랑스어-라틴어 단어를 가져다가 영어와 운을 맞추는 기막힌 묘수가 가능했던 것이다. 혹은 한발 더 나아가 깔끔한 라틴어에다 지저분한 영어로 말장난을 치면 더 뿌듯했을 것이다.

가령 'queynte'라는 단어가 있다. '영리한' 또는 '박식한'을 뜻하는 라틴어 'cognitus'에서 온 말로 보이는데, 어쩌다 보니 우리가 앞서 만난 덴마크 왕의 이름과 비슷한 '그' 단어와 발음이 같다.

「방앗간 주인의 이야기」에서 영리한 서기 니컬러스는 어느 날 남편이 집을 비운 틈을 타 그의 젊은 아내를 만나러 간다. "그네 남편이 오스나이에 가 있는 동안 참으로 교활하고 참으로 영리한(queynte) 서기는 남몰래 그네 보지(queynte)를 잡았더라. (…)".

시에 통한 말이 일상에도 통했다. 이중적인, 혹은 잡종적인 언어인 영어는 그 어떤 언어보다도 유연했다. 영어 사용자는 라틴어로 톱스핀을 걸 수도 있고 영어로 스매시를 날릴 수도 있었다. 허세를 부릴 수도 있고 노골적으로 굴 수도 있었다. 똑같이 '급료'를 뜻하는 말로 remuneration과 pay가 있고 '인원 감축'이라는 뜻으로 economy나 cut이나 redundancy나 sacking을 골라 쓸 수 있다. 초서 시대 이래 영어는 결코 마르지 않는 거대한 오믈렛과도 같아서 그 안에 새로운 재료를 끝없이 투척할 수 있었다. 『옥스퍼드 영어 사전』에는 현재 60만 개의 단어가 실려 있으며, 데이터 분석 회사인 '글로벌 랭기지 모니터'의 추산에 따르면 영어에는 100만 개의 단어가 있다.

비교하기 쉽게 예를 들면 중국의 각종 방언에서 통용되는 단어는 50만 개 정도이다. 에스파냐어는 22만 5000개, 러시아어는 19만 5000개, 독일어는 18만 5000개, 프랑스어는 10만 개, 아랍어는 4만 5000개이다. 영어는 항공교통관제와 비즈니스와 국제연합의 국제적인 언어다. 그리고 그 어떤 언어도 '오프사이드 트랩'*이라는 개념을 영어만큼 명료하게 표현하지 못한다.

물론 우리는 문법 면에서도 엄청난 자부심을 가질 수밖에 없다. 영어의 문법—중세 잉글랜드의 하류층인 농부들이 단순하게 가다듬

[*] offside trap: 상대 선수가 오프사이드 반칙을 하도록 유도하는 전술.

었다—은 현대 세계의 문법이 되었다. 우리가 그것을 발명했고 그 저작권을 가지고 있다는 사실, 그리고 우리가 그것을 가장 잘 쓰는 사람이라는 사실이 기쁘다. 베트남의 식당 메뉴에서 '신선한 쓰레기를 곁들인 돼지고기'(pork with fresh garbage) 같은 표현을 발견하면 웃음을 참을 수 없다. 일본의 식당 메뉴에서 '쓰레기 딸기'(strawberry crap) 같은 말을 볼 때면 건방진 기쁨의 눈물이 뺨을 타고 흐른다. 그러나 그렇게 들뜨다가도 여전히 런던의 11세 아동 중 25퍼센트가 실질적 문맹이라는 사실을 생각하면 곧 기분이 가라앉을 수밖에 없다. 전 세계에서 영어를 사용하는 14억 인구 중 다수가 평균적인 영국인보다 영어를 잘하게 된 지도 오래이다.

영어는 잉글랜드라는 지역과의 데면데면한 관계에서 벗어나 더 넓은 땅의 언어가 되었다. 이제 영어는 인류의 문화를 가리지 않고 하나로 뒤섞고 통합하는 거대한 매체이다. 그래도 우리는 이 모든 모험이 14세기에 시작되었다는 것, 초서에 이르러 영어가 괜찮은 문학 언어로 완성되었다는 것만은 자신 있게 말할 수 있다. 그러한 과업은 오직 런던에서만 일어날 수 있었다는 것도.

마지막으로, 우리가 초서에게 감사해야 할 이유가 하나 더 있다. 비단 그가 구사한 언어 때문만이 아니라 그가 쓴 글의 내용 때문이다. 초서는 그 음란함과 조소, 자조, 위선에 대한 예리한 비판과 가공할 말장난으로 우리의 언어만이 아니라 우리가 아끼는 우리의 개성을 끌어낸 존경스러운 아버지요 그것을 처음으로 확립하고 장식한 사람이었다.

우리가 초서를 사랑하고 존경하는 것은 다름 아니라 그가 분명 우리를 사랑하기 때문이다. 그는 여러 계급과 여러 인물이 뒤엉켜 살아가던 런던을 만화경 같은 거울로 애정을 담아 되비추었다(『캔터베리 이야기』는 결국 런던에 관한 시이므로 순례라는 형식에는 신경 쓸 것 없다). 초서가 런던 사람들을 어찌나 자세히 보여 주는지 우리는 그들의 옷을 직접 만지는 듯하고 그들의 목소리를 직접 듣는 듯하며 그들의 배가 꼬르륵하는 소리까지 들리는 듯하다.

기사와 방앗간 주인은 서로의 말을 끊는다. 둘은 아주 가까운 거리에서 서로 부대낀다. 시에서만이 아니라 현실에서도 그렇다. 기사와 방앗간 주인은 지금도 매일 25번 버스를 타는 순례 여행에서 서로 부대끼고 여전히 서로의 말을 끊는다.

초서 시대 영어의 부상은 경제 현상이자 정치 현상이었다. 종속된 언어였던 영어가 거둔 승리는 그것을 구사한 런던 상인들의 자신감과 권세를 반영했다. 이 새로운 계층을 대표하는 한 남자가 나타났으니, 초서 또한 그를 잘 알았을 것이 거의 확실하다.

이 인물의 부상에 관한 이야기는 대대로 전해지고 미화되었고, 런던이라는 기회의 도시를 설명하는 가장 전형적인 방법이 되었다.

리처드 휘팅턴

Richard Whittington

세계 최초의 위대한 은행가, 자선사업의 기준을 높이다

내가 어렸을 때는 〈중세: 토탈 워〉로 전쟁사를 배우지 않았다. 눈꺼풀 없는 도마뱀처럼 밤새 〈콜 오브 듀티—블랙 옵스〉 같은 전쟁 게임을 하지도 않았다.

우리에게는 엄청 멋지고 삽화도 잔뜩 들어 있는 《룩 앤드 런》(*Look and Learn*)이라는 잡지가 있었다. 주로 공부벌레 기질이 있는 애들이 좋아했는데 나도 이 잡지의 열렬한 애독자였다. 1960년대 후반 어느 때인가 《룩 앤드 런》은 리처드 휘팅턴 경의 삶에서 가장 중요한 순간을 담은 그림을 처음으로 공개했다.

그것은 런던 시장 휘팅턴이 잉글랜드 왕에게 경의를 표하고자 벌인 축연 장면이었다. 아, 얼마나 지독하게 흥청망청하는 파티였을까. 솔직히 말해 요즘 길드홀에서는 국가적으로 성대하게 축하할 일만 기념하지 않는다.

일전에 나는 고든 브라운의 연설을 듣겠다고 정장에 흰색 넥타이까지 맸다. 한번은 영국석유회사가 러시아와 계약을 맺을 수 있을까 싶어 우리 모두가 출동하여 푸틴 대통령에게 알랑거린 적도 있다. 이 역사적이고 국가적인 장소에서 최근 열린 행사로는 교육표준부 회의, 왕립인명구조회 시상식, '리딩 호텔스 오브 더 월드'의 쇼케이스 등이 있다. 그러나 1415년에 길드홀은 아직 공사 중이었다.

인상적인 앞모습과 둥글고 높은 석회암 천장이 특징인 길드홀은 플랑드르의 타운하우스 분위기가 났는데, 그도 그럴 것이 플랑드르와의 직물 교역에서 얻은 수익으로 지은 건물이었기 때문이다. 길드홀은 런던의 번영과 높아져 가는 야망을 반영했고, 특히 그날 밤엔 행복감에 취할 이유가 있었다.

아쟁쿠르 전투였다. 아마도 역사상 잉글랜드가 프랑스에 거둔 가장 눈부신 승리였을 것이다. 젊은 왕 헨리 5세는 최소 네 배 차이가 나는 수적 열세를 극복하고 궁노수를 활용하여 적의 정예부대를 몰살했다. 프랑스 최고의 기사들이 화살을 맞고 피카르디의 진창 속에 고꾸라진 모습이 마치 바늘방석 같았다. 프랑스는 이 전투에서 공작 세 명, 백작 여덟 명, 자작 겸 대주교 한 명을 잃었고, 잉글랜드는 프랑스의 왕위를 요구할 권리를 손에 넣었다. 그래서 지금 시장 휘팅턴이 시티 오브 런던을 대표하여 축하연을 진두지휘하고 있는 것이다. 또한 지금 이 똑똑하고 간교한 상인은 자신이 이 승리에서 얼마나 중요한 역할을 했는지를 군주에게 직접 설명하고 있었다. 시장은 환상적인 술판을 준비했다. 중세 말 런던에서 달리 찾아볼 수 없이 어여쁘고 향기로운 아가씨들이 등장했고, 회랑에선 음유시인이 현을 튕겼다. 곡예사와 차력사와 재주넘는 난쟁이가 프랑스의 패배를 몸짓극으로 기막히게 재현했음은 물론이다(그러면서 저도 모르게 이 건물의 오래된 전통을 되살렸으니, 흥에 겨워 발을 구르는 사람들 아래에는 로마 시대 대경기장의 폐허가 조용히 묻혀 있었다).

진귀하고 값비싼 요리들이 나왔다. 와인은 도관으로 제공되었다.

난롯불에는 백단향 같은 여러 방향제가 들어갔다. 스물아홉 살의 왕은 깜짝 놀랐다.

"불에서까지 향기가 넘쳐나는구나!"

이에 리처드 휘팅턴은 이렇게 답했다고 한다. "폐하께서 허락하신다면 이 불을 더더욱 향기롭게 만들어 드리겠나이다."

왕이 그러라고 하자 시장은 채권을 한 뭉치 꺼내더니—왕이 그에게 진 빚을 기록한 문서였다—그것을 불 위로 던져버렸다. "이것으로 제가 폐하의 빚 6만 파운드를 탕감하옵니다."

6만 파운드가 지금 돈으로 얼마일지 계산하기는 어려우나 필시 수천만 파운드는 되고도 남을 것이다. 왕을 상대로 그 정도로 큰 빚을 없애 준다는 것은 그저 넓디넓은 마음에서 나온 행동이 아니었다. 그것은 극히 계산적인 행위였다. 스위스 은행가들이 해럴드 윌슨 총리한테 와서 당신 나라의 빚을 면제한다고 고하는 장면을 상상해 보라. 아니면 채권시장의 주역들이 재무장관 조지 오스본에게 호화로운 디너파티를 베풀고, 그 끝 무렵에 얼큰하게 취한 은행가 하나가 벌떡 일어나더니 이제 영국 국민은 결손금을 부담할 필요가 없다고, 우리가 알아서 하겠다고 선언하는 모습을 상상해 보라.

그런 일은 세상에 미쳐 돌아가지 않고서는 벌어질 수 없고, 사실 길드홀 장면이 실제로 일어났는지에 대한 증거도 부족하다. 《룩 앤드 런》에 실린 삽화 정도가 증거랄까. 무엇보다 왕은 그날 밤 길드홀이 아니라 프랑스에 있었던 것으로 보인다. 그러나 부정할 수 없는 근본적인 사실이 있다. 딕 휘팅턴*은 100년 전쟁의 가장 결정적인 순간에 잉글랜드 군대에 자금을 지원했다는 것, 앞뒤로 잉글랜드의 왕위에 올랐던 세 군주에게 긴요한 거금을 빌려주었다는 것, 그리고 헨리 5세를 비롯하여 많은 사람의 빚을 탕감해주었다는 것이다.

우리는 딕 휘팅턴이라는 사람을 잘 아는 것이 맞을까? 다시 생각

[*] 리처드 휘팅턴의 삶을 토대로 만들어진 잉글랜드 민담 「딕 휘팅턴과 고양이」(Dick Whittington And His Cat)의 주인공 이름.

해 볼 일이다. 크리스마스에 호샴 구세군 홀에서 하는 공연 말이다. 배우 제이슨 도노반이 딕 휘팅턴으로 분하고 앤 위드콤이 그의 고양이 친구를 연기하는 이 무언극은 어떤 의미에서 타블로이드 신문의 거짓 기사에 버금가는 터무니없는 쇼다. 하지만 또 금융업계의 거물이 평판을 세탁하여 대중에게 영원히 사랑받는 방법에 관해서는 이만한 교과서가 없을 것이다.

실존 인물 휘팅턴은 가난한 집안 출신이 아니었다. 그가 전 재산을 손수건에 싸서 지팡이 끝에 달고 다녔다는 이야기에는 근거가 전혀 없다. 그는 세인트메리르보의 종소리를 듣고 하이게이트 힐에서 '걸음을 되돌린' 적이 없다. 그는 런던 시장을 세 번이 아니라 네 번 지냈다. 그에겐 고양이가 없었다.

1400년부터 1423년 사이에 국왕이 휘팅턴에게 돈을 빌리지 않은 해는 딱 두 해였다. 그런 의미에서 그는 경제사적으로도 매우 중요한 인물이었다. 페루자의 몬테 디 피에타에서 단검이나 모자 같은 물건을 담보로 빈민에게 돈을 빌려주기 시작한 것은 그로부터 60년 후의 일이다. 아우크스부르크의 푸거 가문보다 먼저, 피렌체의 메디치 가문보다 앞서 딕 휘팅턴이라는 상인 겸 은행가가 있었다. 분명 그와 아는 사이였을 초서와 마찬가지로 휘팅턴은 기민한 정치력으로 런던의 두 세계(시티와 웨스트민스터 궁)에 자리를 잡았고, 그가 둘 중 더 가까웠던 한쪽 세계에서 벌어들인 막대한 돈은 개인 유산으로 남아 지금까지도 궁핍한 사람들에게 돌아가고 있다.

휘팅턴은 1354년부터 1358년 사이에 글로스터셔에서 태어났다. 그의 부모는 농민이 아니라 폰틀리의 지주였고 가문의 문장까지 가지고 있었다. 조부인 윌리엄 휘팅턴 경이 왕의 동의 없이 토머스 버클리 경의 딸과 결혼한 죄로 '도망자' 신세가 된 것은 사실이다(궁정인의 딸과 결혼하려면 왕의 동의가 있어야 했다. 규칙상 첫 사용권은 왕이 가져야 했으므로). 그러나 휘팅턴가는 영지를 몰수당하기는커녕 이후 200년간 폰틀리 지역을 다스렸다. 지금도 햄스윌 마을에는 그 후손들이 산다.

리처드 휘팅턴의 유일한 문제라면 그가 삼형제 중 막내인 관계로 재산을 상속받을 가능성이 전무했다는 것이다. 이때 그가 선택할 수 있는 길은 1) 어디 참하고 돈 많은 아가씨가 없는지 글로스터셔를 배회하는 것, 2) 법학원에 들어가 법률를 공부하는 것, 3) 교회에 들어가 성직자가 되는 것, 4) 군대에 들어가 남작 작위를 받는 것, 5) 도제가 되어 상업계에 들어가는 것이었다. 그가 왜 도제가 되는 길을 선택했는지 그 이유는 정확히 알 수 없지만, 1371년경 10대 중반에서 후반이었던 휘팅턴은 런던까지 무려 나흘에서 닷새가 걸리는 길을 걸어 뉴게이트로 입성했다. 우리가 방금 살펴본 대로 런던은 돈과 악이 창궐하는 도시였다.

두어 해 전인 1369년에 마지막 대전염병이 사그라든 뒤 사람들은 세속적인 쾌락에 광적으로 탐닉했다. 캔터베리 대주교(초서를 박해했던 그 무표정한 남자 말이다)는 한 편지에서 런던 사람들이 일요일을 안식일로 지키지 않는다고 투덜댔다. 묵을 곳을 찾아 헤매던 휘팅턴은 곰을 고문하는 놀이며 형틀을 쓴 도둑과 야바위꾼이며 난데없이 튀어나와서 병으로 문드러진 피부와 팔다리가 잘려 나간 자리를 눈앞에 들이대는 거지들을 보았을 것이다.

그는 이런 성인, 저런 성인을 기념하는 행렬과 예식에서 모두가 잔뜩 취하고 토하고 죄를 짓는 광경도 한 번쯤 보았을 것이다. 어린 딕은 눈은 휘둥그레졌지만 그런 유혹들을 잘 지나쳤다. 모친이 아는 사람 중 휴 경인지 존 경인지 아님 정말로 이보 피츠워런 경(정복왕과 함께 잉글랜드에 온 가문이라고 한다)인지 하는 포목상이 하나 있었다. 딕은 일자리를 얻으러 그의 집부터 찾았다.

도제 생활은 보통 어려운 일이 아니었다. 도제는 미사에 참석해서 설교를 다 들은 다음 스미스필드에 나가 궁술을 연마해야 했다. 나기는 좋은 집안에서 났더라도 이제는 스파르타식으로 살아야 했다. 하급 도제는 헛간의 다락 같은 데서 잤고, 상급 도제가 되면 방에 건초더미라도 깔고 누울 수 있었다. 도제는 납작하고 둥근 모자를 썼고 머리를 아주 짧게 깎았으며 빳빳한 긴 외투를 둘렀다. 밤에 어디에 갈 때는 랜턴을 들거나 목에 긴 방망이를 차고 스승 앞쪽에서 걸었다. 튜더 왕조 시대에 이르면 도제는 소요와 살인을 주동하는 유력한 정치 세력이 된다. 그러나 포목상의 도제가 된 어린 딕은 일찍부터 남다른 실력을 보였고 매우 성실하게 자신의 의무를 수행했다.

포목상은 각종 옷감과 의류를 다루는 상인이다. 그 시대 사람들은 점점 더 부유해졌을 뿐 아니라 사치스러운 의복으로 스스로를 차별화하고 싶어 했다. 그러니 옷 장사가 제일 돈이 되었다. 딕은 양모를 빗질하는 법과 옷감을 포장하는 법을 배웠을 것이다. 길드의 표장(標章)을 구분하는 법, 섬세한 직물을 접고 싸는 법을 배웠을 것이다. 엄지와 검지로 천을 비비면서 이런 좋은 물건은 본 적이 없다고, 그러니 값을 한참 높게 쳐야겠다고 말하는 방법도 배웠을 것이다.

왕과 조신들은 웨스트민스터에 점점 더 오래 머물렀고, 무역상들은 높으신 분들의 영원한 호사 덕에 돈을 벌었다. 모피상이 가져오는 토끼 가죽은 그들의 목깃이 되었고, 직물상은 가공된 옷감을 팔았고, 휘팅턴 같은 포목상은 리넨, 벨벳, 태피터, 다마스크, 실크, 리본 등등 거의 모든 것을 조달했다. "금으로 된 천 말씀이신가요? 분부대로 대령합죠!" 왕가에서 물품 구입을 담당하는 부서를 '위대한 옷장'이라고 불렀는데, 그들이 어떤 가게에 들르면 곧 궁정의 모든 사람이 돈을 들고 그 가게에 몰려들었다.

휘팅턴은 포목상이 밀집해 있던 치프사이드의 보우 교회 근처에서 일했다. 그는 새벽부터 저녁 8시에 일과의 끝을 알리는 교회 종소리가 들릴 때까지 열심히 일했다. 그의 이름이 처음 기록에 등장한 것은 1379년, 아마도 7년간의 도제 생활을 막 끝내고 처음으로 국가에 돈을 빌려주었을 때로 그는 시 당국에 5마크를 대출해 주었다.

우리가 그의 이름을 다시 확인하게 되는 때는 그로부터 9년 후, 휘팅턴이 그 미끄러운 기둥을 타고 올라 콜맨가 구의 평의원 여덟 명 중 한 사람이 되었을 때다. 1390년에는 도시 방어를 위해 10파운드—시장 정도나 되어야 낼 만큼 큰 금액이었다—를 내놓았다. 그의 나이가 30대 중반에서 후반이었을 1393년, 휘팅턴은 시의원으로 일했다. 1394년에는 지사가 되었다.

그의 출세는—특별히 빠르지도, 느리지도 않았으니—평범했지만, 이제 그는 당대 최고의 거부였던 브렘브르나 월리엄 월워스에 견줄 만큼 돈이 많았다. 결정적인 순간은 1397년, 리처드 2세의 지배력이 급격히 기울던 시기에 찾아왔다.

알다시피 이 왕은 '항명 귀족단'의 쿠데타 시도에 가담했다는 이유로 시티 상인들에게 적대적이었다. 또한 알다시피 리처드는 본인이 책임자를 임명함으로써 시티의 민주적인 제도를 공격했다. 시장 애덤 뱀이 사망하자 왕은 리처드 휘팅턴을 런던 시장에 앉히기로 임의로 결정했다. 왕은 휘팅턴을 "성실하고 신중하여 우리가 온전히 믿고 맡길 수 있는 인물"이라고 말했다. 그러나 딕 휘팅턴은 왕의 꼭두각시로 보여서야 좋을 게 하나도 없다는 사실을 잘 알았다. 그에겐 동료들의 지지가 필요했다. 그러려면 반드시 선거를 치러야 했다. 그래서 휘팅턴은 외상 1만 파운드에 시티가 정복왕에게 받았던 오래된 자치권을 되사 올 작전을 세웠다. 1397년 10월 13일 그는 선거를 통해, 즉 왕만이 아니라 시티 상인들의 승인을 통해 정식으로 시장이 되었다.

그리고 2년 후, 결국 쿠데타가 일어났다. 헨리 볼링브로크가 실권을 장악했고 리처드 2세는 감금 중에 굶어 죽었고 새로운 왕조가 시작되었다. 그러나 휘팅턴은 흔들림 없이 순항했다. 나아가 새 왕 헨리 4세는 전왕이 그에게 갚지 않은 빚 1000파운드를 갚기로 했다. 이처럼 한 왕이 진 빚을 다른 왕이 갚게 한 것은 휘팅턴의 카멜레온 같은 수완을 입증한다. 딕 휘팅턴은 누구하고나 돈독한 관계를 맺을 줄 아는 머리 좋은 인물이었다.

그는 리처드 2세의 유명한 총신이자 연인이었다고 하는 로버트 드 베르에게 2000파운드어치 물건을 팔았다. 여러분은 존 오브 곤트의 런던 저택에 있던 값비싼 직물류가 농민반란 때 전부 불타 버린 사건을 기억할 것이다. 휘팅턴은 그처럼 실내 단장에 필요한 천을 공급했다. 헨리 4세의 딸 블랑슈와 필리파가 결혼식에 필요한 실크를 찾았을 때, 휘팅턴이 이끄는 포목상들은 줄자를 들고 대기하고 있었다. 그렇게 차분하고 능숙한 남자였다면 색상과 멋을 따지는 왕실 여자들에게 꽤 인기 있지 않았을까 궁금해진다. 그러나 런던 최고의 포목상은 그보다 훨씬 더 강력한 방법으로 왕족 손님들과 끈끈한 관계를 맺었다. 1392년부터 1394년 사이에 그는 리처드 2세 왕가에 3500파운드어치 물건을 팔고 나서 그 수익을 그대로 챙기는 것보다 몇 수 앞서는 길을 택했다. 현금에 굶주린 잉글랜드 왕들에게 그 돈을 그대로 융통해 준 것이다.

1388년 이래 휘팅턴은 60번 이상 왕에게 돈을 빌려주었다. 그중 가장 큰 액수는 헨리 4세와 헨리 5세가 받아 갔다. 그런데 당시에는 이자를 챙기는 돈놀이가 불법이었다.

그때만 해도 잉글랜드는 성경의 가르침에 복종하는 신실한 가톨릭 국가였다. 「신명기」에는 "이자를 낼 만한 모든 것의 이자를 받지 말 것이라"라고 나와 있다. 5세기에 이미 밀라노 주교 암브로시우스는 이자를 받고 돈을 빌려준다는 개념 자체에 격분했다. "가장 불행한 자들에게서 돈을 거두고 이를 일이니 사업이니 하지만, 그것은 교묘하고 간악한 거래일 뿐이다!" 이는 요즘 영국 은행의 이자를 수년간 감당해 온 다수의 사람들을 대변하는 말로도 들린다. 1139년, 2차 라테란 공의회는 고리대금업을 절도로 규정하고 유대인을 제외한 모든 사람에게 대금 행위를 금지하기까지 했다. 유대인만은 이자를 받고 돈을 빌려주는 일을 계속할 수 있었던 것은 「신명기」를 자세히 읽어 보면 "네 형제에게" 이자를 청구하지 말라고 나와 있기 때문이다. 유대인의 형제는 유대인이니, 이교도에게 대출하는 데는 문제가 없었다.

지금은 (아마 테헤란을 제외한) 모든 곳에서 자본주의 경제 발전의 필수 요소로 인식되는 기능을 담당했다는 이유로 과거 유대인들이 얼마나 참혹한 고통을 겪었는지를 우리는 반드시 기억해야 한다. 1189~1190년 런던과 요크에서 자행된 학살, 사이먼 드 몬퍼트에 의한 레스터 지방 유대인 추방 등 중세 잉글랜드에서 벌어진 유대인 박해는 교육과정에서 자세히 다루기가 어렵다고 느껴질 정도로 끔찍했다. 그 밖에도 수백 건의 불명예스러운 사건들이 있었다. 1290년 에드워드 1세는 왕국 전체에서 유대인을 몰아낸 이후 잉글랜드 경제의 주요 대금업자들은 올리버 크롬웰 시대까지 이 땅에 돌아오지 않았다.

그래서 시장에는 빈틈이 있었다. 휘팅턴은 후츠파*로 그것을 메웠다. 그는 빌려준 돈에 이자를 물리지 않았다. 이자라니, 어찌 그렇게 더러운 짓을! 다만 그는 원래 왕가에게 돌아가는 이런저런 비용과 세금을 면제받았다. 양모 무역이 잉글랜드 경제를 지배하고 있던 당시, 왕가의 가장 크고 확실한 수입원은 당연히 '양모 보조금'(대륙에 양모와 천을 수출할 때 왕에게 내야 하는 세금)이었다. 휘팅턴은 돈을 빌려주는 대가로, 양모 보조금 면제라는 왕의 특별 허가증을 손에 넣었다. 양모 보조금을 지불하지 않아도 되면 그 누구보다 싼값에 물건을 수출할 수 있었고, 그러면 더더욱 큰돈을 벌 것이었다. 그걸로 왕에게

[*] chutzpah: 대담함, 뻔뻔함, 당돌함을 뜻하는 히브리어.

돈을 더 빌려주면 세금을 더 많이 면제받고 시장 점유율을 더더욱 높일 수 있었다.

1404년이면 휘팅턴은 런던과 치체스터 양쪽에서 양모를 수출했고, 1407년에는 치체스터의 양모 수출을 독점하여 칼레에 배 여섯 척 분량, 그러니까 250포대의 양모를 수출했다. 한편 그는 왕에게 돈을 빌려주는 큰손이라는 지위를 교묘하게 이용하여 사업 이익을 한층 더 키울 방법을 찾아냈다. 어느 시기에 휘팅턴은 초서의 행로를 따라 '런던의 양모 관세와 왕실보조금 징세관'이 되었다. 이는 명명백백한 이해 충돌이었다. 골드만 삭스의 사장에게 재정부 장관 자리를 겸하라고 하는 것이나 다름없었다. 휘팅턴은 관세 없이 양모를 수출할 면허를 스스로에게 발급했다.

휘팅턴은 상식을 한참 뛰어넘는 편법으로 부자가 되었다. 그는 대금을 통해 본인이 누린 이익을 감추거나 위장했다. 그럼에도 런던의 권력을 이루는 두 축—왕궁과 시티—에 얼마나 큰 신임을 얻었던지 헨리 5세는 그를 기사로 봉작했을 뿐 아니라 1421년에는 그에게 고리대금업 재판의 판결을 맡겼다. 마치 그는 고리대금업과는 무관한 사람인 것처럼 말이다.

왕의 금고 주변에는 일촉즉발의 지뢰가 가득했다. 천재적인 협상가가 아니라면 접근 불가능이었다. 살아생전에 신용이라는 가장 중요한 덕목을 잃은 적 없다는 점에서 딕 휘팅턴은 천재적인 금융업자였다. 그는 이미 1382년에 진주와 보석 등 총 600파운드어치 담보물을 그 어떤 보증도 없이 믿고 맡길 수 있는 사람이었다.

그러한 명망이 있었기에 휘팅턴은 1406년에 다시 시장으로 선출되었고 1419년에 또 (리처드 2세의 최초 임명을 포함하면 네 번째로) 시장에 선출되었다. 그는 1423년 기사 작위를 받고, 또한 그 전과 이후로 어떤 사업가도 누리지 못한 완벽한 명성을 안고 생을 마감했다. 그는 은행가, 실질적으로는 고리대금업자였으나 그의 삶은 역경을 딛고 빈민에서 부자가 된 이야기로 매년 전해지고 있다.

그가 오늘날 이런 후광을 누리는 이유는 간단하다. 휘팅턴은 베풀었다. 그것도—현대 미국이라면 모를까—현대 영국 문화에서는 재현할 수 없는 규모로 베풀었다.

휘팅턴이 세상을 떠날 무렵 런던에는 그의 선행이 미치지 않은 곳이 거의 없었다. 그는 길드홀을 장식하고 보수했다. 웨스트민스터 사원 완공에 경비를 댔다. 뉴게이트 감옥 수감자들이 '감옥병'(발진티푸스)에 걸려 파리처럼 픽픽 쓰러지는 상황에 충격을 받고는 러드게이트에 채무자 전용 감옥을 세웠다. 세인트토머스 병원에 미혼모를 위한 병동을 지었고 빌링스게이트와 크리플게이트에 배수 시설을 설치했다.

그는 본인이 다니던 교구 교회인 세인트마이클 패터노스터 로열을 다시 지었다. 이 마음 넓은 포목상은 제 도제들을 본인의 집에 묵게 했고, 시장이 되어서는 춥고 축축한 날에는 템스강에서 동물 가죽을 씻지 못하게 하는 법을 통과시켰다. 너무 많은 도제가 그 일을 하다가 감기에 걸려 죽었기 때문이다. 그는 런던 최초의 공중 식수대 중 하나를 지었다(아마 최초였을 것이다). 세인트마틴 빈트리 교회에는 로마 시대 이래 최초일 공중 화장실을 만들었다. 템스강의 수위가 높아질 때 변기를 씻는 구조라 그리 정교하거나 청결한 시설은 아니었으나, 중세에 보기 드문 공중위생 목적에서 세워졌으며 이후 오랫동안 '휘팅턴의 롱하우스'라는 이름으로 불렸다.

휘팅턴에게 쏟아져 들어오던 돈 폭포는 그가 죽을 때까지도 멈추지 않았고, 심지어 오늘날에도 그 물줄기를 확인할 수 있다. 휘팅턴은 휴 경인지 존 경인지 (아니면 정말로) 피츠워런 경인지 하는 귀족의 딸 앨리스와 결혼했는데 둘 사이에 자식은 없었던 듯하다. 그가 남긴 유산 7000파운드는 이후 수 세대에 걸쳐 보통은 국가가 담당해야 할 사업에 투입되었다. 가령 세인트바솔로뮤 병원 보수 공사가 휘팅턴 기금으로 이루어졌다. 그의 유산으로 조성된 위탁금은 지금도 '포목상회'가 관리하면서 매년 300명의 빈민을 지원한다. 휘팅턴은 500년이 지난 오늘날까지도 곤경을 겪는 사람들에게 쉼터를 제공하고 있다.

이스트 그린스테드 근처 펠브리지 마을에는 저소득 독신 여성 또는 부부가 쓸 수 있는 아파트 56채가 있다. 웹사이트의 소개에 따르면 장미 정원에 둘러싸인 아름다운 장소이다. 또한 생활이 어려운 60세 이상 노인에게는 원룸이나 침실이 하나 또는 둘인 숙소가 제공된다. 그런데 반려동물은 함께 살 수 없다고 하니, 이 대목에서 당연히 드는 의문. 어째서 역사 기록에는 없는 고양이 친구가 가공의 인물 휘팅턴에게는 있었는가?

일설에 따르면 그 발단은 휘팅턴을 묘사한 한 판화라고 한다. 원래는 그의 손이 해골을 짚고 있었는데, 그 이미지가 너무 병적이라는 이유로 해골을 고양이로 바꾸었다는 설명이다. 또 다른 일설에 따르면 10세기 아라비아의 민담이 휘팅턴의 이야기로 각색되었다고 한다. 가진 것이라곤 쥐를 잡는 고양이뿐인 가난한 소년이 왕국에서 가장 높은 사람이 된다는 이야기이다. 그러나 아무래도 답은 따로 정해져 있는 것 같다.

딕 휘팅턴이 후대에 와서 고양이를 달고 다녔던 것은 그러면 더욱 선하고 더욱 친절하고 더욱 인간적인 사람으로 보이기 때문이었다. 그런 모습이 후대 런던 사람들이 생각하던 그의 성격과 잘 어울리기 때문이었다. 그가 실제로 아무리 가난했더라도 많은 가난한 사람과 마찬가지로 고양이 한 마리 돌볼 여력은 있었을 것이다. 잉글랜드 사람들은 원체 동물을 좋아하므로 휘팅턴의 넓은 마음을 단적으로 보여주는 데 고양이가 동원되었으리라.

그런 의미에서 휘팅턴 신화는 어떤 시적 진실을 가리킨다. 당시 런던에는 바로 그와 같은 자본가적 추진력과 기업가적 진취력이 필요했다. 그 한 사람의 돈으로 여러 왕이 모험에 나설 수 있었다. 잉글랜드가 프랑스에 거둔 상징적이고 결정적인 승리, 셰익스피어가 잉글랜드의 자신감이 완성된 결정적인 순간으로 찬미한 아쟁쿠르 전투에도 휘팅턴의 돈이 들어갔다. 그는 경제와 정치 양쪽의 거물이었다. 그러나 결국 그의 명성에 황금을 입힌 것은 그의 자선이다.

그는 후대에 성립한 명성에 충분히 어울리는 인물이며, 우리는 그를 둘러싼 전설의 이면을 파고들수록 그를 더 존경하게 된다. 리처드 그래프턴이 1569년에 쓴 『연대기』(*Chronicle at Large*)는 그의 유증(遺贈)과 공헌에 대한 설명을 다음과 같은 권고로 마무리한다. "그대들의 원로를 보라. 그것이 찬란한 거울이도다." 우리도 똑같은 마음으로 이렇게 말할 수 있다. "그대들 런던의 은행가요 금권 정치가인 딕 휘팅턴을 보라. 그가 찬란한 본보기로다."

여기, 비교를 위해서 딕 휘팅턴 전설의 기본 줄거리를 소개한다.

옛날 옛적, 딕 휘팅턴이라는 가난한 소년이 살았다. 어머니도 아버지도 없고, 먹을 것도 자주 없었다. 어느 날 그는 런던이라는 대도시에 대한 이야기를 들었다. 다들 말하길, 그곳은 길바닥도 황금으로 포장되어 있다고 했다. 딕은 런던에 가서 돈을 벌기로 결심했다.

런던은 사람이 많은 대도시였다. 돈 많은 사람도 많고 돈 없는 사람도 많았다. 그러나 황금으로 포장된 길은 어디에서도 볼 수 없었다. 춥고 지치고 굶주린 딕은 어느 저택의 계단에 앉은 채 잠들고 말았다. 그 집의 주인은 마음씨 좋은 부유한 상인 피츠워런 씨였다. 그는 딕을 안으로 데리고 들어가서 그에게 식기 닦는 일을 맡겼다.

딕에게 작은 방이 생겼다. 쥐만 없었으면 정말 행복했을 텐데, 밤에 침대에 누우면 주변에 쥐가 우글거려 도저히 잠들 수가 없었다. 어느 날 딕은 신사의 구두를 닦고 번 1페니로 고양이 한 마리를 샀다. 그 후 딕의 생활은 좀 더 편해졌다. 고양이가 쥐를 다 쫓아 주어 밤에 잠을 푹 잘 수 있었던 것이다.

하루는 피츠워런 씨가 집에서 일하는 하인 모두를 소집했다. 교역품을 실은 배가 곧 머나먼 땅으로 떠날 것인데 혹시 각자 배에 싣고 싶은 물건이 있으면 싣게 해 주겠다고 했다. 금이나 돈으로 바꿀 수 있을 만한 것이면 되었다. 가진 것이라곤 고양이뿐이었던 딕은 슬퍼하며 고양이를 내놓았다.

딕은 피츠워런 씨 저택에서 계속 접시를 닦았다. 주인은 그에게 매우 잘해 주었다. 모두가 잘해 주었다. 그러나 딱 한 사람, 요리사는 딕을 죽도록 괴롭혔다. 결국 딕은 도망치기로 했다. 어느 날 도시를 거의 다 빠져나왔을 때, 세인트메리르보의 종소리가 들려왔다. "돌아오라 휘팅턴, 세 번 런던 시장이 될 사람이여." 종소리는 그렇게 말했다. 딕은 깜짝 놀랐으나 종이 시키는 대로 피츠워런 씨 댁으로 돌아가기로 했다.

집에 돌아온 딕은 피츠워런 씨의 배가 돌아왔다는 소식을 들었다. 바르바리 왕이 궁에 쥐가 번져 고민하던 차에 거금을 주고 딕의 고양이를 샀다는 것이었다. 딕은 그새 부자가 되어 있었다.

이제 딕은 피츠워런 씨에게 사업을 배웠고 그의 딸 앨리스와 결혼했으며 결국 런던 시장을 세 번 지냈다. 종이 예언한 그대로였다.

우리가 꼭 알아야 할 딕 휘팅턴의 업적이 마지막으로 하나 더 있다. 그의 유증 덕분에 1423년에 런던 최초의 공공 도서관이 개관했다.

길드홀 옆에 세워진 도서관은 원래 성직자나 귀족계급만이 누리던 책 읽을 권리를 일반 시민도 누려야 한다는 생각에서 출발했다. 1476년이면 이곳은 윌리엄 캑스턴이 그의 경이로운 발명품으로 인쇄한 책으로, 이어서 윈킨 드 워드의 출판사에서 펴낸 책으로 가득 채워지고 있었다.

1535년에 세상을 떠날 때까지 윈킨은 800종의 책을 출간했다. 이로 인한(대출 및 판매를 통한) 활자 접근성의 폭발적인 증가는 런던의 지성계와 종교계에 숫자로 따질 수 없는 큰 영향을 미쳤다. 온갖 종류의 문헌이 유통되는 대중 시장이 형성된 것이다.

그 이듬해, 헨리 8세는 역대 그 어떤 정부도 해내지 못한 재계 친화적 조치인 수도원 해산령를 단행했다. 그 결과 때아니게도 교회 소유의 토지와 건물이 새로 떠오르는 상인계급에게 넘어갈 수 있게 되었다. 돈만 있으면 누구든 그 멋진 건물들을 살 수 있었다. 그것도 헐값에.

여러 길드가 수도원으로 이사했다. 모피상 길드는 한 수녀원을 차지했고 정육상 길드는 어느 사제관을 접수했다. 이어 1555년부터는 머스코비사를 필두로 엘리자베스 시대의 거대 무역상사들이 창설되기 시작했으니, 모두 런던에서 내로라하는 은행가들이 합자한 '벤처' 기업이었다.

때마다 전염병이 거듭 창궐했어도 런던의 인구는 급증했다. 베네치아 인구는 쉽게 넘어섰고 1580년에는 파리에도 그리 뒤지지 않았다. 튜더 왕조 시대에 런던은 고대의 경계를 찢고 나와 여기저기 무질서하게 끈 모양 개발지를 형성했다.

이스트 엔드에는 주택과 소규모 산업 시설이 뒤섞여 있었다. 종

만드는 곳, 유리 만드는 곳, 상아와 뿔을 가공하는 곳이 있었고 이어 실크 짜는 곳과 종이 만드는 곳이 들어섰다. 웨스트 엔드에는 부자들이 호화 저택을 짓기 시작했다. 전국의 가난한 지역에서 수천 명의 이주자가 몰려들었고, 런던은 잉글랜드의 무역과 인구에서 갈수록 더 큰 지분을 차지하기 시작했다.

부르주아계급이 점점 더 번창하고 문학을 즐기게 되면서 특정한 여흥 시장이 생겨났다. 그리고 이 분야의 한 인물은 멋진 이야기를 구상하는 능력은 물론 엘리자베스 시대 잉글랜드의 문화와 성취를 미묘하면서도 그렇게 미묘하지는 않은 방식으로 찬미하는 능력을 갖추고 있었다. 휘팅턴은 아쟁쿠르 전투에만 돈을 댄 것이 아니었다. 그는 런던의 문학적 토양에 보조금을 대었고, 그로부터 마침내 그 전투를 가장 찬란하게 기념하는 예술 작품이 탄생했다.

수세식 변기

여러분은 수세식 변기를 토머스 크래퍼가 발명했다고 알고 있을 것이다. 그러나 여기에는 좀 더 멀리 거슬러 올라가는 역사가 있다.

스토크온트렌트의 글래드스톤 도예 박물관에는 아주 흥미롭고 예언적인 장치의 복제품이 있는데, 이것은 '처녀왕'의 엉덩이에 꼭 맞게 디자인된 물건이다. 이 멋진 장치는 단 두 개 만들어졌고 나머지 하나는 런던에 있었다.

이것은 1596년경, 지금은 사라진 리치먼드의 왕궁에 설치되었다. 발명가는 엘리자베스 1세의 대자이자 궁정에서 제일 제멋대로였던 조신 존 해링턴이었다.

일명 '빅 잭'으로 불린 해링턴은 좀 수상쩍고 젠체하는 인물로, 이탈리아의 음란한 운문을 번역하여 궁정 여자들에게 배포했다가 문제를 일으킨 바 있었다.

그는 여러 번 추방당했다. 월트셔에 갇혀 있던 어느 날 저녁, 해링턴은 셰익스피어의 후원자인 사우샘프턴 백작과 어울리다가 분변에 대한 이야기를 나누었다.

그는 그날 밤에 논한 기술적인 문제들에 착안하여 「아이아스의 변신」(The Metamorphosis of Ajax)이라는 제목으로 변기에 대한 논문을 썼다. 여기서 '아이아스'(Ajax)는 당시에 변기를 가리키던 말인 'a jakes'의 말장난이다. 그는 청사진까지 첨부하여 왕에게 자신의 결과물을 전달했다.

본인이 분명히 드러낸 대로, 이 새 변기를 디자인하는 사명에는 사회적이고 정치적인 의미가 있었다. 그는 왕의 총애를 되찾고 왕이 "나에 대해 생각하고 말할" 기회를 만들고자 했다. 그리고 그에 성공했다.

엘리자베스 왕은 그의 노력에 기뻐했다 하고 그의 발명품이 실제로 쓰이게 되었다.

스토크 박물관에 있는 변기는 해링턴의 설명대로 복원한 것이다. 직사각형 나무 좌석에 구멍이 뚫려 있는 구조인데, 이 콘셉트 자체는 최소한 로마 시대부터 널리 알려져 있다. 혁명이라 할 만한 부분은 뒤편의 커다란 사각 수조, 그리고 의자 밑에 있는 우묵한 접시였다. 납으로 만든 이 오물받이는 겉에 송진을 칠하고 물을 약 여섯 치 높이로 채웠다. 경사가 끝나는 밑바닥에 마개가 있고, 여기에 부착된 긴 막대기 끝에 손잡이가 달려 있었다. 이 손잡이를 당기면 마개가 열리면서 오물받이의 내용물이 저 보이지 않는 수갱으로 내려갔다.

그런 다음 오물받이의 마개를 닫고, 수조의 마개에 연결된 또 하나의 막대기를 들어올리면 접시에 새 물이 찼다.

이렇게 용한 물건이 있나!

해링턴의 변기는 손잡이가 둘인 점을 빼면 전체적인 콘셉트가 현대식 변기와 다르지 않았고, '휘팅턴의 롱하우스'에서 상당히 발전한 것이었다.

아쉽게도 유행에는 실패했지만 말이다.

해링턴의 발명품은 왕(개인위생을 철저히 하여 "목욕을 할 필요가 없을 때에도 늘 달에 한 번씩 목욕을 했다"는 인물)의 환심은 샀지만, 대중 시장에 그 비슷한 물건이 등장하기까지는 200년이 더 걸렸다.

우리가 이때 이른 혁신에서 짐작할 수 있는 사실은 종교개혁 이후 사람들이 점점 청결에 신경 썼다는 것, 그리고 런던 궁정인들이 군주를 기쁘게 하기 위해 어느 정도까지 노력했는가 하는 것이다. 누구는 엘리자베스 왕에게 서사시를 써 바쳤고 누구는 소네트를 써 바쳤다. 누구는 신대륙에서 수확한 새로운 작물을 바쳤다. 누구는 연주자를 대동하고 왕 앞에서 공연을 했으며 누구는 왕을 위한 신식 변기를 디자인했다. 그 모두가 왕의 눈에 다시 들길 바라고 있었다.

미국인이 현대식 변기를 '존'이라고 부르는 것은 바로 이 사람, 존 해링턴을 기리기 위해서(라고 한)다.

윌리엄 셰익스피어

William Shakespeare

런던에서 시작된 현대 연극

1997년 서더크에 재건된 글로브 극장이 개장하기 직전, 나는 조이 워너메이커를 인터뷰하러 그곳에 갔다. 영화 〈해리 포터〉에 나오는 코끝이 뾰족한 그 배우 말이다. 다름 아니라 그의 부친인 고(故) 샘 워너메이커가 이 모든 일을 기획한 선지자였다.

평소와 달리 인터뷰를 치밀하게 준비하지 못한 탓도 있지만 어쨌든 나는 그 장소에 대해 아는 게 별로 없었다. 그런데 조이와 함께 목조 원형극장 한가운데로 걸어가서 관람석에 섰을 때, 솔직히 말해 나는 약간 당황했다.

"이게, 앉는 자리는 전혀 없는 건가요?" 내가 물었다.

"그렇죠."

"정말로 관객들이 여기 몇 시간이나 서서 셰익스피어 연극을 본다고요?"

"그럼요." 조이는 미국인처럼 패기 있게 대답했다. 그때는 내가 예의를 차리느라 차마 말하지 못했지만, 이 무슨 헛소리인가 싶었다. 엘리자베스 시대의 극장 경험에는 사람들이 그걸 어떻게 견뎠는지 알 수 없는 면이 꽤 있다.

그 시대에는 '자유'를 맛보려면 도시를 나가서 서더크 등 극장이 허용된 외곽의 무법 지대로 들어가야 했다. 그런 곳에 가면 창녀와 곰 고문과 각종 장물을 볼 수 있었다. 도시 성벽 안쪽에는 금지된 산업 시설을 지나칠 때면 코를 꽉 쥐어야 했으니, 직물을 바래고 다듬는 데선 으레 암모니아 냄새가 났고 아교풀을 만드는 데선 짐승 뼈를 고는 냄새가 진동했다. 이 정도는 괜찮다 싶은 사람도 무두장이가 개똥물에 푹 삶아서 가죽을 부드럽게 하는 냄새만큼은 도저히 참기 어려웠다. 그 길을 거쳐 극장에 들어가면 지붕이 없는 건물에서 비를 쫄딱 맞거나 햇빛에 눈을 찌푸려야 했다.

난방이나 냉방도 안 되었다. 건물 전체가 화재에 취약했고 언제 무너져도 이상할 것이 없었다. 세인트존가 극장 붕괴 사고는 "착하고 예쁜 창녀 둘"을 비롯하여 30~40명의 목숨을 앗아 갔다. 소매치기가 들끓었고, 여자들은 쉴 새 없이 치마 옆트임을 파고드는 손길에 시달렸다. 화장실도 없었기에 어쩔 수 없이 앞사람 종아리에 대고 소변을 보는 관객도 있었다. 극장 바닥은 흘린 맥주와 굴 껍데기와 그보다 더 비위생적인 물질로 흥건했다.

그렇다면 관객은 어땠을까? 이에 관해서는 여러 의견이 있지만 가장 설득력 있는 주장은 그들 대부분이 런던 하층민이었다는 것이다. 1597년에 추밀원은 그들이 부랑자이고 모실 주인이 없는 건달이고 좀도둑, 말도둑, 포주, 야바위꾼, 음모꾼 등등 나태하고 위험한 자들이라고 분개했다. 그들이 사마귀투성이인 머리통을 뒤로 젖히고 충치 가득한 입을 벌리며 한목소리로 웃거나 고함칠 때, 무대 위의 배우들은 "거대한 짐승의 입김"에 푹 젖었다고 극작가 토머스 데커는 말했다. 그들은 "악취 나는 페니짜리"였다. 1페니짜리 자리에서는 무대가 잘 보이지도 않았다.

무대에는 막이 없었다. 무대 장치도 거의 없었다. 의상은 부자들이 입다 버린 옷을 되는대로 짜깁기해서 만들었다. 조명은 조잡했고 특수효과는 주로 양의 피와 내장으로 때웠다. 유럽 여타 지역과 다르게 잉글랜드에는 무슨 이유가 있었는지 여자 배역까지 남자가 다 맡았기 때문에 추파를 던질 예쁜 여배우도 없었다.

공연은 서너 시간이나 이어졌던 듯하다. 공연 끝에는 엘리자베스 시대의 별난 춤인 지그(jig)를 추었다. 이는 고대 그리스에서 비극 끝에 사티로스극(satyr play)을 붙였던 것과도 비슷한데, 우리로서는 좀체 이해하기 어려운 구성이다. 1실링을 내면 방석이 깔린 귀족실에 앉을 수 있었다. 6페니면 신사실에서 그나마 편히 공연을 볼 수 있었지만 그 돈이면 빵 한 덩이를 살 수 있었으니, 관객 대다수는 불편하기 짝이 없는 환경에서 선 채로 관람하는 데 만족했다.

현대 잉글랜드 사람이라면 극장 아니라 축구장에서라도 그런 조건을 견디지 못할 것이다. 그러나 엘리자베스 시대 사람들은 극장을 사랑했다. 매주 한 번씩 연극을 보러 다니는 사람이 엄청나게 많았다. (흑사병으로 문을 닫지 않았다고 치면) 아무 날에나 가도 연극 두 편을 볼 수 있었고 각 공연에 관객이 2000~3000명씩 들어찼다. 그러니까 한 주에 닷새 공연을 했다고 하면, 약 1만 5000명의 런던 사람이 표를 끊고 연극을 보았다. 한 달이면 6만 명이다. 인구가 20만 명인 도시에서!

런던 성인 인구의 3분의 1 이상이 한 달에 한 번은 극장을 찾았다. 그건 연극 중독이나 다름없었다. 그들의 욕구를 채우느라 수백 편에서 수천 편의 연극이 제작되었다. 그중 극히 일부만이 지금까지 남았는데, 그 4분의 1을 한 남자가 만들었다고 한다. 보편적으로 합의된 사실인즉, 그는 엘리자베스 시대 군중의 고생에 멋지게 보답했다. 때로는 기묘하고 새로운, 그러나 거의 언제나 매혹적인 대사로 관람석의 불편함을 잊게 해 준 자의 이름은 윌리엄 셰익스피어였다.

그는 글로브 극장의 공기를 달콤하게 바꾸었다. 그는 관객들이 한 번도 상상한 적 없는 인생과 세상으로 창을 내주었다. 아무것도 없는 무대가 아쟁쿠르 전투를 앞두고 모닥불을 피운 야영으로, 클레오파트라가 죽어 가는 나일 강변으로, 스코틀랜드의 으스스한 성으로, 엘시노어의 어둡고 안개 자욱한 흉벽으로, 아름다운 아가씨(물론 배우는 소년이다)가 사랑해선 안 될 총각에게 얼굴을 드러내는 베로나의 발코니로 변신했다.

그의 연극은 놀라운 속도로 '글로벌'해졌다. 모험심과 자신감을 키워 가던 잉글랜드 상인들의 배가 그의 작품을 바다 건너로 실어 날랐다. 셰익스피어가 아직 9년의 삶을 남기고 있던 1607년, 시에라리온 앞바다 선상에서 「햄릿」과 「리처드 2세」가 상연되었다. 1608년, 지금의 예멘 지역 관객이 우울한 덴마크 왕자를 만났다. 1609년, 햄릿 아버지의 유령이 인도네시아 어느 지역의 가짜 흉벽에 처음으로 모습을 드러냈고, 1626년 드레스덴 사람들은 햄릿이 자살을 고민하는 대사를 독일어로 들었다.

그 공연을 진행한 독일인 단체는 이 예술 형식의 발상지에 경의를 표하는 뜻에서 '잉글랜드 희극단'이라는 이름을 썼다. 요컨대 상업 연극은 다른 어느 나라가 아닌 잉글랜드(더 구체적으로는 런던)의 위대한 수출품이었다.

1576년 제임스 버비지의 첫 극장이 개관한 이후 청교도에 의해 극장이 폐쇄되기까지 70년간, 잉글랜드 연극은 그 전에도 없었고 그 후에도 없을 전성기를 누렸다. 서로 경쟁하는 상업 연극이라는 개념은—관객을 웃기고 울리고 그것으로 돈을 번다는 점에서—우리 시대의 가장 대중적인 예술 형식인 영화의 직계 조상이다. 그걸 런던이 만들어 냈다.

물론 에스파냐에서도 연극이 크게 발전했다. 그러나 그곳의 '황금시대'는 엘리자베스 시대 다음에 찾아왔으며, 주로 농촌이나 봉건사회의 이야기로 주제의 범위가 더 한정적이었다. 베네치아에도 극장이 있었다고 하나, 역시 시기가 약간 늦고 런던 연극계의 규모에는 비할 바가 아니었다. 프랑스가 코르네유, 몰리에르, 라신 같은 걸출한 극작가를 배출하려면 한 세대에서 한 세기는 더 기다려야 했다.

셰익스피어는 런던이 자랑하는 예술 장르의 주신(主神)이었다. 지금도 그를 향한 세계인의 사랑과 존경에는 그 어떤 작가도 필적하지 못한다. 미국 의회도서관에는 셰익스피어에게 헌정된 책이 7000권이나 있고 독일, 그리스, 에스파냐, 벨기에, 터키, 폴란드, 한국, 브라질, 멕시코에는 그의 이름으로 열리는 정기적인 축제가 있다. 셰익스피어 작품은 90개 언어로 번역되었다. 중국인 교수들이 그의 작품에 인생을 바친다. 『로미오와 줄리엣』을 원작으로 한 온라인 게임은 2200만 명의 참가자를 기록했다. 인도 북동부의 미조라는 부족은 「햄릿」을 정기적으로 상연하고 햄릿을 자기 부족 왕자로 생각한다.

나는 1980년도에 브레즈네프 시대 모스크바에 갔던 일을 영원히 기억할 것이다. 외투로 몸을 꽁꽁 싸맨 러시아인 수백 명이 더럽고 어두침침한 극장에 줄지어 들어와 영국인 배우가 셰익스피어의 대사를 읊는 장면을 보았다. 햄릿이 스스로 목숨을 끊을 것인지 아니면 제 처지를 뒤집을 것인지를 두고 사색하는 대목도 물론 낭송되었다.

공연이 끝나고 다른 노동자 동지들은 어둠 속으로 조용히 사라졌는데, 납작모자를 쓴 빼빼 마른 남자 하나가 우리 영국인 남학생 무리를 발견하고는 이렇게 외쳤다. "죽느냐 사느냐, 그것이 문제라고!" 그러면서 들고 있던 셰익스피어 전집을 툭툭 쳤다. 그 모습이 냉전 시대에 사춘기를 보내던 나의 상상력에 불을 지폈다. 저 사람은 폐소공포증을 일으킬 것만 같은 엘시노어의 위선에 갇힌 왕자에게 공감하는 걸까? 아니면 우리에게 무슨 메시지라도 던지는 걸까? 러시아의 어딘가가 썩어 가고 있다고? 혹시 저 사람도 셰익스피어를 사랑한 사하로프 같은 인물일까?

아니면 그냥 자기도 셰익스피어를 한 구절 읊을 수 있다고 보여준 걸까? (아마 그럴 것이다.) 그의 의도와 상관없이 열여섯 살 먹은 내 영혼은 그가 우리 편 대사를 인용한 데 자부심을 느꼈다.

셰익스피어는 영어라는 언어의 역사에서 가장 위대한 영웅이자 사신이다. 그는 잉글랜드가 세계 문화에 선물한 가장 위대한 작가이며, 베토벤과 미켈란젤로에 대한 우리의 응수, 그것도 꽤 효과적인 맞수이다. 셰익스피어는 언어와 성격과 상황에 관하여 잉글랜드가 지닌 가진 가장 거대한 보고이다. 우리가 진실로 보편적인 작가라고 부를 수 있는 그 한 사람이다. 잉글랜드의 호메로스이다.

우리는 엘리자베스 시대 극작가 중에선 셰익스피어를 가장 잘 안다. 하지만 실상 그에 대해서도 아는 게 거의 없다. 셰익스피어에 관한 모든 근거 있는 사실과 근거 없는 사실은, 추측에 흠뻑 젖고 주머니에 짐작을 잔뜩 쑤셔 넣은 커다란 더플코트가 걸려 있는 가느다란 못과도 같다.

알려진 바에 따르면, 그는 1564년 성조지 축일 전후에 태어났고 부친인 존 셰익스피어는 장갑인지 흰 가죽인지로 돈을 번 지역 유지였다. 셰익스피어는 어려서 도살장에 다닌 경험이 있다고 하며, 일부 전문가는 그의 작품에서 도축과 살인과 피에 대한 특별한 지식을 짚어 낸다. 셰익스피어의 부친은 로터리클럽 같은 데에 나가던 사람으로, 주류 검사관에서 시작하여 스트랫퍼드어폰에이번의 지사, 사실상 그 소도시의 시장 자리에까지 올랐다.

존 셰익스피어가 완전무결한 인물은 아니었던 모양이다. 1522년에는 허가 없이 똥무더기를 쌓아 둔 죄로 벌금형을 받았고 나중에는 죄질이 무거운 고리대금업으로 유죄를 선고받았다. 그래도 돈은 많아서 아들을 근처 중등학교에서 좋은 교육(이것도 짐작일 뿐이다)을 받게 했다고 한다. 아마도 셰익스피어는 현대의 대학 졸업생이 고전 작품을 아는 만큼은(이것은 칭찬이 아니다) 라틴어를 배우고 학교를 중퇴했을 것이다. 우리가 알기로 윌리엄 셰익스피어는 1582년, 겨우 열여덟 살 나이에 앤 해서웨이와 결혼했다.

당시 앤은 스물여섯 살이었고 반년 뒤 수재너가 태어났으므로, 상황을 대강 짐작할 수 있다. 우리가 알기로 2년 후에는 쌍둥이 주디스와 햄닛이 태어났는데, 남자아이는 곧 죽었다. 우리가 알기로 셰익스피어는 1585년에서 1592년 사이 언젠가 런던에 갔으며 그때 처음으로 희곡을 출간했다. 그러나 가장 중요한 의문에 대해서는 실마리 하나 남아 있지 않다. 장갑 만드는 집 아들이 어쩌다 배우 겸 극작가가 되었는지, 왜 런던에 갔는지는 알 수 없다. 이제부터 우리가 늘어놓을 수 있는 것은 소문뿐이다. 옥스퍼드셔 찰코트에서 사슴을 밀렵한 죄로 기소를 당했다던가, 알고 보면 국교 거부자로 랭커셔의 가톨릭교도 가문에 취직했다던가, 플랑드르에서 용병으로 일했다던가, 이탈리아를 돌아다녔다던가, 드레이크와 함께 카리브해를 항해했다던가… 등등의 다소 엉뚱한 가설들에는 실질적인 증거가 전혀 없다.

셰익스피어는 어떤 이유에선가—아마 가족을 부양해야 하는 상황에서 그 일이 자기가 돈을 벌 수 있는 가장 가능성 크고 가장 즐거운 방법이었기에—런던에 왔다. 겉모습만 보면 셰익스피어가 도착한 도시는 딕 휘팅턴이 마주했던 도시에서 크게 변하지 않았다. 꼭대기 탑이 번개를 맞고 부서지긴 했지만 세인트폴 성당은 그 자리에 그대로 있었다. 그 무렵이면 길드홀과 왕립증권거래소가 멋지게 완성되어 있었을 것이고, 런던에는 교회가 120개나 생겨 있었다. 감자가 처음 식탁에 오른 것도 그 무렵인데, 혹자는 이 새로운 식품이 잠깐 유행하다가 말 것이라고 생각했다.

최근 중동이나 인도의 도시에 가 본 사람이라면 엘리자베스 시대 런던의 실상을 쉽게 이해할 수 있을 듯하다. 여기저기서 난개발이 진행되고, 위생 설비가 없는 조립식 가옥이 당국의 허가도 없이 아무 데나 불쑥불쑥 들어섰다. 런던은 1560년부터 1600년 사이에 인구가 두 배로 늘었고, 한때 로마제국 구석의 식민지였던 도시가 이제는 테베레 강의 모체보다 훨씬 컸다. 런던은 파리와 나폴리 다음으로 유럽에서 가장 큰 도시였고 계속해서 커지고 있었다. 런던은 유럽 최대의 교역지였다. 이는 비단 중세부터 수출하던 양배암과 브로드 천 때문만이 아니었다. 이 집산지에는 에스파냐와 이탈리아의 상인들이 발트해산 모피와 뉴펀들랜드산 염장 생선을 사러 왔다. 런던에는 상업 발달과 함께 유럽 최초의 탄탄한 중간계급이 형성되고 있었다.

당시 인구의 10퍼센트가 빈민 구제가 필요한 상태였고 25퍼센트는 왕에게 특별보조금(또는 세금)을 낼 만큼 부유했다고 추정된다. 그러나 한 평자에 따르면 "대다수는 지나치게 부유하지도 않고 지나치게 가난하지도 않으며 보통 수준으로 살아"갔다. 그 보통 수준으로 살던 사람들, 그들은 무엇을 원했을까? 그들은 모든 시대의 보통 사람들이 원했던 것을 똑같이 원했다.

그들은 술을 원했다. 1563년부터 1620년 사이 프랑스와 에스파냐에서 수입하는 와인의 양이 다섯 배 증가했다.

그들은 섹스를 원했다. 서더크의 클링크 지역 거주 남성의 40퍼센트가 고객을 매춘부에게 실어 나르는 일로 먹고사는 뱃사공이었다.

그들은 재미를 원했다. 세상을 탈색시킨 종교개혁의 엄숙주의가 지나가고 스테인드글라스가 다 파괴된 뒤, 사람들은 색채와 스펙터클과 집단적인 감정 분출을 욕망했다. 물론 쇼는 있었다. 개가 곰을 공격하게 하거나, 때로 어떤 흥행사는 군중의 흥미를 자극하려고 말의 등에 침팬지를 묶어 놓고 개들이 둘 모두를 공격하는 야만적인 볼거리를 연출했다. 그러나 곰은 비싸고, 인간은 본성상 제 자신의 삶을 거울로 비추어 보기를 원하며 자기 자신을 보고 싶어 한다. 그래서 유랑 극단이 발코니 딸린 여관 안뜰에서 소극과 촌극을 공연하던 때가 있었다. 마침내 흥행사들은 그런 공연이 꽤 괜찮은 돈벌이가 되겠다고 판단했고, 1576년 제임스 버비지라는 배우가 돌파구를 찾아냈다.

그런 공연을 전문으로 하는 장소를 만들면 어떨까? 고대 아테네에도 있었던 극장처럼, 하지만 이번엔 순전히 상업적인 목적으로 운영한다면? 곧 도시의 경계 주변에 극장이 생겨났다. 잉글랜드식 극장은 에피다우로스*보다는 술집 마당에 가까웠다. 그리고 16세기 말 윌리엄 셰익스피어의 출현이라는 사건을 이해하려면 런던의 연극은 라이벌 극단들이 이익을 두고 경쟁하는 신사업이었음을 이해해야만 한다.

로즈 극장과 포춘 극장의 극장주 필립 헨슬로 같은 사람은 극작가에게 연극 한 편에 3~5파운드를 지불했는데, 작품을 잘 고르기만 하면 그 돈을 하룻밤에 회수할 수 있었다. 갑자기 그저 작품을 써 내는 정도가 아니라, 최고의 작품을 위해 경쟁해야 할 재정적 동기가 마련된 것이다. 헨슬로와 버비지는 농땡이, 한량 들을 자신의 극장에 불러 모으고 싶었고, 그들 입맛에 맞는 이야기를 지을 줄 아는 인재에게 지갑을 열 준비가 되어 있었다.

셰익스피어는 최소 열다섯 명의 중간계급 남성으로 이루어진 동인 가운데 한 사람일 뿐이었다. 그들은 모두 같은 기술 분야에서 열심히 일하면서 다른 누구보다 더 인정받고 더 찬양받고 그로써 더 큰 보상을 받으려고 경쟁했다. 그들의 이름은 조지 채프먼, 헨리 체틀, 존 데이, 토머스 데커, 마이클 드레이턴, 리처드 해서웨이, 윌리엄 호턴, 토머스 헤이우드, 벤 존슨, 크리스토퍼 말로, 존 마스턴, 앤서니 먼데이, 헨

[*] Epidaurus: 현재에도 사용되는 야외 극장이 위치한 그리스 남부의 고대 소도시.

리 포터, 로버트 윌슨, 윌리엄 셰익스피어였다. 그들은 서로의 아이디어를 훔쳤고 서로에게 아이디어를 제공했고 서로를 글쓰기의 새로운 경지로 밀어붙였다. 천재를 낳는 가장 좋은 방법은 바로 그처럼 재능 있는 사람들을 한데 모아 놓고 경쟁을 붙이는 것이다. 로스앨러모스*가 그러했고, 블레츨리†가 그러했다. 온갖 종류의 질투와 시기가 연료가 된다.

유명한 일화로, 리처드 버비지가 무대 입구에서 여성 팬과 밀회를 갖기로 하고 옷을 갈아입는 사이에 셰익스피어가 먼저 그곳에 당도하게 되어 "리처드 왕보다 정복왕 윌리엄이 먼저 오셨더라" 하는 농담을 남겼다는 이야기가 있다. 때로는 물리적인 폭력 사태도 벌어졌다. 크리스토퍼 말로는 한 남자를 살해했고 본인도 뎃퍼드의 술집에서 알 수 없는 이유로 싸움에 휘말려 살해당했다. 벤 존슨은 가브리엘 스펜서라는 신예 스타와 결투를 벌여 그를 죽였는데, 라틴어로 성경을 읽으면 사형을 면할 수 있는, '면죄시'(neck verse)라는 중세 형법의 허점을 이용하여 겨우 교수대를 벗어났다. 그의 엄지손가락에는 '타이번'(Tyburn)을 나타내는 T자 낙인이 찍혔다. 한 번 더 죄를 지을 시 타이번 처형장에서 교수형을 당한다는 의미였다.

그처럼 치열하게 경쟁하는 상황에서 배우와 극작가는 자연히 위험과 책임을 나누어 지는 체계를 고안하게 되었다. 그들은 당시 상인들이 전 세계에 배를 보내는 일에 따르는 위험을 분산하고자 속속 결성하고 있던 '영리회사'를 그대로 모방하여 극단을 만들었다(1555년 최초의 회사인 머스코비의 설립에 이어 1581년에는 터키 회사가, 1583년에는 베네치아 회사가, 1600년에는 동인도 회사가, 1609년에는 버지니아 회사가 생겨났다). 연극인들의 회사는 상업 회사와 마찬가지로 다른 회사를 인수하고, 인재를 영입하고, 권리를 침해하고, 시장 점유를 위해 끝없이 경쟁하는 일에 참여했다.

[*] Los Alamos: 원자폭탄이 개발된 미국의 로스 앨러모스 국립연구소가 위치한 도시.

[†] Bletchley: 2차 세계대전 당시 영국의 암호 해독 기관 본부였던 블레츨리 파크가 자리했던 소도시.

셰익스피어가 어떤 사건을 묘사할 때 상업 용어나 항해의 비유를 얼마나 자주 썼는지 떠올려 보라. 오셀로가 데스데모나와 동침하는 사이임을 알아낸 이아고는 카시오에게 이렇게 말한다. "장군께서는 오늘 밤 어느 보물선에 오르셨습니다. 그것을 가지실 수 있다면 더없는 행운일 텐데요." 『줄리어스 시저』에서 브루터스는 캐시어스에게 암살에 가담하기를 이렇게 촉구한다. "조류가 우리에게 유리할 때 그것을 이용하지 않으면 우리의 모험은 실패할 것이오."

셰익스피어 연극은 당대의 기업적 항해 문화가 낳은 산물이었다. 그가 속한 극단 '왕의 남자들'(King's Men)이라는 한 배를 탄 '주주'나 동업자는 1년에 100파운드에서 150파운드라는, 결코 적다고 할 수 없는 배당금을 챙겼다. 런던은 넓은 바다였고 극장의 나무 골조는 배였으며 그들의 전리품은 연극을 보러 오는 대중이었다. 그렇다면 각 극단은 어떤 방법으로 최대한 많은 물주를 승선시켰을까? 그들은 관객의 취향을 연구하고 그들이 원하는 것을 내놓았다.

관객은 로맨스와 성적 자극을 원했고, 달콤한 대사를 쓰기로는 셰익스피어를 따를 자가 없었다. 그 시대 젊은 남자들은 『로미오와 줄리엣』에 나오는 수작 걸기용 대사를 그대로 써먹었다고 한다. 관객은 또 재치 있는 농담을 좋아했다. 셰익스피어의 작품에 쉬지 않고 말장난과 희극적인 삽화가 등장하는 이유가 여기에 있으며, 그중 어떤 것은 다른 시대에 들어서 더 큰 효과를 내기도 한다. 관객은 또 감정에 흠뻑 취하고 싶어 했다. 관객은 숨이 턱 막히는 경험을 원했다.

관객은 어떤 이야기의 여러 함의 및 당대 정치와의 관련성에 깜짝 놀라고 싶어 했다. 셰익스피어 연극은 런던의 권력 중추 양쪽에서, 즉 시티의 돈과 웨스트민스터의 정치에서 힘을 끌어왔다. 런던 사람들이 연극을 보며 보내는 여가 시간에 지불할 현금을 창출하는 것도 시티의 상인들이었고, 극단이라는 기업적 합자 회사의 모형을 제공한 것도 상인들이었다.

그의 희곡에 특별한 시사성을 제공한 것은 이 메트로폴리스의 정치, 그리고 궁정을 둘러싼 음모와 책략이었다. 그것이 왜 숨을 턱 막히게 하는 요소였는지는 배경을 알아야 이해할 수 있다. 엘리자베스 왕은 1588년에 에스파냐 무적함대를 쫓아냈다. 그는 스코틀랜드 왕 메리를 처형했다. 국왕 직속 첩보단은 무자비했고 도처에 왕의 첩자가 있었다. 그러나 그는 나이는 많고 자식이 없는 여자였고 승계 문제로 골치를 썩이고 있었다.

에스파냐는 언제든 다시 덤빌 수 있었다. 잊을 만하면 그들이 벌써 와이트섬에 상륙했다는 소문이 돌았다. 사람들은 이 불쌍한 여자가 왕이 주변을 에워싼 남자 귀족들의 등쌀과 위력을 견뎌 낼 수 있을지 궁금해했다. 특히 야심만만하고 고분고분하지 않고 잘생기고 턱수염을 사각형으로 기르며 소네트를 짓는 왕의 '총신', 에식스 백작이 문제였다.

제임스 샤피로가 『1599년』(*1599: A Year in the Life of William Shakespeare*)에 썼듯이 셰익스피어의 희곡은 꼴사나운 머리 모양의 한 지식인이 골방에 처박혀 인류에게 남긴 고고한 명작이 아니다. 엘리자베스 시대 관객은 그의 작품이 동시대의 여러 사건에서 활력과 울림을 끌어왔다는 사실을 잘 알았다. 셰익스피어의 드라마의 기저에는 말로 표현되지 않은 (또한 많은 경우, 말로 해서는 안 되는) 국가 안정에 대한 걱정이라는 주제가 깔려 있었다. 『햄릿』, 『맥베스』, 『줄리어스 시저』, 『헨리 2세』, 『헨리 4세』, 『리어 왕』 등 그의 희곡 중에는 왕위 계승권과 왕권, 사물의 자연적 질서를 전복하는 일의 위험을 다룬 것이 참 많다. 따져 보면 전체 작품 중 족히 4분의 1은 이 테마를 이런저런 방식으로 발전시키고 있다.

무대 위의 공모자들이 카이사르에게 단검을 겨누었을 때, 극장의 관객들은 궁정에서 벌어졌던 섬뜩한 사건을 떠올렸을 것이다. 샤피로에 따르면, 어느 날 엘리자베스 왕은 에식스 백작과 말다툼을 벌였다. 백작은 평소 하던 대로, 저 늙수그레한 아가씨가 여전히 자기를 연모한다고 여기며 왕에게 대들었다. 또한 왕에게 등을 보였으니, 이는 군주로서 용서할 수 없는 모욕이었고 엘리자베스는 그를 찰싹 때렸다. 이에 에식스 백작은 검을 뽑아 왕을 겨누었다…! 어떻게 이런 일이! 그런 장면은 어디 기록해서도 안 되고 말로 전해서도 안 되었지만, 그와 흡사한 역사상의 사건을 보여 줄 수는 있었다.

『줄리어스 시저』는 사실상 금서가 되었다. 사람들은 셰익스피어가 죽고 24년이 지날 때까지 이 희곡의 실물을 구할 수 없었다. 궁금하면 공연을 보아야 했고, 관객은 고대의 폭군 살해 이야기 속에서 당대의 불안한 정세를 읽었다.

브루터스가 독재자의 유약함을 묘사하는 대목을 보자. 카이사르는 불쌍하게도 '테베레강을 헤엄쳐 건너는 데' 실패하고, 열병으로 앓아누웠다. "'마실 것 좀 다오, 티티니어스' 하고 병든 계집애처럼 울지. 깜짝 놀랄 일이오. 그처럼 나약한 사내가 이 대국의 선두에 서서 영관을 독차지하다니." 딱 어딘가의 불만 많은 성차별주의자 백작의 입에서 나올 법한 험언이 아닌가. 그리고 이 불평꾼은 하층민에게 꽤 지지를 받고 있었다.

허킹의 메리 번턴이라는 사람은 어디선가 "난 여왕이 이래라저래라 하는 덴 똥만큼도 관심이 없다"는 말을 뱉었다가, 죄목이 상세히 적힌 종이를 머리통에 붙인 채 차꼬에 매이고 매질을 당했다. 그 시절에는 메리 번턴 같은 자가 꽤 많았을 것이고, 에식스 백작이 끝끝내 반란을 일으켰을 때 그런 이들이 백작을 지지했을 것이다.

엘리자베스 왕은 백작을 아일랜드의 폭동을 진압하러 가는 군대의 수장으로 세우는 위험한 수를 두었고, 사람들은 그가 돌아와서 어떤 행동을 할지에 촉각을 곤두세웠다. 아일랜드 소요는 모두에게 또 다른 왕을 떠올리게 했다. 1) 자식이 없었고, 2) 무거운 세금을 물려 상인들에게 미움을 샀고, 3) 아일랜드에 본때를 보여 주었고, 4) 카리스마 있는 백작에 의해 폐위당한 왕이 하나 더 있었다.

침울한 목소리로 두 왕의 유사성을 지적한 것은 엘리자베스 본인이었다. "내가 리처드 2세와 무엇이 다른가?"

마침내 에식스 백작이 아일랜드에서 별 소득 없이 귀환했을 때, 그는 다시 한번 불손하게 굴었다. 백작은 엘리자베스의 침소로 쳐들어가서는 화장도 하지 않고 머리도 산발인 중년 여성 앞에 섰다. 침소지기 여자들은 허둥지둥 흩어졌고, 백작은 잉글랜드 왕에게 다가섰다.

그는 왕의 손에 입을 맞추고 왕의 목에 입을 맞추고 아주 격하게 왕을 애무했다. 왕은 그 순간엔 꼼짝없이 당하고 있었지만 곧 정신을 차리고 그를 쫓아냈다. 이로써 백작은 자신이 막다른 골목에 다다랐음을 깨달았다. 역모 전야, 그는 '시종장의 남자들'(Chamberlain's Men)—당시 셰익스피어도 이 극단의 일원이었다—에게 연극 공연을 주문했다.

백작은 어떤 작품을 선택했을까? 『리처드 2세』였다.

> 이렇게 된 바에야 다 같이 땅에 앉자.
> (왕이 말한다. 왕위 찬탈자가 그를 성에 가두어 굶어 죽이기 전이다.)
> 왕들의 죽음에 관한 슬픈 이야기나 해 보자. 폐위당한 왕들,
> 전사한 왕들에 대하여….

리처드 2세의 폐위에 관한 이야기는 슬플 수도 있고 슬프지 않을 수도 있다. 그러나 그날 밤 이 이야기는 다이너마이트와도 같았다.

『리처드 2세』는 『줄리어스 시저』와 마찬가지로 셰익스피어 생전에는 결코 출간되지 못했고, 왕위 찬탈자 헨리 4세의 삶을 다룬 사극의 인쇄본 1500부는 런던 주교가 몰수해서 불태웠다. 우리는 셰익스피어의 극단이 이처럼 선동적인 주제의 공연을 요청받았을 때 어떤 기분이었을지 알 수 없다. 관객의 반응도 알 수 없다. 그 이튿날, 에식스 백작과 그 지지자들은 스트랜드에 있던 그의 집을 나서 러드게이트를 통과하여 시티로 진군했다. 그들은 길을 지나면서 런던 사람들에게 반란에 동참하라고 촉구했다. 그러나 집과 상점에서 밖을 내다보던 시민들은 그 제안이 위험하다고 판단했다. 반란이 실패했음을 깨달은 백작은 점심이나 먹기로 했고 체포되기를 기다렸다.

며칠 뒤, 죄를 뉘우치던 백작은 런던 타워에서 참수당했다. 엘리자베스 또한 기력이 쇠해 갔다. 왕은 어둠 속에 앉아서 총애하던 신하의 배신을 울적하게 되씹었다. 얼마 안 가 그가 세상을 떠나고 제임스 1세가 왕위를 계승했다. 모두가 바라던 결과였다. 기존 질서가 승리한 것이다. 저메인 그리어가 지적했듯 셰익스피어는 언제나 그 질서를 전복함으로써 극적 효과를 구사했다.

그는 흑인을 주인공으로 삼은 최초의 극작가였다. 그의 작품에서는 언제나 어린이, 하인, 바보, 방랑자와 같은 약자가 강자에게 교훈을 준다. 그는 우리에게 체제 변동과 혁명이라는 장대한 가장행렬을 보여준다. 그러나 그의 설교는 거의 예외 없이 현 상태를 유지하는 편이 좋다는 메시지를 던지며 끝난다. 장자 상속, 법도를 지키는 유증, 왕조 승계 등 훌륭한 군주는 마땅히 이런저런 보상을 누려야 한다고 말한다.

왕위 찬탈자 클로디어스는 벌을 받는다. 거투르드도 마찬가지이다. 종국에 덴마크 왕이 되는 자는 햄릿이 아닌 포틴브라스이지만, 작가는 이미 작품 맨 앞에다 포틴브라스가 이 나라를 차지할 자격이 있음을 공들여 설명해 두었다. 카이사르의 반역자들도 벌을 받는다. 리어의 딸들과 그 추악한 남편들 모두 늙은 왕을 천대한 죗값을 죽음으로 치른다(『리어 왕』이 아시아 지역에서 높은 인기를 누리는 이유 중 하나가 이것이다). 맥베스의 말로는 처참하다. 셰익스피어의 모든 희극 작품은 온갖 형태의 혼란과 성별 전환과 신원 착오가 결국엔 모차르트풍 협화음과 집단 결혼식으로 해결된다. 요컨대 마지막에는 모든 것이 제자리를 찾는다. 왕좌에 새 왕이 오르는 것으로 끝나는 경우는 그가 전대보다 훌륭한 왕이라는 뜻으로 보면 된다.

어째서 셰익스피어의 작품에는 이러한 체제 순응적인 경향이 꾸준히 나타나는 것일까? 과연 검열의 시선 때문이었을까? 그는 텍스트 사이사이에 현실 정치의 사건들을 짜 넣었고 바로 이 점이 극에 짜릿한 긴장감을 부여했고 관객을 끌어모았고 때로는 당국의 심기를 건드렸다. 벤 존슨은 제임스 1세가 즉위할 무렵에 반스코틀랜드적 농담을 구사했다는 이유로 감옥에 갇혔고 하마터면 귀와 코를 잘릴 뻔했다. 토머스 키드는 주릿대 고문으로 몸을 다쳤으며, 크리스토퍼 말로의 사망은 첩보단의 소행이라는 설이 분분하다.

『줄리어스 시저』가 초연되기 2년 전인 1597년, 추밀원은 런던의 극장을 폐쇄할 것을 요청하기까지 했다. 극장은 "불경스러운 거짓말과 음탕한 잡설과 기만적인 계략과 천박한 행동"뿐인 장소라면서 말이다. 셰익스피어의 극단 '시종장의 남자들'은 에식스 백작이 무모한 반란을 일으키기 전날 밤에 그의 요청으로 「리처드 2세」를 공연했다가 심문을 받았지만 다행히 별일은 없었다고 한다.

이 모든 정황상, 셰익스피어의 작품이 친군주적이고 친제도적인 외피를 두르고 있는 것은 불미스러운 일을 신중히 피하기 위해서였다고 말할 수 있지 않을까? 어느 정도는 그랬을 수 있다.

그러나 이보다 가능성이 높고 잘 들어맞는 해석이 있다. 셰익스피어 연극의 세계관은 작가 본인이 세계에 대해 생각하는 바, 그리고 관객이 그의 작품에서 보고 싶어 하는 바를 반영했다는 것이다. 잉글랜드의 국제적 위상이 불확실해지고 있던 때였다. 무적함대를 물리친 지 10년이 지났건만 잉글랜드는 아직도 에스파냐가 곧 침략할 것이라는 피해망상에 시달렸다.

1598년, 브뤼셀에 다녀온 한 상인은 그곳에서 상연되는 어떤 무언극에서 잉글랜드의 엘리자베스가 영광의 황제가 아니라 아첨을 일삼고 프랑스와 에스파냐 사이의 대화를 엿들으려 하고 프랑스 왕의 관심을 구걸하는 왕으로 그려졌으며 관객들은 그 터무니없는 묘사에 웃음을 터뜨리더라고 씩씩거렸다. 잉글랜드가 프랑스에서 쫓겨난 것도 오래전 일, 딕 휘팅턴이 아쟁쿠르 전투를 기념하여 왕에게 연회를 베푼 일은 더더욱 오래전이었다.

그런 시대에 셰익스피어는 잉글랜드에 대한 어떤 상을 제공했다. 그는 잉글랜드를 한쪽에 떨어진 특별한 나라, 은빛 바다에 둘러싸인 보석 같은 땅으로 그려 냈고, 가슴이 두근거릴 만큼 강경론적인 연극 「헨리 5세」에서 아쟁쿠르 전투의 기억을 부활시켰다. 이 연극을 본 토머스 내시는 "헨리 5세가 프랑스 왕을 투옥하고 그와 황태자 모두에게 충성의 맹세를 받아 낸 사건을 무대에서 재현하다니, 실로 영광이 넘치는도다!" 하고 감탄했다. 사람들에겐 바로 그런 이야기가 필요했다.

에스파냐가 다시 침략하더라도 그들이 상대할 나라는 (아쟁쿠르 전투에서 증명했듯이) 머릿수가 훨씬 많은 적군을 얼마든지 제압할 것이었다. "우리는 소수이나 행복한 소수로다! 형제가 뭉쳤도다!" 전투 전야에 헨리 5세가 선언한 잉글랜드의 상, 소수 대 다수라는 이 영웅적인 비율은 이후 나폴레옹 시대를 거쳐 2차 세계대전에 이르기까지 잉글랜드를 뒷받침했다.

세간의 왕권을 둘러싼 불안, 특히 처녀왕의 죽음 이후 벌어질 일에 대한 염려가 강하게 느껴지던 시기였다는 점에서 셰익스피어는 자연히 그러한 두려움을 극에 활용하여 관객의 흥미를 자극했다. 그러나 그는 종막에 가서는 반드시 안심되는 결론을 내놓았다.

셰익스피어 연극에는 분명 작가의 정치적 판단과 당대 관객의 요구가 작용했지만, 작가의 성격 자체도 큰 영향을 미쳤을 것이다. 그러나 우리는 그의 가정생활에 대해 아는 바가 거의 없다. 아들 햄닛의 죽음에 그가 어떤 감정을 느꼈는지, 스트랫퍼드에는 얼마나 자주 들렀는지, 아내와 두 딸 수재너, 주디스와 관계가 어땠을지 알 수 없다. 그가 소문대로 정말 곡물을 매점했는지, 52세에 무슨 일로 세상을 떠났는지도 알 수 없다.

앞으로도 영원히 그의 소네트에 등장하는 "다크 레이디"의 정체를 밝힐 수 없고, 앤 해서웨이에게 "둘째로 좋은 침대"를 남겼다는 말의 의미를 확실히 설명할 수 없다.

다만 우리에겐 한 가지 중요한 실마리가 있다. 셰익스피어가 기를 쓰고 문장(紋章)을 얻으려고 했다는 사실이다. 그는 한 번 퇴짜를 놓은 문장원을 다시 찾아가서 셰익스피어 가문보다 상류층이었건 아니건 가문과의 혈족 관계를 입증했다.

바꿔 말해 셰익스피어는 영어로 글을 쓴 가장 위대한 작가였던 한편으로 조금은 속물이었다. 그는 배우이자 극작가로서 온갖 종류의 주정쟁이와 무법자와 타락한 여자와 어울리는 보헤미안이었지만, 끝에 가서는 스트랫퍼드에 박공지붕이 다섯 개에 벽난로가 열 개에 건물 정면의 높이가 20미터는 되는, 그 지역에서 둘째로 큰 저택을 소유했다. 1602년 5월에는 320파운드라는 거금을 내고 스트랫퍼드 올드 타운의 땅 약 13만 평과 채플 레인의 농가를 구입했고, 1605년에는 매해 스트랫퍼드가 거두는 십일조에서 총액의 약 5분의 1인 60파운드를 배당받을 지분을 440파운드에 사들였다.

세상을 떠날 당시 셰익스피어는 그 시대 기준으로 부유한 사람이었다. 그는 성공한 사업가였고, 그 사실을 증명해 줄 문장을 원했다. 그의 연극은 엘리자베스 시대의 모험적인 상인들과 함께 배를 타고 세계로 전해졌다. 그의 작품에 힘입어 수립된 잉글랜드성(性)이라는 이데올로기, 즉 자기비하를 즐기고 체제 변화에 회의적이고 군주와 전원을 좋아하고 그 누구보다 술을 많이 마셔도 쓰러지지 않는 사람들이라는 이미지는 이후 수백 년간 생명을 유지했다.

셰익스피어의 전성기는 제국의 탄생기와 겹친다. 그 누구도 받지 못한 축복을 받았다고 자처한 영국 제국 시대에, 셰익스피어는 세계 최고의 작가에 등극했고 지금까지 그 자리를 차지하고 있다. 그는 2500개가 넘는 새로운 단어를 주조했으니, 잉글랜드인의 생각과 말에 그가 얼마나 널리 편재하는지 증명하고자 버나드 레빈의 헌사를 소개한다. 여러분도 소리 내어 읽어 보길 바란다.

> 상대의 말을 이해할 수 없다며 "지금 하는 말은 그리스어인가요?"라고 표현하는 사람은 셰익스피어를 인용하는 것이다. "지은 죄보다 물은 죄가 크다"라고 하는 사람은 셰익스피어를 인용하는 것이다. "샐러드같이 풋풋하던 시절"을 떠올리는 사람은 셰익스피어를 인용하는 것이다. "분노보다 슬픔으로" 움직이는 사람, "바라는 대로 생각하는" 사람, 그 많던 재산이 "공기 중으로 사라졌다"라고 하는 사람은 셰익스피어를 인용하는 것이다. "한 치도 움직이지 않겠다"며 버텨 본 사람, "눈이 퍼레지는 질투"에 사로잡혀 본 사람, "놀이라도 하듯 금방 손을 잡았다가 금방 손을 놓는" 사람, "혀가 묶인 듯한" 기분을 아는 사람은 셰익스피어를 인용하는 것이다. "탑처럼 무거운 이름", "눈가리개에 쓰인 꼴", "피클처럼 절여진 꼴", "양미간을 좁히다", "기왕에 이렇게 된 일", "공평한 싸움" 같은 말

을 쓰는 사람 모두, 셰익스피어를 인용하는 것이다.

그렇다. 우리가 저도 모르게 인용하는 것은 셰익스피어의 대사이다. 어떻게 봐도 프랜시스 베이컨이 한 말이 아니다. 나는 셰익스피어의 작품을 베이컨이 썼다고 주장하는 사람들을 도무지 이해할 수가 없다.

물론 베이컨은 훌륭한 인물이었고, 닭에다 눈(雪)을 채워 넣으려다가 감기에 걸려 죽은 대단한 과학자였다. 그러나 그가 셰익스피어의 희곡을 썼다는 설에는 증거도 뭣도 없으며, 사실 셰익스피어는 과학(당시 용어로는 '철학')을 대수롭지 않은 학문으로 취급했다.

햄릿은 비텐베르크 동창과 함께 유령을 논하면서 오만하게 선언한다. "천지간에는 철학 같은 것으론 꿈도 못 꿀 일이 있는 법이지, 호레이쇼."

셰익스피어는 율리우스 카이사르 시대의 로마에 고증에 맞지 않는 시계를 등장시킨 것으로 유명하지만, 그 시대 관객은 손목시계의 존재를 몰랐다. 그들은 심장이나 폐의 기능을 제대로 알지 못했고, 나무에 달린 사과가 지구 중심을 향해 떨어지는 이유는 짐작도 하지 못했으며, 아직 경도라는 개념이 없어서 바닷길을 찾는 데 애를 먹었다.

17세기 초, 세 시간 동안 셰익스피어의 연극을 본 뒤 런던 브리지를 건너 집으로 걸어가던 사람들은 기술 면에서는 400년 전 존 왕 시대와 거의 똑같은 세상을 살고 있었다. 물론 그동안 풍습은 바뀌었고 이제 사람들은 목깃에 주름을 넣고 고간 주머니를 차고 '신세계'에서 온 담배를 피웠다. 그러나 템스강 양안의 가옥은 아직도 석탄이나 땔나무로 난방을 했으며, 실외 변소의 오물은 악취를 풍기며 그대로 강물로 흘러 들어갔으며, 다리 밑을 지나는 거룻배는 여전히 인간의 팔심으로 움직였으며 다리 위의 꼬챙이에는 변함없이 머리통이 꽂혀 있었다.

런던 브리지에는 페터르 모리스라는 네덜란드인이 설치한 양수기가 있었다. 넓적한 판으로 강물을 퍼 올리는 방식으로, 12세기 다마스쿠스에서 유사한 장치를 발명한 알 자자리가 보았더라도 전혀 놀라지 않았을 물건이었다. 집과 거리, 공중위생과 교통 체계 등 모든 것이 본질적으로 중세 수준의 설계에 머물러 있었다.

그러나 점점 더 큰 모험에 나서고 점점 더 치열하게 경쟁하던 런던 상인들은 기술 발전에 굶주려 있었다. 시간이 곧 돈인 그들에겐 밧줄로 만든 탈진기 따위보다 쓸 만한 시간 계측기가 필요했다. 고집 센 원주민들을 쏠 더 좋은 소총이 필요했다. 배의 침몰을 예방하려면 더 정확한 나침반이 있어야 했다.

"아는 것이 힘이다"라고 말한 베이컨은 정부에 과학 부서 창설을 간청했다. 그가 셰익스피어의 작품을 쓰지는 않았겠지만 1621년에 세상을 떠날 때까지 베이컨은 놀라운 열정과 추진력으로 17세기 과학혁명의 길을 예비했다.

잉글랜드가 다른 라이벌을 보기 좋게 따돌릴 수 있었고 런던이 한 제국의 코스모폴리스로 발전할 수 있었던 것은 바로 그 과학혁명 때문이었다.

과학혁명은 셰익스피어 연극에 동력을 공급했던 것과 똑같은 엔진으로 추동되었다. 즉, 런던에는 또 한 번 소수 정예의 지독한 경쟁이 펼쳐졌다. 이들이 욕망한 것 또한 찬사와 인정과 돈이었다.

명망을 둘러싼 전투는 말로와 셰익스피어라는 탑처럼 거대한 인재들을 배태했듯 또 한 명의 위인을 배출했다. 그러나 그는 사람들의 기억에서 거의 사라졌다.

로버트 훅

Robert Hooke

알려지지 않은 위대한 발명가

1666년 9월 5일 수요일, 드디어 끝났다. 신들이 풀 만큼 화를 풀었는지 마침내 불길이 사그라들었다. 중세의 런던은 사라졌다. 1600년 세월 만에 드디어 노르만족보다, 데인족보다, 색슨족보다 막강한 적이 나타났으니, 이 남자는 저 악명 높은 부디카보다도 많은 건물과 삶의 터전을 단독으로 불태웠다.

범인은 푸딩 레인의 빵집 주인 토머스 패리너 씨. 그는 화덕에 넣어 둔 빵 쟁반을 깜빡했다. 그러나 진실로 멍청하고 무능했던 사람을 찾으라면 그건 당시 런던 시장, 토머스 블러드워스였다.

일요일 아침만 해도 푸딩 레인의 불길은 그 시대 기준으로도 별일이 아니었다. 그때, 현장에 도착한 시청 우두머리는 사람들이 옥신각신하는 모습을 발견했다.

순찰원들은 늘 해 오던 대로 인접한 건물을 무너뜨리는 방법으로 불길을 잡으려고 했다. 건물 세입자들은 반대했다. 집주인들은 보이지 않는 상황에서 블러드워스는 결론을 내리지 못하겠다고 결론지었다.

그러곤 순찰원들에게 계속 양동이로 물을 끼얹으라고 지시했다.

"쳇, 여자가 오줌만 싸도 꺼질 걸 갖고 야단이야." 그가 발길을 돌린 뒤 이틀간, 불은 사방으로 번져 나갔고 시민들은 절망에 마비되었다. 후에 이 화재는 이쪽 나무 지붕에서 길 건너 저쪽 나무 지붕으로 홱홱 건너뛰는 짐승에 비유되었다. 불길은 지붕 밑에 숨었다가 갑자기 터져 나와 소방수들을 급습했다.

최악의 사태는 9월 4일 화요일에 벌어졌던 듯하다. 화염이 끝내 세인트폴 성당 지하실에 보관되어 있던 수천 권의 책과 필사본을 덮친 것이다. 노후한 중세 건물에서 돌덩이가 대포알처럼 튀어 오르고 지붕의 납이 녹아 빗물처럼 거리로 흘러내렸다.

다음 날 아침, 새뮤얼 피프스는 '타워 옆 모든 성인의 교회' 첨탑에 올라 폐허가 된 런던을 바라보며 눈물을 글썽였다. 화재로 인해 런던의 교회 87채, 주택 1만 3200채가 소실되었고 7만 명이 살 곳을 잃었다. 왕립증권거래소부터 치프사이드 상점가까지 시티 대부분이 폭삭 주저앉았고, 그 피해는 지금 돈으로 수십억 파운드 규모에 달했다. 현대 역사가들은 당시에 발표된 공식 사망자 수(여덟 명)를 신뢰하지 않고, 이름 없는 빈민이 수백 명에서 많게는 수천 명까지 화마에 목숨을 잃었으리라고 본다. 피프스는 여기저기서 구불구불 피어오르는 연기를 바라보다가 사람들이 타다 만 재산이라도 건지려고 잿더미를 뒤적이는 서글픈 광경을 목격했다. 무어필즈와 이슬링턴에 대규모 이재민 수용 시설이 세워졌고, 성난 군중은 (늘 그러듯이) 프랑스인이든 플랑드르인이든 화재의 책임을 돌릴 외국인을 찾아 타고 남은 거리를 돌아다녔다.

런던 대화재는 시티의 상업만이 아니라 정치에도 큰 타격을 입혔다. 화재 발생 얼마 전의 내전기에 거물급 상인들은 공화파의 손을 들었다. 그러나 블러드워스의 줏대 없는 처신도 한몫하여, 왕권으로부터 자율을 주장하는 목소리는 점점 힘을 잃고 있었다. 그 와중에 마침내 건물을 부수고 방화벽을 세우라는 결정적인 명령을 내린 사람은 찰스 2세였고, 이 반격을 지휘한 인물은 그의 동생인 요크 공작(미래의 제임스 2세)이었다.

이제 시티의 높은 지위가, 아니 존립 자체가 위태위태했다. 신속하게 대처하지 않으면 로마 성벽 안쪽의 이 역사적인 도심은 두 번 다시 자본의 맛을 보지 못할 것이었다. 사업체들은 서쪽과 북쪽으로 옮겨갈 것이고, 부와 권력은 웨스트민스터의 왕궁 주변에 집중될 것이었다. 계책을 내놓을 사람이 필요했다. 지금 당장.

그때 시티의 주인들이 어떤 답을 찾아냈는지 알고 싶다면 런던브리지 바로 위의 자갈 깔린 작은 광장인 피시 스트리트 힐에 가 보면 된다. 수천 명 런던 사람이 매일 아침 다리를 성큼성큼 건너와 눈길 한 번 주지 않고 지나치는 이것이 한때는 시티에서 가장 눈에 띄는 구조물로 설계되었다. 포틀랜드석으로 만든 기묘한 전망대인 이 '기념비'는 지금껏 세워진 가장 큰 하나짜리 돌기둥이다.

높이는 202자, 즉 62미터가량이다. 푸딩 레인의 화재 진원지까지 거리가 202자라서 그렇다. 받침돌 후면을 채운 큼직한 사각형 부조에는 런던을 나타내는, 맨가슴을 드러낸 여자(도톰한 입술 등 이목구비가 찰스 2세의 정부였던 넬 그윈을 똑 닮았다고 한다)가 애정 어린 눈빛으로 구원자 찰스 2세를 바라보고 있다. 왕의 께느른한 표정과 가는 콧수염은 패션계의 악동 존 갈리아노를 좀 닮았다. 전체적으로 설계와 발상이 돋보이는 이 기념물의 맨 꼭대기에는 번쩍이는 청동 불덩어리까지 얹혀 있다. 한 번쯤 올라가 볼 만하다.

까만 대리석 계단을 300개 하고도 열한 개 오르자 전망대가 나온다. 나는 숨을 헐떡이며 난간으로 비틀비틀 다가가서 피프스처럼 런던의 전경을 내다본다. 저기 안개 속에 카나리 워프*가 어렴풋이 자리

[*] Canary Wharf: 런던 동부의 금융지구.

하고 있다. 세인트폴 성당과 시티의 탑들이 보인다. 아래로는 사무실 건물 지붕 위로 창문닦이 장비가 오가는 앙증맞은 트랙들이 보인다.

30미터 밑의 한 은행 건물 안에서는 한 남자가 책상 앞에 앉아 느긋하게 서류를 뒤적이고 있다. 킹 윌리엄가에는 버스들이 엉금엉금 오간다. 이 위엔 나 말고 관광객이 몇 명 더 있는데, 그중 한 남자는 한 10년 만에 런던에 온 모양이다.

"저게 뭐죠?" 그가 헤론 타워를 가리키며 묻는다. "저건요?" 이번엔 노먼 포스터가 지은, 겉면을 사선 격자로 덮은 타원체 빌딩을 가리킨다. 요즘엔 시티를 일컫는 별명이 되었을 정도로 유명한 건물인데.

"저게 그 피클오이예요." 내가 대답한다.

"아, 저게 그 피클오이구나." 시야에 피클오이를 조금이라도 닮은 건물이 또 있는 것도 아닌데 남자는 그제야 알았다는 듯 감탄한다.

만약 피프스가 여기에 우리와 함께 있었다면, 그는 놀라기보단 경악했을 것이다. 17세기의 아름다운 교회 첨탑들이 콘크리트와 유리로 된 건물들에 잠식당했다고 말이다. 그러나 이 광경에는 그에게도 충분히 인정받을 만한 무언가가 있다.

화재가 있고 몇 주 후, 시티 재설계를 위한 경쟁이 펼쳐졌다. 우리에게 일기작가로 유명한 존 이블린은 대로와 광장을 엮는 고전미 넘치는 설계를 제출했다. 크리스토퍼 렌 경도 유사한 계획을 내놓았다. 밸런타인 나이트라는 자는 지나치게 혁명적인 설계를 제시했다가 체포당했다. 이들의 계획은 아무래도 실현되기 어렵다는 사실이 곧 분명해졌다. 런던의 가게와 집은 잿더미가 되었을지 몰라도 그 아래 그을린 땅에는 각각 주인이 있었다. 그들은 땅을 내줄 생각이 전혀 없었다.

결국엔 조화미 넘치는 신고전주의 설계를 제치고 기존 토지 구획을 살리는 방안이 채택되었다. 그 패턴을 땅에 구현하고 새 건물을 지을 토지를 측량하는 일은 주로 한 사람이 맡아서 했다. 그는 본인이 직접 발명한 거리 측정계(waywiser)를 들고 폐허를 활보하면서 17세기 후반 런던 사람들에게 친숙한 얼굴이 되었다.

그는 런던의 교회 51곳을 신축 또는 재건하는 데 설계자로나 다른 역할로 참여했다. 지금 내가 서 있는 바로 이 기념비를 스케치 형태로 맨 처음 제안한 것도 그였다. 지금 말하는 사람은 크리스토퍼 렌이 아니다.

그의 이름은 로버트 훅. 현대 런던의 역사학자 스티븐 인우드는 훅을 기억에서 지워진 17세기 최고의 천재라고 평한다. 로버트 훅의 팬이라면 인우드가 쓴 전기를 꼭 읽어 보길 바란다. 훅은 1703년에 외롭고 불행하게, 이에 뒤덮인 채 죽었는데 그때 그의 평판은 '성적 취향이 남다른 늙은 구두쇠'였다. 생전에 동시대인에게 얻은 평판은 '투덜거리고 거들먹거리고 다른 사람의 발상을 상습적으로 훔치는 자'였다. 하지만 이건 그리 공정한 평결이 아니다.

알고 보면 그는 그 시대만이 아니라 전 시대를 통틀어 가장 뛰어난 발명가 중 한 사람이었다. 회화와 건축부터 과학 분야의 다양한 혁신과 이론에 이르기까지, 관심사의 범위가 다빈치에 버금갈 만큼 넓었다. 그는 위를 올려다보았다. 자기 집 지붕에 설치한 여러 대의 커다란 망원경으로 목성의 대적점을 최초로 발견했고 최초로 화성의 공전 주기를 계산했다.

그는 아래도 내려다보았다. 이때는 각종 현미경을 이용했다. 그는 최초로 정액을 들여다보며 그 올챙이 같은 생김새를 관찰했다. 그는 최초로 날카로운 주머니칼로 코르크를 잘라 그것을 현미경 밑에 놓고 조직을 이루는 작은 상자를 확인했다. 그가 그 구조물에 붙인 이름이 바로 셀(cell)이다.

훅은 런던 대화재의 기념비와 여러 교회만이 아니라 시골의 아름다운 저택을 다수 설계했다. 신식 창틀인 새시를 발명한 사람이 훅이다. 공기 펌프와 공기총이라는 아이디어도 그의 바삐 돌아가는 머리에서 나왔으며, 이름은 시시하지만 의미는 결코 시시하지 않은 물리학 법칙 '용수철 법칙'(물체의 일그러짐은 변형력에 비례한다)에도 훅의 이름이 붙어 있다.

그가 고안한 각종 장치가 대체로 완성품은 아니었다는 것은 사실이다. 고래수염으로 만든 고래잡이용 석궁, 연료가 저절로 보충되는 암중 램프, 보편 대수학 언어, 1.2미터 크기의 문자를 이용한 수기신호 등 완성을 보지 못한 실험작이 많았다. 인간을 날게 해 준다는 배트맨 수트 같은 것을 비롯하여 비행용 장비를 30종류나 디자인했지만 그중 정말로 공중에 뜬 것은 전무했다. 그러나 그의 통찰력만큼은 시대를 한참 앞섰다.

훅은 청진기가 발명되기 한참 전에 당시의 일반적인 진찰법대로 환자의 오줌 맛을 보기보다는 가슴에서 나는 소리를 확인하는 편이 더 적절하다고 주장했다. 그는 패석을 관찰하고는 「창세기」만으론 모든 것을 설명할 수 없음을 알아냈다. 그는 최초로 대중 앞에서 대마의 효능을 설명했고, 최초로 빛의 세기를 촛불 단위로 측정하자고 제안했다.

훅은 공기 중에 불이 타게 하는 요소가 있다는 사실을 추론했다. 그는 자신이 뉴턴보다 먼저 중력의 법칙을 발견했다는(결국 큰 대가를 치르는) 주장을 했다. 그는 권위 있는 어느 백과사전의 '과학 도구' 항목에서 그 어떤 과학자보다 긴 항목을 자랑한다. 그러나 그의 경력과 업적은 최근까지도 다른 인물들에 거의 완벽하게 가려졌다. 이런 사람에게 필요한 것이 바로 유능한 홍보대사이며, 지금부터 잠시 내가 그 역할을 자처하고자 한다.

로버트 훅은 1635년 7월 16일 와이트섬의 프레시워터에서 가난한 교구 사제의 자식으로 태어났다. 아버지는 그가 신학을 공부하길 바랐으나 어린 훅은 두통을 호소했다. 그는 동네의 장인들을 흉내 내어 나무로 시계를 만들거나 야(Yar)강에 모형 배 띄우기를 더 좋아했다. 부친은 그가 열세 살 때 세상을 떠났는데, 그때 훅은 우리가 보기엔 꽤 무모한 행동을 했다. 유산 100파운드를 통째로 주머니에 넣고 걸어서 런던에 온 것이다.

그는 시티라는 이름의 괴물 앞에 섰다. 당시 런던은 인구 40만 명의 도시로, 잉글랜드에서 그다음으로 큰 50개 소도시를 합친 데 맞먹었다. 난잡한 서더크를 통과하여 런던 브리지를 건넌 훅은 아마 셰익스피어는 보지 못했을 신기한 것을 몇 가지 목격했을 것이다. 가령 과일 무역이 시작되고 있었다. 별다른 은유가 아니라, 열대의 바나나와 파인애플 같은 진짜 과일이 런던에 수입되고 있었다는 뜻이다. 칫솔(1498년 중국에서 발명)이 마침내 잉글랜드인의 치아 건강에 큰 영향을 미치기 시작했고, 포크도 점점 더 널리 쓰이고 있었다.

런던 브리지에는—고대 로마인이 보았다면 그다지 대단할 것도 없었겠으나—양수기가 있고 거기에 느릅나무 수관이 연결되어 있었다. 사람들은 가마를 타고 다녔고 사륜마차까지 등장했다. 사교계 여성들은 얼굴에 별이나 초승달 모양의 검은색 반점을 그렸는데, 아직 속바지는 유행하지 않았다. 남자들 사이에선 가발을 쓰는 관습이 자리 잡고 있었다. 그리고 오늘날까지 이어지는 런던의 사회적, 문화적 구획, 즉 부와 권력을 누리는 서부와 상대적 빈곤에 시달리는 동부의 분열이 진행 중이었다. 코벤트 가든과 링컨스 인 필즈에 큰 광장이 처음 들어섰다. 그래도 로버트 훅이 처음 본 런던은 한 가지 면에서만큼은 윌리엄 셰익스피어의 런던, 나아가 딕 휘팅턴의 런던과도 거의 비슷했다. 런던에는 여전히 전염병이 창궐했고, 도심에는 좁은 길과 가분수 형태의 목조 가옥이 뒤죽박죽 얽혀 있었다. 큰불이 나기에 딱 좋은 조건이었다.

훅은 배짱 좋게도 피터 릴리(올리버 크롬웰을 '보이는 그대로' 그린 초상화가)의 집을 찾아갔다. 그는 릴리 밑에서 도제 생활을 시작했던 듯하나, 물감은 신학처럼 두통을 일으켰다. 훅이 다음으로 찾아간 곳은 웨스트민스터 스쿨이었다. 그는 교장에게 돈을 내밀며 수업을 받게 해 달라고 청했다.

버스비 교장은 '체벌' 전문가였고 그것으로 꽤 좋은 성과를 냈다. 훅은 존 로크, 존 드라이든과 함께 공부하면서 단기간에 오르간을 배우고 유클리드 기하학 첫 여섯 권을 떼고 라틴어와 그리스어에 통달하고 히브리어 같은 동방 언어에도 귀를 텄다. 훅은 그 시기부터 약간 독특한 면모를 보이기 시작했다. 그는 웨스트민스터 스쿨에서 '기계파'로 불렸다. 후에 주장하기론 학창 시절에 하도 오래 녹로(Turn-Lath)를 돌린 탓에 등이 굽어 버렸다고 한다.

요즘 진단으로는 척추뼈 사이가 쐐기 모양으로 변형되는 쇼이에르만병에 걸렸던 듯싶다. 기형의 원인까지는 알 수 없으나 어쨌든 훅은 머리통이 지나치게 크고 이목구비는 가늘고 뾰족하고 눈은 튀어나온 딱한 외양을 가졌다고 한다. 이 구부정한 괴짜는 옥스퍼드대 크라이스트 처치에 진학한 뒤 일군의 과학자—자칭으로는 '철학자'—와 어울렸다. 그렇지만 그들의 관심사와 열정의 범위를 아우르기에 오늘날의 '과학'이라는 용어는 협소하기만 하다.

때는 코페르니쿠스 전환 이후, 이성의 힘에 대한 확신과 고대의 판단을 새롭게 논박할 능력에 대한 믿음이 커져 가던 때였다. 이미 갈릴레오가 망원경으로 하늘을 관찰했고 지구 중심의 우주관은 효력을 잃었다. 아리스토텔레스는 폐위당했다. 잉글랜드 학파가 탄생했으니, 르네 데카르트 같은 프랑스인은—지금도 얼마간 그렇지만—이론적으로 무언가를 수립한 다음에야 그것이 현실에서도 통하는지 확인하려 했던 반면 잉글랜드의 경험주의자들은 현실의 시험이 먼저이고 추론은 그다음이었다.

훅은 이튼 졸업생이자 코크 백작의 아들인 동창 로버트 보일에게 고용되었다. '보일의 법칙'의 그 보일이다. 그는 훅의 기계 다루는 재능을 알아보고 공기 펌프 개발에 그를 투입했다. 크리스토퍼 렌도 같은 대학을 다녔다. 이 시기에 훅과 렌이 맺은 협력 관계는 이후 수십 년간 이어졌으며 두 사람이 모임에서 만나고 함께 산책하고 대화한 횟수가 최소 1000번에 이르렀으니, 이것이 런던에는 형언할 수 없는 재산이 되었다. 보일과 렌을 위시한 과학자 및 학문 애호가 집단은 점점 규모를 키웠고, 훅은 런던으로 돌아오는 길에 그들과 자주 동행했다.

그들은 자력부터 인간의 비행, 혈액순환에 이르기까지 모든 것에 대해 논했다. 또한 광택을 낸 놋쇠와 나무로 된 아름다운 도구들을 만지고 망가뜨리면서 사색했다. 왕이 돌아온 1660년 무렵에는 연구를 진행할 비용이 더 필요했고, 그들은 찰스 2세가 후원자라는 이름에 걸맞게 적절한 조치를 취해 주리라고 기대했다. 그리하여 왕립학술원이 창설되었다. 그러나 왕의 보조금이 기대에 못 미쳤던 데다 기본적으로 회원 유치로 재정을 운영해야 했기에, 학술원은 결국 가발을 쓴 상류층 도련님들의 놀이터가 되었다. 그리고 바로 그런 이유에서, 단체의 체질을 개선할 능력이 있는 진정한 과학 인재가 절실했다.

훅은 학술원에 필요한 바로 그 전문 과학자였다. 1662년에 '실험 담당자'가 된 훅은 얼마간의 급료를 받고 강의를 진행하고 지적 탐구를 주도했다. 그는 유리를 둥글게 부는 기술로 회원들의 환성을 샀고, 그들의 괴상한 호기심을 충족하고자 죽은 사람의 머리뼈에 이끼를 키운다든가 바퀴 대신 다리로 가는 마차를 만드는 등 최선을 다했다. 그는 세계 최초의 압력솥을 선보였으며 그것으로 소 한 마리—뿔과 발굽 등등까지—를 고아서 흐물흐물한 편육을 만들었다. 회원들은 요리가 꽤 맛있었다고 평했다.

물론 훅 일당이 벌인 일 가운데 절반가량은 본인들도 뭐가 뭔지 모르고 했던 것이지만, 그들은 그때까지 누구도 시도한 적 없는 실험들에 도전했다. 세상은 아직 수수께끼투성이였다.

그들은 호흡이 어떤 원리로 이루어지는지 당최 알 수 없었고 그 답을 찾고 싶어 했다. 그 수년 전에 윌리엄 하비는 호흡이 피에 생기를 불어넣는다고 말한 바 있었지만, 그게 구체적으로 무슨 뜻인지는 분명하지 않았다. 이에 훅은 살아 있는 개의 흉강을 절개하는 끔찍한 실험을 진행했고, 모두가 그 주변에 모여들어 목을 쭉 빼고 폐와 심장의 관계를 확인해 보려고 했다. 그래도 답은 확실하지 않았다. 훅은 개를 괴롭히는 그런 실험을 다시는 하지 않겠다고 선언했으나 몇 년 지나지 않아 왕립학술원은 그 실험을 다시 했다. 그들은 결코 질리지 않는 호기심의 소유자였다.

공기가 몸에 생기를 불어넣는 것이라면, 그 생기는 폐의 움직임과 함께 퍼져 나가는 것일까? 또는 공기 중의 무언가가 혈류를 타고 흐르는 건 아닐까? 훅은 다시 개를 한 마리 구해서—앞선 실험의 개는 그 사이 세상을 떠났다—늑막에 구멍을 뚫은 다음 관과 풀무를 꽂았다. 그리고 개의 폐에 계속 공기를 채우는 방법으로 폐 운동 자체는 생명의 필수 요소가 아님을 확인했다.

개는 그사이에도 계속 눈을 반짝였고 꼬리를 치기까지 했다. 그렇다면…? 훅과 회원들은 개가 숨을 거두는 와중에 깨달았다. 답은 공기 중에 있는 게 틀림없었다. 그런데… 대체 무엇이?

훅은 제 몸을 실험 대상으로 삼는 데도 거리낌이 없었다. 한번은 자신이 들어간 상자를 밀봉한 뒤, 이것을 다시 다른 큰 상자로 둘러싸, 그 틈에 물을 채워 넣어 밀폐 상태를 만들었다. 그런 다음 상자 안쪽의 공기를 펌프로 뽑아내다가 고막이 들썩거리기 시작할 때에야 실험을 멈추었다. 그는 눈이 휘둥그레질 만큼 다양한 물질을 자신에게 투여했고 그 복용 내역을 일기에 기록했다. 가령 염화암모늄을 먹었을 때는 "이상하게 개운한" 기분으로 아침을 맞았다고 한다. "의업의 놀라운 발견이로다. 이것이면 그간 내 위와 장을 괴롭히던 끈끈한 이 물질이 다 녹을 것도 같다."

혹은 진한 터키식 커피를 한 잔 마신 뒤에 아편이나 양귀비 시럽으로 카페인 효과를 중화해보곤 했다. 그러다 또 육두구나 생강이나 담배를 코로 들이마셔서 다시 정신을 차리려고 했다. 어느 주에는 (지금은 상당히 치명적인 물질로 분류되는) 철과 수은을 매일 복용했다가 그다음 주엔 끓인 우유만 마시며 지냈다. 한번은 런던 남부에서 길어 온 '덜위치 물' 2리터를 마셔 보고는 소화가 잘되더라고 했다. 후에 그는 "덜위치 물을 마셨다가 이질에 걸려 죽은 사람이 많고 반점열에 걸려 죽은 이도 있"다는 사실을 발견했으니, 우리는 그가 강철로 된 인간이 아닌가 의심하게 된다.

이건 비유가 아니다. 혹은—무슨 의학적 목적이 있었는지—와인에 강철 찌꺼기를 타 마시곤 했고 그런 다음 날 아침엔 머리가 "먹먹했다"고 한다. 그의 몸은 거의 모든 것을 견뎌 냈다. '진황색 금속'—안티몬의 산황화물로 추정된다—을 먹었을 때는 다음 날 계속 구토를 했다. 김 빠진 체스터산 맥주를 마신 뒤 우유에 오줌 증류액과 아편을 섞어 마시고 잠자리에 든 적도 있었다.

'당제'와 '유황꽃'이라는 것에도 손을 댔는데, 첫날엔 아무 문제가 없는 듯했으나 이튿날엔 피가 섞인 설사를 줄줄 하더니 "정신을 잃고 심각한 복통에 시달렸다". 그는 습관적으로 귀에 꿀이나 아몬드 기름을 흘려 넣고, 관장을 하고, 피를 200그램씩 뽑아냈다. 그는 인체의 회복력을 온몸으로 증명했다. 그러나 모두가 훅만큼 운이 좋진 않았다.

그의 친구인 체스터 주교 존 윌킨스는 신장 결석에 걸렸을 때, 사과주 1리터에 새빨갛게 달군 굴 껍데기 네 개와 발포제인 가뢰 분말을 넣어 복용하도록 처방받았다. 그는 사망했다. 훅은 사생활이라 할 만한 부분에서도 상당히 특이했던 인물이다. 여성에게 특별히 끌리진 않았던 듯하며, 애인이 몇 있긴 했으나(사망 당시 유류품 중에 브래지어가 여러 개 있었다) 주로 하인이나 가까운 친척 등 머물 곳과 생활비를 자신에게 의지하던 사람과 관계를 맺었다.

그는 '드잡이'를 하는 것으로 상대에게 신호를 보냈고, 오르가슴을 느낀 뒤에는 일기에 ")-(."라고 기록했다. 1672년 10월 28일 하인 넬 영과 격렬한 시간을 보낸 다음 "넬과 놀았음.)-(. 등이 좀 아픔."이라고 적는 식이었다.

훅은 지나치게 복잡한(Heath Robinson)* 장치와 아이디어에 흠뻑 빠져 사는 브레인스톰(Branestawm) 교수와 흡사했지만 차분한 성격과 건망증만큼은 전혀 닮지 않았다. 훅은 본인의 명성을 무척 중시했고 조롱을 잘 견디지 못했다. 1676년 5월 25일, 그는 지인들과 커피를 마시다가 토머스 섀드웰의 새 연극 「비르투오소」(The Virtuoso)에 관한 이야기를 들었다. 왕정복고기 희극이 절정을 누리던 때였고, 청교도의 만행은 잊힌 지 오래였다. 훅은 그 연극이 어떤 내용인지 직접 가서 확인하기로 했다.

연극의 주제는 바로 훅 자신이었다. 섀드웰은 왕립학술원의 멋들어진 토론과 기상천외한 실험을 금기 없이, 마음껏 패러디하고 있었다. 첫 장면에서 주인공 니콜라스 김크랙 경†은 연구실에서 자신의 이 사이에 실을 끼우고 다른 쪽 끝은 개구리의 배에 묶어 놓은 채 테이블에 누워 있다. 그는 자기가 지금 헤엄치는 법과 나는 법을 동시에 배우는 중이라고 관객에게 설명한다.

실로 모든 것이 훅을 가리키고 있는 것 같았다. 김크랙은 수천 파운드를 주고 산 현미경으로 식초 속의 선충이라든가 치즈 속의 진드기라든가 건포도 속의 남빛 색소를 들여다본다. 엉뚱한 과학 용어를

[*] 히스 로빈슨은 잉글랜드의 만화가이자 일러스트레이터로, 단순한 기능의 기계장치를 기발하고 정교하게 그린 드로잉으로 널리 알려졌다. 이후 그의 이름 자체가 불필요하게 복잡하고 비현실적인 도구를 뜻하는 조어로 자리 잡았다.

남발하는 장면도 있다. "처음에는 유동화하지만 이제 구상화하고 고착화하다가 각화해서는 결정화하는데 그때부터 발아해서 비등했다가 이내 또 생장하고 마침내 식생화와 완벽생화와 감각화와 국지동화 등등을 하기에 이른다." 이것이 훅의 혁신적인 저작을—수준 높은 패러디가 으레 그러듯이—꽤 직접적으로 모방한 대사임을 모르는 사람은 없었다. 『마이크로그라피아』(*Micrographia*)는 훅이 현미경으로 관찰한 벼룩, 이, 쐐기풀 따위를 훌륭한 삽화와 함께 설명한 책이다.

이어 연극에는 훅의 비상한 수혈 실험을 희화화하는 내용이 나왔다. 김크랙과 그의 조수 포멀 트라이플 경은 자신들이 어떻게 이 개의 피를 저 개에게로 옮겼는지, 양의 피를 어떻게 광인에게 수혈했는지를 설명했다. 이 마지막 일은 실제로 있었던 일이었다.

훅과 동료들은 베스렘 병원의 환자들을 대상으로 실험하려고 했으나 허가를 받지 못했고, 결국 정신건강에 문제가 있는 아서 코가라는 케임브리지대 신학과 졸업생을 설득하여 고통의 대가로 1파운드를 주고 그에게 양의 피를 수혈하기로 했다. 코가는 이 미친 짓에서 목숨을 부지했던 것으로 보이며, 훅을 연기한 김크랙은 실험에 성공했다고 으스댄다. 그는 관객에게 환자가 제정신으로 돌아왔으며 양과 아주 비슷하게 변했다고 말한다. 그의 온몸에는 양털이 돋아났다고 한다. "내 어서 그걸 한 뭉치 깎아 내서 옷을 해 입어야지."

백치 김크랙은 부패해 가는 돼지 다리의 빛에 비추어 『제네바 성경』을 읽는가 하면, 음악에 맞추어 '타란툴라 거미' 춤을 추고, 달 표면에서 벌어지는 군사 활동을 관찰한다. 이 모든 장면이 훅의 개념이나 실험을 가리키고 있었다. 그러나 그 무엇보다 훅의 마음을 깊게 후빈 것은 연극의 메시지 자체였다. 극의 절정에서 리본 방직공 무리가 김크랙의 집에 쳐들어와서 그가 발명한 기계 때문에 일자리를 잃게 생겼다고 주장한다. 이에 훅/김크랙은 다음과 같은 말로 그들을 달래려

[†] gimcrack: '번지르르한 싸구려'라는 뜻.

고 한다.

"여러분, 내 말 들어 보십시오. 나는 지금까지 살면서 기계를 발명한 적이 없소이다. 정말이지, 여러분이 오해하는 겁니다. 나는 기계라면 크림치즈의 껍질을 까는 것 따위도 만들지 않았습니다. 우리 비르투오소는 쓸모 있는 것에는 전혀 손대지 않소이다. 그건 우리 분야가 아니니까요."

관중 속에 앉아 있던 훅은 분노에 타올랐다. "내 인생과 연구를 시시껄렁한 풍자로 모독하다니!" 주변의 관객들은 옆구리를 잡고 웃어 대고 있었다. 훅은 일기에 이렇게 기록했다. "빌어먹을 개놈들! 신이시여, 원수를 갚아 주소서. 손가락질당했음."

훅을 무익함이라는 잣대로 비판하는 것은 결코 공정하지 않았다. 그는 실용적인 연구도 많이 했고, 순전히 실리를 목적으로 하는 실험도 아주 많았다. 그가 살던 시대에 잉글랜드는 해상 패권을 두고 네덜란드와 계속 싸우고 있었고, 런던은 점점 팽창하는 상업 제국의 중심지였다. 잉글랜드의 대외 무역량은 1630년에서 1660년 사이에 60퍼센트 증가했고 1660년부터 1688년에는 거기서 80퍼센트 더 증가했다. 즉, 잉글랜드 상선의 수는 훅이 사는 동안에 두 배 이상 늘었다.

그때 모든 선장에겐 현 위치를 파악하는 것이 아주 중요했다. 그래야 난파를 막을 수 있고 네덜란드인을 피할 수 있었다. 훅이 항해에 도움이 될 각종 장치를 만드는 데 그렇게 열의를 쏟은 이유가 바로 여기에 있다. 그는 맨눈에는 보이지 않을 만큼 작은 황동 나사와 미세한 눈금자로 정교한 사분의와 육분의를 만들었다. 별을 보고 자신의 위치를 측정할 수 있도록 고안된 도구였다. 또한, (실현하진 못했지만) 배에 풍차를 설치하면 더 간편하게 캡스턴을 돌려 여울에서 빠져나갈 수 있겠다고 생각했다.

그는 다이빙 장비에도 손을 댔고, 샐러드유를 흠뻑 적신 스펀지를 입에 물면 수중에서 숨을 쉴 수 있으리라는 생각을 직접 시험했다. 결과는 좋지 않았다. 다음으로는 여러 개의 양동이를 뒤집어 그 안에 공기를 가두는 방법을 시험했는데, 이도 별로 신통치 않았다. 그리고 가장 까기 힘든 열매에 달려드는 굶주린 다람쥐처럼 경도의 비밀을 푸는 데 매달렸다.

그가 용수철로 조절되는 손목시계—중세 이래 쓰이고 있던 원시적인 탈진기를 대체할 새로운 아이디어였다—에 그렇게 열심히 매달렸던 것은 비단 시간을 정확히 알고 싶어서가 아니었다. 그보다 더 중요한 이유는, 배에서 해가 뜨고 지는 시각을 정확히 기록할 수 있으면 경도 계산이 훨씬 더 쉬워지리라고 생각해서였다.

땅과 관련된 작업에 대해 말하자면, 그가 아치의 현수선 법칙—아치는 사슬을 거꾸로 매달았을 때 형성되는 곡선을 똑같이 따라야 한다는 법칙—을 정립한 것은 지적 쾌락 때문만이 아니었다. 훅 자신이 엄청나게 많은 아치를 짓고 있었고 그것들을 오래가게 지어야 했기 때문이었다. 그가 도로 공학을 연구한 이유는 당시 사람들이 그 문제를 도저히 해결하지 못해서였다.

푹신한 길로 부드럽게 이동하는 쪽과 딱딱한 길로 거칠게 이동하는 쪽, 둘 중 어느 편이 더 효율적일까? 그는 딱딱하고 거친 길이 더 낫다고 보았고, 마차의 바퀴는 가늘수록 좋다고 했다. 훅은 때로는 작은 걸음으로, 때로는 큰 도약으로 인간 지식의 지평을 널리 확장했다. 그가 그것으로 누린 보상은 동료들의 호평이었다.

17세기의 과학혁명을 이해하려면 훅 시대에 런던의 독특한 관습으로 자리 잡은 커피숍이라는 장소를 들여다보아야 한다. 1652년, 파스카 로제라는 터키계 이민자가 콘힐 근처 세인트마이클스 앨리에 런던 최초의 커피숍인 '파스카 로제의 집'을 열었다. 커피숍에서는 잉글랜드 상인들이 점점 정확한 항법으로 대서양를 건너가 사 온 이국적인 먹거리를 팔았다.

커피숍에 가면 아라비아산 커피, 서인도산 설탕, 버지니아산 담배, 중국산 차, 남아메리카산 코코아를 맛볼 수 있었다. 훅이 사망한 1703년에는 그런 장소가 500군데나 되었다. 그는 개러웨이스, 조너선스, 맨스를 가장 즐겨 찾았지만 다른 많은 곳도 애용했다. 그는 자신을 뽐낼 수 있는 이 장소를 사랑했다. 커피숍은 생각의 시장이었다. 훅의 일기에 따르면 그는 맨스에 가서 크리스토퍼 렌이나 존 오브리와 함께 오랜 시간을 보내곤 했다. 그들은 커피를 들이켜며 어둠 속을 볼 수 있는 도구, 빛의 굴절 작용, 인체의 창자 속 나선형 근육 구조, 벼랑비둘기가 소금을 좋아하는 이유 등을 논했다. 훅이 하늘을 나는 경마차라는 아이디어를 렌과 함께 발전시킨 장소도 커피숍이었다.

만약 우리가 그 시대에 새로운 유리 제조술이나 인 추출법을 발견했다면, 그길로 커피숍에 가서 벗들에게 알렸을 것이다. 운이 좋으면 커피숍 안의 누군가가 값진 정보를 흘릴 수도 있었다. "생석회에 계란 흰자와 달팽이의 혈액이나 점액을 섞어 만든 접착제로 수도관을 돌처럼 단단하게 이어붙일 수 있다" 같은 것 말이다. 훅도 종종 자신의 팁을 공유하곤 했다. "엄지손가락 끝을 베였을 때 페루 발삼을 바르면 나흘 안에 낫는다"는 식의, 본인이 경험에서 발견한 지식이었다.

커피숍의 철학자와 애호가 모임은 기회만 생기면 즉석에서 실험을 진행하곤 했다. 훅은 지구가 특정 방향으로 돌고 있음을 증명하려고 두 번이나 개러웨이스의 천장에 올라갔다. 거기서 공을 떨어뜨리면 수직 낙하로 땅에 닿는 지점에서 동남쪽으로 약간 비껴 떨어지리라는 것이 훅의 주장이었다. 공이 방향을 틀어서가 아니라 그사이에 지구가 움직이기 때문이었다.

두 번 중 최소 한 번은 공이 수직 지점의 동남쪽에 떨어지면서 실험에 성공한 것 같았다. 훅은 무척 기뻐했다. 니코틴과 카페인과 코코

아라는 새로운 약물이 조성한 들뜬 분위기 속에 인정과 호평을 둘러싼 치열한 경쟁이 펼쳐지고 있었다. 런던의 커피숍은 장차 채권과 주식, 보험을 사고파는 장소로 발전한다. 로이드 보험협회도 '로이드 커피하우스'에서 탄생했다.

커피숍은 그 출발에서부터, 주가가 오르내리듯 명성이 오르내리는 장소였다. 이를테면 사람들은 철학자들이 하는 실험을 보고 훅주는 사들이고 보일주나 뉴턴주는 팔 수 있었다. 커피숍은 곧 온갖 뒷말과 소문의 온상이 되었고, 1675년에는 "그런 곳에서는 악의적이고 중상적인 잡다한 거짓 세평이 지어지고 퍼져 나가, 폐하의 통치를 비방하고 왕국의 평화와 무사를 들쑤시고 있다"라는 이유로 폐쇄령이 내려질 뻔했다. 물론 나중에 사람들은 왕이 참으로 시류에 반하는 조치를 취하려 했다고 입방아를 찧었다.

훅은 자기가 커피숍에서 어떤 대우를 받았는지 자주 기록했다. 가령 어느 날엔 사람들이 자기만 쏙 뺀 모두의 건강을 기원하더라며 비통해했다. 바로 이러한 환경에서 훅은 자부심을 키웠든가 아니면 잃었던 듯하다. 그는 다른 과학자를 만나고 그들의 성취를 접하면서 자꾸 물의를 일으켰으며, 결국엔 그로써 막대한 손해를 입었다.

너무 많은 영역에서 실험을 했다는 것, 이것이 훅의 문제였다. 그는 자기가 놓친 성과 하나하나에 질투를 느꼈다. 그는 누가 먼저 용수철 손목시계를 발명했는가를 두고 네덜란드 과학자 크리스티안 하위헌스와 격하게 싸웠다. 설상가상으로, 자기가 발견한 해법을 그 외국인에게 넘겼다며 왕립학술원의 사무국장이자 훌륭한 학자였던 헨리 올덴버그를 비난했다.

누가 뭘 해냈다고만 하면 곧 그건 자기가 예전에 떠올린 아이디어라고, 다음번 모임에서 그 사실을 증명하겠다고 공언하는 것, 이것이 훅의 고질이었다. 그는 그런 말을 뱉고 나면 집에 가서 기록을 뒤

적거렸는데, 때로는 실제로 증거가 될 만한 것이 나왔다. 그 유명한 용수철 법칙을 정립했을 때, 너무도 흥분한 훅은 누가 자신의 일기를 뒤적여도 알아보지 못하도록 암호로 기록을 남겼다. 그는 "ut tensio sic vis"(잡아 늘이는 만큼 힘이 커진다)의 철자를 뒤섞어 "ceiinosssttuu"라고 썼다.

어느 날 훅은 커피숍에서 친구 에드먼드 와일드에게 비행의 비밀을 알려 주려고 했으나, 그때 낯선 사람 셋이 가게로 들어오자 조개처럼 입을 다물어 버렸다. 와일드는(더불어 세상 모든 사람은) 끝끝내 그 비밀을 알 수 없게 되었다.

훅은 후에 왕실 천문학자가 되는 존 플램스티드와도 사이가 나빴다. 아직 젊었을 적 플램스티드는 훅에게 편지로 광학 문제에 관해 조언을 구했다. 이에 훅은 자기 아이디어를 훔치려는 기미를 감지하고 답변을 거부했다. 플램스티드는 이렇게 슬퍼했다. "그는 광학을 개선하고 발전시킬 비밀을 여럿 알고 있다고 하면서도 우리에게 논문 하나 내놓지 않는다. (…) 왜 그 광명을 아무도 보지 못하게 하는 걸까??" 훅은 그를 "맨드라미처럼 유별난 놈"이라고 불렀다.

플램스티드와의 불화는 1681년 두 사람이 렌즈에 관해 토론하던 중에 폭발했다. 훅은 "뭔가를 물고 늘어지듯이"—그러니까 적의 발밑에 덫을 놓으며—한쪽은 평평하고 한쪽은 볼록한 렌즈로 하늘을 보려면 어느 쪽을 위로 향해야겠느냐고 물었다. 플램스티드는 꼼짝없이 걸려들었다. "에, 그게 중요하진 않지만, 대체로 평평한 쪽을 하늘로 향해야겠지요?"

"아하!" 훅은 기다렸다는 듯이 덤벼들어 볼록한 쪽이 위로 가야 하는 이유를 설명하기 시작했다. "그는 나를 말로 내리눌렀고 함께 한 사람들에게 내가 이 사안에 무지하며 본인만이 정통하다는 점을 강조했다." 플램스티드는 이렇게 불평했다.

훅은 폴란드 천문학자 요하네스 헤벨리우스를 공격하고 그가 "원시적인 구식 장비를 사용"한다고 비난하는 시론을 써서 국제적인 갈등을 빚었다. "나, 훅은 천체 연구를 위한 놀라운 신형 사분의를 제작하는 중으로, 그것은 헤벨리우스가 만든 그 어떤 것보다 훨씬 좋은 기계입니다."

그것은 실제로 경이로운 도구로, 수직을 정확하게 잴 수 있는 수평계와 일주운동을 측정하기 위한 시계 장치 등 신기한 부품이 잔뜩 달려 있었다. 그러나 제대로 작동하지는 않았고, 다른 사람들이 이런 저런 부분을 개선하여 완성도를 높이는 데 수백 년이 걸렸다. 한 글에서 헤벨리우스는 그의 명성과 평판에 흠집을 내려 하는 사람들, 남들이 내놓은 모든 성과에 냉소적인 태도를 보이는 이들을 통렬히 비판했다. "훅은 자기가 그런 대단한 물건을 직접 만들 수 있다고 하는데, 대체 증거는 어디에 있는가?" 이에 많은 사람이 헤벨리우스 말에 일리가 있다고 생각했다.

훅은 이것도 저것도 다 자기가 먼저 발명한 것이라고 주장하지 않는 경우에는 다른 사람의 아이디어를 몰래 빌리려고 했다. 라이프니츠가 계산기를 가지고 런던에 왔을 때였다. 훅은 그 물건을 힐끔힐끔 엿본 다음 뒤판이 없는 본인만의 계산기를 뚝딱 만들어 냈다(라이프니츠도 깜짝 놀랐다고 한다).

이 기계는 제대로 작동했고 반응도 호의적이었으나 이윽고 누군가가 종이에 펜으로 계산하는 것보다 조금도 빠르지 않다고 지적했다. "무슨 상관이람!" 훅은 여전하게 반응했다. "내가 지금 기계를 하나 만들고 있는데, 이건 기능이 저 독일제와 똑같으면서도 부품은 그 10분의 1도 들지 않을 것이고" 어쩌고 하면서. 이 기계가 실제로 완성되진 않았으나, 그의 행태에 아연실색한 라이프니츠는 왕립학술원에 강경한 어조의 서한을 보냈다.

훅은 늘 말싸움과 논란을 일으켰다. 그는 누구도 의심할 수 없는 훌륭한 성과를 내놓았음에도 허풍선이라는 오명을 얻기 시작했다. 그러나 이 모든 소란과 반목도 그가 그 시대 지성계의 골리앗에게 싸움을 걸지만 않았더라면 지금처럼 자세히 기억되지 않았을 것이다.

그 처참한 불화가 훅을 파멸시켰다. 이번 적수의 통찰력과 천재성은 향후 250년간 물리계에 관한 인간 지식을 지배하게 될 것이었다. 1683년에서 이듬해로 넘어가는 그 겨울, 훅의 지성은 세상 구석구석을 탐색하고 있었다. 그 얼마 전, 폴란드의 얀 소비에스키 왕이 빈의 관문에서 투르크군을 몰아냄으로써 기독교 영토를 수호했다. 이에 훅은 언덕 위에서 보내는 수기 신호와 망원경으로 침입에 대비하는 방법을 다시 한번 왕립학술원에 제안했다.

그해 겨울은 기록적으로 추웠다. 런던 사람들은 120년 만에 '결빙 축제'를 열었다. 템스강이 7주 동안이나 꽁꽁 얼어 있었고, 얼음 위에 정식으로 거리가 조성되어 상점과 노점이 들어섰다. 런던 사람들은 말과 마차로 경주를 벌이며 즐거워했다. 곰 고문과 소 고문, 연극과 매춘이 등장했다. 존 이블린의 표현으로 그곳엔 한판의 바쿠스제가 펼쳐졌다.

그사이 훅은 이 기회를 놓치지 않고 사람들이 까불며 밟고 다니는 얼음의 내구력을 연구했다. 그는 두께 9센티미터, 폭 10센티미터, 길이 38센티미터의 얼음 막대가 무게를 약 160킬로그램까지 견딜 수 있음을 확인했다. 또 어떤 복잡한 실험을 통해서 얼음 덩어리의 무게는 똑같은 부피의 물 무게의 8분의 7이라는 사실을 확인하고, 그렇다면 수면 위로 보이는 빙하는 전체 부피의 8분의 1이라고 짐작했다. 이 또한 뱃사람에게 유용할 지식이었다.

이처럼 바빴던 1684년 1월, 훅은 크리스토퍼 렌, 에드먼드 핼리와 이야기를 나누다가 자신이 '역제곱 법칙'을 발견했다고 자랑했다. 당시

학술원 회장이었던 렌이 대답했다. "두 달을 줄 테니 증거를 가져오게. 상금으로 40실링을 걸지." 이에 훅은 예의 그 대단한 자신감을 내보였다. "장난하나. 내 오래전부터 다 기록해 뒀지. 그동안 다른 자들이 시도했다가 실패하기를 기다리느라 한 세월 묵힌 거야. 그래야 내가 결과를 공개했을 때 그게 얼마나 대단한 일인지 다들 실감할 것 아닌가."

"아, 그러신가?" 렌은 눈썹을 치뜨며 그 비슷한 말을 던졌다. 이에 훅은 "딱 기다리게" 하고 자리를 떴다. 그러나 왜인지 그가 집에 돌아가서 한 일은 전혀 다른 것들이었다.

역제곱 법칙은 우주를 이루는 기본 요소 가운데 하나로, 두 물체 사이에 작용하는 중력은 둘 사이 거리의 제곱에 반비례한다는 법칙이다. 가령 x와 y의 거리가 10이라고 하면, 둘 사이의 중력은 100분의 1이다. 실제로 훅은 과거 강의에서 중력에 관해 이야기한 바 있었고, 1679년에는 아이작 뉴턴에게 보내는 편지에 중력의 역제곱 법칙에 대해 쓴 적도 있었다. 이 아이디어는 훅이 혼자 떠올린 것이 아니고—불리알두스라는 프랑스인이 1645년에 맨 처음 생각해 낸 것으로 보인다—법칙을 수학적으로 증명하지도 못한 상태였다. 그러나 뉴턴에게 보낸 편지, 그리고 자신의 우선권이 인정받지 못했다는 억울함이 지독한 앙심을 낳기에 이르렀다.

렌이 훅에게 과제를 낸 그날, 에드먼드 핼리는 뉴턴에게 가서 대화 내용을 읊었다. 뉴턴은 이미 스물아홉 살 때부터 케임브리지 대학 수학과의 루카스 석좌교수였다. 이제 작정하고 이 문제에 덤비기로 한 쪽은 그 창백하고 신비롭고 머릿결 좋은 인물, 뉴턴이었다.

훅은 만화경처럼 다채로운 연구 활동을 이어 나갔다. 하루는 핑핑 소리가 나는 이상한 신발을 개발하고 있었는데, 그걸 신으면 위로 약 3.5미터, 앞으로 6미터씩 도약할 수 있다고 했다. 그러나 어떤 과학자가 거리를 통통 튀어 다녔다는 목격자의 진술은 남아 있지 않으니, 우리로서는 이 역시 훅의 미완성 발명품 중 하나였다고 짐작할 수밖에 없다.

훅은 그레셤 칼리지의 강의도 계속했다. 때로는 참석자가 아주 적어서 뚱뚱한 남자 한 명, 아니면 코나 후비는 어린 남학생 무리가 전부였다. 때로 훅은 플램스티드의 강의에 가서 앉아 그를 매섭게 쏘아보곤 했고, 플램스티드는 훅 때문에 수강자가 전부 떨어져 나갔다고 불평했다.

위대한 미생물학자 레이우엔훅의 저작을 읽기 위해 네덜란드어를 배웠던 훅은 이번엔 중국어를 배우려고 했다. 그러나 역제곱 법칙의 증명이라는 과제만큼은 손대려 하질 않았다.

정작 스스로 칩거에 들어가서 2년 동안 여러 천체와 지구가 한데 모여 있는 원리를 파고든 쪽은 뉴턴이었다. 1686년 4월, 그는 자신의 연구 결과를 책으로 발표했다. 압력솥으로 만든 초콜릿이나 기괴하게 생긴 갓난아이, 거대한 회충 따위를 들여다보며 즐거워하던 왕립학술원에 뉴턴의 『자연철학의 수학적 원리』가 폭탄처럼 떨어졌다.

1686년 4월 28일에 열린 학술원 회의에서 주재자 존 호스킨스 경은 뉴턴의 연구가 "발명과 완성을 동시에 이루었기에 어떤 상을 주어도 부족하다"라고 단언했다. 훅은 격분했다. 뉴턴이 자신의 아이디어를 슬쩍했다고 확신한 훅은 회의가 끝나고 커피하우스에 가서 자신의 생각을 거침없이 펼쳤다.

"훅은 마치 뉴턴이 자신의 성과를 그대로 가져다 쓴 것처럼 말했고 모두가 보는 앞에 그의 거짓을 드러내리라고 큰소리쳤다." 목격자의 말이다. 훅의 행동은 뉴턴에게도 전해졌고, 뉴턴은 훅보다도 더욱 거세게 분노했다. 중력의 역제곱 법칙을 상정하는 것은 중력이 눈에 띄게 약한 힘이라는 자명한 사실로부터 직관적으로 끌어낼 수 있는 결론이었다. 그러나 책상 앞에 앉아 누구도 한 적 없는 계산을 해내는 것은 전혀 다른 문제였다.

훅이 소란을 피운다는 소식이 들려오고 또 들려오자 뉴턴은 더는 화를 참을 수 없었다. 그는 훅이 따분하고 비생산적인 계산과 관찰에는 쓸 시간이 없는 것처럼 말하지만 사실은 그럴 능력이 없는 것이라고 성을 냈다. "그의 말을 들어 보면 문제를 해결할 방법을 모른다는 게 분명하다." 무자비하지만 아마도 사실이었을 이 공격이 훅을 너무도 아프게 했다.

그는 죽는 날까지 씩씩거렸다. 가령 1690년에는 역제곱 법칙에 대해 "기쁘게도 내가 발명한 이론"이라든가 "나 자신이 처음 발견하여 이 모임에서 입증했던 중력의 특성인데 수년이 지나 (…) 최근 뉴턴 씨가 내가 본인의 발명으로 인쇄, 출간하는 것에 찬성했다"라고 언급한 기록이 있다.

뉴턴의 "거짓을 드러내겠다"고 장담하던 훅은 이제는 뉴턴이 일부러 자신과 사이가 나쁜 척하고 공격당하는 척했던 것이라고 주장했다. 그래 봐야 아무 소용이 없었다. 훅은 결국 논쟁에서 졌다. 아니, 커피하우스에서 자기가 더 우월하다고 주장한 그날 밤에 이미 졌을 것이다. 훅은 그동안 이미 지나치게 자주 허세를 부렸고 지나치게 마음껏 공로를 다투었다.

그가 중력의 어떤 특성을 어떻게 꿰뚫어 보았는지는 몰라도, 그 성마른 성질 때문에 사람들의 공감을 잃었다. 뉴턴은 『자연철학의 수학적 원리』 3권에서 훅의 이름을 지웠고, 원래는 글에서 그를 Clarissimus Hookius(가장 저명하신 훅)이라고 불렀으나 나중에는 그냥 Hookius로 불렀다.

두 인물의 반목은 훅이 세상을 떠난 1703년에야 끝났다. 이제 뉴턴은 아무 방해 없이 왕립학술원 회장이 되었고 그 자리를 24년이나 지켰다. 어떤 사람들은 전권을 쥔 뉴턴이 자기를 그토록 괴롭히던 남자에 관한 기억을 말소했다고, 로버트 훅의 공식 초상화 한 점 남지 않은 이유가 뉴턴에게 있다고 의심한다. 정말로 아이작 뉴턴이 적극적으로 나서서 논적의 그림을 불태우게 했는지 어쨌는지는 몰라도—그럴 가능성은 작아 보인다—오늘날 우리에게 전해지는 훅의 이미지는 불행한 패자의 원형이요, 선거의 낙선자요, 모차르트에 버금가는 거성 뉴턴과 끝내 화해할 수 없었던, 등은 굽고 혀는 독한 살리에리풍 인물이다. 그러나 달리 생각해 보면, 실제로 외톨이이자 은둔자이고 흑마술에 손대던 괴짜는 뉴턴이었을지도 모른다.

우리가 인우드의 전기에서 만나는 훅은 열정적이고 대체로 사교적인 남자이다. 그가 집 안에서 맺은 성적인 관계는 특이했던 것이 사실이고, 조카 그레이스를 오랫동안 애인으로 삼았던 점에서는 그가 청교도 혁명기가 아니라 왕정복고기에 살았던 게 다행이었다. 그러나 훅에겐 뜻밖의 다정함이라고 할까, 그런 기질이 있었다.

그의 집에는 마사라는 자유분방한 가정부가 있었다. 훅은 가끔 그의 무례함을 참지 못하고 예전 가정부이자 애인이었던 넬 영에게서 위안을 찾았다. 훅이)–(. 도중에 등을 다친 직후에 그를 떠나 젊은 남자와 동침한 넬과 여전히 좋은 관계를 유지했었다는 사실은 훅의 원만한 성격을 보여주는 증거가 아닐까? 때로 훅은 무어 부인을 찾아가 "많은 이야기"를 나누고 차와 케이크를 먹었지만)–(.는 하지 않았다.

훅과 자주 만찬을 함께 한 새뮤얼 피프스는 "내가 아는 한 이 세상에 그만큼 대단한 사람이 없고 그만큼 진실한 사람이 없다"라고 그를 극찬했다. 들으러 오는 사람이 거의 없을 때까지 강의를 계속한 것은 그가 과학을 얼마나 사랑했는지를 나타내는 증거일 것이다.

훅은 사람을 좋아해서 늘 친구들과 함께 산책했고, 아니면 그냥 커피하우스에 앉아서 '로드'(프랜시스 로드윅)나 '호스크'(존 호스킨스)나 '윌'(리처드 윌러)이나 '핼'(에드먼드 핼리)이나 '피프'(앨릭잰더 핏필드)나 '커'(커러 씨)와 어울렸다. 자신이 설계나 건축을 주도한 건물에 대한 공적을 렌이나 다른 사람들이 가져가도 개의치 않았던 걸 보면 훅이 늘 명성에 과하게 집착한 인물은 아니었던 듯하다.

훅의 재능은 실로 다양한 분야에 걸쳐 있었다. 그는 자신이 좋아하는 시계공 니콜라스 톰피언과 함께 클러큰웰에 런던 최초의 시계 제작소를 세웠다. 또, 과거의 생물종 가운데 지금은 존재하지 않는 것이 있다는 것을 알고 "모든 것이 지금 우리가 아는 모습으로 태초부터 존재했다는 것은 아주 엉뚱한 결론인 듯하다"라고 말한바, 하마터면 진화론을 정립할 뻔했다.

훅은 아일랜드와 아메리카가 과거에는 하나로 이어져 있지 않았을지 궁금해했고, 지금의 바다 바닥이 전에는 육지였고 지금의 육지가 전에는 바다이지 않았을까 하는 의문을 품었다. 그건 거대한 문제였고, 훅 자신도 그 사실을 잘 알았다.

훅은 과학적 낙관론자였고, 사람들이 "그 게으르고 유독한 원칙을 내던지고, 자신의 아버지나 할아버지나 증조할아버지만큼 지식을 넓히기를" 바랐다. 뉴턴은 오랜 반목의 어느 시기에 훅을 회유하려고 쓴 편지에 "내가 더 멀리 볼 수 있는 것은 내가 거인의 어깨 위에 서 있기 때문입니다"라는 유명한 문장을 썼다. 여기서 가리키는 대상이 훅은 아니라는 것이 일반적인 견해이다. 그러나 정말로 훅을 가리킨 게 아니라면, 뉴턴은 잘못 생각했다.

로버트 훅은 많은 업적을 세웠으나, 두 가지 큰 실수를 저질렀다. 지금까지 그의 뒤를 이은 영국의 많은 과학자가 그랬듯이 훅은 자신의 혁신에서 상업적이고 실용적인 결과를 끌어내는 데 실패했다. 훅은 자기 일대기의 초안을 적들이 쓰게 놔두고 말았다.

우리가 1700년, 혹이 아직 살아 있을 적에 세인트폴 대성당의 돔에 올라갔다면, 아직도 믿을 수 없을 정도로 시골 냄새가 나는 도시 풍경을 마주했을 것이다.

하이드 파크와 세인트제임스 파크 주변은 전부 농경지이거나 빈 땅이었다. 이니고 존스가 지은 코벤트 가든과 그 일대는 섬처럼 고립된 개발지였다. 홀본 북부와 채링크로스 서부는 광대한 풀밭이었다. 플리트가와 스트랜드에는 장미 덤불과 라벤더가 핀 정원들이 있었다. 도심의 선술집 뒤편에는 과수원이 붙어 있었고, 저 멀리 언덕 위의 햄스테드와 하이게이트는 작은 부락일 뿐이었다. 그때 우리 귀에는 시장으로 향하는 소 떼 울음소리와 숙녀가 탄 가마를 뒤쫓는 거위 떼의 합창이 들렸을 것이다. 템스강에는 아직도(믿기 어렵지만) 다리가 하나뿐이었고 그 근처에서 남자애들이 낚시를 하거나 멱을 감았다.

런던 브리지는 점점 낡아 갔다. 튜더 왕조 때 지어진 넌서치 하우스는 이제 썩어 가고 상점과 주택도 여럿 불에 타서 런던 브리지는 이 빠진 얼굴처럼 금방이라도 움푹 꺼질 것처럼 보였다. 1700년의 런던은 본질적으로 중세 마을(150개)을 한데 모아둔 것에 지나지 않았으며, 각 마을의 중심에 교회와 여관과 시장이 있었다. 어느 마을에나 여러 계급이 뒤섞여 살았으므로 화려한 저택과 작은 오두막촌이 한 마을에 있었다. 신분이 제각각인 사람들이 같은 교회와 같은 숙소에 모였고 딕 휘팅턴이 처음 런던에 와서 보았던 것과 똑같은 중세식 행렬을 함께 즐겼다.

그러나 저 높은 데서는 보이지 않았을 것이 있다. 로버트 훅 같은 선구자의 머리에서 시작된 기술 발전의 영향력이다. 수백 가지의 발명이 쌓이고 쌓여 농업과 제조업, 각종 상업의 구조를 바꾸어 놓고 있었다. 동물 울음소리와 사람의 외침만이 희미하게 들려오는 저 위에서는 짐작하기 어려웠겠지만, 런던이라는 도시는 곧 농업사회에서 산업사회로 훌쩍 도약할 것이었다. 이미 1698년 런던에서 토머스 세이버리가 세계 최초의 증기 동력 펌프를 만들었다. 그 자체로는 그다지 효율적인 장치가 아니었어도 그것을 바탕으로 1776년 제임스 와트의 증기기관이 발명되었다. 1701년에는 제스로 툴의 혁명적인 파종기가 등장하고, 1709년이면 콜브룩데일의 용광로에 불이 붙는다.

우리가 100년이 더 지난 후 다시 세인트폴 대성당 돔에 올랐다면 몰라보게 달라진 런던을 마주했을 것이다. 아무리 지평선을 훑어봐도 도시의 경계를 찾기 어려웠을 것이다. 그동안 사람들이 땔나무 대신 뉴캐슬산 석탄을 쓰게 되면서 공기가 갈색 연기로 자욱해졌다. 시선을 땅으로 내리면 1713년 위트레흐트 조약 이후 건축된 그로스브너 스퀘어, 메이페어 같은 큰 광장이 보였을 것이다. 후대 건축가들의 원형이 되는 조지 왕조 시대의 건축 걸작(버클리 스퀘어, 캐번디시 스퀘어, 포틀랜드 플레이스, 피츠로이 스퀘어)도 보였을 것이다. 런던 브리지는 그 위에 있던 상점과 주택을 다 허물고 다시 지어졌고 중세의 아치가 돌로 새롭게 단장되었다. 그리고 이제는 1750년에 열린 웨스트민스터 브리지와 그 위를 점점이 건너다니는 까만 옷차림의 수도사들이 보였을 것이고 1769년에 개통된 블랙프라이어스 브리지가 보였을 것이다. 눈길을 동쪽에서 서쪽으로 돌리면 런던의 양 옆구리가 점점 판이한 평판을 얻고 있음을 눈치챘을 것이다. 런던의 서부에는 비싸고 화려한 집이 들어서고 광장에 플라타너스와 밤나무가 줄을 맞춰 서 있었다. 동부에는 허름하기 짝이 없는 공동주택이 빼곡했다.

시선을 최대한 멀리 던지면 여기저기 끈 모양으로 뻗어 있는 택지와 그 주변의 벽돌 가마, 자갈 채석장, 쓰레기 소각장이 보였을 것이다. 런던 사람들의 새로운 일터가 된 크고 작은 각종 공장과 조선소가 보였을 것이다. 남자와 여자가, 너무 늙은 노인과 너무 어린 아이가 대체로 열악한 환경에서 일하고 있었다. 원래 말이나 소를 키우던 축사가 인클로저 때문에 어쩔 수 없이 시골에서 상경한 노동자의 기숙사로 쓰였다. 방의 천장이 머리에 닿을 정도로 낮았고, 임금은 빵값이 오르는 속도를 따라가지 못했으며, 실 뽑는 제니 방적기나 아크라이트사(社)의 롤러와 같은 기술 혁신이 계속해서 노동의 가치를 떨어뜨리며 그들을 괴롭혔고, 그런데도 그들을 대표할 노동조합은 존재하지 않았다. 그들은 일찍 죽었고 신종 질병에 걸렸다. 한 평자의 표현을 빌리면, 그들은 메뚜기만큼 많았고 쥐처럼 가난했다.

훅을 위시한 여러 과학자가 이끈 기술 진보는 기계의 가치를 격상시켰다. 그런데 기계의 가격은 비쌌기에 사회는 전보다도 더욱 분열되었다. 방직기 앞에서 땀 흘리는 사람이 따로 있고 생산수단을 소유하거나 생산수단에 투자하는 사람이 따로 있었다. 자본주의 산업혁명을 거치며 런던과 잉글랜드의 1인당 생산량이 대폭 증가했다. 누구는 남들보다 훨씬 부유해졌지만, 많은 사람이 비참하게 살아갔다. 런던이 발전할수록 런던 사람들은 점점 더 불평등해졌다. 언제나 그렇듯이 이 문제에는 두 가지 답이 있었다.

하나는 보수주의 견해, 즉 불평등은 인간 조건의 불가피한 요소일 뿐 아니라 어쩌면 신이 정한 운명이라는 관점이다. 반대편의 급진주의자들은 변화를 끌어내기 위한 운동에 앞장서고 빈민 해방을 위해 투쟁한다. 18세기 런던을 대표하는 두 인물은 바로 이 상충하는 두 세계관의 대표이기도 했다. 온정 보수주의의 시조로 불리는 새뮤얼 존슨, 그리고 존슨이 경멸하고 비난한 런던의 급진파 데마고그 존 윌크스가 그들이다. 두 사람은 결국 화해했다.

킹 제임스 성경

“태초에 하느님이 천지를 창조하시니라.” 창세기 1장 1절이다. 미국에는 이 구절을 곧이곧대로 믿는 사람이 참 많다. 적게 잡아도 수백만 명은 되지 싶다. 이들은 세상이 서기전 4004년에 창조되었고, 이 땅 위를 걷거나 기는 생명체를 하느님이 만드신 뒤 그것들을 지금의 형태대로 세상에 툭 던져 놓았다고 생각한다. 그래서 지난 200년 역사에서 가장 중요한 이론(찰스 다윈이 런던에서 정립한 진화론 말이다)을 믿지 않고, 오롯이 한 권의 책에 담긴 권능과 지혜에 자신의 믿음을 바친다.

영국인 선교사들이 인도, 중국, 아프리카에 들고 간 그 책을 들고 아메리카 개척자들은 대초원 여기저기를 쑤시고 다니며 인디언과 들소에게 총을 쏘아 댔다. 그것은 런던에서 쓰인 책, 다르게 말하면 고대의 책을 런던에서 각색한 판본이었다. ‘황제가 친히 정한 번역본(흠정역)’으로도 부르는 『킹 제임스 성경』의 역사는 1604년, 말을 더듬고 성 정체성이 모호한 남자가 스코틀랜드 왕위에 오른 직후에 시작되었다.

당시에 영국 국교회는 아직 신생 종파인 데다 내부에 온갖 분파가 난립하고 있었다. 이에 묘수를 떠올린 왕은 햄프턴 코트에 성직자들을 불러 모았다. 그들은 교리를 둘러싸고 이러쿵저러쿵 입씨름을 하긴 했지만, 한 가지에는 뜻을 모았다. 이제는 주의 말씀을 신빙성 있는 단일한 판본으로 정리할 때라는 것이었다. 런던, 옥스퍼드, 케임브리지에 성경을 번역할 여섯 개의 신학자 위원회가 결성되었다. 총 인원은 47명이었고, 대부분은 성직자였다.

런던 지부―「창세기」부터 「열왕기하」까지의 편집을 맡았다―의 리더는 랜슬롯 앤드류스로, 이 사명 전체를 관할한 인물을 하나만 꼽으라면 그게 앤드류스였다. 그는 주교이고 신학자, 유명한 설교가였으며, 얼마나 자연스럽게 시적인 표현을 구사했던지 T. S. 엘리엇이 저도 모르게 그의 시구를 「동방박사의 여행」(Journey of the Magi)에 가져다 쓰기도 했다("그때 우리는 추위를 맞이하고 있었습니다….")

번역 사업은 몇 년에 걸쳐 진행되었다. 1605년에는 '화약 음모 사건'으로 학자들이 혼란과 절망에 사로잡혔지만 제임스 왕은 종교 화합이라는 대의를 위해 작업을 속개해 주기를 촉구했다. 1609년, 개역위원회는 런던의 아베마리아 레인에 있는 스테이셔너스 홀('출판인 회관')에 모였다. 데이비드 크리스털이 지적한 대로 이 성경은 캑스턴 시대 이래 표준어로 자리 잡은 당시의 런던말로 쓰였다.

킹 제임스 성경은 지금까지 수많은 비판에 시달렸다. "빛이 있으라", "진리가 너희를 자유롭게 하리라", "내 백성을 보내어라", "내가 내 아우를 지키는 자이니까?", "모든 권세", "시대의 표적", "온유한 자는 복이 있나니" 등 우리가 익히 아는 표현 중 다수가 실은 윌리엄 틴데일의 1534년 판본에서 온 것이다. 킹 제임스 성경의 언어는 1609년 기준에도 매우 고풍스러웠다. 당시 대중은 구식 표현인 verily(참으로)와 it came to pass(그리하여)를 쓰지 않았고 고어인 thee나 thou 대신 you를, appeareth 대신 appears를 썼다.

한편 히브리어 전문가들은 히브리어로는 각각 다른 열네 개 단어가 'prince'(군주) 하나로 표현되었다며 영역본이 원본과는 딴판이라고 비판했다. 혹자는 "이 고약한 번역이 잉글랜드에 슬그머니 자리 잡는 걸 보느니 야생마에게 몸이 갈기갈기 찢기는 편이 낫겠다"라고도 했다. 정부는 교회에서 『킹 제임스 성경』만을 써야 한다고 공표했지만, 이 판본이 완전히 인정받기까지는 상당한 시간이 걸렸다. 1631년에는 십계명 중 "간음하지 말지어다"라는 항목을 '말지어다'(not)를 빼먹고 인쇄하는 사고도 있었다.

그러나 『킹 제임스 성경』은 결국 민중의 마음속에 자리 잡았다. 짐작건대 그 비결 중 하나는 번역자들이 내세운 비범한 원칙에 있었다. 이들은 각 지부에서 생산된 원고를 타 지부에서 검토하고 교정하기로 정해 두었다. 그리고 검토 과정에서 전체 텍스트를 큰 소리로 읽기로 해 두었다.

다시 말해, 그들은 큰 소리로 읽힐 글을 썼고 그렇게 짜인 글은 비할 데 없이 아름다운 울림을 머금고 있었다. F. W. 페이버는 이 책의 문장들이 "결코 기억을 떠나지 않는 가락처럼 귓속에 머문다"라고 표현했다.

『킹 제임스 성경』은 그 어떤 문학작품보다 많은 257개의 관용구를 영어에 추가했다. 토니 블레어와 조지 W. 부시가 이 성경을 함께 공부했다고 한다. 그래서 두 사람이 "진흙으로 된 발"(feet of clay)이나 "광풍을 거두리라"(reap the whirlwind) 같은 표현을 쓸 줄 아는 것인지도.

새뮤얼 존슨

Samuel Johnson

세상에 온정적 보수주의를 가르치다

새뮤얼 존슨이 살던 런던, 하면 우리에겐 잉글랜드가 처음으로 자유와 계몽과 재미를 만끽하던 시대가 그려진다.

18세기를 떠올리면 우리의 눈앞엔 커피하우스, 새벽 3시에도 흥성거리는 술집, 역사상 처음으로 남자들에게 말대답을 하는 여자들, 부채를 흔드는 노파의 가슴에 기댄 난봉꾼들이 보이고 과학과 의학, 문학, 그리고 민주주의라는 새로운 사상이 도처에서 끓어오르는 장면이 펼쳐진다.

그런 의미에서 우리를 경악하게 하는 사건이 있다. 그 내막을 알면 18세기 이후 몇백 년 사이에 사회가 얼마나 달라졌는지 실감이 난다. 그 잘나갔다는 시기에 영국이라는 국가가 시민을 대하던 방식은 지금 기준으로는 야만적이기 짝이 없다.

윌리엄 도드라는 48세의 특이한 성직자가 있었다. 그는 런던에서 가장 인기 있는 성직자 중 하나였다. 그가 설교하는 날에는 귀족 남성과 사교계 여성이 몰려들어 교회 밖까지 줄을 섰고, 매춘이라는 주제를 어찌나 감동적으로 풀어냈던지 청중 — 도드가 직접 구제한 몇몇 매춘부도 그곳에 있었다 — 은 눈물을 흘리며 탄식했다. 그는 향을 입힌 긴 실크 예복을 입고 다이아몬드 반지를 꼈으며 티치아노와 렘브란트, 루벤스의 그림으로 장식한 시골 저택에서 호화로운 파티를 열었다. 머지않아 그는 결국 빚더미에 올라앉았다.

도드는 그 전까지 늘 너른 마음으로 돈을 빌려주었던 옛 제자 체스터필드 백작에게 한 번 더 돈을 빌리기로 했다. 다만 이번에는 급한 마음에 백작에게는 알리지 않고 4200파운드짜리 어음에 그의 서명을 위조하기로 했다. 혹시 백작이 이 절도 행각을 알게 되더라도 천천히 되갚게 해 주겠지, 하고 지레짐작하면서 말이다. 아뿔싸, 백작은 그렇게까지 호탕한 사람은 아니었다.

1777년 5월 26일, 도드는 사형 선고를 받았다. 벼랑 끝에 몰린 그는 당국(다시 말해 그 시대에는 결국 국왕)의 자비에 호소하는 수밖에 달리 방법이 없음을 알았다. 그가 알기로 그럴 만한 영향력과 필력과 설득력과 높은 덕망을 가진 사람은 딱 한 명이었다. 도드는 지푸라기라도 잡는 심정으로 68세의 사전 편찬자이자 시인, 전기작가인 그 인물에게 연락을 취했다. 왕국 전체에서 최고의 문인으로 인정받던 자, 최초의 언어사전을 단독 집필했으며 그로써 오늘날 전 세계 모든 항구와 모든 개울과 여울에 주둔하고 있는 언어, 모든 것을 정복한 영어 어휘라는 함선의 제독이 된 자, 그의 이름은 새뮤얼 존슨이었다.

우리는 그가 얼마나 유력한 명사였는지를 쉽게 잊곤 한다. 현대인 기준에서 그가 유명인치고는 꽤 특이해 보이는 것도 사실이다. 존슨은 머리통이 로마인의 두상처럼 컸고 입술이 툭 튀어나왔고 정수리에 엉성한 가발을 이고 다녔다. 어려서 연주창에 걸린 탓에 목 림프샘에 수술을 받은 흉터가 남았고 한쪽 눈을 쓰지 못했고 족쇄라도 찬 듯 발작적으로 비틀거리며 걸었으며, 갑자기 큰 소리를 내거나 몸을 실룩

거리거나 침을 흘리는 등 틱(tic) 장애가 심해서 청년 시절 교사직에 지원했다가 학생들이 무서워한다는 이유로 몇 번이나 퇴짜를 맞았다.

그는 식사를 할 때는 핏줄이 불거지고 눈썹에 땀이 맺혀 번들거릴 만큼 먹는 행위에 맹렬하게 집중했다. 하지만 타고난 카리스마가 또 대단해서 여자들은 차를 마시는 시간에 그의 옆에 앉으려고 안달했고 권력층 남자들은 그 늘어진 입술에서 후두둑 떨어지는 보석같은 말을 주워듣고자 아침마다 그의 어수선한 접견실에 앞다투어 자리를 잡았다.

새뮤얼 존슨이 이렇게까지 존경받았던 이유가 궁금한 사람도 있겠다. 그러니까 아비시니아 왕자에 관한 알레고리 소설 『라셀라스』를 누가 읽느냔 말이다. 존슨이 쓴 희곡은 『아이린』(*Irene: A Tragedy*)이라는 비극 한 편뿐이다. 이 작품은 종막에 이르러 주인공이 교수형을 당하는 장면이 관객에게 왁자한 환성을 끌어낸 덕에 아흐레 동안이나 상연되었다. T.S. 엘리엇은 존슨을 최고의 영어 시인 반열에 올렸으나, 대학에서 「런던」(London)이나 「인간 소원의 허무」(The Vanity of Human Wishes)를 진지하게 공부한 학생은 아마 한 명도없을 것이다. 그의 산문은 그때도 지금도 걸작으로 불리긴 하지만, 작은 의회도서관에서 10펜스에 팔아 치우든지 아니면 쓰레기로 처리하는 딱 그 정도 작품이다. 라틴어와 그리스어로 쓴 시로 말할 것 같으면, 현대 런던 독자 중 존슨의 작품을 찾아 읽는 사람은 딱 0명이다.

우리가 기억하기로 존슨은 정치적으로 부당한 말을 불쑥불쑥 내뱉는 인사였고, 그의 견해 중에는 지금이라면 도저히 보아 넘기기 힘든 것이 많다. 그의 글을 가볍게 읽는 독자에겐 존슨이 성차별과 외국인 혐오를 일삼고, 군주제를 찬양하고, 불평등은 필연적이고도 바람직한 인간 조건이라는 이유에서 자유시장을 옹호한 작가로만 보일 것이다. 만약 그가 요즘 사람이었다면 플리트가의 어떤 편집자가 위험을 무릅쓰고 그의 글을 발표했을까 싶다.

존슨은 자신이 기꺼이 모든 인류를 사랑하겠지만 미국인만큼은 예외라고 당당히 밝혔다. "저들은 죄수로 이루어진 종족이며, 우리가 교수형 외의 그들에게 허락하는 모든 것에 마땅히 감사해야 할 자들입니다." 그에게 아일랜드는 볼만은 해도 직접 가서 볼 만하진 않은 나라였다. 프랑스인은 찻주전자가 막히면 입으로 주둥이를 부는 불결한 족속이었다. 스코틀랜드인으로 말하자면 거짓말쟁이가 아닌 사람이 거의 없으며, 크롬웰이 가져다주기 전까진 양배추를 맛본 적도 없고 말이나 먹일 음식을 먹고 살았다. 스코틀랜드에서 가장 멋진 장소는 잉글랜드로 가는 대로였다.

또한 존슨은 교사가 매를 덜 쓰면 소년들이 가르침을 한 귀로 듣고 한 귀로 흘리게 되어 학업 성취도가 떨어진다고 주장했다.

그의 여성관은 기가 막힐 만큼 차별적이어서 지금이라면 그 누구도, 《선》(*Sun*)지나 《데일리 텔레그래프》(*Daily Telegraph*)지마저도 지면에 실을 생각조차 못할 것이다. "현명한 여자는 남편의 외도를 문제 삼지 않는다"라고 주장하던 존슨은 다이애나 보클럭 부인이 남편을 속이고 있다는 소식에는 "창녀 같으니. 죄를 지었으면 값을 치를 테지, 암." 하고 얼토당토않은 이중 잣대를 적용했다.

존슨은 여성의 직업 활동에 반대한 정도가 아니었다. 그는 여자가 사람들 보는 데서 그림을 그리거나 스케치를 하는 것마저 주제넘다고 생각했다. "분야를 막론하고 밖에서 예술을 하는 여자, 남자의 얼굴을 빤히 보는 여자는 썩 볼썽사납다." 또한 여성 설교자에 대해서는 "개가 뒷다리로 걷는 것이나 다름없다. 그런 일이 있을까 싶지만, 있다 하면 놀랄 일이다"라고 주장했다.

나는 이 농담을 열다섯 살짜리 딸에게 던져 보았으나 싸늘한 무반응만 돌아왔다.

그러나 존슨은 살아 있을 때부터 사람들에게 깊이 존경받았다. 어느 정도였느냐 하면, 조지 3세는 그에게 그저 '존재하라'는 명목으로 연봉 300파운드를 지급했다. 요즘 사람들이 차를 몰고 비벌리 힐스의 고급 주택가를 여기저기 구경하듯이 당시 런던 관광객은 존슨의 거처를 살짝이라도 엿보려고 플리트가 근처 볼트 코트를 배회했다. 그가 죽었을 때 관을 멘 사람 중 한 명이 에드먼드 버크였고, 시신은 웨스트민스터 사원에 묻혔다. 세인트폴 대성당과 리치필드 대성당에 각각 기념비가 세워졌으며, 전국 각지에서 그의 죽음을 나라의 애사로 기리는 설교가 이루어졌다.

그가 대화 중에 내놓는 단평과 그가 나서는 행차와 그가 떠올리는 생각 하나하나가 얼마나 귀하게 여겨졌던지 스코틀랜드 출신의 변호사이자 저널리즘의 수호성인 제임스 보즈웰이 그것을 다 기록하여 1400쪽에 달하는 전기로 간행했다. 이 거룩한 책이 또 우리 문학사의 랜드마크 중 하나이다.

그런데 존슨은 어쩌다가 보즈웰이 공책을 들고 총총 따라다니며 그가 무심코 중얼거리는 한마디를 놓치지 않고 받아 적었을 정도로 대단한 유명인이 되었을까? 여기에는 고생과 실패, 우울증, 그리고 신경증적 강박에 가까웠던 지독한 성취욕에 관한 사연이 있다.

새뮤얼 존슨은 1709년 9월 18일, 스태퍼드셔 리치필드에서 태어났다. 몇 번인가 존슨은 자신의 출신이 매우 초라하다는 뜻으로 들릴 말을 했다. "나는 복종받는 지위와 혈통의 명예를 부러워하기에 좋은 처지입니다. 조부가 누구인지조차 확실히 알 수 없으니까요."

존슨의 너스레는 사실과는 좀 거리가 있었다. 존슨의 부친 마이클은 리치필드 지사였고, 모친은 가볍게나마 상류층 여러 인사와 인연이 있었다. 다만 새뮤얼을 낳았을 때 이미 쉰두 살이었던 마이클 존슨은 서적상으로 그리 큰 성공을 거두지는 못했던 듯하다. 존슨은 사는 내내 부친이 벌이는 이런저런 소득 없는 사업을 걱정해야 했고 아버지의 부산한 노력을 "배 위에서 말 등에 오르려는 격"이라고 표현하기도 했다.

존슨은 고서적을 취급하던 부친 덕에 어려서부터 언어에 재능을 보였고, 수선화부터 소인족과 두루미의 전투에 이르는 다양한 주제에 대해 라틴어와 영어로 척척 시를 읊었다. 열아홉 살에는 옥스퍼드대 펨브로크 칼리지에 진학했는데, 바로 거기서 삶의 첫 시련을 겪었다. 부친이 빚더미에 올라앉으면서 수치스럽게도 학업을 끝마치지 못한 것이다. 대학의 친구 하나가 존슨의 발가락이 신발을 뚫고 나온 것을 보고 다정하게도 그의 방 앞에다 새 신 한 켤레를 가져다놓았으나 그는 격분하며 선물을 내던졌다고 한다. 존슨은 펨브로크를 네 학기 만에 그만두었고, 책을 옥스퍼드에 남겨 두고 와야 했다. 이후 그는 수년간 우울증을 앓았다. 이 학교 저학교에서 교사로 일하면서 연애 한 번 변변히 못 해 보고 스물다섯 살이 된 존슨은 그해에 엘리자베스 포터라는 상인의 미망인과 결혼했다.

이 둘의 관계는 다소 부적절한 호기심에서 심리 분석을 시도한 학자들에게 희열을 안겨 준다. 존슨이 어릴 적에 이런 사고가 있었다. 모친은 그를 낳자마자 유모에게 맡겼는데, 불행히도 유모의 젖이 결핵균에 감염되었던 터라 아기의 얼굴에 흉터가 남고 말았다. 그렇게 성장한 청년이 자기보다 족히 스무 살 많은 신부를 얻었다는 사실이 무엇을 의미하겠는가? 혹시 엘리자베스가 "유방 크기가 보통 이상에 매우 살찐" 사람이었다는 설명에 열쇠가 있을까? 존슨은 아내를 '테티'(Tetty) 또는 '텟시'(Tetsy)라는 애칭으로 불렀다. 이에 대해서는 프로이트가 아닌 우리도 쉽게 이야기를 만들 수 있겠다.

존슨과 테티는 버밍엄 근처에 함께 학교를 세웠다. 그곳을 다닌 학생 중 한 사람이 데이비드 개릭이다. 후에 그는 자기가 열쇠 구멍으로 두 사람의 부부관계를 훔쳐보았다는 식의 우스운, 그러나 애정 넘치는 이야기로 런던 사교계의 디너파티에 흥을 돋우었다. 소수의 열성적인 학생들이 있었음에도 존슨 부부는 결국 교육 사업에 실패하고 말았다. 존슨은 아내를 부양하지 못할 수도 있다는 두려움에 사로잡혔다. 그는 아내가 살아 있을 때는 물론 죽은 뒤에도 그를 깊이 사랑했다. 1737년, 가난에 시달리던 존슨은 가장 똑똑한 제자 데이비드 개릭과 함께 200킬로미터를 걸어서 런던으로 갔다.

물론 내내 걷기만 한 것은 아니고 말 한 마리가 동반했다. 한 사람은 앞에서 말에 앉아 가고 남은 사람은 말에 묶은 나무나 기둥을 붙잡고 갔다. 그들이 도착한 런던은 인구가 65만에서 70만 명으로, 추측컨대 당시에 이미 지구상에서 인구 밀도가 가장 높은 도시였을 것이다. 그 시대 런던은 빈곤 수준이 심각했고 거리에 말똥이 널려 있었다. 런던은 부족한 노동력을 채우기 위해 농촌의 빈민을 빨아들이고 있었으며 이미 이웃끼리도 얼굴을 모르는 대도시였다. 그러나 한편으로는 짜릿한 설전이 벌어지는 장소였다. 문필계 남자들은 총알이 끝없이 장전되는 은유적 총으로 서로를 공격하고 반격했다. 존슨에게 런던은 마침내 제 이름을 알릴 수 있는 장소였다.

후에 존슨은 이렇게 말했다. "런던을 떠나려고 하는 지식인은 어디에도 없습니다. 런던이 시들해졌다면 삶이 시들해진 것이지요. 런던에는 우리가 삶에서 누릴 수 있는 모든 것이 있으니까요." 원래 신이라는 주제에는 꽤 무관심했던 존슨이 이제는 점점 독실한 신자가 되어 갔고, 평생 금욕을 자처하는 수수께끼 같은 면모를 보였다.

많은 창의적인 사람이 그렇듯이 존슨은 천성적으로 빈둥거리길 좋아하고 시시한 일에 매달리기 일쑤였으며 때로는 술기운에 허튼짓을 했다. 그러고 나면 죄의식이 점점 고개를 쳐들고, 그러다 보면 생산성이 폭발하는 순간이 왔다. 런던에는 사람을 움직이는 데 필요한 모든 것이 있었다. 일단은 살아갈 돈이 필요했고 아내를 부양할 의무가 있었다. 존슨은 특유의 퉁명스러운 유사 실리주의가 묻어나는 말투로 이렇게 말했다. "멍텅구리가 아니고서야 돈 말고 다른 대가를 바라며 글을 쓰는 사람은 없다."

존슨에게는 자신의 능력을 증명하려는 욕구도 절실했다. 그는 옥스퍼드는 중퇴했고 교사로서 실패했으며 시골 출신이었다. 그는 once를 'woonce'로, superior를 'shuperior'로 발음했다. 당시 배우이자 제작자로 빠르게 명성을 쌓던 데이비드 개릭은 극단 사람들 앞에서 옛 스승을 흉내 내곤 했다. 그는 경망스러운 몸짓을 곁들여 가며 펀치 사발에 레몬즙을 짜 넣다가 좌중을 돌아보며 "푼쉬 마실 사람?" 하고 외쳤다.

존슨은 계급 체계를 완고하게 옹호했지만 누가 자기를 무시할 때는 예민하게 굴기도 했다. 유명인이 되고도 그런 기질은 변치 않았는데, 한번은 사교장의 주인이 존슨인지 아니면 조슈아 레이놀즈 경인지를 상류층 인사인 아가일 공작부인과 피츠로이 부인에게 소개하지 않고 넘어가는 고약한 일이 있었다. 문학과 회화의 기라성 같은 두 인물은 당황한 채 한구석에서 말없이 기다리고만 있었다. 이윽고 존슨이 큰 소리로 이렇게 말했다. "나와 자네 둘 중 누가 자기 분야에서 한 주 동안 더 많은 돈을 벌 수 있을지 궁금하군. 아침부터 밤까지 열심히 일한다면 말이야."

그는 사상적으로는 계급이 필요하다고 믿었으나, 사람들이 재능이 아니라 혈통으로 자신을 내리누르는 데는 속으로 분을 삭이고 있었음을 충분히 감지할 수 있다. 그에 대한 반항심이 그의 성공에 한몫한 것도 사실이다. 때는 돈과 같은 세속적인 잣대만이 아니라 대화에서 발휘하는 재치와 기지로써 사람을 판단하던 시대였다. 영국인은 〈새 소식이 도착했습니다〉(Have I Got News For You)라든가 〈버즈콕스가 뭐라고〉(Never Mind the Buzzcocks), 〈재미 만점〉(QI) 같은 만담형 프로그램이 방영되기 한참 전부터 위트와 재담을좋아했으며, 그 시대의 챔피언은 단연 새뮤얼 존슨이었다.

그는 신랄한 응수의 제왕이었고 사람을 태우는 듯한 비방의 명인이었으며 제 말을 누가 듣든 개의치 않았다. 가령 존슨은 이런 식으로퍼부었다. 올리버 골드스미스는 필기는 잘 치르는데 구두시험엔 꽝이다, 찰스 제임스 폭스는 하원에서 넉넉하게 보내 주는 박수에 맛이 들린 모양인데 고수와는 일대일로 붙는 법이 없더라, 에드먼드 버크로 말할 것 같으면… 버크는 급이 달랐다. 『프랑스 혁명에 대한 성찰』(*Reflections on the Revolution in France*)을 저술한 이 작가는 지금도 역사상 가장 뛰어난 연설가 중 하나로 꼽힌다. 언젠가 병에 걸려 기운이 떨어진 존슨은 이렇게 인정했다. "버크 그자를 상대할 때는 전력을 쏟아야만 해. 지금 같은 상태로 맞붙었다간 두들겨 맞는다고."

그러나 심신이 멀쩡한 날에 상대를 두들기는 쪽은 존슨이었고, 그의 말에 실리는 물리적 기세부터가 사람을 압도했다. 존슨은 그 큰 체구를 건들거리면서 보통의 문인과는 다른 위협적인 분위기를 풍겼던 데다 걸핏하면 심기가 언짢아져서 힘자랑을 시작했고 때로 폭력사태까지 일으켰다. 그는 리치필드 시절에 앤드루 삼촌에게 복싱을 배웠고 실력이 매우 좋았다고 한다. 한번은 극장에서 누가 자기 자리를 차지하고 비키지 않자 그를 의자째 들어 올려 오케스트라 피트로 던져 버렸다. 불꽃놀이를 구경하러 갔다가 불꽃이 제대로 터지지 않자 혼자서 작은 폭동을 일으키기도 했다. 옥스퍼드 근처 템스강 상류에 가서는 아주 위험한 와류가 있다는 말에 옷을 훌훌 벗고 강물로 뛰어든 적도 있었다.

어느 날엔 본인보다 체구가 작은 친구에게 달리기 경주를 걸었다가 둘이 함께 어느 나무에 이르자 상대를 휙 낚아채서 낮은 가지에 걸어 놓고 혼자 경주를 계속했다고 한다. 어느 날엔 평소처럼 고개를 뒤척거리고 몸을 경련하면서 길을 가는데 앞쪽에서 무거운 짐을 지고 가는 짐꾼을 보고는 별 이유도 없이 그가 멘 짐을 쳐서 떨어뜨린 뒤 태연하게 가던 길을 계속 갔다고 한다.

그는 우리가 흔히 말하는 '끝까지 가는' 사람이었다. 테티가 세상을 떠나고 몇 년 후의 일이다. 새벽 3시가 다 되어 베넷 랭턴과 토펌 보클럭이라는 사교계 청년 둘이 존슨의 잠을 깨우기로 했다. 존슨은 수면 모자를 쓴 채 부지깽이를 쥐고 나타나더니 이렇게 말했다. "뭐야, 이 개놈들, 너희였냐? 찾아왔으니 내 놀아 주지."

그는 후딱 옷을 갈아입고 나와 청년들과 함께 선술집에 가서 날이 샐 때까지 그가 좋아하는, 설탕과 와인과 오렌지로 만든 주교(bishop)라는 술을 퍼마셨다. 한껏 원기를 북돋운 세 사람은 코벤트 가든까지 달렸다. 그곳에서 존슨은 노점을 차린 불쌍한 야채상을 도와야 한다고 고집을 부렸다. 그런 다음 그들은 템스강에 보트를 타러 갔다. 존슨은 아직도 흥을 다 채우지 못했으나 두 청년은 그쯤에서 손을 들었다. 그때 존슨은 쉰 살에 가까운 나이였으니, 우리 모두가 본받아야 할 빛나는 모범이 여기에 있다.

그 지칠 줄 모르는 정신이 그를 지지 않는 논객으로 만들었다. 한 평자는 이렇게 말했다. "존슨과는 토론이란 것이 불가합니다. 권총이 불발하면 그 손잡이로 상대를 때려눕히는 자이니까요." 존슨이 어떤 자리를 "좋은 대화였다"라고 만족스럽게 말하자 보즈웰은 이렇게 말했다. "그럼요, 사람을 몇이나 내던지고 들이받으셨는데요."

존슨은 영웅이 되어 찬사와 명성을 누리겠다는 단순한 욕망에 타올랐다. 가장 좋아하는 문학작품이 호메로스의 『일리아드』였던 것도 우연이 아니며, 글라우코스가 디오메데스에게 한 "늘 최고가 되고 남들보다 우위를 점하라"라는 충고를 자주 인용했다.

그가 가진 천부적인 재능도 '적잖이' 도움이 되었다. 그가 천재였다는 사실만큼은 의심할 여지가 전혀 없다.

그는 앵글로색슨어의 가장 단순한 어휘들로 인간의 핵심 동기를 꿰뚫고, 신선하면서도 진실한 표현을 구사하는 비상한 능력의 소유자였으며, 그의 언어는 수백 년의 세월을 거쳐 지금까지 살아남았다. 때로 그는 매우 재미있는 사람이었다. 다만 그의 개그를 제대로 감상하려면 18세기의 현장으로 돌아가야 할 때가 좀 있다.

어느 날 존슨이 배를 타고 템스강을 건널 때였다. 당시엔 물 위에서 다른 배를 만나면 승객들이 서로 (보즈웰의 표현을 빌리면) "걸쭉한 야유"를 던지는 관습이 있었다. 존슨은 이쪽으로 일제히 날아드는 농담 중 하나를 골라 이렇게 받아쳤다. "그 댁 부인은 몸을 판다더니 실은 장물이나 팔던데요?" 또 에드워드 리어가 그의 유명한 초현실주의 요리 '고스키 파이'의 조리법을 내놓기 훨씬 전에 존슨은 이렇게 말했다. "곱게 채를 썬 오이에 후추와 식초를 뿌리세요. 그런 다음 이 쓰레기를 내다 버리면 됩니다."

한 젊은이가 그리스어를 다 까먹었다고 슬퍼하자 존슨은 "그러고 보니 마침 나도 요크셔에 있던 큰 영지를 다 까먹었다네"라고 대꾸했다. 한 치안판사가 죄수 넷을 오스트레일리아의 유형지로 보낸 일을 지루하게 떠벌리자 존슨은 자기가 다섯 번째로 유배당했으면 좋았을 뻔했다고 말했다. 바꿔 말해 그는 재미있지만 무례했고, 바로 그것이 당시부터 지금까지 사람들이 그를 좋아하는 이유 중 하나이다.

에두르는 말로만 사람을 골리는 데 중독되었다고 할 수 있는 우리 영국인은 무례한 사람을 귀하게 여긴다. 무례한 사람일수록 정직할 것이라는 (다소 원시적인) 믿음 때문이다. 어느 날 존슨이 로렌스 스턴의 작품을 한참 헐뜯고 있는데 몽크턴 양이라는 사람이 자기가 보기엔 아주 훌륭한 작품이 아닌가 싶다고 말했다.

"그건 말이죠, 아가씨, 당신 지능이 모자라서 그렇답니다."

그에게 인간은 '멍텅구리' 아니면 '개놈'이었다. 데릭과 스마트 둘 중 누가 더 훌륭한 시인이냐는 질문에 존슨은 "이와 벼룩 중 어느 놈이 낫다고 우열을 가릴 수 있던가요"라고 답했다. 잘 알려진 대로 영국인은 위선 없이는 못 사는 사람들이지만 자신의 쾌락에 솔직한 사람은 또 좋아한다. 그 표현이 아무리 속되더라도 말이다. "만약 나에게 어떠한 의무도 없고 앞날을 생각하지 않아도 된다면, 나는 아리따운 여인과 함께 역마차를 타고 상쾌하게 드라이브나 하며 살고 싶다." 이렇게 존슨은 영국 남자들의 영원한 꿈을 분명하게 표현했다. 제레미 클락슨과 그의 수백만 추종자가 딱 그렇게 선언하지들 않나? 우리는 존슨을 '박사'라고 부르며 학자로 여기고 실제로 그는 많은 시간을 고대의 텍스트를 들여다보는 데 썼지만, 그는 로맨스 소설의 애독자이기도 했다. 존슨은 박사라는 경칭에 질색했고, 실제로 그의 시대는 물론 전 시대를 통틀어 그 누구보다도 열심히 인간 본성을 탐구한 학생이었다.

제레미 팩스먼 등 잉글랜드인의 정신 구조를 논한 모든 인류학자에 훨씬 앞서 존슨은 이 나라 사람에겐 이상하리만치 데면데면한 구석이 있음을 발견했다. 프랑스인이나 독일인은 외국에서 같은 나라 사람을 만나면 편하게 대화를 나눈다. 존슨이 말하기를, 잉글랜드 사람 둘을 한 방에 넣어보라, 그러면 한 사람은 의자에 앉고 한 사람은 창가에 선 다음 한참이 지나도록 방 안에 자기 혼자 있는 것처럼 행동할 것이다.

그는 런던의 저널리스트와 작가 들이 얼마나 나약한지 알았고, 그런 주제에 너도나도 그 일에 당찮은 고상한 동기를 대는 것을 보았다. 풋, 존슨은 코웃음을 쳤다. 그들이 글을 쓰는 이유는 하나이며, 그 이유란 본인 이름이 자꾸 언급될 때 느끼는 즐거움이라고 말이다. 또 그들은 '변장한 국왕'처럼 커피하우스를 기웃거리며 자신의 최근 글에 대해 세상이 어떤 평을 내리고 있는지 귀를 쫑긋 세우는데, 애석하게도 사람들은 그들의 일에 전혀 관심이 없는 것이다.

우리는 여기저기서 존슨의 금언을 마주한다. 그리고 그때마다 저도 모르게 "그래, 우리가 이렇지, 인간은 이런 종족이야" 하며 고개를 주억거린다.

"사람들은 유명인과 실제로 아는 사이이거나 제 상상 속에서 아는 사이다."

"즐거울 일을 계획하는 것만큼 헛된 일이 없다."

"슬픔의 가장 확실하고 일반적인 해독제는 일자리이다."

"인간의 불행 대다수는 근본이 아니라 현상을 고치는 방법으로 낫는다."

"고통받는 동물은 제 옆을 지나가는 자에게 복수한다."

물론 그의 명언은 이 밖에도 많다.

존슨의 비극 『아이린』은 어쩌다 보니 희극이 되긴 했지만, 대학에선 그의 시를 자주 가르치지 않지만, 그가 지은 대구에는 지극히 '존슨다운' 중량감이 있다. 그는 런던에 관한 풍자시에 이렇게 쓴다. "여기 당신 머리 위로 집들이 천둥처럼 무너져 내리고, 여기 당신 말에는 여자 무신자가 대거리를 하고."

그의 문체는 비석에 새긴 라틴어처럼 경제적이고, 그의 글은 세공한 보석 같다. 웨스트민스터 사원의 시인 구역에 있는 "시인이고 철학자이고 역사가, 그가 손대지 않은 글쓰기 양식이 거의 없고 그가 말로

써 장식하지 않은 인물이 없나니"라는 올리버 골드스미스의 비문을 존슨이 썼다. 골드스미스의 희곡에 나오는 "인간의 심장이 견뎌야 하는 아픔 가운데 법과 왕이 일으키거나 잠재울 수 있는 부분이 얼마나 적더냐!"라는 가장 유명한 표현도 원래는 존슨이 한 말이다.

위의 2행연구(couplet)에는 많은 생각이 담겨 있다. 지금까지 여러 저널리스트가 전와 똑같은 말을 훨씬 더 길게 늘여 쓰는 대가로 수천 파운드를 받았다. 그러나 도둑 성직자 도드가 도움을 요청해 올 무렵에 존슨이 누리던 명성과 덕망은 가히 인간의 영역을 뛰어넘은 문학적 성과에서 비롯된 것이었다.

프랑스에서는 40명의 프랑스인이 55년 동안 사전을 만들었다. 밀기울 아카데미아는 20년에 걸쳐 이탈리아어 사전을 만들었다. 존슨은 9년 만에 4만 개의 항목을 직접 작성하여 영어 사전을 완성했다. 그런데 요즘, 몇 안 되는 익살스러운 항목이 포함되어 있다는 등의 이유로 존슨이 이 사전을 재밋거리로 만들었다고 보는 잘못된 견해가 있다.

'귀리'는 "잉글랜드에서는 주로 말에게 먹이지만 스코틀랜드에서는 사람의 양식인 곡물"이다. '후원자'는 "오만하게 도움을 주고 아첨으로 되받는 한심한 사람"이다. '사전 편찬자'는 "무해한 고역을 하는 사람"이다. '네트워크'에 대해서는 "교차점과 교차점 사이사이에 일정한 간격이 있는 그물 모양 또는 격자 모양을 가진 것"이라는 멋지고 난해한 설명이 달려 있다.

누군가가 말의 발목을 가리키는 pastern을 '말의 무릎'으로 잘못 정의한 이유를 묻자 존슨은 이렇게 답했다. "제가 무지했지요, 부인. 깜깜 무식이었어요." 그러나 그의 작업을 영국인 특유의 통명한 반(反)지성주의나 아마추어리즘과 연결하는 시도는 다 헛소리이다.

존슨의 사전은 기념비적인 성과였다. 노아 웹스터는 선임자를 혹평했던 듯하나 그가 작성한 항목 수천 개를 이어받았다. 1888년, 빅토리아조 사람들은 대과업에 착수하면서 그것을 '새 영어 사전'이라고 불렀으니, 이는 마침내 존슨의 그늘에서 벗어나겠다는 의미였다.

한날 오래된 언어 정도가 아니라 당대 지구상에서 가장 막강한 나라의 언어를 정의하는 사람이 된다는 것은 엄청난 일이다. 역사를 따라 변화하고 움직이는 언어라는 거대한 급류를 순간 동결한다는 것은, 그리고 '이것으로 되었다. 이것이 모든 단어의 뜻이며, 나 존슨이 말하므로 틀림없는 뜻이도다'라고 선언한다는 것은 실로 환상적인 자기주장 행위이다.

그러니 도드가 제 목숨을 살려줄 사람으로 존슨을 지목한 데는 이상한 구석이 별로 없다.

삶을 즐기며 살았던 이 성직자는 본인도 결코 평범하지 않은 저술가로, 셰익스피어에 관한 멋진 책을 비롯해 55권의 저서를 썼다. 그러나 그를 존슨에게, 저 언어의 프로스페로에게 견주는 것은 딱총을 드레드넛에 견주는 것과 마찬가지였다. 그렇다면 진정 흥미로운 대목은, 존슨이 그를 돕기로 마음먹은 이유이다. 그는 왜 자신의 주포를 돌려 이 멋쟁이 사기꾼을 돕기로 했을까?

도드라는 이에게 어떤 매력이 있었든 그는 틀림없는 악한이었다. 세상을 놀라게 한 뇌물죄, 즉 하노버 스퀘어에 있는 세인트조지 교회에 자신을 꽂아 주는 조건으로 챈슬러 경의 아내 앱슬리 부인에게 3000파운드를 제시한 사건이 불과 그 3년 전 일이었다. 그런 교회의 교구 사제는 여전히 쉽게 돈을 버는, 손바닥을 좀 비벼서라도 노려볼 만한 자리였다.

도드의 책략은 들통났고, 하인 출신에 가슴이 풍만한 그의 아내가 썼던 편지가 발각되었다. 이 충격적인 자료를 읽은 왕은 신하 챈슬러를, 그로써 왕 자신을 모욕한 데 분개하여 도드를 왕의 사제 명단에서 삭제했다.

도드의 추문은 런던을 뒤흔들었다. 헤이마켓 무대에선 성직 매매(simony)라는 유서 깊은 죄를 반복하는 '시모니 박사'로 도드를 풍자했다. 그는 신문사들에 편지를 보내어 언젠가 자기가 다 해명할 수 있을 것이라고 애처롭게 주장하더니 뒷공론을 피해 스위스로 도망쳤다. 그의 도피 생활에 관한 소식은 런던에도 전해졌고, 파리에서는 프랑스 멋쟁이처럼 차려입고 쌍두마차 경주에 참여하는 모습이 목격되었다. 마침내 런던으로 돌아와 1777년 2월 2일에 마지막으로 (여전히 그를 경애하는 많은 신도 앞에서) 설교를 했을 때 도드는 악명 높은 인사였다.

그러니 도드가 도움을 청했을 때 존슨은 그의 마지막 범죄에 대해 자세히 알고 있었을 것이다. 그가 순진한 중개인에게 위조 채권을 들고 가서 체스터필드 경 대신 본인이 오게 된 말 못 할 사정이 있다고 둘러대며 거금 4200파운드를 챙긴 일을 말이다.

존슨은 도드를 과거에 딱 한 번 만났을 뿐이기에 볼트 코트에 그의 편지가 도착했을 때 "무척 동요했다"고 한다.

그는 방을 이리저리 서성이며 도드의 편지를 읽다가 "내가 할 수 있는 일을 해야겠다"라고 선언했다. 그리고 정말로 그렇게 한 것으로 보인다. 존슨은 이 음흉한 사제를 위해 발 벗고 나섰고 주로 비밀리에 손을 썼다.

우리는 존슨을 단순히 반동적인 보수주의자로 희화화한 캐리커처가 실제의 존슨과는 한참 거리가 멀다는 사실부터 짚어 보아야 한다. 존슨은 그보다는 더 복잡하고 더 인정 많고 무거운 의무감을 느끼는 사람이었다.

존슨의 사회관이 오늘날 우리에겐 이상하게 들리는 것은 우리가 어릴 때부터 평등 개념에 익숙하기 때문이다. 우리의 믿음은, 혹은 최소한 우리의 주장은, 완벽한 상태의 인간은 서로 동등한 형제이고 자매라는 것, 그리고 이상 세계에서는 우리 모두가 타인을 나와 동등한 존재로 대하고 존중하리라는 것이다. 존슨은 이것이 과연 현실적인 생각인지 의심했다. 그에 따르면, 인간사는 결코 그런 식으로 돌아가지 않는다.

"두 사람이 한 시간을 똑같이 반으로 나누어 갖는 방법은 없다. 결국엔 어느 한쪽이 우위를 점하게 된다." 이 말에 담긴 일말의 진실은 우리마저도, 마지못해서라도 인정해야 할 때가 있다. 그러나 존슨은 현대의 정치 담론이 허용하는 한계를 넘어서, 평등은 현실적이지 않을뿐더러 바람직하지도 않다고 주장한다. 한번은 강경 휘그파 저널리스트인 매콜리 부인이 존슨을 공격했다. 그의 시 「런던」에 등장하는 "남자 말에 대거리를 하는 여자 무신자"를 기억하는지? 그게 매콜리 부인이다. 그는 런던의 중요한 여성 수호자였고 그 시대의 폴리 토인비*였다. 매콜리 부인은 우리가 땅을 똑같이 나눠 가진다면 모두가 지금보다 훨씬 잘살 것이고 그 누구도 다른 누구를 내려다보지 못하게 될 것이라고 주장한다. 이에 존슨은 시답잖은 소리 말라고, 인간은 "불평등한 예속 상태"에서 더 행복하다고 말한다. 만약 만인이 평등하다면 인류는 그 무엇도 해내지 못하리라고 말한다. 지적 진보 같은 것도 불가능할 것이라고 말한다. 지성의 모든 개가는 여가시간에 이루어지고 누군가가 나 대신 일하지 않고는 — 신사가 생각하는 데 반드시 필요한 시간인 — 여가를 누릴 수 없을 테니 말이다. 존슨은 길에서 거지를 보면 연민을 느끼는 사람이었다. 그러나 그는 그 거지와 자신의 운명이 이렇게 다를 수 있느냐고 소용없이 분개하지 않았다.

존슨에 따르면 걸인이 없을 수는 없지만 없어서도 안 되는 존재이다. "평등의 전반적인 상태, 즉 그 누구도 행복하지 않은 세상보다는 누군가 불행한 세상이 낫다." 기실 불평등은 인간이 만든 거의 모든

[*] Polly Toynbee: 영국의 유명한 저널리스트이자 작가.

제도의 불가결한 요소이다.

불평등은 인간이 전진할 수 있는 유일한 조건이다. 인간에겐 위계가 필요하다. 꼭대기에 군림하는 자가 있고 그 밑에서 살아가는 사람들이 있어야 한다. 그러지 않으면 아무것도 움직이지 않는다…. "명목상으로는 병원 등 공적 기관의 행정이 여러 사람에게 위임되지만, 실제로 일을 거의 도맡는 것은 한 사람이고 나머지는 그를 뒤따를 뿐이다. 그들은 그를 신뢰하고 자신은 나태하기 때문이다."

계속 들어 보시라. 인류는 실제로 바로 그 방식을 꽤 선호한다. "지배하는 것과 지배당하는 것에는 호혜적인 즐거움이 있다." 글쎄, 지배자가 다른 모든 사람 위에 서는 데는 맛볼 만한 흥분이 있을 법도 하나 "피지배의 즐거움"이라니, 존슨은 정확히 무엇을 말하는 것일까?

사람은 다 마조히스트라서 이래라저래라 명령받기를 갈망한다는 뜻일까? 저 말의 진의는, 순수하고 평범하게 생각해 보면 인간은 지배당하는 편이 오히려 자기이익에 부합한다는 뜻이다. "인간은 변덕과 우연의 폭정을 면하게만 해 준다면 어떠한 종류의 지배에나 복종하게 되어 있다. 인간은 오랜 경험을 통해 자신이 스스로를 통치할 수 없음을 깨달은 후, 자기에게 부족한 안정과 결단을 기꺼이 외부의 권위로 채우고자 하고 타인에게 통치받고자 한다." 이제 우리는 존슨의 생각을 좀 더 관대하게 해석하는 입장에 섰다. 그가 불평등을 정당화한 것은 속물근성이나 위계를 향한 갈망 때문이 아니었다. 힘없는 평범한 사람에겐 그편이 이익이 되고 방패가 된다고 생각해서다. 새뮤얼 존슨이라는 훌륭한 지지자로 대표되는 18세기 토리주의의 핵심도 그것이었다.

존슨 시대에 토리당은 결코 다수당이 아니었다. 그들은 늘 지는 쪽이었다. 토리당은 영세한 소매상과 왕실의 이익을 대변했고, 휘그당은 거대 기업과 '진보'를 옹호했다.

존슨이 국왕을 찾아가서, 누가 뭐라든 폐하는 끝내주게 훌륭한 신사이시라고 찬양하는 장면은 오늘날 우리에겐 당황스럽기 짝이 없다. 토리당은 왕이 인간 부적이라고 생각지 않았고, 숭앙하지도 않았다. 그들은 왕을 민중의 보호자라고 생각했다. 존슨은 이렇게 읊었다. "저 하찮은 폭군들을 피해 나 옥좌로 날아가네." 하지만 그의 부모는 연주창이 치료되리라는 헛된 희망으로 어린 존슨을 왕의 손길 앞에 내민 적이 있었다.

존슨의 경제관은 일견 노먼 테빗을 떠올리게 한다. 그가 일용직 노동자 임금 인상에 반대한 이유는 그래 봐야 그들이 게을러질 뿐이며 "게으름은 인간에게 아주 나쁜 영향을 미치기" 때문이었다. 그는 호사(호화로운 식사와 호화로운 건축)에 찬성하면서 보수주의의 전형적인 논지인 낙수 효과를 주장했다. "어떤 사람이 콩 요리 한 접시에 금화 반 닢을 낸다고 하자. 이것이 농업에 얼마나 큰 영향을 미치겠는가?" 존슨은 그 콩이 시장에 나오기까지 필요한 모든 노동을 생각해 보라고 말한다. 거기에 필요한 일손을 생각해 보라고 한다. 그렇다면 콩에 금화 반 닢을 치러서 사람들이 계속 일하도록 하는 편이, 그 돈을 어디 가난한 자에게 한 끼 식사라도 하라며 쥐여 주는 것보다 낫지 않겠느냐고 묻는다. 부자의 사치는 "가난하나 부지런한 이들을 도울 수 있고, 그편이 가난하고 게으른 이들을 돕는 것보다 낫다." 이렇게도 말한다. "공작 뇌수로 만드는 고대의 사치스러운 요리를 부활시키면 어떨까?" 사람들은 이 무슨 방탕한 퇴폐의 징후냐고 반발하겠지만 "그러고 남은 공작의 몸통 전부를 가난한 자들에게 줄 수 있다는 사실을 생각해 보라!"

이쯤 되니 존슨의 경제관은 1980년대에 '샴페인 소비가 경제에 얼마나 중요한지 모른다'고 거들먹거리며 거지의 코앞에서 지폐를 세던 사악한 여피들의 사고방식과도 겹쳐 보인다. 그러나 존슨은 그런 몰

인정한 족속과는 완전히 반대되는 사람이었다. 그는 재물과는 인연이 없었고, 5기니를 어디 숨겼다가 그대로 잃어버린 적도 있다. 심지어 빚 때문에 체포되기도 했다. 그러나 그는 (친구 헤스터 스레일의 표현을 빌리면) "내가 본 그 누구보다도 가난한 자를 사랑했다". 그가 얼마나 관대했는가 하면, 집에서 단골 술집까지 가는 길에 가진 은화를 걸인에게 전부 나누어 준 날이 하루 이틀이 아니었다. 그는 불운한 사람들을 구제하려고 숱한 탄원 서한을 썼고, 한번은 중풍에 걸린 화가에게 입원할 병원을 찾아 주었다. 존슨은 가까운 곳의 가련한 사람들을 애정과 헌신으로 돌보았다.

볼트 코트의 괴짜 이웃 중 윌리엄스 부인이라는 늙고 눈먼 시인이 있었다. 그는 식사 예법이 역겹다고 소문이 났지만, 존슨은 런던 사교계 여기저기에 그를 데려가곤 했다. 물론 가장 유명한 일화는 존슨의 하인이었던 흑인 프랭크 바버에 관한 것이다. 존슨은 그를 위해서라면 무엇이든 했다. 그는 해군에서 고생하던 그를 집으로 데려왔고, 그의 교육에도 힘썼으며, 그의 후견인을 자처했다. 존슨이 쓴 유언장의 제일 상속인이 바버였다.

존슨은 어느 날 옥스퍼드 동창생 모임에서 잔을 들더니 "서인도 제도 흑인들의 다음 반란을 위하여"라는 축배사로 좌중을 깜짝 놀라게 했다. 그는 그만큼 본능적이고 인도적인 차원에서 인종차별에 반대했다. 오히려 교묘한 주장으로 노예제를 옹호한 쪽은 휘그파인 보즈웰이었다. 노예제의 악폐와 휘그당의 위선을 간파한 쪽은 소수 토리파인 존슨이었다.

"어째서 흑인을 혹사하는 자들이 자유를 달라고 가장 시끄럽게 컹컹 짖는 것인가?" 1776년 발표된 미국 독립선언서에 대해 존슨은 이렇게 묻고 다음과 같이 답한다. "우리는 인간이 본래 상태에서는 평등했다고 생각하지 않을 수 없다." 그의 생각에 당착은 없다. 존슨은 예속과 불평등이 불가피할 뿐 아니라 어떤 의미로는 바람직하다고 보았다. 그런 그가 '모든 인간은 똑같이 존엄하다'라고 생각한데도 모순이 생기진 않는다.

그의 관대한 성격을 더 증명해야만 한다면 나는 그가 웨일스의 한 집에 머물렀을 때 정원사가 감자밭에서 발견한 산토끼를 잡아다 요리사에게 저녁거리로 넘겼을 때의 일화를 들겠다. 존슨은 잠깐만 기다려 보라고 한 뒤 겁먹은 짐승을 열린 창문으로 던지고 도망치라고 소리쳤다. 기르던 고양이 호지를 얼마나 아꼈는지 호지가 먹을 굴을 몸소 사다 나르곤 했다는 이야기도 있다. 존슨은 지적인 사안에 관해서는 참을성 없이 호통치던 사람이었지만 인간으로서는 마음씨 따뜻한 멋진 노인네였다.

그러니 우리는 존슨이 방 안을 오가며 수표 위조범 목사를 어떻게 도울지 고민하는 장면에서 그가 오직 연민 때문에 그러했으리라고 짐작할 수 있다. 그런데 이 연민은 존슨이 과거에 겪은 두어 가지 작은 사건에서도 영향을 받았던 듯하다. 윌리엄 도드의 목숨이 위태로운 이유는 그의 옛 제자인 체스터필드 백작이 그를 신고하고 사면을 거부했기 때문인데, 이 체스터필드 백작의 아버지가 바로 20여 년 전 영문학사에서 가장 극적인 장면의 하나로 꼽힐 설전을 존슨과 함께 벌인, 그 유명한 체스터필드 백작이었다.

당시 존슨은 자금난 때문에 사전 작업에 돈을 대 줄 후원자를 찾다가, 유명한 외교관이자 정치가, 문인이며 너무도 점잖은 '에티켓' 이론가인 체스터필드 경에게 접근했다. 어느 날 존슨은 어디서 용기를 좀 얻었는지 백작의 자택을 찾아갔으나, 무슨 이유인가로 접견실 밖에서 계속 기다려야 했고 한참 후 빈손으로, 언짢은 기분만 안고 그 집을 나왔다.

7년 후, 사전이 완성되었다. 존슨의 대작이 세간에 화제가 되기 시작하던 그때, 그 무신경한 백작은 존슨의 사전이 훌륭해서 깜짝 놀랐다는 평을 어딘가에 몇 번 썼다.

존슨은 당장에 편지를 썼다. 그 안에는 사람이 글로써 할 수 있는 가장 장려한 비방이 들어 있다. "후원자란 물에 빠져 허우적대는 사람을 태연하게 지켜보다가 그가 뭍에 닿으면 그제야 도와주겠다고 훼방 놓는 자를 이르는 말이 아니겠습니까, 나리? 제 수고의 결과에 만족하셨다고 하는 그런 평은 일찌감치 주셨더라면 참으로 감사했을 것이나 제가 관심을 잃어 아무 감흥을 느끼지 못하는 지금까지 미루셨습니다. 제가 혼자가 되어 이젠 누구에게 알릴 수도 없는 때까지, 제가 이름이 나서 나리의 평 같은 것은 바라지 않는 이때까지 미루셨습니다."

정작 체스터필드 백작은 그의 책망에 꽤 흐뭇해했고 방문객들더러 읽어 보라며 편지를 테이블 위에 놔두기까지 했다. 어쨌든 우리는 존슨이 그와 똑같은 이름을 가진 자, 즉 옛 원수의 아들이 도드를 교수대로 보내는 데 한 역할을 하고 있다는 바로 그 생각에서 그를 가엾게 여겼으리라고 짐작할 수 있다.

도드 사건이 존슨에게 상기시킨 기억이 한 가지 더 있었다. 그의 남동생 너새니얼은 거의 40년 전 서머싯에서 빚더미에 올라앉은 뒤 변고로 세상을 떠났다. 이것이 자살이었다고, 심지어 위조죄 때문이라는 설이 있다. 그러니 어쩌면 존슨은 동생을 떠올리고 행동에 나서기로 결정했을지도 모른다. 그는 강박에 가까운 열의로 도드를 위해 펜을 휘둘렀다.

존슨은 어떤 임무에 착수하든 일을 끝낼 때까지 스스로를 심하게 다그치고 몰아세우는 사람이었다. 가령 길을 걸을 땐 본인이 정한 규칙대로 말뚝을 만지지 않고서는 걸음을 떼지 못했고, 방에 들어갈 때는 꼭 특정한 방법을 지켜야 했고, 무슨 악령이 씌었는지 자신이 먹은 모든 오렌지의 껍질을 모아야만 했다. 그는 시작한 일을 끝마치지 못하면 너무도 괴로워했다. 일이 다 끝날 때까지 그의 양심이 혀를 끌끌 차고 발을 동동 구르며 아우성쳤기 때문이다. 그의 죄의식과 강박을 단적으로 보여주는 일화가 있다. 어렸을 때 존슨은 유톡스터에 다녀오라는 부친의 심부름을 거절한 적이 있었는데, 그로부터 50년 후에 그 태만죄를 속죄하러 아버지의 가판대가 있던 곳 앞에 가서 모자도 쓰지 않고 빗속에 서 있었다.

그렇게 해서 존슨이 말 그대로 일면식뿐인 남자를 위해 — 익명으로 — 기울인 노력은 예를 들면 다음과 같다. 그는 도드가 런던 중앙 형사법원에서 사형 선고를 받을 경우에 낭독할 글을 런던 기록관*에 보냈다. 존슨은 도드가 뉴게이트 감옥의 다른 수감자들 앞에서 낭독할 설교문 「불행한 형제들에게 바치는 죄수의 인사」도 썼다.

존슨은 도드를 대신하여 챈슬러 경에게 편지를 썼고 맨스필드 경에게도 편지를 썼다. 도드 박사의 이름으로 왕에게 탄원서를 보냈고, 왕비에게는 도드 박사의 부인 이름으로 탄원서를 보냈다. 또 2만 명이 도드의 석방을 요청하며 서명한 진정서가 폐하께 올려졌음을 강조하는 긴 글을 여러 신문에 썼다.

그는 시티 오브 런던의 이름으로 탄원서를 썼고 「도드 박사의 마지막 공식 진술」이라는 문서도 썼다.

그 모두가 존슨다운 필치로 쓰인 빼어난 글이었다. 그러나 그 무엇도 소용이 없었다. 왕은 마음을 돌리지 않았고 사면 요청은 거부되었다. 엄청난 인파가 몰려든 가운데, 도드는 밧줄에 묶인 채 수레에 실려 타이번 형장으로 이송되었다. 그는 기도하고 흐느끼며 한때 자신이 온갖 사치를 누리며 살던 거리를 지나갔다.

도드가 처형대에 올라섰을 때, 빌레트라는 관리가 (존슨이 비밀리에 쓴) '마지막 공식 진술'을 받아들고 흥분한 군중에게 그것을 읽어 주었다.

[*] 오늘날의 법무부에 해당한다.

그 글은 우렁찬 목소리의 신앙 선언이자, 겉치레와 감각적 쾌락에 현혹되어 소비를 절제하지 못한 전반적인 잘못에 대한 참회의 변이었다. 허영과 쾌락으로 말미암아 수입에 어울리지 않는 지출을 했고, 아주 급박한 곤경으로 말미암아 잠깐이나마 사람을 속였다, 그러나 강조하건대 내가 수치를 범하긴 했어도 기독교인으로서는 부끄럽지 않다는 내용이었다. 그 글 역시 상당히 길었으므로 그것을 읽던 관리는 군중의 동요가 걱정되었다. 교수형 집행자들은 나머지는 다음에 읽기로 하고 윌리엄 도드의 처형에 착수했다.

교수대에서 수레가 치워지고 그의 몸이 툭 떨어졌다. 그 정도 모욕으로 충분하지 않았는지, 당시 타이번 교수대에 출몰하던 시체 도둑들이 아직 식지도 않은 시신을 낚아채 갔다. 그들은 도드를 존 헌터라는 유명한 외과의에게 데려갔고, 그는 풀무로 그의 폐에 다시 공기를 불어넣으려고 했다.

그러나 그 역시 아무 소용 없었다. 도드는 꿈쩍도 하지 않았다. 존슨의 모든 노력이 수포로 돌아갔다. 그가 육군장관에게 기명으로 쓴 편지에 쓰인 대로, 성직자가 공개 사형을 당한 것은 역사상 처음 있는 일이었다.

이 사건은 존슨의 여러 훌륭한 특질을 보여 준다. 그에겐 연민과 에너지가 있었고 경이로울 만큼 풍부한 필력이 있었다. 또한 흔쾌히 익명으로 글을 쓴 데서 엿보이는 자선심과 강박적일 만큼 강한 의무감은 존슨이라는 사람의 가장 강력한 자질이었다.

그러나 도드가 땅에 묻히고 논란이 끝난 뒤로는 존슨도 영예를 얻을 기회를 차마 거부할 수 없었다. 그는 18세기 잉글랜드에서 가장 뛰어난 동시에 경쟁심도 가장 강했던 인사였고, 그의 평생을 추동한 힘은 세로토닌 분비를 촉진하는 세인의 찬사와 존경이었다.

어느 날 수어드 씨라는 사람이 그 「불행한 형제들에게 바치는 죄수의 인사」를 도드가 썼을 리 없다고, 틀림없이 존슨 당신의 손을 거친 것이라고 주장했을 때, 그는 그 사실을 인정하지 않았지만 차마 자기가 아니라고 부정하지도 못했다.

그때 존슨은 그의 가장 유명한 개그 중 하나를 떠올렸다.

"왜요, 사람은 보름 안에 목 매달릴 것을 알게 되면 굉장한 집중력을 발휘한답니다."

존슨이 우리로선 참기 어려운 과시적인 사람이었을지도 모르지만, 이쯤이면 독자 여러분도 그가 알고 보면 다정하고 착한 남자였다는 사실에 공감할 수 있길 바란다. 그는 도드를 헌신적으로 도왔고 빈민의 고통에 공감했다. "가난에 짓눌리면 부가 느리게 쌓인다." 그의 초기 풍자시 「런던」에 나오는 구절이다.

오늘날의 개념으로 존슨은 온정적 보수주의자였다. 어쨌든 그가 보수파였음은 분명한 사실이다. 오래된 관행에는 숨은 지혜가 들어 있다, 아둔한 인간만이 기존 질서를 흔들며 해를 자초한다고 보는 정치철학(이라는 말이 지나치게 거창할지 몰라도)의 탄생에서 존슨은 중요한 역할을 해냈다.

존슨은 아메리카 식민지의 독립전쟁에 반대하면서 변절자들이 폭동을 일으켰다고 비난했다. 「과세는 폭정이 아니다」(Taxation No Tyranny)라는 팸플릿에서는 식민지 주민에게 조지 3세 정부의 모든 요구를 조건 없이 받들라고 촉구했다. 그러나 존슨은 반란이 불가피할 만큼 그들을 몰아붙이는 쪽도 철저하게 비판했다. "나라의 평화를 불필요하게 어지럽히는자는 애국자가 아니다." 존슨은 이렇게 말했지만, 18세기 런던의 급진주의를 대표한 인물은 생각이 달랐다.

보우가를 달리는 사람들

관광 기념품으로 경찰관 헬멧을 판매하는 도시는 이 세상에 그리 많지 않을 것이다. 런던의 기념품 상점에는 빨간 전화박스 모형, 루트마스터 버스, "I ♥ London"이라고 쓰인 팬티 옆에 경찰관 헬멧이 있다.

그렇다는 것은, 이 도시의 경찰에겐 뭔가 색다른 점이 있다는 뜻이다. 눈에 띄는 푸른색 보닛을 쓴 이 사람들은 아무래도 국가권력의 불길한 망령으론 보이지 않는다. 즉, 그들은 내무부 장관의 지시로 밤중에 민간인의 집 문을 부술 사람이 아니다. 그들은 루마니아의 경찰과는 다르다. 심지어 프랑스의 경찰과도, 이탈리아의 경찰과도 다르다.

그들은 거리 풍경의 일부로 존재하고자 한다. 무기 따윈 들지 않고, 친절하고, 시간도 알려 준다. 광역 경찰청을 만든 로버트 필 경의 말로 자주 인용되듯이 "경찰이 시민이고 시민이 경찰이다". 경찰은 일반 시민과 멀리 있지 않고 경찰 또한 시민의 일부라는 뜻이다. 영국의 치안은 '합의에 의해' 유지된다.

아마도 이것이 신분증부터 요구하는 경찰과 영국의 경찰을 구분하는 미묘한 차이가 아닐까 한다. 그러나 그 작은 차이가 중요하다. 런던의 역사에서는 개인의 자유가 언제나 중요한 가치였고, 같은 맥락에서 경찰대의 존재 자체를 강하게 거부하는 일관된 흐름이 오래 이어졌다.

옛날에는 순경이 있었다. 엉뚱한 단어로 공무원 냄새를 풍기려고 하는, 셰익스피어의 『헛소동』의 등장인물인 아둔한 도그베리와 같은 순경 말이다.

길드가 고용한 경비원도 있었다. 18세기 초에는 도시가 날로 확장되며 인구 밀집 지역에 도둑이 들끓자 치안판사들이 범인 수색꾼을 고용했다.

이 보상 체계의 문제점은, 도둑잡이에게 도둑질을 부추길 동기가 생긴다는 것이었다. 그 방면으로 가장 크게 일을 벌인 사람이 조너선 와일드(1682~1725)이다. 그는 '영국 및 아일랜드의 도둑잡이 대장'을 자처했고 당국도 그를 법 집행의 배트맨 정도로 신뢰하게 되었다. 그러나 와일드의 또 다른 모습은 남의 재산을 닥치는 대로 훔치는 도둑 떼의 우두머리였다.

그렇게 훔친 물건은 와일드에게 '발견'되었다. 그는 당국의 보상을 받아 와서 패거리와 나누었다. 자기를 배신하려 하거나 손을 씻겠다는 자는 관에 밀고하여 교수대로 보냈다. 가난하고 순진한 사람들은 와일드를 로보캅이고 영웅이라고 생각했다. 1720년 추밀원이 범죄 통제 방안에 대한 자문을 구하자 와일드는 보상을 더 높여야 한다는 영리한 대답을 내놓았다.

결국 사기 행각이 들통나 와일드는 교수형을 당했다. 그러나 여전히 런던 사람들은 국가가 지원하는 경찰력을 바라지 않았다. 그런 건 폭정에서나 볼 일이라고, 외국에서나 볼 일이라고 했다. 18세기 말에 이르면 "도시의 어디든, 왕국의 어디든 한달음에 달려가도록 늘 준비된 용감한 친구들"인 보우 스트리트 러너스(Bow Street Runners)가 런던을 지키고 있었다. 그들은 보우가 치안판사의 권한으로 거리를 순찰하며 범인을 체포할 수 있었다. 그러나 그들 역시 성과급을 받았기에 과거의 도둑잡이들이 빠진 유혹에 똑같이 빠졌다. 결국 그들은 범인과 장물아비가 보상을 나누어 가지는 굵직한 신용 사기에 가담하게 되었다.

19세기 초, 일부 지역을 중심으로 전문적인 경찰력을 요구하는 목소리가 나오기 시작했다. 가령 1811년 시민들은 런던 동부에서 섬뜩한 살인 사건들이 벌어졌는데도 어떤 대처도 하지 못하는 당국의 무능에 격분했다. 후에 외무장관이 되는 존 윌리엄 워드는 이들의 항의를 무시했다. "가택수색이니 정보원이니 하는 푸셰의 온갖 재략을 받아 들이느니 3, 4년에 한 번씩 래트클리프 하이웨이 같은 데서 예닐곱 명의 목이 잘리는 편이 낫다." 그는 나폴레옹의 치안장관 조제프 푸셰의 정신 나간 행보를 언급하며 이렇게 잘라 말했다.

경찰력을 요구하는 목소리는 1821년 캐롤라인 왕비의 사망(다이애나 비의 경우와 비슷하게 분노에 찬 과도한 애도가 뒤따랐다)에 이은 소란 속에서 점점 더 커졌으나, 1823년에도 《타임스》(*The Times*)는 중앙화된 경찰력은 "전제주의가 발명한 기구"라는 입장을 고수했다. 마침내 1829년, 로버트 필이 의회에서 법안을 통과시키고 정식 경찰대가 탄생했다.

필은 국가 권위를 부여받은 이 새로운 집단에 대한 대중의 염려를 존중하여, 경찰의 민간 친화적 성격을 확보하고자 많은 노력을 했다. 그는 경찰의 제복을 실크해트*와 푸른색 연미복으로 정하고, 무기는 경찰봉으로 제한(위험한 구역을 순찰할 때는 단검을 허용)했다. 런던 경찰관들은 처음엔 시민들에게 야유를 받았으나, 곧 성공적으로 자리 잡았고 찰스 디킨스 같은 지지자를 얻었다. 런던의 범죄는 19세기 후반에 극적으로 감소한 뒤 1960년대까지 계속 낮은 수준을 유지했다.

런던 사람들은 처음으로 치안 효과를 직접 확인했다. 자유를 누리는 대가가 생각했던 것만큼 높지 않은 듯했다. 그래서 그들은 기꺼이 그 비용을 치르기로 했다.

[*] silk hat: 높은 원통형에 꼭대기가 평평하며 비교적 챙이 넓은 정장용 모자.

존 윌크스

John Wilkes

자유의 아버지

때는 1768년 2월. 잉글랜드는 아직도 소빙기를 겪고 있었다. 또다시 템스강이 얼어붙었고, 웨스트민스터는 지옥처럼 추웠다. 어느 날 아침, 딘스 야드에서 그리 멀지 않은 어느 거리, 지금은 교육'기술'부라는 정부 기관이 자리한 그 자리에 서 있었던 멋진 타운하우스에서 현관문이 열렸다. 그리고 두 눈이 빛을 발하며 밖을 내다보았다.

비뚤어졌다는 말로는 부족한 눈이었다. 두 눈동자가 코에 바싹 붙어서 요즘이라면 태어나자마자 교정수술을 받았을 그런 눈이었다. 그 아래로 이가 거의 다 빠져 휑한 입과 심하게 튀어나온 턱이 있었다. 아이들의 악몽에 나올 것 같은 생김새였다. 그러나 이 얼굴의 주인이 킁킁 공기 냄새를 맡는 모습에선 묘한 매력은 물론 단단한 자신감이 물씬 풍겼다.

그는 이제 마흔한 살. 그리 고달프지만은 않았던 대륙 망명 생활을 마치고 4년 만에, 한때 제 이름을 날렸고 자신이 사랑하는 이 도시에 돌아온 참이었다. 가늘게 뜬 눈에는 어떤 기색이 엿보였다. 운명이라는 자궁이 대체 얼마나 큰 것을 품고 있는지—그 자신의 표현이다— 궁금해 죽겠다는 태도랄까. 그는 모자를 푹 눌러쓰고, 키 크고 마른 몸에 코트를 단단히 두른 다음, 혹여 누가 아는 체를 하면 "내 이름은 오스본이오" 하고 둘러대자고 한 번 더 다짐했다.

그러나 그는 그 정도 변장으로 가려질 사람이 아니었다. 심각한 사시와 툭 튀어나온 턱은 이미 윌리엄 호가스의 가장 유명한 카툰 중 하나에서 풍자되었고, 그 그림이 수천 장이나 뿌려져 아군과 적 모두를 즐겁게 했다. 잉글랜드 왕에게 그는 모든 신민 가운데 가장 난폭한 "악마 놈"이었고, 앞뒤가 꽉 막힌 대신들에게는 평화로운 국가 통치에 가장 위협적인 존재였다.

그는 인간 쐐기였다. 체제의 가장 약한 지점에 꽂힌 쇠지레였다. 사람들의 분노가 강해질수록 점점 더 깊이 박혀 들어가 결국 조직 전체를 무너뜨릴 것 같았다. 그는 지금까지 쓰인 가장 외설적인(혹은 가장 유치한) 시 한 편으로 상원을 발칵 뒤집었다. 한 귀족과는 체면이 걸린 문제로 결투를 벌였고, 사타구니에는 다른 하원의원과의 결투에서 다친 상처가 아직도 선명한 흉터로 남아 있었는데, 요즘에는 그 일화를 기득권이 그를 은밀히 제거하려 했던 시도로 보기도 한다.

다행히 하복부 부상은 활발한 연애 활동을 재개할 수 있을 정도로 아물었다. 국제적으로 이름이 날 만큼 매력적인 열여덟 살 이탈리아 여자에게 실연을 당한 게 엊그제였지만, 그는 최소 두 명의 상류층 정부, 심지어 서로를 미워하거나 질투하지도 않는 여자들과 함께 파리에서 마음을 달랬다. 그는 라틴어와 그리스어에 일가견이 있는 학자로, 일전에는 존슨 박사에게 사전학을 한 수 가르쳤고, 최근에 보즈웰과 저녁 식사를 함께했고, 데이비드 흄에게 영어 용법에 관해 조언했으며, 볼테르와는 인류 다수를 여지껏 지배하고 있는 미신적인 공포에 대해 농담을 나누었다.

그가 마셜가로 걸음을 내디디던 2월 아침, 역사에는 그의 자리가 확실하게 마련되어 있었다. 그는 개인의 자유를 옹호하고 국가권력을 제한하는 법적 절차를 선두에서 이끌었던, 이름만 대면 누구나 아는 사람이었다. 게다가 이미 대단한 인기인이라 그가 작년에 잉글랜드 땅을 다시 밟은 순간에는 여기저기서 교회 종소리가 울려 퍼지며 그의 영예를 기렸고 그가 묵고 있던 집은 말 그대로 문전성시를 이루었다.

그의 이름은 존 윌크스. 거리로 나선 그의 발걸음은 용수철을 단 듯 가벼웠다. 이다음에 할 일이 떠올랐기 때문이다. 그는 무일푼이었다. 아니, 돈이 없는 정도가 아니라 빚이 어마어마했다. 그는 도망자 신분이었기에 언제라도 체포되고 추방당할 수 있었다. 그러나 이제 그의 돛에 순풍이 되어 주고 그를 다시 일으켜 줄 무언가가 보였다. 그는 왕과 그의 아첨꾼들 면전에 검지와 중지를 들어 보일 작정이었다.

그는 그들이 두려워하는 바로 그 일을 할 작정이었다. 자신을 쫓아낸 의회에 다시 한번 들어가는 것. 그럼으로써 민주주의의 중요한 원칙을 지켜 낼 참이었다.

낯 뜨거운 기억이지만 나는 열다섯 살 때 역사 O레벨 시험을 준비하면서 윌크스를 주제로 엄청 잘난 척하는 글을 썼었다. 다행히 그 원고는 잃어 버렸지만, 그때 나의 요지는 윌크스가 얼뜨기이고 사기꾼으로도 이류이고 기회주의자이며 본인은 별로 공감하지도 않는 대중 정서의 물결을 타고 반짝이는 거품처럼 떠다닌 근본 없는 데마고그라는 것이었다. 아마 지금도 어딘가에선 그것이 윌크스에 관한 관습적인 평가일 것이다.

그러나 틀렸다. 그사이에 내가 그 배짱과 박력과 무한한 야성에 반해 윌크스를 존경하게 되어서만이 아니다. 그의 업적을 조금이라도 차분하게 들여다본다면 그가 그를 추종하던 군중이 생각하던 모습 그대로의 인물이었음을 깨닫게 된다. 그러니까 윌크스는 자유의 아버지가 맞다. 그는 신문이 하원 의사록을 보도할 권리를 쟁취했을 뿐 아니라 부자든 빈민이든 모든 성인 남성이 투표권을 가져야 함을 영국 의회에서 최초로 명확하게 주장한 사람이다.

그의 활동은 조지 3세의 실정에 시달리던 미국인들에게 열렬한 지지를 받았다. 노스캐롤라이나에는 '윌크스 카운티'가 있고 이 지역에서 가장 큰 구는 닭고기 정육 공장과 컨트리 음악 페스티벌로 유명한 '윌크스보로'이다. 1969년 미국 최초의 흑인 하원의원 애덤 클레이턴 파월이 의회에서 쫓겨났을 때, 잘 알려진 대로 대법원장 얼 워런은 파면을 무효화하고, 부분적으로 인종차별에 기인한 하원의 오판을 뒤집고, 국민의 대표를 뽑는 일은 인민의 주권이고 오직 인민의 권리라고 판결하면서 존 윌크스의 사례를 언급했다.

요컨대 윌크스는 영국만이 아니라 미국에서도 민주주의적 자유의 핵심을 확립한 아버지로 널리 인정받고 있다. 이는 어지간한 인물에겐 주어지지 않는 대단한 이름이다.

존 윌크스는 1725년 혹은 1726년에 태어나서 18세기 말까지 살았으니, 18세기 사람이라고 불러도 무방할 것이다. 때는 런던에 권력과 부가 폭발적으로 쌓여 가던 시대였다. 그가 태어났을 무렵이면 혹스무어가 설계한 교회들은 이미 지어졌고 메이페어의 광장들이 조성되는 중이었다. 잉글랜드 은행과 증권거래소가 설립된 지 30년이 되어 갔다. 영국은 1713년 위트레흐트 조약 덕분에 남북아메리카 등지에 새로운 식민지를 획득하고 있었으며, 상인들은 온갖 종류의 무역으로 돈을 쓸어 모으고 있었다. 단순하게는 서인도제도의 설탕을 수입하여 런던의 부두에서 정제하는 식으로 돈을 벌었다. 그러나 그보다 더 큰 수익은 그러한 상업에 필요한 각종 관련 서비스 산업에서 나왔다. 선박 제조와 플랜테이션 구축에 자금을 대는 은행업자가 있었고, 배가 가라앉을 것인가 말 것인가, 수확에 실패할 것인가 아닌가에 돈을 거는 보험업자가 있었으며, 합자 회사의 주식을 매매하는 중개업자가 있었다.

그 모두가 런던으로 돈을 끌어모았다. 성장하는 상업 부르주아 계층의 필요가 각종 서비스업과 제조업을 촉진하면서 산업의 바퀴를 굴려 갔다. 윌크스는 클러큰웰의 세인트존스 스퀘어에서 태어났다. 요즘에는 건축가 사무실이 모여 있고, 평소에는 잘 먹지 않는 특수 부위 고기로 요리를 내놓는 고급 레스토랑으로 유명한 동네이다.

클러큰웰은 니컬러스 톰피언이 로버트 훅의 주문을 받아 용수철 시계를 실험했던 곳으로 이후에는 유럽 시계 제조업의 중심지였다. 상인의 아내들은 보석과 식기를 자랑하고 싶어 했으므로 클러큰웰에 날붙이상과 보석상이 모여들었다. 또한 상인들은 성공을 증명하는 귀중품을 안전하게 보관해야 했으므로 클러큰웰에 자물쇠 상점이 들어서 그 필요를 충족했다.

윌크스 가문도 상인이었다. 모친은 제혁업을 물려받았고 부친 이스라엘 윌크스는 증류주 양조업을 했다. 그는 자신이 맥주를 만드는 사람인 것처럼, 자기가 다루는 맥아는 진(gin)이라는 사회악과는 무관한 것처럼 말하고 다녔다. 당시 그 술이 노동자계급에 미친 영향은 호가스의 「진 레인」(Gin Lane, 술에 취한 어머니의 품에서 미끄러진 갓난아기가 겁에 질린 채 하수통 속으로 떨어지는 장면을 그린 판화)에 불쾌할 정도로 잘 요약되어 있다.

이스라엘 윌크스가 어머니의 타락이라는 별명을 가진 액체로 무방비 상태의 프롤레타리아계급을 중독시킨 데 책임이 있든 없든 간에, 윌크스가(家) 같은 사람들(성공한 부르주아)과 도시 빈민 간의 소득 격차는 점점 더 벌어지고 있었다. 런던은 안전하지도, 위생적이지도 않았고 프롤레타리아는 기술 변화의 영향, 즉 기계로 인해 노동의 가치가 떨어질 위험에 끊임없이 시달렸다. '러디즘'(Luddism)이 하나의 이름이 되기 100년 전인 1710년, 런던의 스타킹 방직공들은 스승이 너무 많은 도제를 고용하지 못하게 100대가 넘는 방직기계를 부숴 버렸다. 1720년, 스피탈필즈의 비단 방직공들은 캘리코(calico, 인도에서 들여오는 값싼 면에 밝은 색을 날염한 옷)를 입은 여자들을 비난하고 공격했다. 방직공들은 그들의 등 뒤에서 옷을 찢으며 그들을 '캘리코 마님'이라고 욕했다.

그들은 악한이 아니었다. 애덤 스미스의 그 거대한 보이지 않는 손이 끝도 없이 빰을 쳐 대는 상황에 절망한 사람들이었을 뿐이다. 이런 맥락에서 우리는 윌크스의 일생에서 특히 놀라운 면모를 발견하게 된다. 향후 그가 주창하는 민주주의 '개혁'은 단순히 에드먼드 버크 같은 사람이 구상하던 개념, 즉 세상사를 이해할 능력이 있다고 여겨지고 토론할 여유 시간도 있는 소수의 남성에게 정치 참여 기회를 확대해야 한다는 협소한 개념을 뛰어넘는 개혁이었다. 앞으로 그는 특유의 무례함과 기운찬 강경론으로 가난한 자들의 진정한 영웅이 될 것이었다. 그의 부모는 그가 학자나 의원이 되리라고 믿어 의심치 않았다는 점을 고려하면 뜻밖의 결과이다.

윌크스는 다른 형제자매와 달리 부모의 관심 속에서 비싼 교육을 받았다. 그는 테임에서 개인 교사들에게 수업을 받다가 네덜란드의 레이던 대학—그 시대에는 활기를 잃고 부정 축재나 일삼던 옥스퍼드나 케임브리지보다 명성 높은 학교였다—에 진학했다. 윌크스는 그곳 대학에서 배인 방탕한 습관을 죽을 때까지 버리지 못했다. 그가 레이던에서 시간만 낭비했다는 이야기는 아니다. 그는 라틴어와 프랑스어에 한층 더 통달했다. 고전 작품에도 취미가 있었다. 훗날 망명 생활 중에 그를 계몽철학자 모임으로 이끌어 주는 지식인 친구들도 그곳에서 처음 만났다. 그러나 그는 '전인교육'이라고 불러도 좋을 법한 배움을 꾸준히 추구했다. 가령 이런 말을 들어보자. "레이던 시절엔 늘 여자들과 함께였다. 아버지는 내가 원하는 만큼 돈을 주셨으므로 난 매일 밤 창녀 서넛을 데리고 술을 마셨다. 아침에 욱신거리는 머리로 잠에서 깨면 그때부터 책을 읽었다." 간음을 이런 식으로, 문명사회의 가장 훌륭한 오락으로 논하는 것이 문제 되지 않는 시대가 로마제국의 몰락 이래 처음으로 다시 도래한 것이다. 윌크스는 섹스를 지적 창의력과 관련지었다. 그는 보즈웰에게 이렇게 말하기도 했다. "유흥과 난봉은 정신을 일신합니다. 난 벳시 그린과 침대에 뒹굴면서《노스 브리튼》최고의 기사를 썼지요."

그는 겨우 스무 살에 레이던에서 돌아와 가족의 성화에 못 이겨 부유하지만 신경증을 앓는, 그보다 열 살쯤 많은 메리 미드라는 사람과 결혼했다. 두 사람은 행복한 부부가 아니었고 이윽고 별거에 들어갔다. 하지만 1750년에 딸 폴리가 태어났고 이후 윌크스는 아버지로서 의무를 다하고 애정을 쏟는 법을 배웠다. 윌크스가 마음에 들지 않는 사람들—그 수가 많다—도 그가 아이에게 보인 헌신에는 깊이 감동한다. 딸은 아버지를 닮아 눈이 갈색이고 활기가 넘치고 머리가 좋았으나 안타깝게도 튀어나온 턱까지 그대로 물려받았다. 이 가족은 여름에는 에일즈버리에 있는 메리 소유의 집에서 살았는데, 윌크스는 이곳에서 지역사회의 중심인물이 되었다. 그는 그래머스쿨*의 부동산 공공 관리자가 되고 지역 유료도로의 관재인이 되고 치안판사가 되었다. 그렇게 조용한 지주로서 삶에 정착할 수도 있었으나, 그는 런던을 사랑했고, 런던 사람들 역시 그처럼 기지 넘치는 멋쟁이 인사를 점점 더 원하고 있었다.

"20분이면 누구든 내게 넘어오게 할 수 있다." 윌크스는 이렇게 우쭐거렸다. 때로는 그 시간이 10분으로 줄기도 했다. 그는 1749년에 왕립학술원 회원으로 뽑혔고 1754년에는 비프스테이크 클럽에 들어갔다. 1755년, 세상에 무서울 것 없던 윌크스는 무려 새뮤얼 존슨 박

[*] 세계대전 후부터 주로 1970년대까지 시행되었던 영국의 공립 중등교육은 그래머스쿨(grammar school), 모던스쿨(secondary modern school), 테크니컬스쿨(technical school)이라는 세 가지 형태의 학교에 기반을 두었는데, 그래머스쿨은 대학 진학을 목표로 하는 11~18세의 학생들을 주로 가르쳤다.

사를 비꼬아 공격하기 시작했다. 존슨의 영어 사전이 막 출간되었을 무렵이었다.

존슨은 단어의 첫 음절 외에 H 자가 음절의 초성으로 오는 경우가 거의 없다고 말한 바 있었다. 이에 윌크스는 코웃음을 치며 한 신문사에 편지를 보냈다. "이 말을 한 저자는 분명 이해력(apprehension)이 빠르고 다방면에(comprehensive) 천재적인 사람이겠지만, 나는 그가 저 불쌍한 기사(knighthood)와 성직자(priesthood)와 과부(widowhood)에게 보인 인색한(unhandsome) 태도(behaviour), 그리고 모든 남자(manhood)와 여자(womanhood)에게 보인 몰인정(inhumanity)을 결코 용서할 수 없다." 그는 중간 음절이 H로 시작하는 단어 26개를 예로 들며 존슨에게 강타를 날렸다. 여기에는 그 대단한 존슨도 달리 방법을 찾지 못하고 결국 복합어 중엔 내부 음절이 H로 시작하는 단어도 있다고 설명하며 이후 판본을 수정했다. 멍텅구리(blockhead)도 그중 하나라고 덧붙이면서.

윌크스는 그 정도 일에는 눈썹 하나 까딱하지 않았다. 그는 "밝고 화려한 차림으로" 디도와 폼페이라는 이름의 개를 데리고 쏘다녔다. 잘 알려졌다시피 그는 '메드먼험 수도회'라는 정신 나간 모임에 다녔다. 실비오 베를루스코니의 난교장에 기독교 테마를 가미했다고 상상하면 대충 비슷할 것이다.

장소는 말로 근처의 녹음 짙은 템스 강변에 있던 낡디낡은 사원이었다. 이 건물의 주인 프랜시스 대시우드 경은 '수도사'들이 왕성한 이성애를 과시하도록 여러모로 힘썼다. 그는 고급 창부와 사교계의 모험적인 여성 들을 만찬에 초대했고, 식사가 끝나면 여자들이 상대를 골라 수도사용 독방으로 향했다. 이런 결합에서 태어난 아기들을 "성 프랜시스의 아들딸"이라고 불렀다.

어느 날 밤, 촛불이 어둑하게 일렁이고 수도사 중 절반은 짐승처럼 취하여 그들이 꿀렁거리는 야한 그림자가 천장의 관능적인 프레스코화에 가물거릴 때였다. 윌크스는 자신의 친구이자 캔터베리 대주교의 골칫거리 아들인 토머스 포터가 쓴 시를 한 편 낭송하여 의식 참가자들을 즐겁게 한 것이 거의 확실하다.

제목은 「여자에 관한 평론」(An Essay on Woman)이었다. 시 자체는 시시껄렁한 졸작이었지만, 후에 윌크스는 이 시 한 편 때문에 큰 고초를 겪게 된다. 윌크스는 존슨 박사와 어휘를 둘러싼 결투를 치렀고, 백작들과는 사이가 돈독해졌다. 그는 기세 좋게 승승장구했다. 이제 다음 무대, 다음 폼 나는 일거리는 의회의 의원이었다. 버윅에서 유권자를 매수하려다 실패하는 불명예스러운 사건도 있었지만 그는 훗날 채텀 백작이 되는 윌리엄 피트의 파벌에 합류하여 에일즈버리의 하원의원으로 선출되었다.

윌크스는 광채가 나는 사람이 아니었다. 치아 상태는 끔찍했고 발성도 또렷하지 않았다. 그러나 1760년, 그의 시간이 왔다. 피트 일파의 위기였다. 조지 2세가 죽고 그의 손자 조지 3세가 즉위했다.

그의 '광기'가 발현되는 것은 한참 뒤의 일이었다. 당시 조지 3세는 게르만계다운 진지한 청년이었고 (독일어 발음이 좀 섞이긴 했으나) "나는 영국인의 이름을 기뻐하노라"라는 유명한 선언으로 왕 생활을 시작했다. 그는 나라를 위해 최선을 다하고자 했고, 그러려면 왕이 더 적극적인 역할을 맡아야 한다는 말을 들었다. 잉글랜드 왕의 권력은 내전 이후 상당히 약화된 상태였다. 그러나 창의력을 발휘할 만한 모호한 여지도 분명 있었다. 가령 국왕에겐 여전히 의회를 해산할 권리와 총리를 임명하고 파면할 권리가 있었으므로 정치적으로 상당한 영향력을 행사할 수 있었다.

멍청하게도 조지 3세는 왕이 힘을 마음대로 휘두르면 어떤 일이 벌어질지 확인해 보기로 했다. 먼저 그의 스승이자 아버지 같은 존재이며 그의 모친과 연애 중이라고 소문난 남자, 부트 경을 출세시켰다. 그는 첫 번째 의회 연설을 통해 부트의 의제를 내세우고 7년전쟁을 종식하겠다는 뜻을 밝혔다.

윌리엄 피트의 제국 건설 전쟁은 시티 세력의 지지를 받고 있었다. 내가 어린 시절 벽에 붙여 놓았던 《데일리 텔레그래프》 지도에는 그 전쟁들로 새로 획득한 인도와 캐나다의 제국령이 분홍색으로 표시되어 있었다. 전쟁은 런던에 부를 가져다주었다. 그런데 지금 이 하노버가의 군주, 그리고 스코틀랜드 출신에 이튼 졸업생에 왕의 새아빠 노릇을 하는 무신경한 대신이 평화를 논하고 있었다. 그것도 비용을 들먹이면서. 요즘 말로 하면 국방비를 삭감하자면서. 피트는 들은 척도 하지 않았다. 그는 공직을 사임했다. 지지자들이 들고일어났고, 윌크스는 본인만이 할 수 있는 역할을 찾아냈다. 그의 무기는 말이 아니라 글이었다. 그는 벗이자 또 한 명의 자유사상가인 시인 찰스 처칠과 함께 활자로 체제를 공격하기 시작했다.

그는 신문《노스 브리튼》(*North Briton*)을 창간했다. 그의 주요 표적인 부트가 스코틀랜드인이라서 붙인 이름이었다. 윌크스라는 시조로부터 시작된 이 '스코틀랜드인 괴롭히기'는 그때부터 지금까지 런던의 신문들이 없이는 못 사는 한심한 단골 소재이다. 툭하면 타탄체크 마피아(tartan mafia)를 비난하고, 툭하면 웨스트 로디언 문제를 들먹이며 왜 게으른 스코틀랜드인의 무상 양육과 교육에 잉글랜드인의 세금이 쓰여야 하느냐고 뿌리 깊은 반감을 건드리는 그 모든 수법의 기원이 바로 윌크스의 신문이다. 우습게도 윌크스는 사실 스코틀랜드인을 좋아하는 편이었고, 1758년에 스코틀랜드를 여행하면서 이곳에서 보낸 시간만큼 행복한 때가 없다는 말까지 남겼다. 하기야 우리에겐 바로 그런 게 저널리즘의 본질이다.

윌크스는 이후 수십 년간 스코틀랜드인을 괴롭혔다. 그 대가로 그는 길에서 마주친 화난 스코틀랜드인 장교에게 결투를 신청받곤 했고 스코틀랜드 아이들은 빅토리아 시대까지도 존 윌크스 인형을 태우며 놀았다. 윌크스 같은 부류에게 당대는 계몽주의 시대, 교양 있는 사람이라면 볼테르의 뒤를 따라 어느 정도는 자기가 원하는 말과 행동을 자유롭게 할 수 있는 시대였다. 그러나 아직 다른 많은 사람은 충격을 받고 경악하는 능력을 잃지 않았다.

가령 불쌍한 탤벗 경은 조지 3세의 대관식에서 영광스러운 헛발질을 한 적 있었다. 그는 예식의 일환으로 말을 타고 웨스트민스터 홀에 들어가 왕에게 경례하고 돌아 나오기로 되어 있었다. 말에겐 쉬운 일이 아니었겠지만, 경은 여러 번 예행연습을 했고 그 정도면 확실하다고 믿었다. 아뿔싸, 대관식 당일엔 군중이 있었다. 말은 사람들 소리에 놀란 나머지 뒤로 돌더니 꼬리를 쳐들고 왕에게 둔부를 내보였다. 이에 잉글랜드의 모든 귀족이 배를 잡고 웃어 대고 박수까지 쳐 댔으니, 대관식에서 쉽게 볼 수 있는 장면은 분명 아니었다. 윌크스는 이 기삿거리를 남김없이 뜯어먹었다. 그는《노스 브리튼》에 탤벗 경의 말은 전설에 남을 준마라고, 돈키호테의 로시난테 같더라고, 밀턴이 말한 움직이는 별 같더라고, 천계의 존재 같더라고 썼다. 그토록 불가사의하고 자연스러운 품위를 지녔다면 왕에게 연금을 받아 마땅하다고 썼다.

요즘 기준으로는 무던한 내용이었으나, 탤벗 경은 기절초풍했다. 그는 이 익명의 희문을 쓴 자가 윌크스인지 밝히기를 요구하며 명예회복을 위한 결투를 신청했다. 그리하여 1762년 10월 5일, 두 사람은 노상강도가 출몰하는 음산한 장소인 백쇼트 히스에서 만났다. 윌크스는 버킹엄셔 민병대 장교의 빨간 코트 차림으로 보조인과 함께 나타났다. 그는 지난밤 새벽 네 시까지 메드먼험 수도회에서 술을 마신 탓에 지독한 숙취에 시달렸고 결투가 그날인지도 잊고 있었다. 하지만 탤벗은 그날 밤에 싸워야 한다고 고집하면서 길길이 날뛰기 시작했다. 그는 기사의 작성자가 윌크스인지 아닌지 물었다. 윌크스는 원칙에 따라 질문에 답하기를 거부하면서, 신께서는 각하에게 주신 것과 똑같은 굳건한 영혼을 자신에게도 주셨다고 대꾸했다.

사실 그때 윌크스는 아주 불리했다. 시력이 나쁜 그에 비하면 탤벗은 눈도 좋고 운동도 잘했다. 무엇보다 윌크스가 탤벗을 죽이면 아마 교수형에 처해질 테지만, 탤벗은 왕의 사면을 받을 게 뻔했다. 밝은 달이 뜬 저녁 7시, 그들은 레드 라이언(Red Lyon)이라는 마차 여관의 정원으로 들어섰다. 서로 등을 대고 선 두 사람은 7미터 정도 간격을 벌린 다음 동시에 총을 쏘았다.

둘 다 과녁을 맞히지 못한 것은 18세기 권총의 탄도가 문제였거나 둘 다 겁을 먹은 게 문제였을 테지만, 어쨌든 윌크스는 계속 당당하고 명예롭게 행동했다. 그는 탤벗에게 걸어가서 그렇다고, 자기가 그 불쾌한 풍자문의 작성자라고 밝혔다. 이에 탤벗은 그를 신께서 만드신 가장 고귀한 사람이라고 칭찬했다.

어떻게 보면 이 사건은 한 편의 촌극이었다. 탤벗은 유머 감각이 부족해도 너무 부족했을 뿐이고, 윌크스는 명예로운 결투로 얻을 영광을 의식하고 있었다. 그러나 그것이 전부는 아니었다. 탤벗은 정부를 대표하는 사람이었고 이 익명의 공격에 대한 그의 분노는 정부 전체의 분노를 뜻했다. 윌크스는 보복의 두려움 없이 익명으로 비판 기사를 발표할 저널리스트의 권리를 지키고자 했다. 이 일로 윌크스는 높은 명성을 얻었고 연애할 기회도 더불어 늘었다.

그는 친구 처칠에게 보내는 편지에 이렇게 썼다. “지난 네 달간 나를 하릴없이 한숨만 쉬게 하던 어여쁜 아가씨가 이제는 나에게, 자기 명예를 잘 지키는 남자에게 내 명예를 맡기겠습니다, 라고 말하네. 어쩌면 표현이 이렇게 아름다운가? 이쪽엔 사전이 없으니 부디 자네가 명예라는 말을 찾아봐 주게. 저 귀여운 이가 하는 말을 내가 알아들을 수 있게."

어떤 의미에서 윌크스에겐 그 모든 것이 한판의 게임이었다. 그는 어떤 일을 할 때나 자기홍보라는 목적을 염두에 두었고, 논쟁적인 글로 먹고사는 이들이 흔히 그러듯이 상대가 응당 받아야 할 비난을 한참 넘어서는 비난을 의도적으로 퍼부었다. 후에 이탈리아에서 보즈웰을 만났을 때, 윌크스는 자신이 존슨에게 실제로 짓지도 않은 죄를 덮어씌웠다고 인정했다. 자신이 존슨을 "염치없이 문학의 왕위를 요구하는 찬탈자로 취급하지만 정말로 그렇게 생각하지는 않습니다. 그러나 무슨 차이가 있겠습니까. 그래서 저는 계속 이렇게 나갈 생각입니다."라고 말이다. 정치 기자는『일리아드』끝머리의 제우스처럼 선과 악이 든 통에서 축복과 저주를 꺼내어 아무렇게나 나누어 준다고 표현하기도 했다.

정치인들은 그들에게 몰매를 맞기도 했고 그들의 눈속임 공작에 득을 보기도 했다. 현대의 정치인 대부분은 그게 저널리즘의 작동 방식임을 안다. 그래서 둔감해지는 법을 배운다. 조지 3세의 대신들은 그러지 못했다. 윌크스가 탤봇에게 정체를 밝힌 뒤로 다른 인사들이 그에게 소송을 걸기 시작했다.《노스 브리튼》의 발행 부수가 무려 2000부까지 늘어나자 논란은 더욱 뜨거워졌다. 윌크스에게 스코틀랜드인인 데다 종전이나 주장하는 왕의 아첨꾼으로 비방당한 부트는 군중에게 야유를 듣고 돌멩이질을 당하는 신세가 되었다.

윌크스는 각종 입막음용 뇌물을 제안받았다. 캐나다 총독 자리를 주겠다, 동인도회사 이사 자리를 주겠다고 해도 그는 모두 거절했다. 1763년, 파리 강화조약이 체결되자 윌크스는 그것을 "사람의 지혜로는 헤아릴 수 없는 신의 서약"이라고 비꼬았다. 1763년 4월 23일에 발행된《노스 브리튼》45호는 매 쪽마다 정부 각료를 비꼬는 비판이 가득했다. 지면을 통해 윌크스는 사과주 세금이라는 것이 사실은 밀주를 찾는다는 구실로 자유로운 잉글랜드인의 집을 침입하기 위한 수단이라고 규탄했다. 그러면서 당국이 사과즙을 발효시키고 있는지 확인하고자 가택을 수색하는 것은 반(反)헌법적인 행위라며 저항을 촉구했다. 조지 3세는 더는 참지 못했다.

윌크스는 공식적으로는 국왕에 충성했지만, 강화조약에 대한 비판과 부트 같은 대신에 대한 비판이 결국은 국왕에 대한 비판임을 모르는 사람은 없었다. 왕은 윌크스의 체포를 요구했다. 대신들은 긴장했다. 아무리 왕이 격노했더라도 하원의원을 쉽게 체포할 순 없었다. 어쨌든 의원에겐 면책특권이라는 것이 있었으니까.

윌크스를 무슨 죄목으로 잡아들여야 할지도 애매했다. 그들은 한참 소동을 피운 뒤 '반역' 혐의를 선택하고 왕의 사자에게 죄인의 이름은 없이 죄목만 적힌 '일반 영장'을 들려 보냈다. 이 예사롭지 않은 문서로 무장한 왕의 사자(그 시대에 경찰관에 가장 가까웠던 인력)는 《노스 브리튼》과 조금이라도 관계있는 사람이면 보이는 대로 체포하러 나섰다.

그들은 신문사 건물로 들어가서 인쇄되어 나오는 신문을 찢었다. 손에 잉크를 묻힌 인쇄 직공과 그 사환과 도제를 체포했고 한 술집에서도 여러 명을 검거했다. 체포된 총 48명 중에서 《노스 브리튼》 발행인은 없었다. 마침내 그들은 기분 좋게 술에 취한 윌크스를 찾아냈다. 하지만 그가 면책특권에 관해 일장 연설을 늘어놓자 사자들은 확언을 받으러 주인들에게 돌아가야 했다.

반드시 잡아들이라고, 핼리팩스 경과 에그리몬트 경이 명령했다. 이번에는 윌크스도 대신들 앞에 불려 가는 데 동의했으나, 대신에 100미터 남짓한 거리를 가마를 타고 가겠다고 고집했고 그를 응원하는 군중이 뒤를 따랐다. 윌크스는 건방지기 짝이 없는 태도로 면담에 임하면서 "나리 여러분의 테이블에 놓인 신문 한 장 한 장만큼은 새 종이처럼 희디희게 해 드리오리다."라고 공언했다. 격분한 두 대신은 그를 런던 타워에 가두었다.

이제 입에서 입으로 소식이 전해지기 시작했다. 사람들은 윌크스가 인기 없는 정부의 눈엣가시라는 것 정도는 익히 알았으나, 이제 그는 자유의 순교자가 되고 있었다. 저명한 인사들이 그를 만나러 런던 타워를 찾았다. 그를 기리는 발라드도 불렸으니, 어느 귀족 부인이 지었다는 「런던 타워의 보석」(The Jewel in the Tower)은 윌크스가 이 왕국의 보석 중에서도 가장 귀하다는 내용이었다. 며칠 사이 십수 군데 여관의 간판에 그의 뒤틀린 얼굴이 나붙었다. 윌크스가 런던 타워를 나서서 웨스트민스터 홀로 이송될 때는 많은 군중이 그 뒤를 따랐다. 청문회는 건물의 동남쪽 구석에서, 후에 캠던 경이 되는 재판관 프랫 앞에서 이루어졌다. 프랫 또한 이 일로 사법 영웅이 되었다.

출판물의 중상이 질서를 교란하지는 않는다, 라고 프랫은 판결했다. 그리고 윌크스는 면책특권으로 보호받았다. 방면이었다. 윌크스는 판사에게 이렇게 고했다. "이것은 폭도의 아우성이 아닙니다. 자유의 목소리는 들려야 하고 마땅히 들릴 것입니다."

윌크스는 애벌레에서 번데기가 되어 갔다. 불량한 글쟁이이자 한량에서 급진주의자로 탈바꿈하고 있었다. 여기에는 모친에게 물려받은 청교도주의와 비국교 노선의 영향도 있었을 것이다. 이 과시적인 자유사상가의 인격 안에 이제 분명한 원칙과 신조가 형성되고 있었다. 자유를 수호하고 특히 출판의 자유를 지키겠다는 의지는 실로 떨치기 어려운 강박처럼 그를 사로잡기 시작했다.

윌크스가 석방되자 분노한 대신들은 그의 명성에 흠집이 될 만한 정보를 흘렸다. 국가에서 압수했다가 돌려준 그의 소지품에 콘돔 한 묶음이 들어 있었다는 것이었다. 런던 대중은 이에 어떻게 반응했는지 몰라도 윌크스는 자신의 그 어떤 '은밀한' 사생활이 밝혀진다 해도 눈썹 하나 흔들리지 않을 사람이었다.

윌크스는 복수에 착수했다. 그는 각료들을 상대로 소송을 걸었다. 혐의는 무단 침입과 강도였다. 그의 집을 뒤지는 과정에서 누군가가 은제 촛대를 챙겨 간 것을 발견했기 때문이다.

45호 사건을 이용하여 조지 3세 내각을 괴롭힌 사람은 윌크스만이 아니었다. 최소 25명의 인쇄 직공과 도제가 그날의 전령들에게 소송을 제기했다. 영국 역사에서 처음으로, 노동자계급이 자유를 옹호하고 국가를, 다시 말해 무려 국왕을 공격하는 데 법 체계를 이용하고 있었다. 윌크스의 위상은 점점 더 높아졌다. 그레이트 조지가에 새 인쇄소를 차린 윌크스는 각종 격문을 발행하고 저들이 그토록 증오하는《노스 브리튼》을 속간하며 정부를 이렇게 괴롭히고 저렇게도 괴롭혔다. 그러나 그때, 뜻밖의 불운이 덮쳤다.

윌크스의 직원인 새뮤얼 제닝스라는 인쇄공이 인쇄소 바닥에서 흥미로운 종잇조각을 발견했다. 거기엔 외설스러운 운문에 윌크스 본인의 교정이 적혀 있었다. 대단히 멋진 시라곤 할 수 없었고 평소처럼 정치 풍자가 목적인 듯했다. 영웅시형(形) 2행연구는 너무도 영웅적이지 않았다. "그때, 이 좆 저 좆 평범하게 선 가운데/앞줄에 가장 우뚝 선 자는 부트이더라."

"흠, 재밌군. 집에 가져가서 아내에게 읽어 줘야지." 그것은 윌크스가 경솔하게도 열세 부 한정판 인쇄를 준비 중이던 포터-윌크스 작「여자에 관한 평론」의 교정지였다. f***과 c***가 난무하는 그 시에 제닝스 부인이 어떤 반응을 보였는지는 알 길이 없으나, 어쨌든 이튿날 그는 그 종이에 버터를 싸서 남편의 점심 꾸러미에 넣었다. 제닝스는 손님이 점심을 싸 와서 먹어도 개의치 않았던 레드 라이언(Red Lion)이라는 술집에서 점심을 먹었다.

제닝스는 양파와 래디시, 빵과 버터가 든 도시락을 다른 인쇄공인 토머스 파머와 나눠 먹으며 맥주를 마셨다. 오호, 파머는 나이프를 받쳐 둔 버터 포장지에서 글을 발견했다. 이건 또 뭔가, 그는 그 종이를 자신이 일하는 인쇄소의 직공장에게 보여 주었다.

직공장은 그것을 사장에게 보여 주었다. 그곳 사장은 페이든이라는 스코틀랜드인이었다. 그는 윌크스를 싫어했다. 페이든은 키젤이라는 수상쩍은 자유사상가 목사를 찾아갔고, 목사는 그것을 마치 경에게 가져갔고, 경은 그것을 대신들에게 가져갔다. 핼리팩스 경과 에그리먼트 경은 그 시를 읽으며 무한한 환희에 사로잡혔다. 시가 유치하고 졸렬하다는 것 정도는 그들도 알았지만, 그건 마침내 그들 원수의 손발을 꽁꽁 묶을 수 있는 기회였다. 더럽고 모욕적인 시를 끄적이는 게 별 대수인가. 그러나 그것을 종이에 찍어 냈다는 것은 차원이 다른 문제였다.

그것은 선동 행위였다. 불경 행위였다. 윌크스는 자기 인쇄소에서 일하는 커리라는 자에게 배신당했다. 커리는 뒷돈을 받고 유죄 증거가 될 만한 교정지를 넘겼다. 왕과 대신들은 재판관 프랫이 그들의 발목을 잡은 전력을 생각해서 이번엔 전례를 찾아볼 수 없는 대담한 계획을 준비했다. 윌크스를 하원과 상원 양쪽에서 재판에 부치는 것이었다. 조지 3세는 "윌크스 그자는 지치지도 않고 경솔하군. 파멸이 이리 가까운 마당에" 하고 비웃었다. 왕은 윌크스 의원의 선동 행위와 위험한 중상에 대한 심판을 하원에 친히 요청했다. 이는 왕의 직위 남용이었으나, 놀랍고도 한심하게도 하원은 왕의 압력에 굴복했다.

발언자들은 참으로 화려한 언변을 구사하며 차례차례 윌크스와 45호를 괴물로 몰아갔다. 그 신문은 거짓과 추문과 선동과 중상과 모욕으로 점철되었으며 혹자의 표현으로는 "사람들의 정서를 불화로 몰아가는 경향"이 있다고 말이다. 그러나 윌크스에게 최악의 순간은 피트가 동풍에 걸린 발을 질질 끌며 나타났을 때였다. 윌크스의 싸움이 내세웠던 가치이자 부트에 맞선 맹공격의 명목을 제공한 장본인, 피트가《노스 브리튼》을 단죄하는 다수에 붙은 것이다. 그때 옆방에서는 정부가 윌크스를 포획할 결정적인 덫을 꺼내었다.

상원 나리들은 깡마른 워버턴 주교가 나와 윌크스가 저속한 시로 자신을 중상했다고 증언하는 동안에 당혹감을 감추지 못했다. 심지어는 그 와중에 대신들의 명령으로 갓 인쇄되어 나온 시의 사본이 충격받은 의원들 사이로 전달되고 있었다. 바통을 이어받은 사람은 샌드위치 경이었다. 빵 사이에 고기를 끼운 간단한 점심을 발명한 그 사람이다. 샌드위치는 원래 메드먼험 수도회에서 윌크스와 어울리던 벗이었으나 윌크스의 장난(수도회 의식에 뿔을 씌운 개코원숭이를 데려온 일과 관련되었다고 한다) 때문에 사이가 틀어지고 말았으며 이제는 그 누구보다 뜨겁게 분노했다.

그가 시를 낭송하기 시작했다. "일어나요, 나의 패니(Fanny), 하찮은 일일랑 제쳐 두고/이 아침엔 교접의 환희를 확인합시다/삶이 우리에게 주는 것은 기껏/좋은 씹 몇 번이니/우리 한번 그 대목을 살펴봅시다 (…)" 등등. 상원은 아수라장이 되었다.

정신이 혼미해진 나머지 방을 나간 이들도 있었고, 샌드위치 경이 도덕을 운운하다니 (혹자의 표현으로) 악마가 죄에 대해 설교하는 격이라며 우스워하는 이들도 있었다. 하지만 초반 분위기를 봐서는 양원의 재판 어느 쪽도 별 성과를 내지 못할 듯했다. 의원들은 이 일대 소동에서 정부가 보인 비열한 작태에 경악했다. 제 주인을 배신하고 음란한 시를 빼내도록 사람을 매수한 것도 문제였지만, 그 시를 증거랍시고 애초 찍어 낸 부수보다 더 많은 사본을 찍은 것은 부조리의 극치였다.

커리는 배신행위로 비난받다가 결국 스스로 목숨을 끊었다. 한

편, 윌크스에게 망신당한 의원 하나가 명예 회복을 위한 결투를 신청하여 윌크스의 사타구니에 총알을 박는 사건이 있었다. 이를 두고 기득권 세력의 암살 시도라는, 근거가 전혀 없지는 않은 의혹이 널리 제기되었다. 처형 집행인이 하원의 명령에 따라 45호 한 부를 불태우려 했을 때는 군중이 방해하고 나섰다. 사람들은 신문을 빼앗고, 저지하는 순경들을 몰아냈다. 이런 대중의 감정을 의식해서인지 법원은 화살을 정부로 돌리고 일반 영장이 위법이라고 판결했다.

이제 왕의 사자는 임의로 시민을 체포하거나 임의로 사유재산을 압수할 수 없게 됐다. 군중은 왕이 나타나도 환호하지 않고 침묵을 지켰으며, 어느 날 왕이 극장에 행차했을 때는 그의 면전에 "윌크스와 자유를!"이라고 외치기까지 했다. 그러나 하원에서는 윌리엄 피트의 유턴이 결정적인 영향력을 행사했다. 1764년 1월 19일, 윌크스는 파리에 사는 딸을 만나러 간 사이에 하원의원직을 박탈당했다.

법원에서는 어쩔 수 없이 《노스 브리튼》과 「여자에 관한 평론」 출판에 대해 윌크스의 중상죄를 인정했고, 윌크스는 선고에 출석하지 않았다는 이유로 도망자 신분이 되었다. 이제 그는 소송을 제기할 수도 없었고 법의 보호를 받을 수도 없었다. 언제든 체포당할 수 있었으며 주지사의 눈에 띄면 그 자리에서 총살당할 수 있었다. 하지만 윌크스는 별로 신경 쓰지 않았다. 그는 파리에서 사랑하는 딸 폴리와 함께 지냈고 그곳에서도 높은 명성을 누렸다. 혁명 전야 프랑스의 지식인들에게 윌크스는 왕에 맞서 이긴 영웅이었다. 프랑스 왕은 "짐이 곧 국가다" 같은 말을 지껄일 수 있었던 반면, 윌크스가 일반 영장 제도를 박살낸 뒤로 잉글랜드 왕은 그런 말을 상상으로도 하지 못했다. 윌크스는 파리를 벗어나 그랜드투어라고 할 만한 유람도 다녔다. 제네바에선 볼테르를 만났고, 로마에선 대학자 요한 요아힘 빙켈만과 즐거운 한때를 보냈다. 보즈웰과도 저녁 식사를 하며 한껏 기분을 냈는데,

그날 그는 자신의 행복을 이렇게 표현했다. "신이 나에게 여자를 사랑하게 해 주셔서 얼마나 감사한지 모릅니다. 여자에게 욕정이라는 고상한 열정을 느끼지 못하는 사람도 많으니까요."

그가 망명 중에 몰두한, 물론 유일하지는 않았으나 가장 중요했던 욕정의 대상은 열여덟 살의 '여배우' 거트루드 코라디니였다. 윌크스가 친구에게 설명하기로, 거트루드의 가장 멋진 점은 그 시대 잉글랜드 여자나 프랑스 여자와는 달리 잠자리에선 꼭 옷을 벗어야 한다고 생각한다는 점이었다. 그는 거트루드에게 "신이 주신 방탕함"이 흘러넘친다고 표현했으니, "욕정이라는 고상한 열정"을 채우기에 그보다 완벽한 보완물이 없었을 것이다. 그러나 아뿔싸, 거트루드의 성스러운 방탕함은 부족함이 없어도 너무 없는지라 그녀가 아이를 낳고 나니, 그간 그녀의 곁에는 윌크스만이 아니라 '숙부'라고 주장하는 자가 있었다는 사실이 드러났다고 윌크스는 일기에 적었다. 거트루드를 진심으로 사랑했던 윌크스는 슬픔에 잠겼다. 그러나 우리가 살펴본 대로 그는 슬픔을 쉽게 달래는 사람이었다. 정작 그를 훨씬 더 괴롭히는 문제는 돈이었다.

그는 잉글랜드 역사에 관한 책을 쓰고 찰스 처칠의 시를 편집할 예정이었다. 여느 똑똑한 저술가와 마찬가지로 그는 선불금은 진작 다 써 버렸고 글은 거의 쓰지 못했다. 에일즈버리의 책과 집은 이미 팔았다. 프랑스에서도 빚이 쌓여 갔다. 이제는 런던으로 돌아가 현실을 직시해야 할 때였다. 그리하여 1768년 1월의 추운 겨울, 윌크스는 남몰래 마셤가를 배회하며 자신의 선택지를 따져 보았던 것이다.

그는 먼저 시티 오브 런던의 하원의원에 입후보했다. 비교적 가난한 조합원 계층("나의 형제인 소목장이, 목수, 비누 제조공, 양조업자")은 그를 열광적으로 지지했지만 결과는 꼴찌였다. 그러나 윌크스는 한 번 더 도전하겠다는 선언으로 모두를 놀래켰다.

하원의원이 되면 좋은 점은 (윌크스가 이미 증명했듯) 면책특권이 생긴다는 것, 그래서 중상으로 고소당해도 안전하다는 것이었다. 그는 현재 그레이터 런던에 속하는, 템스강 이북의 작은 카운티였던 미들섹스에 입후보했다. 브렌트퍼드에서 투표가 이루어질 예정이었고, 이 지역은 곧 윌크스 열풍에 휩싸였다. 윌크스가 실제로 무슨 가치를 내걸든 런던의 빈민 계층은 그를 자신들의 대표로 여겼다.

빵값이 오르고 있었다. 그 겨울은 징글맞게 추웠다. 고용이 불안정했다. 그러나 윌크스 후보가 "자립! 재산! 자유!"를 주문처럼 외치기 시작하면 사람들은 격렬하게 들떴다. 글자를 모르는 방직공이나 톱질꾼도 눈이 사시인 남자를 그린 낙서에서 '윌크스와 자유'라는 개념을 발견할 수 있었다. 숫자 45는 그보다 더 단순한 상징이었다. 선동죄로 물의를 일으킨 《노스 브리튼》의 호수가 이제 자유 자체의 약호로 통했다.

'45'는 마법의 숫자가 되었다. 브렌트퍼드에 있는 모든 문에 이 숫자가 휘갈겨졌다. 윌크스가 당선된 후 수천 명의 군중이 그레이트 웨스트 로드를 따라 런던으로 행진했다. 그들은 눈에 띄는 모든 마차를 멈춰 세워 승객들에게 윌크스의 승리를 함께 축하하라고 요구했고 동참하지 않는 사람에겐 진흙과 돌을 던졌다. 그들은 프랑스 대사의 마차를 멈춰 세우고 그에게 와인 한 잔을 건네며 "윌스크와 자유를!"이라고 건배하기를 주문했다. 이에 그는 흔쾌히 마차의 발판에 서서 그렇게 건배했다. 오스트리아 대사는 똑같은 요구에 응하지 않자 사람들은 '그 누구보다 품위와 격식을 차리는' 이 남자를 거꾸로 들고 신발 바닥에 각각 숫자 4와 5를 그려 넣었다. 이 외교관은 이튿날 화이트홀로 쳐들어가서 그의 정부를 대표하여 항의의 뜻을 전했으나 각료들은 웃음을 참지 못했다.

모두가 '윌키즘'에 환호한 것은 아니었다. 윌크스 본인이 전하는 이 아기로, 그의 얼굴이 그려진 술집 간판이 바람에 흔들리고 있는 모습을 보던 한 나이 든 여자가 고개를 저으며 "이런 데서 덜렁거리지 말고 교수대에서나 덜렁거릴 것이지"라고 하더란다. 우연히 지나가다 저주를 들은 윌크스는 몸을 돌려 평소처럼 정중하게 인사했다고 한다.

정부는 안절부절못하고 있었다. 도망자가 의원으로 선출되지 않았는가. 캠던 경이 총리에게 편지로 당부한 대로, 윌크스를 체포하고 처벌하면 군중의 분노가 폭발할 실질적인 위험이 있었다. 그렇다고 가만있을 수도 없는 노릇이었다. 윌크스에겐 아직 불경 행위와 중상이라는 소인(訴因)이 남아 있었고, 뻔뻔하게도 선고를 받지 않고 프랑스로 도주한 전과가 있었다. 무엇보다 그는 왕과 내각을 비방하는 지독한 글을 찍어 내고 있었다.

이를 보고도 못 본 척한다면 왕의 권위 자체가 조롱당할 것이었다. 1768년 4월 20일, 첫 심리를 진행한 맨스필드 경은 윌크스의 체포를 위해 발부되었던 영장의 형식이 잘못되었다는 다소 애매한 이유를 들어 그에 대한 소송을 기각했다. 그러나 끝까지 구금과 재판을 고집한 쪽은 윌크스 본인이었다. 그것이야말로 이 사태의 관건(자유롭게 발언할 권리와 하원의원의 특권)을 시험하고 최대한 공론화할 가장 좋은 방법이었기 때문이다. 하원의원은 중상으로 고소당하지 않고, 감옥에 있으면 채무로 고소당하지 않으니, 그에겐 하원의원으로서 감옥에 들어가는 방법이 최고였던 것이다!

그렇게 재구금되어 이송되는 길에 그의 극성팬들이 쓸데없이 끼어들려고 했다. 그들은 웨스트민스터 브리지에서 호송병을 제압하고 그를 왕좌부 감옥으로 이송하던 마차의 말들을 풀어 버렸다. 그중 한 사람은 이렇게 말했다. "윌크스 나리, 말은 멍청이들이나 끌고 가는 짐승이니, 사람인 당신은 사람이 끌고 가야 마땅합니다."

윌크스는 호송병들에게 일단 도망치는 게 낫겠다고, 나중에 감옥에서 보자고 속삭였다. 그런 다음, 자신들이 그를 석방했다는 감흥으로 군중을 만족시킨 뒤 변장을 하고 몰래 감옥에 들어갔다. 〈모던 타임스〉의 찰리 채플린처럼, 윌크스는 감옥이야말로 가장 안전하고 가장 아늑하고 가장 저렴한 숙소임을 간파했다. 이제 그는 민중의 힘으로 당선되고 정부의 힘에 희생된 사람이었다. 윌크스는 숭배받는 영웅이었다.

잉글랜드 왕의 괴롭힘과 업신여김에 시달리던 수많은 미국인도 윌크스를 제 편으로 여겼다. 《버지니아 가제트》(*Virginia Gazette*)는 그 누구보다 윌크스의 말과 그에 관한 이야기를 많이 실었으며, 보스턴 사람들은 그에게 거북 요리를 선물했다. 잉글랜드 뉴캐슬에서는 45를 테마로 한 별난 연회가 열렸으니, 신사 45명이 정확히 1시 45분에 자리에 앉아 와인 45질*에 갓 낳은 달걀 45개를 넣어 마시고, 정확히 2시 45분부터 소 등심 45파운드(lbs)로 요리한 45인분 식사를 즐기고, 식사가 끝나면 45명의 여성과 함께 45번의 춤을 추고 45개의 젤리를 먹은 다음 3시 45분에 행사를 흥겹게 마무리했다. "이 메트로폴리스에는 한 집 건너 한 집마다 벽난로 위 선반에 사기나 청동이나 대리석으로 된 윌크스가 서 있다"라는 말이 있을 정도였다. 어느 마을에서나 윌크스가 이정표에 붙어 덜렁거렸다.

그를 상징하는 숫자는 소매 단추에, 가슴의 장식 버클에, 펀치 사발에, 코담뱃갑에, 컵에 나타났다. 컬을 45개 넣은 가발, 천 45조각으로 제작한 특별한 브래지어도 있었다. 물론 그런 물건을 살 수 없는 사람들도 그에게 뜨거운 성원을 보냈다. 그들을 위해, 그들의 문제를 해결하기 위해 발언하는 사람이 달리 보이지 않을 때 윌크스는 얼마간 그들을 위해 발언했다. 강도와 해적 들이 모자에 윌크스를 상징하는 파란 표식을 달고 다닌 이유는 그가 비단 언론의 자유와 의원 특권을 위해 일어선 것이 아니라 체제와 국가에 의한 불의를 아는 모든 사람

[*] gill: 1질은 약 0.1리터.

의 편에 섰기 때문이었다.

윌크스는 공식적으로 국왕과 헌법에 충성하던 사람이었다. 그는 피뢰침 역할을 맡아 적법한 저항 행위를 이끌었다. 혁명가는 결코 아니었다. 특유의 유쾌한 풍자로 군주들이 때마다 새롭게 내놓는 구실과 허식을 난도질했을 뿐이다. 체제의 문제를 대하는 그의 태도는 매우 잉글랜드인다웠고 매우 런던 사람다웠다.

18세기 후반 잉글랜드에 공포정치는 등장하지 않았다. 우리는 귀족을 참수하지 않았다. 우리에겐 당통과 로베스피에르가 아니라 존 윌크스가 있었다. 물론 꼴사나운 일도 몇 번은 벌어졌지만.

윌크스가 갇힌 감옥 옆에 세인트조지스 필즈라는 넓은 공터가 있었고, 1768년 5월 6일에는 어찌나 많은 군중이 모여 소란을 피웠던지 정부가 병력을 투입하기에 이르렀다. 처음 분위기는 유쾌했다. 사람들은 병사 한 명의 장화(boot)를 벗기고는 그것을 부트(Bute) 경에 빗대며 태워 버렸다. 그러나 점점 공격성이 짙어지더니, 오발로 한 남자가 총에 맞기까지 했다. 결국 본격적인 폭동이 시작되었다. 병사들은 군중의 머리 위로 총을 발포했고 일곱 명을 사살했다.

곧 도시 전체가 들끓었다. 당시 런던에 와 있던 벤저민 프랭클린에 따르면 "사람들은 한낮에도 몰려다녔고 '윌크스와 자유'를 외치지 않는 사람은 닥치는 대로 때려눕히는 무리도 있었다." 톱질꾼 500명은 새로 지어진 풍력 제재소를 썰어 버렸다. 석탄 운반부와 스피탈필즈의 방직공 들은 폭동을 일으켰고, 선원들은 선박을 런던 항에 가두었다. 조지 3세는 퇴위당할 위험에 처했고, 윌크스의 인기는 성층권까지 치솟았다.

프랑스의 지식인들이 그에게 지지 메시지를 보냈다. 미국의 혁명 시조들이 감옥으로 그를 찾아왔다. 보스턴에서도 "윌크스와 자유!"라는 구호가 들리고 곳곳의 문과 창문에 숫자 45가 새겨졌다. 심지어 어떤 잉글랜드 선장은 베이징에 갔다가 상점에서 사시와 주걱턱을 가진 잉글랜드인의 도자기 흉상을 보았다.

"그가 당신네 왕을 쓰러뜨린다. 당신네 왕 바보 왕. 여기에 (손으로 목을 그으며) 머리통 자른다." 상인은 그렇게 말했다고 하는데, 그가 중국인이었다는 점을 생각하면 윌크스가 왕을 그렇게 해야 한다는 게 아니라 왕이 윌크스를 그렇게 해야 한다고 주장한 게 아닐까 싶다.

윌크스는 글을 통해서 정부가 세인트조지스 필즈 학살을 선동하고 계획했다고 비판했다. 그래프턴 내각은 1769년까지 윌크스의 포화에 시달릴 대로 시달렸다. 결국 그들은 윌크스를 중상죄로 인한 하원 제명을 발의했고 결과는 찬성 213대 반대 137이었다. 윌크스는 조금도 기죽지 않았다. 그는 즉시 바로 그 의석의 보궐선거에 나섰고 2월 16일, 경쟁 없이 당선되었다. 그래프턴 내각은 궁지에 몰렸다. 왕과 그의 대신들은 윌크스에 의해 대책 없는 바보 꼴이 되었고, 윌크스의 인기는 벤저민 프랭클린이 그를 왕과도 얼마든지 맞바꿀 것 같다고 했을 정도로 높아져만 갔다.

감옥은 그에겐 별 장벽이 되지 못했다. 윌크스는 선거 연설에 참석하기 위해 꽤 마음대로 감옥 문을 드나들었던 듯하다. 그의 지지자들이 보내오는 음식 바구니에는 굴이 한 통, 체셔산 치즈, 통통한 오리 한 쌍, 칠면조, 거위, 암탉 등등이 들어 있었다. 어떤 지지자 부부가 면회를 왔을 때, 윌크스는 그 여인이 과거의 여자 친구임을 알아보고 연애편지를 건넸고 여자는 곧 남편을 떼어 놓고 정기적으로 그를 방문하게 되었다.

한 후원 모임은 그의 빚을 갚을 방법을 마련하고 있었다. 석방일이 다가오고, 그래프턴 내각은 그를 의회에서 또 한 번 쫓아내는 것 말곤 방법이 없다고 판단했다. 이번 하원의 아첨꾼들은 윌크스가 선거에 나갈 '자격'이 없다고 판결했고, 설상가상으로 병력을 동원하여 미들섹스 유권자들에게 헨리 러트렐 중령이라는 꼭두각시 후보를 선택하도록 강요했다.

그것은 자신의 대표자를 스스로 결정할 인민의 주권을 터무니없이 침해하는 행위였다. 양 진영에서 각종 팸플릿과 격문이 쏟아져 나왔는데, 그중 가장 잘 알려진 것이 새뮤얼 존슨의 「거짓 경보」(The False Alarm)이다. 토리파인 존슨은 하원이 고유 권한으로 윌크스를 제명한 데는 문제가 없다고 주장했다. 이에 윌크스는 「법학박사 존슨 씨에게 보내는 편지」(A Letter to Samuel Johnson LLD)에서 "민중의 권리는 하원이 양도한 것이 아니라 민중이 스스로 확보한 것"이라고 반박했다. 정치권력은 아래로부터 솟아오르지 위로부터 흘러내리지 않는다는 주장이었다.

1770년 4월, 윌크스는 온 국민이 축하하는 가운데 석방되었다. 런던 거리에 45자 길이의 테이블이 차려졌다. 선더랜드에서는 45발의 불꽃이 45초 간격으로 피어올랐고 그리니치에서는 예포가 45번 울려 퍼졌다. 노샘프턴에서는 45쌍의 커플이 '윌크스의 꿈틀거림'이라는 이름의 사교춤을 추었다. 미들섹스 선거는 끝난 일이었고, 윌크스는 더 이상 하원의원이 아니었다. 그러나 그는 벌써 복귀의 첫걸음을 떼고 있었다. 그가 석방된 날, 시티 오브 런던의 유지들은 길드홀에 모여 그를 런던 시의원으로 임명했다.

그 순간 윌크스는 길고도 성공적인 '후반' 경력을 개시했다. 그는 허랑방탕한 데마고그에서 시티의 유력 정치인으로 진화했고 종국엔 시티의 시장이 되었다. 자유를 위해 강력한 주먹을 날리는 능력은 여전했다. 그는 배심원 매수 행위를 예방하고 사형제에 반대하고 강제 징병을 금지했다. 또 언론과 대중 사이를 가로막아 온 오랜 장벽인 의사록 보도 금지 조항을 철폐하는 데도 힘썼다. 그동안 미들섹스 선거의 열기와 더불어 정치 분야의 언론이 빠르게 확장하고 있었으나, 캑스턴이 첫 신문을 발행한 이래 의사록 보도를 막는 법이 있었다. 도시 상인들에게는 이보다 반(反)자유주의적인 제도가 없었고 왕실이 하는 일을 그들은 알 수 없게 하려는 계략으로 여겨졌다.

언제나 시티 급진파를 대표해 온 윌크스는 조직적인 공격을 개시했다. 여러 인쇄업자가 법을 어기면서 의회에서 일어난 일을 한 글자도 빠뜨리지 않고 그대로 싣기 시작했다. 윌크스의 예상대로 왕의 사자가 인쇄업자들을 체포하러 왔고 특히 밀러라는 자가 표적이었다. 그때 한 순경이 나타나서 사자를 체포했다.

이 운 나쁜 친구는 런던 시장, 그러니까 브래스 크로스비라는 윌크스의 추종자 앞에 끌려갔다. 그는 술에 취한 채 잠옷 차림으로 나타나서는 지구상 어떤 권력도 치안판사의 동의 없이 시티 오브 런던의 시민을 잡아들일 수 없다고 공포했다. 왕은 크게 분노하여 시티 시장과 시의원 한 사람을 런던 타워에 가두라고 명했으나 윌크스는 건드리지 않았다. 폐하도 마침내 배운 바가 있는 모양이었다.

채텀은 "폐하께서는 그 악마 놈 윌크스와는 더 이상 엮이려고 하지 않으신다"라고 말했다. 런던과 웨스트민스터의 두 시티가 빚어 온 역사적인 갈등이 다시 한번 불거지며 상인의 욕망과 (이 경우에는) 왕의 반동적인 요구가 충돌했다.

이번에도 윌크스는 군중의 지지를 동원할 수 있었다. 그들은 노스 경이 탄 마차를 공격하고 그가 보는 앞에서 마차를 거의 부숴 버렸다. 대신들은 어쩔 수 없이 시티 사람들이 의회 보고서를 읽을 특권을 인정했다. 이렇게 윌크스는 민주주의의 중요한 자유 확립에 기여했다. 요즘 의원들은 의회의 논쟁을 비밀로 묶어 두기 위해서가 아니라 오히려 신문들이 그것을 보도하게 하느라 고생이지만 말이다.

윌크스의 시장 생활은 화려했다. 그는 여러 언어를 구사하는 폴리에게 퍼스트레이디 역할을 맡기면서 각종 무도회와 파티를 개최했다. 그랬으니 당연히, 또다시 빚더미에 올라앉았고 빚더미에 올라앉을 땐 늘 그랬듯이 전략을 세웠다. 그는 1774년에 다시 한번 선거에 나가 경쟁 없이 당선되어 하원의원직과 시장직을 동시에 맡게 되었다. 이제 윌크스는 여러 장소에서 말로써 의견을 개진했다. 그는 연구와 조사를 바탕으로 한 자유주의적 이상론을 전개했다. 또한 부패한 선거구를 고발했고, 런던의 다수를 이루는 시민에게 더 큰 힘을 부여해야 한다는, 오늘날까지도 유의미한 주장을 펼쳤다.

1776년 윌크스는 내가 알기로는 영국 의회에서 처음으로, 빈부에 관계없이 모든 남자가 투표권을 가져야 한다고 말했다. "가장 초라한 기계공도, 가장 가난한 농부와 일용직 노동자도 제 자신의 자유를 지킬 중요한 권리를 가진다"라고 윌크스는 꾸벅꾸벅 조는 몇몇 하원의원 앞에서 주장했다. 그리고 "모든 통치 조직은 통치받는 다수의 이익을 추구하기 위해 존재한다"라고 결론지었다. "그들이야말로 권력의 원천이다." 맙소사, 이 고귀한 법안은 음성 투표라는 종잡을 수 없는 절차로 부결되고 말았다. 그러나 윌크스는 (남성의) 보편 선거권을 혁명 후인 1792년에야 보장한 프랑스인보다 훨씬 앞섰다. 그로부터 시작된 선거권 확대 운동은 1928년 여성의 투표권이 완전히 인정될 때까지 계속되었다. 투표에 관한 그의 견해는 옳았다. 아메리카의 독립 투쟁에 관해서도 그가 옳았는데, 특히 자유를 옹호하는 동시에 조지 3세 정부를 공격할 기회였다는 점에서 그들의 대의는 철저하게 윌크스적이었다.

윌크스는 더 이상 반란이라고 부르지 말 것을 1775년 하원의원들에게 경고했다. 정부가 아메리카 주민의 감정을 이해하려고 더 노력하지 않는 한 "전 대륙이 영국에서 떨어져 나갈 것이며, 이 우뚝한 제국을 떠받치고 있는 큰 아치가 무너질 것입니다." 그의 발언은《보스턴 가제트》(*Boston Gazette*)에 보도되었다. 1775년 4월 윌크스는 시티의 급진파, 즉 식민지에 대한 '주권' 행사보다는 자유무역과 낮은 세율이 더 중요했던 상인 2000명에게 서명을 받았다. 그들은 왕이 "아메리카에 자의적 권력을 행사하려 한다"고 비판하는 윌크스의 탄원서에 기꺼이 서명했다. 그것이면 대신들의 낯빛이 달라질 게 분명했다. 윌크스는 왕에게 청원서를 직접 제출할 수 있는 자신의 권리를 행사했다.

두 적대자는 그때 처음으로 서로의 눈을 들여다보았다. 혹은 윌크스로서는 시력이 허락하는 한 왕을 바라보았을 것이다. 이 베테랑 말썽꾼은 정중히 인사를 올린 다음 세상에서 가장 공손한 모습으로 폐하의 손에 그 모욕적인 문서를 건넸다.

후에 조지 3세는 "그렇게 몸가짐이 바른 시티 시장은 처음 보았다"라고 했지만 그런 장면이 다시는 반복될 수 없도록 당장 규칙을 바꾸었다. 윌크스는 점점 더 열정적으로 아메리카를 지지했고 그해 말에는 반역 행위라고 볼 수밖에 없는 활동에 관여했다. 아메리카인의 총기 구입을 위한 모금 조직을 적극적으로 지원한 것이다.

1777년 11월, 윌크스는 아메리카 전쟁이 잔인하고 비싸고 무익하다고 비판했다. "인간은 가슴에 총검을 겨눈다고 개심하는 존재가 아니다." 이윽고 1778년, 사태가 영국 측에 매우 불리하게 돌아가던 시점에 윌크스는 이렇게 혹평했다. "우리는 연이은 치욕과 패배를 통해 아메리카를 무력으로 정복하기란 절대적으로 불가능함을 깨달을 수밖에 없는 실정이며, 설득이라는 온화한 수단마저 매한가지로 실패하고 있는 듯하다." 이것은 데마고그의 평범한 선동이 아니었다.

모든 전쟁에서 그러하듯 대중은 '우리 병사들'을 응원하기 시작했고, 윌크스의 입장은 그의 인기에 누가 되었다. 그가 자유라는 논리를 얼마나 대담하게 추구했는지 이 이상 증거가 필요하다면, 가톨릭교도의 구제에 관한 발언 중 다음 구절을 들어 보겠다. "나라면 무신자라도 박해하지 않을 것입니다. (…) 나는 기독교 대성당의 고딕 탑 옆에 터키식 모스크의 뾰족탑과 중국 탑과 유대교 시나고그와 태양 신전이 나란히 솟아 있는 모습을 보고 싶습니다."

바로 이 대목, 종교적 관용이라는 사안에서 우리는 윌크스가 무엇을 가장 중요하게 생각했는지를 분명히 알 수 있다. 가톨릭교도 박해 문제에 관해 그는 군중의 갈채를 얻기보다도 인간의 자유를 엄호하는 데 훨씬 큰 관심을 가졌다.

조지 새빌 경의 가톨릭 구제법은 땅을 매입하고 상속할 권리, 군에 입대할 권리 등을 가톨릭교도에게도 보장하는 온당한 조치였다. 이 상식적인 입법이 스코틀랜드의 파벌적 종파에 공황을 일으켰다. 그곳에는 교황이 교도들에게 은밀히 군에 들어가서 그 총으로 신교들을 쏘라고 명령했다는 이야기가 돌고 있었다. 결국 폭동이 일어났고 잉글랜드에도 혼란이 번졌다.

조지 고든 경이라는 정신 나간 하원의원이 반가톨릭 정서에 기름을 붓고 새빌 법안 철회를 요구하는 청원에 12만 명의 서명을 모았다. 윌크스의 오랜 정치적 동료인 시티 오브 런던 세력이 이 불쾌한 계획에 동조했다는 사실도 짚어 둘 필요가 있다. 1780년 6월 2일, 고든 경은 5만 군중을 이끌고 세인트조지스 필즈에서 웨스트민스터까지 행진했으며, 그의 발의에 대한 논의가 진행되는 동안 자꾸 하원에서 뛰어나와 어떤 의원이 어떻게 그들의 광신에 반대하고 있는지를 전하며 군중을 다죄었다.

밤 11시, 사람들이 날뛰기 시작했다. 그들은 듀크가에 있는 사르데냐 대사의 예배당에 쳐들어가서 건물을 부수고 불을 질렀다. 바이에른 대사도 같은 봉변을 당했다. 이튿날, 폭도들은 농민반란의 본보기를 따라 곡갱이와 쇠메를 들고 뉴게이트 등 여러 감옥을 습격했다. 곧 건물들에 불이 붙었고 죄인들이 족쇄를 푸는 소리가 짤랑거렸다.

의회는 증발하듯 해산했다. 왕은 군대에 치안판사의 허가 없이 폭도를 진압하라는 명령을 내렸다. 그중엔 당연히 폭력배와 흉악범도 섞여 있었겠으나, 대다수는 미들섹스 선거에서 윌크스를 지지했던 바로 그들, 즉 노동자, 도제, 직공, 급사, 하인, 숙련공, 소상인이었다. 이번에도 존 윌크스는 난동의 한복판에 섰다. 그러나 이번엔 그들 편이 아니었다.

한 무리가 런던 브리지를 공격하며 여기저기 불을 지르고 있을 때 병력 한 분대가 현장에 나타났다. 그 선두에 선 사람은 다름 아닌 시의원이자 하원의원인 존 윌크스였다!

싸움이 시작되었고 폭도 여럿이 "템스강에 던져졌다". 이윽고 군중은 돈과 권력, 자본가의 결탁을 상징하는 그 건물, 우리 시대에는 G20 반대 시위대가 더럽히고 괴롭힌 그 건물, 잉글랜드 은행을 표적으로 삼았다. 그때 윌크스는, 횃불처럼 타오르던 급진파는 어디에 있었을까? 그는 분견대를 이끌고 있었다. 그의 부대는 여러 폭도를 사살했고 남은 군중을 해산시켰다.

윌크스는 시티의 본인 구역에 엄중 단속 조처를 내려 술집을 폐쇄하고 무기를 압수하고 주모자를 잡아들였고, 그로써 상황을 장악하고 치안을 유지한 공로를 널리 인정받았다. 너새니얼 랙솔은 그 일이 왕권에 대한 윌크스의 충성을 보여 주는 "지워지지 않는 증거"였다고 말했다. 동시에 그 일은 언제나 런던 대중 편에 서는 영웅이라는 그의 지위에 흠을 냈다. 사실은 더욱 큰 신망을 얻어 마땅했음에도.

우리가 살펴본 대로 윌크스는 폭력을 싫어했다. 군중이 웨스트민스터 다리에서 그를 구출하려고 했을 때도 호송병의 안전을 걱정했다. '고든 폭동'의 경우에도 윌크스는 폭력에 반대했지만, 그보다 더 강하게 폭동의 원인에 반대한 것이었다. 그는 동료 시의원 프레더릭 불등이 내세우는 반교황주의에 욕지기를 느꼈고 이제 자신에게 친가톨릭 인사라는 딱지가 붙었어도 전혀 신경 쓰지 않았다.

존슨 박사는 헤스터 스레일에게 보내는 편지에 이렇게 인정했다. "잭 윌크스가 그들을 쫓아내는 부대를 이끌었다는군요. 언제나 질서와 품위를 지키기 위해 노력하는 잭은 자신에게 권력이 주어진다면 단 한 명의 폭도도 살려 주지 않겠노라고 선언했습니다." 존슨은 아이러니를 구사하고 있다. 윌크스가 늘 질서와 품위라는 대의의 투사였던 것도 아니고, 일단 존슨의 기준에서는 그런 사람이 아니었으니 말이다. 그랬던 그가 지금은 박사 본인이 그 자리에 있었다면 내렸을 명령을 내리더라는 이야기였다.

이쯤에서 우리는 18세기 런던의 두 거물에게 의외로 비슷한 점이 많았다는 사실을 인정해야 할 듯하다. 표면상 두 사람은 서로 상극이었다. 존슨은 토리파였고 윌크스는 급진파였다. 존슨은 군주제 옹호자였고 윌크스는 형식적으로는 충성을 맹세해 놓고 바로 그 군주에게 거침없이 반항하던 사람이었다.

존슨은 성생활에 문제가 있는 기독교인, 어쩌면 본인 몸에 채찍질을 했을 고행자였다. 윌크스는 지칠 줄 모르는 방탕아였다. 그러나 세계사에 기록된 한 대단한 디너파티에서 만난 두 사람은 서로를 아주 무난하게 대했다.

날짜는 1776년 5월 15일, 장소는 폴트리에 있는 출판인 찰스 딜리의 자택, 주선자는 보즈웰이었다. 그는 두 사람이 뜻밖에 동석하게 되면 무슨 일이 벌어질지 궁금했다. 보즈웰은 존슨에게 살짝 운을 떼기로 했다. 만찬을 함께 할 손님이 전부 마음에 들지는 않을 수도 있다고 말이다. "누굴 초대할지는 딜리가 정하는 것인데요, 뭐." 만약 딜리가 급진파 친구를 불렀다면? "흠." 만약 윌크스가 그 자리에 온다면? "왜 그런 걸 물으실까요?"

존슨과 보즈웰이 딜리의 집에 도착했을 때, 윌크스는 자신의 사상적 적수를 처음으로 대면했다. 윌크스가 별나 보이는 사람이었다면, 존슨은 그 곰 같은 몸을 건들거리고 피부엔 연주창 자국이 있고 머리엔 우스꽝스러운 작은 가발을 얹은, 기괴해 보이는 사람이었다. 처음에 존슨은 시력이 나빠 참석자들을 알아보지 못했다. "저 신사분은 뉘시지요?" 보즈웰이 아메리카 독립 운동가 아서 리라고 알려주었다. "그래, 그래, 그래." 존슨은 불안할 때의 습관대로 작게 중얼거렸다. 그러다 키가 크고 화려한 옷을 입고 얼굴이 별나게 생긴 남자를 보더니 "그럼 저 레이스 옷을 입은 신사는 뉘신지?" "윌크스 씨입니다." 그다음은 보즈웰의 전기를 읽어 보자.

> 내 말에 그는 한층 더 당황했다. 그는 불편한 감정을 억누르지 못하고 책을 한 권 집어 들더니 창가 자리에 앉아 읽기 시작했다. (…)그는 "식사가 준비되었습니다" 하는 기분 좋은 부름에 몽상에서 깨어났고, 우리 모두는 어떤 불쾌한 기색도 없이 자리에 앉았다. (…) 윌크스 씨가 존슨 박사 옆에 착석했는데, 그가 얼마나 친절하고 정중하게 행동했는지 박사는 그와 눈에 띄게 거리를 좁혔다. 존슨만큼 열정적으로 식사를 하는 사람이 없고, 이날도 무엇이 맛있고 훌륭한지를 그보다 즐기는 사람이 없었는데, 윌크스 씨가 아주 정성스럽게 그에게 좋은 송아지 고기를 권하는 것이었다. "괜찮으시면 제가 살펴 드려도 될까요, 경. 이 부위가 더 좋습니다—구워진 부분을 약간 넣고—지방도 좀 넣고요—속도 좀 채우고—육즙도 살짝 끼얹고—여기에 버터를 약간 더해 드려도 될까요—이 오렌지를 짜도 될지 여쭙겠습니다. 아니면 레몬이 더 풍미가 좋을지도요." 이에 존슨은 "경, 경, 이렇게 고마울 수가요, 경." 하고 인사를 하고 그를 바라보며 얼마간은 '퉁명한 예의'의 표정을, 그러나 잠깐은 만족한 표정을 지었다.

그날 윌크스는 여러 면에서 존슨을 매혹했지만, 그중에서도 발군은 존슨에 관한 번드르르한 찬사였다. 그런데 1759년에 이런 일이 있었다. 당시 하원의원이었던 윌크스는 존슨에게 크게 선심을 쓰는 것으로 그의 반감을 누그러뜨리려고 했다. 노예였다가 존슨의 하인이 된 흑인 프랭크 바버가 강제 징집으로 끌려갔을 때였다. 여러분도 알다시피 존슨은 바버를 매우 아꼈고 후에는 그를 상속인으로 삼았다. 그는 바버를 해군에서 빼낼 방법을 애타게 찾았고, 여러 사람의 노력도 실패한 후에 윌크스가 나타나 해군 본부에 한마디를 넣었다.

존슨과 마찬가지로 윌크스는 인종차별적인 노예제에 반대했다(시장 시절에 노예 출신 빈민을 도운 유명한 일화가 하나 있다). 결국 바버는 존슨의 집으로 돌아왔지만, 우리가 알기로 윌크스는 그 일에 대해 고맙다는 말 한마디 듣지 못했다. 그로부터 거의 20년이 흐른 이날, 두 사람은 보기 좋게 의기투합하고 있었다.

어쩌다 보니 대화가 당시의 현안—아메리카—에 이르렀으나, 이는 두 사람이 쉽게 동의할 수 없는 주제였다. 다행히 그 밖에도 안전한 화제는 많았다. 그들은 호라티우스와 호메로스에 관해, 왕정복고기 시인에 관해 이야기했고, 무엇보다 '스코틀랜드의 결함'을 놀릴 때는 죽이 딱 맞았다. 윌크스가 말했다. "『맥베스』의 가장 뻔뻔한 대목은 버남 숲이 던시네인으로 넘어온다고 하는 부분이죠. 왜냐, 스코틀랜드에는 숲은커녕 관목 하나 없으니까요. 하하!"

"오호호!" 박사는 몸을 격하게 흔들었다. 이튿날, 존슨은 헤스터 스레일에게 보내는 편지에 윌크스와 함께한 유쾌한 시간에 대해 적었다. "그와 함께 스코틀랜드에 관한 농담을 신나게 떠들었답니다. 부인, 살다 보니 이런 일이 다 있네요."

존슨과 윌크스는 1781년에 다시 만찬에 동석했고, 보즈웰은 존슨이 "윌크스를 다시 만나게 되어 아주 기뻐했다"라고 기록했다. 그 무렵 존슨은 윌크스의 의회 제명이 정당하다는 자신의 의견을 수정하기 시작한 것으로 보이며, 1782년에는 의회도 윌크스의 주장을 인정했다.

하원은 몇 번째인지 셀 수도 없는 윌크스의 발의에 항복했다. 의회 서기들이 의사록에서 문제가 될 만한 대목을 잉크로 지우는 모습에 윌크스는 생애 더없이 큰 기쁨을 느꼈을 것이다. 존슨은 1784년에 세상을 떠났고, 그해 왕은 부트 내각 때 처음 주장했던 왕의 특권을 포기했다.

윌크스는 자신의 공약을 실현했고, 말년에는 기득권의 중심에서 활동했다. 그는 여전히 여러 정부와 자식이 사는 여러 집을 살금살금 오가며 살았지만, 시티의 실력 있는 고관으로 봉급도 많이 받았으며 카툴루스(라틴어)와 테오프라스토스(그리스어)의 책을 펴냈다.

런던 프롤레타리아 사이에서 누리던 인기는 고든 폭동 이후로 시들 수밖에 없었지만, 그는 딱히 그 인기를 유지하려고 하지도 않았다. 한번은 어떤 나이 든 여자가 그를 발견하고 떨리는 목소리로 "윌크스와 자유를!"이라고 외치자 그는 딱 잘라 말했다. "늙은 바보 같으니, 조용히 하세요. 언제 일을 갖고."

이렇게 스스로 과거와 거리를 두는 태도 탓에 그간 일부 융통성 없는 역사가들은 그의 위상을 다소 낮춰 보고 제대로 된 원칙도 없이 비방을 일삼던 오입쟁이쯤으로 평가했다. 그러나 그는 20년간 자유를 위해 싸운 사람이었다. 임의로 체포당하지 않을 자유, 의회에 누구를 앉힐지 결정할 유권자의 권리, 하원의 활동을 보도하고 비판할 언론의 권리를 그가 쟁취했다.

윌크스가 처음부터 식민지 13주의 분리를 지지했던 것은 아니나 그의 원칙은 아메리카 주민에게 영감을 주었고, 1770년대에 들어서는 노스 정부의 행태를 참을 수 없었던 나머지 사실상 아메리카 혁명파가 되었다. 잉글랜드에 그가 미친 영향력에는 왕에 대한, 혹은 최소한 체제에 대한 기본적인 충성으로 자신의 급진성을 중화했던 점이 크게 작용했다. 그는 너무도 점잖고 너무도 아이러니한 모습을 보였고 프랑스적 의미의 '혁명가'와는 전혀 달랐다. 물론 여기에는 잉글랜드인이 그 100년 전에 이미 왕의 머리를 베었다는 사실도 한몫했지만, 윌크스가 주도한 개혁은 분명 이 나라가 18세기 후반의 경제적 곤경과 사회적 소요를 헤쳐 나가는 데 중요한 역할을 했다.

잉글랜드인의 전술은 온건했다. 그 지휘자는 뛰어난 풍자 솜씨로 모두를 웃게 하는 사시의 말썽꾼이었다. 이 나라의 사업가와 노동자, 종교적 소수자가 획득한 자유가 얼마나 색다른 자유였는지는 그 얼마 후 혁명기 프랑스를 덮친 전체주의의 악몽을 통해 확인되었다. 18세기 말에 런던을 방문한 프리드리히 벤데보른이라는 독일인은 이 도시에선 가장 가난한 시민도 자유와 자율을 누린다고 부러워했다. "외국인이 처음부터 런던의 생활 방식에 만족하긴 어렵겠으나, 잉글랜드인이 누리는 생각과 행동의 자유를 이해하고 존중할 만큼 양식 있는 사람이라면 곧 이곳에서 살고 싶다고 생각하게 될 것이다." 바로 그 생각과 행동의 자유의 한 부분을 윌크스가 보장했다.

그가 갇혔던 감옥 근처에 있었다는 세인트조지스 필즈, 즉 그의 지지자 수천 명이 조지 3세의 병사와 맞선 장소는 이제 흔적조차 찾을 수 없다. 그래도 그 근처에는 세인트조지스 서커스라는 오벨리스크가 있다. 술에 취해 잠옷 차림으로 나타나서는 의회 활동을 보도했다는 이유로 시티의 인쇄업자들을 체포했던 것을 제지했던 시티 시장 브래스 크로스비에게 헌정된 기념물이다.

지금 그 주변 땅은 램버스와 서더크로, 멋진 레스토랑들과 버러 마켓, 수천 채의 아파트가 들어서 있다. 이곳 주민들은 바로 윌크스의, 그리고 그에 힘입어 세워진 런던의 보이지 않는 영향력 속에 살고 있다. 1800년이면 무려 90만 명, 많게는 100만 명이 거주하던 이 도시는 곧 역사에 존재한 적 없는 거대한 제국의 메트로폴리스가 되지만, 애초에 이 도시의 자기확신은 빈부와 관계없이 모두가 누리는 자유에 뿌리를 두고 있었다. 저 옛날 세인트조지스 필즈에서 벌어진 일을 정확히 아는 서더크 주민이 몇 명이나 될지는 모르겠지만.

윌크스는 삶의 거의 마지막 순간까지 건강하게 살았고, 치아 상태 때문에 발음을 알아듣기 어려울 때가 종종 있었어도 어느 자리에나 환영받는 멋진 손님이었다. 죽기 전 그는 상당히 말랐고 71세가 되면서 영양실조로 인한 소모증을 앓았다.

1797년 크리스마스 다음 날, 그는 끝이 다가왔음을 알고 와인 한 잔을 청했다. 딸 폴리가 잔을 채워 주자 그는 "나의 사랑하는 멋진 딸에게"라고 건배하고 잔을 돌려준 다음 곧 세상을 떠났다.

윌크스의 공로는 단순히 미국 혁명가에게 영감을 준 것에 한정될 수 없다. 19세기 런던은 윌크스의 정치적 성과가 초석을 놓은 그 길을 따라 비교적 안정적으로 발전해 나갔다. 1789년 프랑스혁명과 1917년 러시아혁명, 그사이 1848년 유럽 여러 나라의 혁명까지, 거의 모든 나라가 흔히 군주를 죽이거나 쫓아내는 단절을 포함한 폭력적인 격동을 겪었다.

런던은 달랐다. 윌크스는 영국 정부에 타협하는 방법과 단편적이지만 점진적인 의회 개혁으로 나아가는 방법을 가르쳤다. 그리하여 영국은 정치적 안정성에 대한 명성을 획득했고, 그것은 오늘날까지도 상업과 금융에 큰 이익을 주고 있다.

런던에서는 부뿐만 아니라 인구도 폭발했다. 1800년도 당시의 인구 약 100만 명이 19세기 말에는 660만 명으로 치솟았다. 1820년, 윌리엄 코벳은 이 도시를 "거대한 혹"이라고, 잉글랜드 땅에 난 종기나 발진이라고 불렀다. 우리가 1900년에 세인트폴 대성당에 올랐다면 도시화로 인한 고름과 고통이 180제곱킬로미터 이상 퍼져 있는 광경을 마주했을 것이다.

점점 더 많은 인구가 시골에서 도시로 몰려와 여기저기 군락을 이루었다. 가족이 살던 오래된 주택이 비좁고 비참한 다세대 아파트로 개조되었다. 사람들을 도시 곳곳으로 실어 나를 방법이 점점 더 다급하게 요구되었다. 런던의 넷째, 다섯째, 여섯째 다리가 빠른 속도로 연이어 건설되었으니, 1816년에 복스홀 브리지가, 1817년에 워털루 브리지가, 1819년에 서더크 브리지가 세워졌다.

풀 오브 런던의 오래된 부두는 너무도 작아져서 1801년부터 새 부두가 건설되기 시작했다. 먼저 와핑의 런던 도크에, 다음엔 서리 쪽과 캐너리 워프에 부두가 지어졌다. 1831년에는 원래의 런던 브리지 바로 옆에 새 런던 브리지가 개통되고 옛 다리는 철거되었다.

1836년, 최초의 통근 열차가 개통되어 그리니치에서 런던 브리지 역으로 사람들을 실어 날랐다. 그 시절 런던의 교통 사정은 이루 말할 수 없이 엉망이었다. 새 다리를 오가는 말이 끄는 옴니버스는 요즘 인도의 통근 버스처럼 남자들이 지붕에 홰를 치고 앉았고, 반대편에서 밀어닥치는 왜건과 옴니버스 사이를 어떻게든 뚫고 나가려 하지만 쉽지 않았다. 절망에 마비된 운전사는 눈가리개를 한 불쌍한 말에 채찍질을 해 댔으며, 이 모든 탈것 주변엔 높은 실크해트를 쓴 남자, 보닛을 쓴 여자, 그들의 주머니를 노리는 소년이 아교처럼 빽빽이 들어차 있었다.

1859년 3월 17일 기록에 따르면, 런던 브리지의 하루 통행량은 차량 2만 498대, 보행자 10만 7074명이었다. 이들은 그 어떤 인간, 그 어떤 동물의 근육보다 강력한 기계의 힘으로 런던 브리지 역에 도착했다. 다시 한번 새로운 자동화 물결이 도시 빈민을 괴롭혔으니, 1828년 《타임스》의 인쇄 노동자들은 증기 실린더 인쇄기라는 발명품에 밀려 일자리를 잃었고, 돛 만드는 직공들은 외차선에 밀려났다. 스모그가 도시 위로 피어올랐다. 런던의 누군가는 이 급박한 발전상을 그림으로 기록했다. 기술혁명은 회화 양식의 혁명을 낳았다.

수트

세계 각국 대표가 모이는 유엔총회에 가 보면, 그들의 외관에서 살짝 놀라운 점을 발견할 수 있다. 이 공사들이 대표하는 192개국은 저마다의 고유한 역사와 문화 전통을 자랑하나, 그중 자국 전통 의상을 입은 사람은 없다. 물개 모피나 도롱이 치마를 입은 사람은 없다. 깃털 달린 머리장식도, 문신도, 표범 가죽으로 만든 장신구도, 코끼리 꼬리로 만든 파리채도, 코뼈 장식도 볼 수 없다. 카프탄*도, 젤라바†도 없다. 남자는 모두 수트를 입는다. 여자는 그에 상응하는 정장을 입는다. 그리고 그 색상은 빨간색도 아니고 금색도, 파란색도, 녹색도 아니고 줄무늬가 들어간 밝은 분홍색도 아니다.

모두가 검은색에 가까운 짙은 색으로, 홈이 들어간 라펠에 밝은 색 셔츠와 타이가 기본이다. 이 세상 모든 남자가 진지한 분위기를 내고 싶을 때 입는 이 복장은 섭정시대(1800년대 초반)에 조지 브라이언 브럼멜, 일명 '보 브럼멜'이 처음 생각해 냈다.

일단 이 인물에겐 문제적인 면이 적지 않다. 그는 댄디이자 왕의 아첨꾼이었고 도박과 유흥과 옷에 돈을 물 쓰듯 썼다. 자신은 다섯 시간을 들여 옷을 차려입는다고 주장했고, 구두를 닦을 땐 샴페인으로 광을 내라고 권했다. 언젠가 "남자가 옷을 갖춰 입으려면 돈이 얼마나 들까요?"라는 질문에 그는 이렇게 대답했다. "그런대로 아끼면 800파운드 정도 들죠." 런던 사람의 평균 주급이 1파운드 남짓했던 당시로서는 참으로 발칙한 발언이었다.

그는 방탕아였고 겉만 눈부신 건달이었으며 게으름뱅이 버티 우

[*] kaftan: 터키에서 입는 긴 겉옷.
[†] djellaba: 북아프리카 등 아랍권에서 입는 두건 달린 긴 웃옷.

스터*의 원형이었다. 우스터는 옷에만 온 신경을 쏟고 행여 먼지라도 묻을까 봐 레이스 달린 소매를 툭툭 치고 다닌다. 그러나 보 브럼멜은 여러 가지 이유에서 훌륭한 인물이었다. 그중 가장 중요한 것은 그가 왕실의 흔한 알랑쇠가 아니었다는 점이다.

이에 관한 유명한 일화가 있다. 1813년 한 파티에서 황태자가 섭정 시대 댄디 네 사람에게 다가왔다. 그는 그중 둘, 앨번리 경과 헨리 피에르포인트의 스타일은 인정했지만 브럼멜과 헨리 밀드메이는 '탈락'이었다. 이에 브럼멜이 말했다. "앨번리, 이 뚱뚱한 친구는 뉘신가?" 그 누구도 왕족을 그렇게 대해선 안 되었다. 브럼멜은 남자의 옷차림에 막대한 영향력을 행사했지만, 그가 주도한 패션은 겉치레나 과시와는 정반대 방향을 향했다.

때는 나폴레옹 전쟁 시대로, 브럼멜은 프랑스식 주름 장식을 거부하는 스타일을 선도했다. 그는 사교계 남자들을 색색의 프록코트와 새틴, 벨벳과 버클로부터 해방했다. 브럼멜은 짧은 바지와 스타킹 대신 긴 바지를 도입했고, 스카프보다 넥타이를 선호했다. 그 덕분에 런던의 패션은 더 칙칙해지고 더 우아해졌다. 바이런의 표현을 빌리면, 브럼멜의 옷차림이 특별한 이유는 오직 그 "고상한 단정함"에 있었다.

요컨대 보 브럼멜은 남자의 일을 엄청나게 단순하게 해주었다. 그는 언제 어디서든 통하는 국제적인 제복을 선사했고, 덕분에 수십억 인구가 옷을 고르는 고민에서 해방되었다. 또 그는 런던에 세계 남성 패션의 중심지라는 명성을 부여했고, 덕분에 새빌 로와 저민가의 양복점들은 오늘날까지도 영국 경제의 주요한 수입원으로 성행하고 있다. 우리는 줄자를 튕기면서 말한다. "분부대로 대령합죠!" 중동의 한 폭군은 핀스트라이프 수트 열다섯 벌과 새 사냥을 위한 해리스 트위드 수트 한 벌을 가지고 있다. 그렇다면, 보 브럼멜은 우리가 조상을 세워 기려야 할 인물이 맞다.

[*] Bertie Wooster: 20세기 작가 P. G. 우드하우스가 창조한 캐릭터.

윌리엄 터너
William Turner

인상주의의 아버지

사람들은 가지각색의 이유로 미술관에 간다. 영혼의 양식을 얻으려고, 조용한 대화 공간이 필요해서, 잠시 비를 피하기 위해서 등등. 그러나 미술관에서 당대 최고의 화가 두 명이 원자핵이 충돌하는 듯한 기세로 격렬하게 맞부딪치는 장면을 목격하는 일은 그리 흔치 않을 것이다.

그 사건의 장소는 서머싯 하우스의 예전 자리였던 로열아카데미, 때는 1831년도 여름 전시회의 막바지 준비가 한창일 시기였다. 그곳에 현대 미술관에서 볼 수 있는 순백의 공간 따위는 없었다. 전문가가 쓴 짧은 해설도, 경건한 침묵도 없었다. 아카데미 회원들의 출품작이 전시실 벽의 바닥부터 천장까지 빈틈없이 채우고 있었다. 그림 하나하나가 옆의 것들보다 주목받겠다고 아우성이었다. 가장 명예로운 자리는 물론 벽 한가운데였다. 벽에 걸리지 못하는 것은 모욕이었다.

어느 순간, 낡아 빠진 실크해트에 반들반들한 검은색 코트를 입은 56세의 남자가 중앙 전시실로 성큼성큼 걸어 들어왔다. 한 손에는 그가 대륙을 여행할 때 쓰는 우산과 칼집을 겸하는 지팡이가 들려 있었다. 코는 우뚝했고 턱은 튀어나왔으며 바지의 안쪽 길이가 열아홉 치에 못 미쳐 그 시대 기준으로도 작은 키였다. 손톱 밑에 물감이 끼어 있다는 점만 제외하면, 그에게도 찰스 디킨스 소설에 나오는 마부나 여관 주인이 있었을 것이다.

자신의 재능을 얼마나 자신했는지 "나는 이 시대의 가장 힘센 사자"라고 스스로 공언한 남자, 그는 바로 조지프 말러드 윌리엄 터너였다. 지금 그 힘센 사자가 집어삼킬 먹잇감을 찾고 있었다. 그는 다시 한번 미술원 벽을 훑어보았다. 두 번 생각할 것 없었다. 로마제국의 쇠락을 몽환적인 분홍빛과 금빛으로 표현한 그의 방대한 작품 「칼리굴라의 궁전과 다리」(Caligula's Palace and Bridge)가 사라진 자리에는 초콜릿 상자에나 어울릴 법한 커다란 잿빛 교회를 그린 풍경화가 걸려 있었다. 터너의 이글거리는 눈빛은 범인에게, 뻔뻔하게도 「칼리굴라 궁전과 다리」를 치워 버렸을뿐더러 그 자리에 본인의 그림을 떡 하니 걸어둔 자에게 쏟아졌다.

터너와 존 컨스터블은 1813년에 한 만찬 자리에서 만난 뒤로 서로 알고 지내는 사이였다. 컨스터블은 적어도 사람들 앞에서는 늘 터너에게 친절했고 그의 '몽상적 특질'을 칭송했다. 불과 그 몇 해 전에 컨스터블이 아카데미 회원으로 뽑혔다는 소식을 그에게 개인적으로 전한 것도 터너였다(터너가 실제로 투표에서 어떤 의견을 냈는지에 대해선 의혹이 있다). 그런데 이제는 컨스터블이 전시 심사위원회의 지위를 이용하여 이런 괘씸한 수작을 부린 것이다. 벽에 그림 대신 그의 목을 걸어도 시원찮을 판이었다.

터너는 폭주했다. 목격자 중 한 명인 로열아카데미 회원 데이비드 로버츠에 따르면, 터너는 "한 마리 족제비처럼 그에게 달려들었다". 컨스터블은 도덕적으로 올바른 고지에 다시 오르기 위해 애쓰며, "친애하는 터너 씨"에게 반론을 펼쳤다. 자기에겐 아무런 사심이 없다고, 완벽한 전시회를 열어야 한다는 신성한 의무를 다하지 못할까 걱정할 뿐이며, 터너 씨의 작품이 제대로 평가받도록 최적의 조명을 찾아내는 것만이 문제였다고…. 그러나 그가 아무리 이렇게 해명하고 저렇게 변명해도 터너는 계속 같은 말을 반복하며 그를 힐난했다고 한다. "암, 그랬겠지. 그런데 왜 거기에 자네 작품을 걸었느냔 말이야!" 로버츠는 이런 말도 남겼다. "터너는 컨스터블을 향한 증오심을 그대로 드러냈다. 누가 봐도 컨스터블은 현장에서 발각된 범죄자 같았고, 터너는 그를 인정사정없이 몰아붙였다. 하지만 다 그가 자초한 일이니 그를 불쌍히 여기는 사람은 거의 없었다."

터너는 여러 이유에서 화가 났다. 그의 성마른 기질도 분명 한몫했을 것이다. 컨스터블은 잉글랜드 동남부에 위치한 서퍽의 유복한 옥수수 상인 집안의 잘생긴 상속자였다. 한번은 사적인 자리에서 터너를 "무례하다"(uncouth)라고 평한 적이 있는데, 그 당시 이 단어는 이상하다, 또는 평범치 않다는 의미를 띠었다. 반면 터너는 메이든 레인의 이발소 위층에서 태어나서 운명에 반항이라도 하듯 자수성가한 사람이었고, H 발음을 빼먹는 런던 하층민의 사투리를 평생 버리지 못했다.

컨스터블은 독실한 기독교도에 애처가로, 이 사건이 벌어졌을 무렵에는 세상을 떠난 아내를 기려 검은 옷을 입고 다녔다. 한편 터너는 결혼 생활을 경멸하는 사람이었던 것 같다. 그는 "결혼한 남자는 꼴도 보기 싫다!"라고 분통을 터뜨린 바 있는데, 컨스터블을 겨냥한 것이었다는 견해가 일반적이다. "유부남은 예술을 위해 희생할 줄을 모른다. 늘 아내니 가족이니 하는 잡다한 일에 정신을 다 뺏기니까."

그렇다. 터너와 컨스터블은 애초에 친구가 되기 어려웠다. 하지만 그날 터너가 그렇게 날뛴 것은 비단 컨스터블이 은밀히 본인의 작품을 내세웠기 때문만은 아니었다. 문제의 작품 「초원의 솔즈베리 대성당」(Salisbury Cathedral from the Meadows)이 뜻밖의 명작이라는 불쾌한 사실 때문이기도 했다. 「칼리굴라 궁전과 다리」도 썩 나쁜 편은 아니지만, 지난 180년간 비스킷 통을 장식한 그림은 「초원의 솔즈베리 대성당」이었다. 즉 회화 작품의 상업적 잠재력을 알아보는 눈이 있었던 터너는 자신이 이 라이벌 때문에 치욕스럽게 벽에서 밀려났을 뿐 아니라, 상품성 면에서도 밀렸다는 점을 벌써 간파했던 것이다. 터너는 복수에 목이 말랐다. 그리고 그다음 해, 원하는 바를 이루었다.

1832년, 컨스터블은 스스로 중요한 가치를 부여하며 10여 년간 공을 들인 「워털루 브리지의 개통」(The Opening of Waterloo Bridge)을 전시회에 출품했다. 그가 구름과 나무와 하늘, 건초 마차, 개울에서 물을 참방거리며 노는 어린아이 따위를 잘 그린다는 사실은 다들 인정했지만, 성대한 행사만큼은 아직 그의 분야가 아니었다. 반면에 터너는 목가적인 수채화만이 아니라 디도가 카르타고를 건설하는 장면, 오디세우스가 폴리페모스를 조롱하는 장면, 트라팔가르해전 장면 등 거창한 대작을 잘 그리기로 유명했다. 이러한 와중에 컨스터블이 마침내 자신이 취약한 장르에 도전장을 내민 것이었다.

일전에 어느 훌륭한 화가가 말하기를, 그림에는 모름지기 '영웅'이 있어야 한다. 빛이든 색채든 관심사든, 보는 이의 눈길이 일단 하나의 지점에 이끌린 뒤에 그림 이곳저곳으로 움직여 나가게 해야 한다는 의미다. 「워털루 브리지의 개통」의 문제는 구경꾼, 펄럭이는 깃발, 반짝이는 노, 높은 털모자를 쓴 근위병 등 참으로 많은 것이 시선을 끈다는 점이다. 은색과 금색과 주홍색과 진홍색이 흘러넘치는 가운데 초점은 없다. 영웅이 없다.

다소 종잡을 수 없는 이 그림이 하필이면 작은 전시실에, 그것도 터너의 아주 단순한 바다 풍경 옆에 걸리게 되었다. 그때 벌어진 일을 목격한 아카데미 회원 C. R. 레슬리에 따르면, 터너의 작품은 "아름답고 진실한 회색 풍경이었지만 눈에 띄는 색채는 한 군데도 없었다". 당시의 관습대로 컨스터블은 전시실 벽에 그림을 건 상태로 작업을 이어 나갔다. 그는 장식부며 바지선의 깃발에 주홍색과 진홍색 안료를 덧칠했는데, 그럴수록 이 색 저 색이 각각 눈길을 분산할 뿐이었다.

그때, 터너가 방에 들어와 그의 뒤편에 섰다. 그는 컨스터블의 섬세한 붓질을 지켜보더니 자신이 작업하던 전시실에 가서 팔레트와 붓을 들고 돌아왔다. 터너는 본인의 그림 앞으로 가서 망설임 없이 그 회색 바다 한가운데에 붉은색 물감으로 동전보다 살짝 큰 얼룩을 만들었다. 그러곤 자리를 떴다.

터너와 스치듯 전시실에 들어온 레슬리는 즉각 "그 붉은 안료의 강렬함이 그림의 차분한 분위기를 한층 강렬하게 북돋았고, 그 때문에 컨스터블의 주홍색과 진홍색은 힘을 잃었다"는 것을 알아보았다. 컨스터블은 그를 향해 절망한 목소리로 이렇게 말했다. "그가 와서 총을 쏘고 갔네요." 터너는 하루가 지나고 한나절이 더 지나도록 그 그림으로 돌아오지 않았다. 이윽고 작업을 끝내야 하는 막바지 순간, 터너는 그 붉은 인장을 부표 형태로 다듬었다.

그건 단순한 물감 자국이 아니라, 맞수의 뱃머리를 꿰뚫는 총탄이었다. 이것은 전쟁이었다. 잉글랜드의 훌륭한 전통이라 할 치열한 라이벌 경쟁이 처음으로 화가들 사이에서 발생했다. 앞서 살펴보았다시피 런던은 재능의 입자가속기이다. 뛰어난 사람들을 한데 모으고 그들을 서로 부딪치게 하면 에너지와 경쟁의 핵 연쇄반응이 일어나고 결국 천재가 나타난다. 밀턴의 말대로 그 박차는 명성이다. 런던은 명성이 울리고 되울리는 반향실(反響室)이다.

엘리자베스 시대에는 극작가들이 명성을 얻고자, 극단들이 관객을 끌고자 다투었고 그 결과 셰익스피어의 천년왕국이 시작되었다. 커피하우스에 모인 자연철학자들의 경쟁은 로버트 훅의 발명과 가설로 이어졌다. 이제 잉글랜드 남자들—늘 그랬듯이 여자의 자리는 거의 없었다—은 로열아카데미라는 경기장에 모여 위대한 화가라는 명예를 차지하려고 싸웠다. 솔직히 말해 이 방면에서 런던은 특히 파리와 비교하면 한참 뒤늦었다.

연극에서는 런던이 세계를 이끌었다고 해도 과언이 아니다. 과학에서도 할 만큼 했다. 그러나 이전 수백 년간 잉글랜드를 대표한 가장 훌륭한 화가의 이름은 웬일인지 하나같이 이국적이었다. 한스 홀바인, 안토니 반다이크, 페테르 파울 루벤스, 피터 렐리, 고드프리 넬러…. 튜더조와 스튜어트조 회화의 거장들은 전부 외국 태생이었던 듯하다. 프랑스에서는 리슐리외 추기경이 1648년에 왕립 회화조각아카데미를 창설했다. 영국에서는 그로부터 약 120년 후에야 조지 3세가 로열아카데미 설립에 관심을 보이기 시작했다.

로열아카데미의 초대 회장은 새뮤얼 존슨의 친구인 조슈아 레이놀즈 경이었다. 그는 1788년 토머스 게인즈버러를 소개하는 연설에서 "과연 이 나라에 언젠가 천재가 나타나서 우리에게 '잉글랜드 유파'라는 영예로운 이름을 얻어 줄 날이 올는지" 모르겠다고 아쉬워했다. 잉글랜드에 잉글랜드 미술은 없었다. 무엇이 있었느냐 하면, 프랑스 미술, 네덜란드 미술, 이탈리아 미술 앞에서 굽실거리며 복종하는 문화 및 지식인이 있었다.

그랜드투어를 다녀오는 부유층 청년들은 여행에서 본 풍경을 오래 기억하고자 엽서처럼 정밀한 카날레토의 풍경화를 샀다. 또 그들은 '옛 거장'이 직접 그리거나 그들의 양식에 속하는 그림을 원했다. 터너마저도 그 위대한 대륙 화가들을 모방하느라 세월을 보냈다. 2009년에 테이트 갤러리는 〈터너와 거장들〉이라는 제목의 전시를 열어 터너가 지난 시대 거인들을 어떤 식으로 흡수했는지를 보여 주었다. 터너에게 영감을 준 '옛 거장'의 작품과 터너의 해당 작품을 나란히 배치한 큐레이션이 돋보였다. 각각 어느 그림이 더 훌륭한지 표를 던질 수 있는 인터랙티브 웹사이트까지 오픈했다. 터너는 판더 펠더나 푸생 옆에서도 결코 밀리지 않았다.

때로 명백히 2등의 자리에 머무는 때도 있었다. 렘브란트의 그림을 보러 루브르 박술관에 간 터너는 아니나 다를까 "드로잉이 형편없고 표현이 빈약하다"는 혹평을 서슴없이 내렸다. 그는 렘브란트보다 더 렘브란트다운 그림을 그리려고 했으며 「손을 씻는 빌라도」(Pilate Washing His Hands) 같은 작품에서는 가능성이 엿보이기도 한다. 그러나 비평가들은 이런 시도를 두고 한 번도 좋은 말을 하지 않았다. 아무래도 터너는 얼굴 표현에는 소질이 없었던 것 같다. 그가 그리는 인체는 불분명한 덩어리에 지나지 않는다. 그의 작품 속 인물들이 많은 경우 우리에게 등을 보이고 있는 것은 아마도 그 편이 그리기가 더 쉬워서일 것이다. 렘브란트는 그와 다르다.

터너는 모방이나 표절로 성공하지 않았다. 그는 본인만의 독창적인 작품으로 승리를 일구었다. 터너라는 인물의 활력과 공격성은 수채화의 산뜻한 투명함에, 유화의 거칠고 심원한 성격을 조합한 새로운 회화 양식을 낳았다. 나는 어릴 적에 펭귄사에서 낸 찰스 디킨스의 『위대한 유산』(*Great Expectations*) 표지를 시간 가는 줄 모르고 들여다보곤 했다. 책장을 넘길 의지를 끌어내느라 그러기도 했지만, 표지의 그림에 완전히 사로잡혔기 때문이었다.

강물 위로 해가 지고 있는 장면이었다. 둥근 불덩어리 같은 그 태양을 나는 다른 어떤 그림에서도 본 적이 없었다. 전경에는 보트인지 부표인지 알 수 없는 갈색 물체가 떠 있었다. 내가 바라보던 그 이미지는 「해체를 위해 예인된 전함 테메레르」(The Fighting Temeraire tugged from her last berth to be broken up)의 오른편 세부였다.

이 그림이 이제는 일종의 클리셰임을 나도 인정한다. 모두가 그것을 오래 들여다본 경험이 있는 탓에 지금은 작품을 있는 그대로 보기조차 어렵다. 그러나 이 작품은 다시 한번 유심히 보면 좋을 잉글랜드 미술의 걸작이다. 실제로 2005년, 라디오 프로그램 〈투데이〉가 진행한 현재 영국의 미술관에 걸려 있는 가장 위대한 회화 작품 한 점을 뽑는 청취자 투표에서 (다들 어쩜 나와 취향이 그리 같은지) 터너의 그 그림이 뽑혔다.

런던의 한 천재가 그려 낸 한 작품이 대륙보다 수십 년 앞서 회화의 정서와 양식에 혁명을 일으켰다. 터너는 일개 화가가 아니었다. 시인이고 사상가였다. 그는 당대의 활화산 같은 격변을 캔버스 한 장에 요약했다. 기술과 사회의 혁명에 공명하여 회화에 혁명을 일으켰다. 코벤트 가든 이발소에서 태어난 그가 「전함 테메레르」를 그려 내기까지의 과정을 함께 따라가 보자. 터너의 재능을 한 폭의 캔버스로 상상하면서. 그것이 무르익으며 색채와 아이디어와 감각적 인상이 특유의 작법대로 겹겹이 쌓여 가는 거대한 화폭을 떠올리면서.

일단 캔버스의 애벌칠에 해당하는 그의 탄생에 대해 알아보면, 널리 알려진 대로 터너는 메이든 레인 21번지에 있던 이발소의 위층에서 태어났다. 후에 터너는 본인의 생일이 셰익스피어의 생일이자 잉글랜드인의 달력에서 가장 상서로운 날인 4월 23일이라고 주장했다. (세인트조지 축일은 차치하더라도) 터너나 셰익스피어의 생일이 정말 그날인지는 알 수 없으나 터너의 의도는 셰익스피어가 영어 시극에 기여한 업적만큼 자신이 회화에 기여함으로써 높은 문화적 위상을 차지하겠다는 포부였을 것이다.

그의 부친 윌리엄 터너는 원래 가발 제조공이었으나 1770년대에 (동생 윌리엄 피트가 파우더에 세금을 물리면서) 가발 유행이 지나간 뒤에 직업을 이발사로 바꾸었다. 그러니 부친이 운영한 이발소가 아주 열악한 수준이었다고는 할 수 없다.

우리는 아주 어린 시절 터너가 느꼈을 그 공간의 화기애애한 분위기를 떠올려 보아야 한다. 신사들이 커피를 마시러 와서《스펙테이터》(*Spectator*)를 훌훌 넘겼을 것이고 벽에 걸린 그림을 응시하기도 했을 것이다. 물론 터너 본인은 신사 계층이 아니었다. 그는 행상의 욕지거리와 매춘부의 호객 소리를 들으며 자랐고, 런던 하류층 사투리를 쓴다고 평생, 심지어 로열아카데미의 '원근법 교수'가 되고 나서도 놀림을 받았다.

그는 결코 자신의 그림을 사는 사람들 정도의 부자가 되지 못했고, 그 방면으로는 어떤 야망도 품지 않았다. 그의 마음은 코벤트 가든 뒷골목을 떠난 적이 없었다. 그의 후원자들은 레이스 소매를 휘날리는 토리파 댄디들이었지만 터너 자신은 정서적으로나 정치적으로나 언제나 급진파였다. 그는 죽을 때까지도 성마르고 불안정한 사람이었다. 지금 기준으로는 불행한 유년기라고 부를 만한 그의 어린 시절을 고려해 보면 그렇게 놀라운 일은 아니다.

그의 모친 메리 터너는 '분노조절장애'를 앓았다. 그녀는 딸의 죽음을 겪은 후 마음의 평정을 영영 되찾지 못했다. 그리고 아들이 20대 초반일 때 무어필즈에 있는 베들럼 정신병원에 수용되었다. 이 지상 지옥이 어떤 곳이었는지 궁금하다면 호가스의 「탕아의 편력」(The Rake's Progress) 연작에서 탕아가 결국 광기에 사로잡히는 이미지를 떠올리면 된다. 터너는 어머니가 죽을 때까지 한 번도 면회를 간 적이 없었던 듯하다.

열 살 무렵 터너는 집안 상황이 극도로 악화된 탓에 미들섹스 브렌트퍼드에 있는 외삼촌 조지프 말러드 윌리엄 마셜의 집에서 지내게 되었다. 브렌트퍼드라면 윌크스가 그의 유명한 선거전 운동을 위해 싸웠던 바로 그 지역으로, 그곳엔 아직도 공기 중에 '자유'를 외치는 소리가 울리고 있었다. 혹자는 그 메아리가 터너에게도 도달했다고 이야기할 만큼 깊고 넓게. 터너는 바로 이곳에서 자신의 불행을 숭고하게 승화할 방법을 찾았다. 본 것을 그리는 일. 터너는 이미 여덟 살 때 발견했던 자질을 계발하기 시작했다.

그 지역의 템스강은 (지금도 얼마간 그러하듯) 푸르른 초원과 울창한 삼림이 가득한 아르카디아적(Arcadian) 풍경을 보여 주었다. 어린 시절부터 터너는 나무 뒤편에서 부서지는 빛, 수면 위로 펼쳐지는 햇빛의 유희와 같은 심상들에 잠겨 있었고, 이는 이후 화가로서의 일생에 중요한 소재가 되었다. 그뿐 아니라, 이듬해부터 마게이트의 학교에 다니면서 본 바다의 이미지는 해안으로 부서지며 달려오는 파도처럼 그의 상상력에 연신 부딪었다. 그때 터너는 드로잉에 빠져들었고, 부친은 이발소 창문에 아들의 그림을 전시했다.

터너는 열두 살 때 첫 회화 작품을 판매하고 예술로 돈을 버는 즐거움을 맛보았다. 때는 제인 오스틴의 여자 주인공들이 오찬을 먹으러 올 때까지의 따분한 시간을 수채화를 그리며 때우던 시대였다. 소년 터너는 소호의 노점에서 그런 수채화의 배경 하늘을 거드는 일로 돈을 벌었다.

터너 아버지의 이발소가 단골들에게 주는 '주말 특별 선물'*은 다름 아닌 10대 아들이 미친 듯이 그려 내는 강변 풍경이었다. 터너는 고작 열네 살의 나이에 한 건축가 사무소에서 드로잉 채색 일을 맡았고, 그 일을 통해 이른 나이에 로열아카데미의 입구에 당도했을 확률이 매우 높다. 1789년 12월 11일, 당시 예순여섯 살이었던 초대 회장 조슈아 레이놀즈가 터너를 직접 면담한 뒤 입회를 승인했다. 터너는 이후에도 아카데미와 레이놀즈에 대한 충성심을 견지했으며 말년에는 자신의 재능을 알아봐 주었던 사람 곁에 묻히기를 바랐다.

레이놀즈는 회화는 모름지기 시와 같아야 한다는 자신만의 이론

[*] something for the weekend: 영국 이발소에서 손님에게 콘돔을 제공할 때 썼던 완곡어법.

을 가지고 있었다. 훌륭한 회화는 "가장 고상한 시와 시극에 담겨 있는 심오한 인간성, 표현의 감미로움, 언어와 수단과 표상의 적합성, 규모의 장대함, 도덕적 담론"을 갖추어야 한다는 것이었다. 바꿔 말해, 그림은 단지 어떤 장소나 인물을 묘사하는 기념품 그 이상의 것이었다. 시가 그러하듯 그림은 인간의 감정을 끌어내고 이끄는 예술이어야 했다. 그림은 하나의 진술이었다. 터너는 그 이전과 이후를 통틀어 잉글랜드의 그 어떤 화가보다도 안료를 순수한 감정으로 바꾸어 내고자 했고, 후에는 기법을 통해 아카데미의 동료 화가들을 깜짝 놀라게 하기도 했지만 본질적으로는 언제나 조슈아 레이놀즈의 회화론을 추종하는 화가였다.

물론 레이놀즈는 아카데미에 어중이떠중이를 불러 모으는 것만으로 잉글랜드의 렘브란트, 잉글랜드의 푸생이 탄생하기를 기대할 수 없다는 사실을 잘 알았다. 그들은 그리는 법을 배워야 했다. 그의 제자들은 2년씩 조소 주형실에서 드로잉을 연습했다. 그렇게 해서 실력이 어느 정도 쌓인 다음에야 인체 누드를 드로잉할 수 있었다. 터너는 드로잉 실력이 좋았고, 그 시절에 여성 누드 드로잉에 느낀 생생한 흥미를 평생 이어 갔다. 70대가 되어서도 성교 장면을 상세한 클로즈업으로 그리는 작업을 했을 정도였다.

그 수백 장에 달하는 에로틱한 혹은 단순한 포르노적 이미지는 후에 그의 가장 충직한 옹호자 존 러스킨을 경악게 하기도 했다. 러스킨이 아내의 음모를 보고 기절했다는 일화(그 일 이후 신혼 생활에 문제가 좀 생겼다고 한다)를 기억하는 독자도 있을 것이다. 그런 그가 영웅의 공책을 열어 보고 어찌나 놀랐을지. 그는 그 그림들을 터너의 정신적 문제를 드러내는 증거로 단정하고 전부 파기했다고 주장했다. (다행히 거짓말이었다.)

바로 내 손안에서 점멸하며 흘러가는 전자 이미지의 자극에 무감각해진 이 디지털 시대에는, 2차원의 재현 예술이 18세기 사람들에게 얼마나 강력한 힘을 발휘했던는지를 쉽게 잊는다. 당시 런던은 '종이 문화'의 도시나 다름없었다. 인쇄물이 (에로틱한 인쇄물도 포함하여) 수천 장 단위로 판매되었다. 그러면서도 대다수 런던 사람은 터너 같은 화가들이 무언가 초자연적인 능력을 발휘하여 배의 난파라든지 서리 내린 아침, 알프스산맥을 넘는 한니발을 에워싼 눈보라 같은 순간적인 사건을 포착한다고 생각했으며, 그들의 그림을 통해서 그 사건의 실제 목격자가 된 듯한 기분을 느꼈다.

런던 사람들은 그런 성격의 회화 작품을 매우 높게 평가했다. 터너는 1790년대 말부터 돈을 꽤 잘 벌기 시작했다. 또 그때부터 그림값을 거의 깎아 주지 않기 시작했다. 아닌 게 아니라 터너는 스크루지 같은 성격으로 변하고 있었다. 훗날 그에게 에딘버러의 역사를 판화로 제작해 달라고 의뢰한 월터 스콧은 청구서를 보고 깜짝 놀랐다. 그는 "터너는 손재주가 대단한 만큼 돈 욕심도 대단하다"고 하소연했다. "돈이 안 되는 일은 절대 안 하고, 돈이 되는 일은 다 한다. 내가 아는 천재 가운데 터너만큼 이런 문제에 야박하게 구는 사람이 또 없다."

야박했든 어쨌든 터너는 25세에 벌써 부유한 후원자 한 무리를 거느렸다. 이들의 부는 제국의 수익과 함께 폭발했다. 그런 그들이 얼마나 좌절했겠는가. 응접실을 푸생이나 카날레토로 장식하고 싶어도 나폴레옹전쟁으로 인해 대륙의 작품을 들여오기가 거의 불가능한 상황이 몇 년간 이어지고 있었으니 말이다. 아쉬운 대로 토종의 작품으로 변통하는 수밖에 없었다. 고로 18세기 말 터너의 출현은 (영국 해군이 대영제국과 유럽 대륙의 교역을 사실상 차단한 결과로 벌어진) 역사상 가장 성공적인 '수입대체' 사례 중 하나라고 부를 만하다. 가령 프랑스의 거장 클로드 로랭의 그림 한 점은 6000파운드(엄청난 고액이다)에 달했고 그마저도 손에 넣기 어려웠다. 반면에 프랑스 스타일로 그린 터너의 그림은 단돈 150파운드에 살 수 있었다.

젊은 시절 터너는 클로드를 숭앙했다. 한번은 그의 작품 앞에 서서, 자신은 앞으로도 결코 이 프랑스 거장처럼 그릴 순 없으리라고 절망하며 눈물을 줄줄 흘렸다고 한다. 그러나 가장 최근에 시장에 나온 클로드의 대작은 몇백만 파운드에 팔린 반면, 가장 최근에 판매된 터너의 대작은 2900만 파운드를 호가했다. 이제 당신을 넘어섰어요, 클로드.

18세기 말 무렵 터너는 이미 모든 예술가가 갈망하는 일에 손을 대고 있었다. 저 자신이 유행을 만들어 가는 것. 상업적인 화가라면 대개 자신의 관심과 고객의 요구 사이에서 타협점을 찾아야 한다. 대다수 의뢰인은 자기를 그린 그림, 또는 자신의 영지나 개나 말이나 아내의 그림, 그나마 다른 경우로는 검증된 외국 화가의 양식을 따른 전원 풍경을 원했다.

터너는 20대 중반에 벌써 그런 관습에서 벗어날 수 있는 행복한 위치에 도달했다. 그가 무엇을 그리든 백만장자 고객들은 기꺼이 받아 갈 터였다. 1799년 수채화 60점을 주문받은 터너는 작업 진행 속도를 높이기 위해 특수 회전 테이블까지 제작해야 했다.

터너의 스타일이 아무것도 없는 상태에서, 오로지 런던 토박이인 그의 머릿속에서 탄생했다고 한다면 틀린 말일 것이다. 런던에 들어온 옛 거장들의 작품뿐 아니라 로열아카데미의 동료들, 특히 존 로버트 커즌스나 리처드 윌슨처럼 낭만파 수채화가에게서 터너는 깊이 배우고 익혔다. 실제로 그는 아이디어와 영향력을 스펀지처럼 경이롭게 흡수했고, 끊임없이 새로운 풍경과 분위기를 찾아다녔다. 영국 전역을 여행했음은 물론, 1802년에 파리 강화조약이 체결되자마자 대륙으로 건너갔다. 그곳의 목격자들에 따르면, 이 작고 별난 남자는 여명이나 황혼의 독특한 정취를 포착하기 위해서 타고 있던 마차를 갑자기 세우곤 했다. 루브르 박물관에 며칠씩 머무르면서 나폴레옹이 유럽 정복지에서 수집한 예술의 보고(寶庫)를 열정적으로 모사하기도 했다. 1803년이면 터너는 아카데미의 정회원이었고 이미 수채화뿐 아니라 유화에도 통달한 화가였다.

터너는 아주 많은 작품을 팔아 그 돈으로 할리 스트리트 근처에 전시실을 갖춘 집을 매입했다. 이제 그는 집과 로열아카데미에서 동시에 전시할 수 있었다. 그는 성공해 갈수록 자신의 스타일에 점점 더 확신을 가졌고 그 한계를 점점 더 모험적으로 실험했다. 터너의 '역동적 구도'와 '충격적 색채'를 비난하는 평자도 있었다. 그러나 작업과 기술적 완성도를 향한 그의 넘치는 의욕만은 그들도 인정할 수밖에 없었다.

우리에게 남은 유명한 일화는 그가 얼마나 탁월한 기억력의 소유자였는지를 보여 준다. 한 후원자의 조카가 남긴 기록이다. 1818년, 터너는 리즈 인근에 있는 판리 홀에서 지내고 있었다. 저택의 주인 월터 포크스는 국회의사당을 날려 버리려 했던 그 포크스의 후손이자 그 자신도 이름난 자유주의 개혁가였다. 어느 시점에는 공화주의까지 주장했던 사람이었지만, 터너와 마찬가지로 애국심이 투철했고 잉글랜드가 최근에 거둔 해상 승전에 깊이 감동했다.

어느 날 아침 식사 자리에서 월터 포크스가 작품을 의뢰했다. 그가 평소에는 이 이름값 높은 손님을 마음 편히 지내게만 했던 터라 사건이라면 사건이었다. 텔레비전이 없던 시대, 최초의 사진이 등장하기 50년 전인 시점에, 포크스는 나폴레옹의 제독들을 때려눕힌 저 위대한 함선 중 하나를 실컷 감상하고 싶었다. "우리 군함의 규모를 대강 짐작할 수 있게 해주는 보통 크기의 그림을 그려 주었으면 합니다."

포크스의 조카는 당시를 다음과 같이 술회한다. "터너는 대번에 그 아이디어를 받아들였다. 싱긋 웃으면서 당시 열다섯 살쯤 됐던 월터 포크스의 맏아들에게 이렇게 말했으니까. '따라오렴, 호키. 아빠에게 뭘 그려 드리면 좋을지 보자.' 소년은 아침나절 내내 그의 곁에 앉아 「물자를 탑재하는 1급 전함」(A First Rate Taking in Stores)이 탄생하는 과정을 고스란히 지켜보았다. 그는 터너가 매우 비범한 방식으로 화폭을 채웠다고 설명했다. 먼저 종이가 흠뻑 젖을 때까지 물감을 듬뿍 발랐다. 그런 다음 광기에 사로잡힌 듯이 종이를 잡아채고 긁어대고 문질러 일대 난장판을 만들었다. 그런데 마치 마법이라도 부린 것처럼 점직적으로 아름다운 배가, 그 모든 절묘한 세부가 모습을 드러냈고 점심 무렵에는 그림이 위풍당당하게 완성되었다. 그날 이후 삼촌은 이 이야기를 수십 번이나 조목조목 들려주었다."

잉글랜드 지도를 한번 보시라. 판리 홀이 있던 리즈 근처에서 바다는 전혀 보이지 않는다. 그럼 이번엔 「물자를 탑재하는 1급 전함」에서 터너가 수많은 삭구(索具), 총안의 정확한 개수, 돛대의 둥근 목재, 뱃머리의 형태, 파도의 표면을 구르는 빛까지 전함을 얼마나 치밀하게 재구축했는지 보시라.

터너는 가히 영화 〈레인 맨〉의 주인공처럼 인간 카메라 수준의 기억력을 타고났다. 또 다른 기록에 따르면 "독수리 발톱 같은 엄지손톱으로 바다를 찢어발"기는 듯한 창조적 활력 역시 타고났다. 1818년까지 얼마나 자주 바다를 드로잉과 회화로 옮겼던지(더불어 군함에 얼마나 푹 빠져 있었던지) 머릿속에 새겨진 장면을 그대로 다운로드하여, 마음껏 자기만의 터치로 종이에 구현할 수 있는 경지에 올라 있었다. 그러면서도 그 결과물은 조화롭고 정확했다. 딱 의뢰인이 원하던 그림이었다.

터너가 작업하는 모습을 곁에서 지켜본 아이는 아마 그 기억을 평생 잊지 못했을 것이다. 사실 터너 자신이 그렇게 뽐내기를 좋아하는 사람이기도 했다. 언변은 허술했을지언정 붓과 스펀지를 쥐면 그야

말로 대가였고 웅변가였다. 그는 종이에 물감을 칠하는 행위 자체를 하나의 전시로 선보일 줄 알았다.

그의 퍼포먼스는 롤프 해리스*의 그것 이상이었다. "이제 이 그림에서 뭔가가 보이나요?"라고 물으며 선보이는 묘기의 순간 중 가장 유명한 사례는 1835년 2월의 일일 것이다. 59세의 터너는 이른 아침부터 로열아카데미로 가서 벽에 걸린 그림 앞에 섰다. 캔버스에는 강의 모습인 듯한 희미한 윤곽선을 제외하면 사실상 아무것도 없었다. 이윽고 사람들이 그를 에워쌌고 공연이 시작되었다. 그는 튜브의 물감을 푹푹 짜내고, 나이프로 그것을 휙휙 바르고, 다시 손가락으로 물감을 슥슥 문질렀다. 사람들은 얼마 안 가 그 그림이 무엇인지 알아보았다.

1834년 10월 16일, 웨스트민스터 궁의 현장 감독이 탤리 스틱(tally stick)을 파기하기로 했다. 탤리 스틱이란 중세에 납세 여부를 증명하던 도구로, 개암나무 막대기 양 끝에 홈을 판 뒤 그것을 둘로 쪼개어 납세자와 지사가 한 쪽씩 가졌다. 막대기는 하나하나가 모두 다르게 쪼개지니 나중에 두 조각을 맞춰 보면 납세 여부를 확인할 수 있었다. 수 세기 동안 국고에 쌓여 있던, 이제는 아무 소용 없는 무수한 나무 조각들을 드디어 불에 태워 없애기로 한 것이다.

화톳불을 피우면 주변 사람들의 원성을 살 수 있었다. 따라서 조슈아 크로스와 패트릭 펄롱이라는 두 인부에게 상원 의사당을 덥히는 온돌식 석탄로를 이용하라는 명령이 내려졌다. 두 사람은 종일 나무를 태웠고 화로는 곧 오래전에 죽은 잉글랜드인들의 시시한 납세 신고서로 활활 타올랐다. 오후 5시 무렵, 누군가 상원 의사당 바닥이 따뜻해지고 있다는 사실을 알아차렸다. 저녁 무렵에는 굴뚝의 구리 연도(煙道)가 열기에 녹아내렸다. 바닥의 들보에 불이 붙었고, 상원 의사당을 장식하던 직물류가 종잇장처럼 타올랐다. 그날 밤 런던에는 1666년 이래 가장 스펙터클한 화재가 발생했다. 멜버른 총리를 비롯

[*] Rolf Harris: 20세기 오스트레일리아의 방송인 겸 화가이자 음악가. 회화나 만화 등을 그리는 퍼포먼스를 결합한 여러 TV 프로그램을 진행했다.

한 각료 전원은 (윌크스와 피트의 활동 무대였던) 성스테파노 예배당*이 전소하는 모습을 지켜보았다. 터너도 그날 그것을 보고 있었다.

그는 워털루 브리지에서 화재를 지켜보다가 웨스트민스터 브리지 남단까지 걸으면서 그 한 장면 한 장면을 사진 찍듯 기억에 저장했다. 즉 지금 그의 뒤편으로 몰려든 사람들은 그날의 재난이 다시 펼쳐지는 모습을 지켜보고 있는 것이었다. 터너는 롤프 해리스 정도가 아니었다. 가히 그 시대의 텔레비전 뉴스였다. 그는 마치 관객의 존재는 까맣게 잊은 것처럼 하루 내내 그 그림에 매달렸다. 작업을 마친 뒤에는 뒤로 물러서서 눈을 가늘게 뜨고 결과물을 감상하지도 않았다. 그는 그저 물감을 상자에 도로 쑤셔 넣고 시선을 벽에 고정한 채 게걸음으로 자리를 벗어났다. 현장에 있던 아일랜드의 초상화가 대니얼 매클라이즈는 대가의 진면을 알아보았다. 터너가 서둘러 방을 나갈 때 그가 말했다. "그림이 완성되었습니다. 그래서 떠나는 거죠."

터너는 각각 다른 장면이 담긴 여러 점의 「국회의사당 화재」(The Burning of The Houses of Parliament)를 그렸는데, 모든 작품에 한 가지 놀라운 특징이 있다. 그 어디에서도 공포의 감각이 느껴지지 않는다는 점이다. 절망 속에서 손을 흔들며 도움을 청하는 사람이 없다. 눈보라에 휩싸인 알프스산맥을 넘는 한니발 군대를 그린 작품에는 그것이 존재한다. 이 장면은 차라리 유쾌한 모닥불 놀이에 가깝다. 저녁 하늘은 파랗고, 눈부신 석양이 비추는 양 구름이 나풀나풀 빛난다. 「국회의사당 화재」 그림의 그 같은 특징에는 터너의 정치적 관점이 반영되어 있다. 그는 변치 않는 개혁 옹호자였고, 의회 개혁을 원하는 사람이라면 응당 의회 건물부터 불사르고 시작할 일이므로. 터너는 토리파 부자들을 후원자로 두긴 했으나 그 자신은 천성적으로 개혁파였고 자유주의자였다. 그는 키오스섬 학살을 화폭에 훌륭하게 옮김으로써 그리스인의 독립투쟁을 지지하기도 했다.

[*] 당시 하원 의사당으로 쓰였던 구 웨스트민스터 궁의 교회.

그런데 그의 자유주의 성향이 가장 극명하게 드러난 장소는 다름 아니라 그의 집 안이었다. 그는 평생 독신이었고, 꽤 정기적으로 국내외에서 매춘부 또는 그와 비슷하게 애정을 환금하는 여자들의 품에 안겼던 것으로 보인다. 30대의 터너가 자신의 "천국 입장권"이라고 칭한 몰리라는 아가씨에게 바친 음란한 시도 남아 있다.

터너는 유명한 작곡가 친구의 미망인이 된 새라 댄비와 오랫동안 사귀었다. 댄비 부인은 그보다 열 살 위였고, 얼마 전까지도 학자들은 그녀의 두 딸 에블리나와 조지아나가 터너의 자식이라고 믿었다. 그러나 실은 터너의 부친 윌리엄이 두 아이의 아버지라는 주장이 최근 제기되었다. 노인은 아내와 사별한 후로 쭉 살림을 도맡아 했고, 틀에 화포(畵布)를 치는 일이나 그림에 바니시를 바르는 일도 거들었다. 아들의 애인을 만족시키는 것마저도 그의 집안일이었는지 어쨌는지 결코 알 수 없겠지만, 어쨌든 평범한 집안은 아니었음이 분명하다.

중년의 터너는 친구들의 딸들과 가벼운 불장난을 —어쩌면 그 이상을—즐겼다. 나이가 좀 더 들어서는 마게이트에서 하숙집을 운영하는 소피아 부스라는 여자를 만났다. 그는 켄트의 쾌적한 숙소에서 황홀한 바다 풍경과 경이로운 빛을 음미했고 증기선이라는 새롭고 놀라운 기술 덕분에 런던을 빠르게, 자주 오갈 수 있었다.

그는 배의 후미에 몸을 걸치고 놀치는 바닷물을 바라보곤 했다. 소피아의 남편이 세상을 떠나자 그는 댄비에게 썼던 전략을 반복하여 소피아의 침대를 파고들었다. 이제 그의 삶은 비현실적인 색채를 띠기 시작했다. 할리가의 집에는 디킨스풍의 퇴락의 기운이 스며들었다. 한 방문객의 표현에 따르면 "그 집은 무슨 끔찍한 범죄라도 벌어졌던 것 같은 모습이었다". 현관문은 페인트칠이 벗겨졌고 "창문에는 먼지와 빗물 자국이 층층이 쌓여 있었다". 말 못 하는 하인은 붕대로 얼굴을 친친 감은 채 문을 열어 주었다. 개인 전시실마저도 놀랍도록 황폐해졌다. 지붕과 창문에 어찌나 많은 구멍이 났던지 비가 올 때는 관객들에게 우산을 쓰라고 권할 정도였다. 우습게도 터너 본인은 이제 그 집에 살지 않았다. 그는 첼시에 있는 작은 강변 별장에서, 풍만한 몸매를 지닌 25세 연하의 무식한 과부와 이리저리 산책이나 하며 지냈다. 키 크고 풍채 당당한 소피아 옆에서 다리가 휜 늙은 물범처럼 종종거리면서.

첼시의 이웃과 상인 들은 그를 '부스 씨' 또는 '퍼기 부스' 아니면 그가 가장 좋아한 호칭인 '부스 제독'이라고 불렀다. 이 성미 괴팍한 빨간 코 할아범이 잉글랜드 최고의 화가라는 사실을 누구도 알아차리지 못했고, 터너 역시 사생활을 지키고 싶어 했다. 그는 로열아카데미나 팰맬의 클럽을 떠날 때면 누구도 자기가 택시 기사에게 불러 주는 주소를 듣지 못하도록 더없이 신중을 기했다. 이것이 그와 소피아 부스의 관계였다. 비밀스러운, 그러나 누가 봐도 그의 인생에서 가장 행복한 관계.

그런 시절을 보내고 있던 1839년, 터너는 마게이트에서 런던으로 향하는 증기선의 우현에서 눈앞에 펼쳐지는 런던의 모습을 한가로이 바라보고 있었다. 터너의 재능을 한 폭의 캔버스라고 할 때, 이제 바니시를 발라 그것을 완성할 순간이 왔다. 모든 것을 빨아들이는 상상력에 이제 경험과 통찰이 겹겹이 더해져 있었다.

이제까지 터너는 '옛 거장들'을 베꼈고, 그들과 싸웠고, 이겼고, 자신만의 혁명적이면서도 수익성 좋은 스타일을 구축했다. 그는 런던 풍경에 나타나는 변화를, 그 이전 어느 세대가 목격한 것보다도 급속하고 놀라운 변화들을 보고 흡수했다. 터너 생전에 런던 인구는 세 배, 많게는 네 배까지 불어났으며, 전례 없이 빠르고 흉포한 기술 혁명으로 인해 인간 삶의 전제와 방식에 격동이 일어나고 있었다. 터너는 펫워스 하우스의 응접실에서 불리던 마드리갈*부터 와핑의 선술집에서 선원의 여자들이 외설스럽게 추는 춤까지 온갖 종류의 인생을 목도했다. 그는 전대의 여느 화가 못지않게, 어쩌면 그 누구보다도 유심히 자연물을 비추는 일광의 효과를 응시했고, 특히 런던에서는 산업혁명의 연기와 증기에 걸러진 햇빛을 (더불어 그로써 더욱 선연해지는 색채를) 목도했다.

지금까지 터너는 수천 점의 유화와 수채화에 수천의 사물과 사람을 담았다. 그러나 그의 명성은 그 어떤 것보다도 바로 지금 그가 일별하는 저 존재에 기대고 있다. 한때는 위대했으나 지금은 거방질 뿐인 폐선 한 척이 로더하이드 부두에 정박해 있다. 돛도 돛대도 없지만 터너의 예리한 눈은 뱃전의 글자를 읽어 낸다. "테메레르."† 터너 세대 남자들의 귀에는 종소리처럼 선명한 이름이다.

1759년 라고스 전투에서 나포했던 프랑스군의 74문(文)짜리 전함 이름을 딴 테메레르 호는 트라팔가르해전에서 용맹하게 싸워 이름을 드높였다. 넬슨의 기함 빅토리 호를 방호하다가 심하게 파손되기도 했다. 프랑스 러두타블‡ 호의 항복을 받아 내고 나폴레옹 함대의 기함 푸괴§ 호의 나포에도 일조했다. 다시 말해 그가 바라보고 있는 것은 영국 해군의 영웅적인 역사에서 가장 영웅적인 함선 중 하나였다.

터너가 30세였을 때, 이 배는 역사의 진로를 잡는 것을 도왔고, 그로써 가장 강력한 해군력과 상업력을 지닌 나라로서 잉글랜드의 위상을 다지는 데 기여했다. 트라팔가르해전 그리고 육상에서의 워털루 전투 이후로 잉글랜드는 그 어떤 방해도 받지 않고 세계의 공장으로 부상했다. 템스강의 증기선이라는 최적의 위치에서 주위를 둘러보는 터너의 시야에 들어온 모든 것, 즉 저 부두들, 공장들, 인간이 거주하고 일하는 저 모든 난잡한 개발지들이 어떤 의미에서는 이 대담한 함선이 잉태한 산물이었다. 그러나 보라. 폐물이 되어 버린 늑골은 벌써 불구이고 곧 자본주의의 폭력에 의해 갈기갈기 찢기리니. 그건 마치

[*] madrigal: 반주 없이 여러 명이 부르는 노래.

[†] temeraire: 무모하다는 뜻의 프랑스어 téméraire에서 온 이름.

[‡] redoubtable: 가공(可恐)하다는 뜻의 프랑스어.

[§] fougueux: 격렬하다는 뜻의 프랑스어.

더비 경주의 우승마가 늙고 쇠잔하여 개 먹이가 되기 위해 실려 가는 모습을 보는 듯했다. 터너의 망막 속 셔터가 찰칵 움직였다. 증기선이 테메레르를 지나쳐 칙칙폭폭 강을 거슬러 오르는 동안 찰칵, 찰칵, 찰칵…. 그날부터 몇 주, 몇 달 동안 테메레르에 어울리는 고별식을, 붉은색과 금색의 장작더미로 치르는 화장(火葬)식을 궁리했다.

한편, 바로 두어 해 전인 1837년에 빅토리아 여왕이 즉위했다. 새 왕은 시작부터 치욕을 선사했다. 컨스터블이 세상을 떠났으므로 잉글랜드 미술계에 터너의 라이벌은 전무했다. 그런데도 왕의 첫 번째 서훈 명단에 세밀화가 뉴턴, 조각가 웨스트머컷, 터너의 제자 캘컷은 있었으나 터너는 없었다. 로열아카데미 회원 C. R. 레슬리는 "그가 속이 상했을 수도 있다"라고 했지만 겨우 그 정도가 아니었다. 그러나 진짜 문제는 아무래도 여왕이 터너를 별 볼 일 없는 미치광이로 생각한다는 사실이었다.

터너는 1820년대 이후로 점점 더 논란을 불러일으켰다. 사람들 생각에 화가라면 당연히 해야 할 일을 그는 하지 않았다. 요컨대 사람과 사물을 알아볼 수 있는 형태로 재현하기를 거부했다. 그는 빛이 터너의 눈에 어떻게 보이는지에 고집스레 천착하면서 점차 외골수가 되어 가는 듯했다. 터너가 대중의 순진함을 이용하는 사기꾼이라고 말하는 이들도 있었다. 그는 오늘날 데미언 허스트가 누리는 명성과 똑같은 종류의 명성을 누리고 있었다. 늘 흰색 물감을 과하게 쓰는 그의 비정통적인 방식을 두고 혹자는 "비누 거품 같은 희뿌연 눈속임"이라고 코웃음을 쳤다. 한 소극에서는 빵집 아이가 빨갛고 노란 잼을 얹은 타르트를 바닥에 떨어뜨렸다가 그 둘레에 프레임을 얹고 터너의 그림이라면서 1000파운드를 받아 내는 장면이 등장했다. 이처럼 부정적이었던 당시 상황에서 그는 일견 구상(具象)적이면서 동시에 완연히 터너다운 회화로써 그간의 비난을 잠재우고 명성을 회복하고자 하였다.

터너는 저 낡아빠진 폐선의 이미지를 선택하고는 거기에 얼마간의 부정확성을 기했다. 부두에 있던 배에는 돛이나 돛대가 없었다. 혹시 터너는 테메레르가 예인되는 장면을 목격했던 것일까? 설령 채텀에서 로더하이드로 예인된 것이 맞더라도 해의 위치가 달랐다. 또한 선원들은 그 배를 전함 테메레르가 아니라 "예쁜이 테메레르"라고 불렀다. 하지만 그저 예쁜 정도로는 터너가 원하는 그림 소재가 될 수 없었다.

터너의 테메레르는 베일을 벗자마자 공전의 히트를 쳤다. 화가 자신도 그림을 아주 마음에 들어 하며 "내 사랑"이라고 불렀다. 그러고 보면 터너는 레이놀즈의 가르침을 훌륭하게 실천한 셈이다. 그림으로 한 편의 시를 창작하였으므로.

「해체를 위해 예인된 전함 테메레르」는 그 인상과 구도부터 참으로 놀랍다. 투명한 수면에 반사된 저녁놀, 멋들어진 푸른색 삼각형 속 왼편에 자리한 함선과 예인선, 불길해 보이는 맨 오른쪽의 부표. 터너는 이러한 공간 구성을 10대 때 코벤트 가든 판테온 극장의 무대 배경에 색을 칠하면서 배웠다. 이 그림을 보는 순간 우리는 하나의 주장을, 주제를, 진술을 읽게 된다. 이 그림의 의미가 무엇이냐고 화가에게 물을 필요가 없었다. 게다가 터너는 작품 해설에 관한 한 우둔하기로 유명했다.

로열아카데미 회원 조지 존슨의 말을 빌리면 "터너의 생각은 일반인이 꿰뚫을 수 있는 정도 이상으로 깊었고 그 자신이 설명할 수 있는 것보다는 더더욱 깊었다". 한번은 터너도 함께한 자리에서 「베네치아, 두카레 궁, 도가나, 산조르지오 풍경」(Venice, Ducal Palace, Dogana, with art of San Giorgio)의 수면에 밝은색으로 그려진 사물들의 정체가 무엇인지를 놓고 열띤 토론이 벌어지기도 했다.

"저건 부표인가요?" 추종자들이 터너에게 물었다. "멋진 터번이 아닌가요?" "선원들이 쓰는 모자는 아닌가요?" 그러면 터너는 한두 번 입술을 씰룩거리다가, 이어 한두 번은 참으로 애매하다는 듯 흠흠 한숨을 내쉬다가 이렇게 답했다. "그러니까 그건 오렌지색의… 그러니까 오렌지색으로서…."

우리는 작가의 말을 인용하지 않고도, 예술사 입문 강의를 듣지 않고도 얼마든지 「전함 테메레르」의 상징성을 알아볼 수 있다. 이 그림은 늙음과 젊음에 관한, 오래전 영웅이었으나 이젠 부축이 필요한 노인에 관한, 혹은 소년에게 이끌려 가는 눈먼 오이디푸스에 관한 이야기이다. 또 어쩌면 (모든 예술적 감흥은 얼마간 자전적이라는 점에서) 64세에 이른 '터너 제독'이 영리하고 활기찬 소피아 부스에 의해 마게이트의 해안으로 예인된다는 이야기이기도 할 것이다.

그러나 이 그림에서 가장 확실한 것은 '이행'이다. 대항해시대가 증기의 시대로 이행한다는 것이다. 해가 오른편의 부표 바로 위에서 지고 있고, 테메레르 호는 이 부표 옆에 마지막으로 정박할 것이다. 왼편으로는 점점 차오를 달이 은빛으로 빛난다. 아마 새로운 기술 시대의 상징일 것이다.

전함 테메레르 호는 영국을 무적의 평화와 번영의 시대로 이끌었다. 수십만 농촌 인구가 세계 최대의 생산 중심지로 와서 상점과 공장, 부두에서 일하게 되었다. 1824년에는 잉글랜드 은행의 합자회사를 통한 독점이 끝났고 곧이어 시티에 바클레이 은행, 미들랜드 은행을 필두로 한 으리으리한 금융가가 조성되었다.

은행과 보험회사에는 직원들이 필요했다. 부자들이 타고 다니던 전세 마차는 옴니버스 마차로 대체되었지만, 그 역시 요금을 감당할 수 있는 많은 사람의 무게에 짓눌려 신음했다. 통근권 개념이 생겨났고, 대중교통의 구체적인 안이 나오자마자 교외 인구가 폭발하기 시작했다. 1824년 이슬링턴의 암웰가에 살던 만화가 조지 크룩생크는 도시의 무분별한 확장이 가져올 끔찍한 결과를 내다보았다. 「도시 바깥으로 뻗어 나가는 런던: 벽돌과 모르타르의 행군」(London Going Out of Town: The March of Bricks and Mortar)에서 굴뚝의 통풍관들은 들판을 무자비하게 점령하고, 주택들은 일제사격으로 벽돌을 날려 무방비한 잔디를 패고 휘젓는다. 열차가 새로 편성되고 굴뚝이 높아질 때마다 오염이 심해지고 인구 과밀이 심각해졌다. 런던 사람들은 반복되는 콜레라 유행에 시달렸고 당국은 그 원인을 제대로 제거할 수가 없었다. 여러 작가와 화가가 윌리엄 블레이크의 선례를 따라 공장과 기계와 도시화에 개탄했다. 과연 터너는 어느 쪽이었을까?

그가 테메레르 호를 발견한 1838년은 그레이트 웨스턴 철도 회사가 패딩턴 역에서 열차를 운행하기 시작한 해였다. 1884년에 터너는 이런 개발에 대한 자신의 감정을 「비, 증기, 속도」(Rain, Steam and Speed)에 담아내고자 했다. 그는 메이든헤드의 다리를 건너 달려오는 기관차를 그렸다. 이 그림의 '영웅'은 증기관에서 뿜어져 나오는 불길이다.

이것은 산업화에 반대하는 그림이 아니다. 오히려 시야가 흐려질 정도의 대단한 속도와 힘을 자랑하는 기계, 인류가 지금껏 보아 온 어떤 것과도 다른 새로운 기계를 기념하고 있다. 이와 마찬가지로 「전함 테메레르」에서 우리를 똑바로 보고 효율적으로 전진해 오는 예인선을, 뒷전의 까맣고 반질반질한 굴뚝에서 피어오르는 불꽃을 터너가 그저 적대시하고 있다고 말할 수는 없다. 물론 오늘날 우리는 그 뒤에 끌려오는, 너무도 노쇠한 유령 같은 범선의 애수를 함께 느낀다. 그러나 터너는 발암물질이나 이산화탄소 배출 문제에 대해 아는 바가 없었다.

그에게 기선은 마게이트로, 소피아 부스의 품으로 신속하게 실어주는 경이로운 발명품이었다. 터너는 기본적으로 프로메테우스적이고 친기술적인 화가일지도 모르겠다. 그렇지만 그를 진정 들뜨게 한 것은 색채와 움직임이었고, 새로운 시대의 산업 가스를 관통하는 빛의 양태였으며, 그는 그러한 근거 위에서 점점 더 인상주의적인 회화 양식을 추구해 나갔다.

터너가 세상을 떠나고 한참 뒤인 1870년, 클로드 모네가 런던에 왔다. 그는 여러 미술관을 둘러보며 터너의 업적을 눈으로 확인했다. 또한 터너가 보았던 것을 보기에 적당한 똑같은 위치에 서서 터너처럼 국회의사당—다만 이 건물은 찰스 디킨스가 200만 파운드나 들여야 했느냐고 그리도 개탄했던 찰스 배리와 오거스터스 퓨진의 걸작이었다—을 그렸다. 건물은 바뀌었고, 스모그는 그 전보다 더 심각했으며, 모네와 동료들은 현시대에 가장 인기 있는, 또한 미술품 경매 기록을 정기적으로 갈아 치우는 화가가 되는 길로 나아갈 예정이었다.

그렇지만 그 첫 도약의 주인공이 터너였다는 것을 진지하게 의심할 사람은 없다. 그는 내가 무엇을 보았는지가 아니라, 나에게 무언가가 어떤 식을 보였는지가 중요하다는 원칙을 처음으로 주장한 화가였다. 다시 말해 그는 인상파의 아버지였다.

터너는 1846년에 소피아와 함께 첼시의 그 작은 집으로 이사했다. 옥탑의 발코니에 오르면 오른편으로도, 왼편으로도 각각 런던에서 볼 수 있는 가장 멋진 템스강 풍경이 펼쳐졌다. 1851년 12월 19일, 터너는 침실 바닥에 쓰러진 채 발견되었다. 손발로 기어서라도 강이 내다보이는 창문에 다가가려고 했던 것처럼 보였다. 주치의는 그 순간을 이렇게 표현했다. "오랫동안 구름의 장막에 광휘가 가리어졌던 태양이 얼굴을 내밀고 죽음의 방을 빛의 영광으로 가득 채웠다." 그날 터너는 신실한 연인의 손을 잡고, 신음 한 번 내지 않고 숨을 거두었다. 언제나 인색했던 그는 소피아에게조차 아무것도 남기지 않았다.

또 다른 설에 의하면 터너는 유명한 유언을 남겼다고 한다. "태양이 신이다." 이 말은 의외로 그렇게 독특한 주장이 아니다. 멜리투스 이래의 모든 주교가 아무리 노력해도 런던은 예나 그제나 이교도의 도시였을 뿐이니까. 일요일에 교회에 나가는 사람은 전체 인구의 25퍼센트에 불과하다. 터너의 유언이 진심이었든 아니었든, 아즈텍풍의 태양 숭배는 최소한 그 어떤 신앙에도 뒤지지 않을 만큼 설득력이 있고, 그때나 지금이나 한결같은 인기를 누리고 있다.

터너가 세상을 떠난 그해, 빅토리아 시대 사람 수백만 명은 만국박람회를 보러 갔다. 하이드 파크에 지어진 수정궁 또는 '거대한 샬리마르' 정원은 교역과 기술 혁신의 혜택을 기리는 신전이었다. 런던 사람들은 1실링을 내면 코이누르 다이아몬드부터 세계 최초 팩시밀리의 시연까지 모든 것을 볼 수 있었다.

같은 해인 1851년, 런던과 파리를 잇는 최초의 해저 케이블이 놓였고 1866년에는 뉴욕까지, 1872년에는 멜버른까지 케이블이 설치되었다. 원격 통신 시대의 개막이었다. 전신은 해운업을 더 편리하게, 더 정확히 예측 가능하게 만들었고, 그 덕분에 운송 비용을 절감하고 요즘 말로 '적시 납품' 시스템을 구축할 수 있었다. 더 거대한 배가 더 많은 화물을 더 자주 실어 왔고, 투기꾼들은 플레이스토 평지에 빅토리아 앤드 앨버트라는 이름의 거대한 부두를 신설했다.

이제 런던은 지구상에 비교 대상이 없는 가장 부유한 도시였다. 런던에서 거래되는 증권의 양은 뉴욕—상대적으로 결제 기한이 느슨하여 위험부담이 더 크고 보상도 더 큰—의 다섯 배가 넘었다. 모든 운하와 부두와 철로와 다리와 해저 케이블, 즉 빅토리아 시대에 이 모든 인프라를 구축하기 위해선 재원이 필요했다. 런던을 이끄는 은행가들의 재간과 호기가 없었더라면 그중 어느 것도 가능하지 않았을 것이다.

자전거

자전거라는 단순하고도 훌륭한 교통수단은 인류가 지금껏 고안한 가장 기발한 아이디어 중 하나다. 그러므로 자전거의 첫 번째 조상이라고 부를 만한 장치는 런던에서 발명된 것이 아니었다는 사실부터 짚고 넘어가야겠다. 그 영예는 카를 드라이스라는 이름의 독일 귀족에게 돌아간 듯하다. 하이델베르크 대학교에서 물리학을 공부하고 산림 관리인으로 일했던 드라이스는 타자기의 키보드를 처음 발명한 사람이기도 하다.

인간이 다리로 굴리는 이륜차를 처음 목격한 것은 1817년 드라이스가 만하임에서 자신의 발명품인 '드라이지너'(draisine)를 타고 시골길을 한 바퀴 돌았을 때였다. 그로부터 채 1년이 지나지 않아 런던의 발명가 데니스 존슨은 그 아이디어를 슬쩍해서 더 진보된 것을 만들었다. 존슨—필자의 먼 친척일 수도 있고 아닐 수도 있다—은 코벤트 가든의 롱 에이커에서 최초의 자전거에서 몇 가지 중요한 부분을 수정했다. 드라이스가 드라이지너를 타고 있는 그림을 보면 최초의 자전거는 농기구와 흡사했다. 바큇살과 테가 전부 나무로 되어 있었고 몸체가 너무 무겁고 다루기 어려웠다. 어디 부딪치기라도 하면 조종자가 탈장을 겪을 만한 그런 물건이었다.

코벤트 가든에 밀집한 마차 제작소에서 차체 만드는 일을 하던 존슨은 금속 재질의 곡선형 프레임과 금속 바큇살로 자전거의 무게를 줄였다. 또 드라이스와 달리 상품을 팔 시장을 찾아냈다. 1816년 이후 런던에는 산업과 제국의 확장으로 부자가 된 아버지의 아들들이 넘쳐 났다. 이들이 바로 보 브럼멜의 추종자, 바로 댄디다. 댄디에게 존슨의 자전거는 편리하게 돌아다니기 위한 이동 수단이 아니었다. 치렁치렁한 흰 셔츠, 손잡이 달린 멋 내기 안경과 마찬가지로 패션을 위한 도구였다. 의회 개혁과 노사 분규의 시대에 댄디들은 자전거를 타고 경박하고 볼썽사납게 존재감을 과시하고 다녔다. 데니스 존슨은 '보행자의 이륜마차'(또는 '목마', '댄디의 말', '가속기'로도 불렸다)를 320대가량 만들어 팔았다. 1818년에는 "사람들의 걷는 수고와 피로를 줄여 주는 동시에 더 빠르게 걷게 해 주는 기계인 '보행자의 이륜마차'"에 왕의 칙허장, 즉 특허를 받았다.

1819년 존슨은 스트랜드와 브루어가에서 '승차 교실'을 운영했다. 입장료는 1실링, 상품 가격은 8파운드였다. 그의 아들은 전국을 돌아다니며 물건을 팔았다. 당시에 젊은 남자들이 댄디마(馬) 타는 법을 배우다가 곤두박질치는 모습을 묘사한 판화들이 남아 있다. 게다가 도로가 어찌나 울퉁불퉁한지 사타구니가 보통 아픈 것이 아니었다. 그렇다고 보도에서 자전거를 타자니 그러잖아도 눈총을 받던 댄디와 여성 댄디인 '댄디제트'(dandizette)에게 곱지 않은 시선이 쏟아졌다.

댄디마 열풍은 1~2년 사이에 푹 꺼졌고, 왕립 외과의협회는 자전거가 위험한 기계라고 선언했다. 그러나 40년 후, 존슨이 발명했던 댄디마를 토대로 회전식 페달이 달린 자전거가 개발되었다. 지금은 그 어떤 교통수단보다 평등주의적인 자전거가 원래는 반평등주의적인 사치의 상징으로 태어났던 것이며, 당시 속도도 의외로 빨랐다.

1819년, 네 명의 '신사'가 존슨의 자전거를 타고 런던에서 브라이튼까지 약 100킬로미터 거리를 12시간 안에 주파했다. 2011년 8월 올림픽 대표 선발전에서 런던에서 박스 힐까지 갔다가 돌아오는 140킬로미터 경주에서 마크 캐번디시는 3시간 18분을 기록했으니, 댄디들보다 겨우 다섯 배쯤 빠른 셈이다.

라이어널 로스차일드

Lionel Rothschild

제국에 투자한 남자

잘 알려져 있다시피, 또 통계로도 입증되다시피 런던은 자전거를 타기에 꽤 안전하고 갈수록 더 안전해지고 있는 도시다. 그러나 제아무리 자전거를 잘 모는 사람도 마음속으로 성호를 그으며 자동차 운전자들이 조심하기만을 바라는 구간이 한두 군데쯤 있기 마련이다.

가령 메릴본 로드 고가 밑을 지날 때는 얼마간 평정심이 필요하다. 하이드 파크 코너에서는 아예 자동차들과 경주를 치른다. 컨스티튜션 힐 쪽에서 버스, 택시와 뒤섞여 일방 차도로 합류하기도 쉽지 않지만, 정말로 심장이 쿵쾅거리는 순간은 그다음. 나이츠 브리지에서 피커딜리로 겨우 진입한 다음 신호에 멈춰 서면 앞뒤가 전부 BMW와 마세라티일 때다. 이제 신호가 바뀌면 죽어라 페달을 밟아야 한다. 왼편으로 파크 레인에서 밀려온 자동차가 또 한 부대 대기 중이니까. 그 거대한 맹수들이 땅을 차며 돌진할 준비를 하는 모습을 보노라면 크레이지 호스*나 미셸 네† 장군이 이끄는 기병대 앞을 지나가는 기분이 든다. 그렇게 금속 덩어리의 물결에 떠밀리듯 비교적 안전한 피커

[*] Crazy Horse: 북아메리카의 원주민 라코타족을 이끌었던 전사로 리틀 빅혼 전투를 비롯한 미 연방정부와의 여러 싸움을 승리로 이끌었다.

[†] Michel Ney: 프랑스의 군인으로 나폴레옹의 모스크바 원정에 따라나서는 등 여러 전투에서 훈공을 세웠다.

딜리에 안착하고 나면 한때 아름답고 한적하기로 유명했던 파크 레인 구역에 어쩌다 이렇게 복잡한 도로가 생겼는지, 런던은 어쩌다 지금과 같은 도시가 되었는지 궁금해지는 것이다.

이게 다 어니스트 마플스라는 토리당의 전 교통부 장관 덕분이다. 이 선지자는 런던의 마블 아치(그가 진행한 굴착 공사를 기려 '마플 아치'라고도 불렀다)와 하이드 파크 코너에 거대한 일방 순환로가 필요하다고 판단했다.

1962년, 마플스는 이 멋진 지역을 황폐한 풍경으로 바꾸어 놓았다. 땅을 얼마나 파 댔는지 내 아버지는 집의 고물 차를 그 구덩이 가운데 어딘가에 갖다 버렸다고 주장하곤 하셨다. 마플스는 5차선 로터리를 짓는 과정에서 피커딜리의 경계에 있던 집들을 철거했다.

집들이 낡았던가 하면 전혀 그렇지 않았다. 148번지에 있던 한 채 정도는, 그러니까 '자동차 제조 및 판매업 협회' 본부는 그즈음 살짝 쇠락한 기미를 보이긴 했다. 그러나 이 건물은 여전히 기념비적인 저택으로서 런던 클럽의 건축 규모를 보여 주었다. 집 안에 땅굴 같은 와인 저장고와 하인 숙소가 있었고, 새 유행품인 가스레인지를 갖춘 큰 주방이 있었고, 크게 곡선을 그리는 대리석 계단으로 '피아노 노빌레'*에 오르면 플랑드르의 명화와 프랑스산 칠보 공예품이 즐비했고 창밖으로 공원이 내다보였다.

이곳은 영국 정부와 은행이 맺은 가장 역사적인 거래의 현장이기도 했다. 지금은 자동차가 점유한 공간이 한때는 라이어널 로스차일드의 집이었다. 그는 여기서 친구 벤저민 디즈레일리 총리를 만나곤 했다.

1875년은 영국의 힘이 절정에 달하던 때였고 런던은 거대한 산업 도시였다. 이스트 엔드와 리 벨리 하류, 몇 해 전 올림픽 개최로 활기를 되찾은 스트랫퍼드 등지에는 사람의 정신과 후각을 난타하는 공

[*] piano nobile: 저택이나 궁전 등 큰 건물의 응접실 및 거실이 있는 주된 층. 통상 2층을 가리킨다.

장과 설비가 밀집했다. 애초에 이스트 엔드에 공장을 세운 이유가 그와 관련된 것이었다. 이 지역의 끊이지 않는 바람이 피커딜리의 멋진 저택에 사는 사람들의 예민한 코에 닿지 않도록 공장의 배기를 날려줄 것이었기 때문이다. 마섬유와 거름과 고무와 비료를 만드는 공장들은 썩은 생선을 끓인 듯한 특유의 고약한 냄새가 나는 가스를 배출했다. 식민지에서 설탕과 오렌지를 들여와 마멀레이드를 만든 후 가격을 올려 되파는 비즈니스가 생겨났다. 콜타르를 수입하여 페놀, 나프타기름, 안트라센 색소, 소독제, 비료, 아닐린 염료로 만들어 수출했다. 런던은 양모, 차, 커피, 설탕, 색소 등등 온갖 원료를 사다가 가공하고 포장하여 세계 전역에 팔았다. 인도의 면을 사다가 옷을 만들어 다시 인도인에게 팔았다. 힌두스탄 평지가 인도 직공들의 뼈로 하얗게 뒤덮였다고 할 때까지 말이다.

그때 디즈레일리(제국과 황후에 대해 낭만적인 동시에 기회주의적으로 사고하던 인물이었다)는 조국의 세계적인 우위를 한층 강화할 기회를 발견했다. 1871년이면 프랑스가 주도하는 컨소시엄을 통해 수에즈운하가 개통되어 지중해와 홍해를 연결했고, 그 전략상 잠재력은 누가 봐도 분명했다. 운하를 통하면 희망봉까지 힘겹게 돌아갈 필요 없이 인도에 더 빨리 갈 수 있었다. 또 그야말로 동아프리카 전역에 시장을 열고 식민지를 만들 길이 열렸다. 그런데 바로 그 운하를 사들일 기회가, 다시 말해 이 새롭고 긴요한 상업적 숨통을 영국이 쥐고 흔들 가능성이 생긴 것이었다.

오스만제국이 파산했다. 이집트 총독도 파산했다. 운하를 건설한 회사는 (흔히 그러듯이) 이 새로운 인프라 사업의 수익이 기대에 미치지 못한다는 것을 알게 되었다. 이집트는 400만 파운드를 원했다. 당시 기준으로 영국 전체 예산의 약 8.3퍼센트에 해당하는 거액이었다. 디즈레일리는 이 돈이 누구에게 있는지 알았다.

라이어널 로스차일드는 유럽 전역에 걸친 금융 왕국의 영국이라는 지방의 군주였다. 그는 1870년 《피리어드》(*The Period*)의 표지에 현금과 채권의 '왕'으로 등장했다. 중국 황제, 터키 술탄, 나폴레옹 3세, 교황, 카이저 빌헬름 1세, 빅토리아 여왕 등 세계 여러 나라의 지배자가 이 거구의 턱수염 사내에게 경의를 표했다. 로스차일드 가문은 대형 교통사업에 자금을 조달한 경험이 풍부했다. 디즈레일리 부부는 라이어널 부부의 오랜 친구이기도 했다.

총리는 400만 파운드 투자에 대한 내각의 동의를 얻자마자 총리 비서 몬터규 코리를 세인트 스위딘스 레인의 뉴 코트에 있던(지금도 그곳에 있는) N. M. 로스차일드 본사에 급파했다. 그는 오크 패널로 마감한 방에 느긋하게 앉아 있는 67세의 거물 투자가를 만났다. 코리가 말했다. "총리께서 내일까지 400만 파운드를 원하십시다."

로스차일드는 머스커텔 포도를 한 알 집어삼켰다가 껍질을 뱉은 뒤 느긋하네 물었다. "담보는요?"

"영국 정부입니다."

"내어 드리지요."

모두가 깜짝 놀란 거래였다. 프랑스는 거침없는 영국의 영향력 확장에 당황했다. W. E. 글래드스턴이 이끄는 야당 자유당은 제대로 된 반대 의견을 생각해 낼 수 없었다. 그랜빌 경은 글래드스턴에게 보내는 편지에 다소 무기력하게 이렇게 썼다. "이 일로 각종 국제적인 갈등과 문제가 떠오르지 않겠습니까? 그렇게 막대한 사안을 의회의 논의에 부치지 않는다니요?"

애국심 있는 영국 시민들은 중동의 급소를 소유하게 된 것을 몹시 기뻐했고, 우쭐한 디즈레일리는 여왕 폐하께 낭보를 전했다. "다 처리되었습니다. 이제 운하는 폐하의 것입니다. 프랑스 정부는 허를 찔렸습니다. 너무 많은 걸 시도했어요. 고금리와 사실상 이집트 정부를 넘겨주어야 할 정도의 조건으로 대출을 제안했습니다. 이에 절망하고 질색한 총독이 이집트의 지분 전체를 폐하의 정부에 팔겠다고 했습니다. 아마 그런 제안은 처음 들어 보았을 겁니다. 영국 돈 400만 파운드를, 그것도 당장 주겠다니! 세상에 이렇게 할 수 있는 회사는 오직 한 곳, 로스차일드 은행뿐입니다. 그들의 처신은 훌륭했습니다. 저금리에 자금을 융통해 주었지요. 그리하여 이집트 총독의 모든 이권이 이제 여왕 폐하의 것입니다."

충분히 예상할 수 있듯이 로스차일드는 딱히 손해 보는 장사를 감수한 게 아니었다. 이 노련한 은행가가 포도 껍질을 까듯 영국 정부의 가죽을 날름 벗겨 먹었다고 말하는 사람도 있었다. 400만 파운드를 3개월 빌리는 데 이자가 14만 파운드였으니, 연이율로 치면 곧 15퍼센트이고, 좀 터무니없는 금리였다고 말이다. 서적상 출신 재무부 장관 W. H. 스미스는 그런 돈을 이집트인도 아니고 같은 영국인에게서 받아낼 일이냐고 비난했다. 혹자는 거래와 동시에 가격이 오를 것을 미리 알았다는 점에서 로스차일드의 이집트 국채 매입은 전형적인 내부자거래라고 주장했다.

라이어널은 비난에 개의치 않았다. 주식 중개인 아서 래그가 정부에는 무상으로 융자해 주지 그랬느냐고 하자 그는 포도알을 으깨듯 그를 납작하게 눌러 주었다.

"아서 래그, 이 애송이는 아직 배울 게 많군. 이번 거래로 나에게 10만 파운드가 떨어졌지. 하지만 20만 파운드가 떨어졌다면 얼마나 더 좋았을까."

결과적으로 이집트의 항로를 사들이기로 한 영국 정부의 대담한 결정은 납세자들에게 기대 이상의 이익을 안겨 주었다. 이듬해 1월이면 운하의 주가가 50퍼센트 상승했다. 1898년이면 영국 정부의 지분 총액이 2400만 파운드, 즉 총리가 치렀던 값의 여섯 배에 달했고 1935

년에는 9300만 파운드까지 불어났다. 여기서 나오는 연간 배당금은 1875년의 20만 파운드에서 1901년의 88만 파운드로 치솟았다. 디즈레일리는 인도로 가는 가장 빠른 경로를 획득함으로써 영국의 이익을 확보했을 뿐 아니라 그 거래로 막대한 수익을 올린 것이었다. 수에즈 운하는 1956년까지, 그러니까 필자가 태어나기 얼마 전까지도 영국의 자산이었다.

디즈레일리가 빅토리아에게 아뢴 대로, 영국에는 이집트 총독에게 만족스러운 금액을 제시할 수 있는 은행이 있었다. 그리고 라이어널 로스차일드라는 인물을 빼놓고는 이런 거래를 성사시킬 수는 없었다.

2012년은 현왕의 즉위 60주년이었다. 엘리자베스 시대 사람들은 자랑스러워할 것이 참 많다. 그동안 삶의 조건은 의심할 여지없이 개선되었다. 런던은 예나 다름없이 지구상에서 가장 위대한 도시 중 하나로 불릴 자격을 충분히 갖추고 있다. 실질소득도 1952년에 비해 훨씬 높아졌으며, 그때는 없던 인터넷과 아이팟과 스니커즈 아이스크림 바까지 생겼다. 이럴 때 누군가는 꼭 흥청망청하는 분위기에 찬물을 끼얹으려고 한다. 영국의 역사에서 한 군주가 60년간 나라를 통치했을 때와 지금을 비교해야 한다면서 말이다. 그러자면 엘리자베스 2세 시대와 빅토리아 시대를 견줄 수밖에 없는데, 과연 이 비교가 우리 마음에 들지 어떨지 나는 전혀 모르겠다.

남자는 남자로, 여자는 여자로, 생살 1파운드는 생살 1파운드로 정확히 비교하여 따졌을 때, 빅토리아 시대 사람들은 그 전 모든 세대를 압도하는 활기와 야망과 성취를 자랑했다고 할 수 있다. 게다가 표면상으로는 현시대 사람들마저 압도한다고 할 수 있다.

가끔 나는 '런던의 삶'을 다룬 이 책이 거대한 올챙이 같다는 생각을 한다. 앞서 우리는 한참 역사의 긴 꼬리를 타고 미끄러져 오다가 지난 150년 사이에 문득 그 머리통에 다다랐다. 빅토리아 사람들의 지성과 개성이라는 커다랗고 불룩한 돔은 런던을 '세계의 머리통'으로, 현대 세계의 로마로 등극시켰다. A. N. 윌슨 등 이 주제로 훌륭한 책을 쓴 사람도 있지만, 빅토리아 시대의 수많은 인물과 그들의 관심사는 제대로 해부하기가 불가능할 정도로 다양하다.

빅토리아인들은 지금보다 더 뚜렷했던 죽음의 그늘 속에 살았고, 아마도 그런 이유에서 우리보다 더 게걸스레 삶에 탐닉했던 듯하다. 그들은 우리보다 일찍 일어났고 더 많이 걸어 다녔고 더 복잡하게 요리한 음식을 먹었다. 그들은 우리보다 더 두꺼운 소설책을 썼고 더 길고 더 고백적인 일기를 끄적였으며 그들의 콧수염과 턱수염은 그 전 어느 세대보다도 풍성하고 덥수룩했다. 그들은 우리보다 더 자주 추문에 휘말렸고, 더 위선적이고 (아마) 그래서 섹스에 더 열광했으며, 아이도 더 많이 낳았다. 그들은 오늘날 영국 중산층보다 수채화를 더 많이 그렸고 피아노를 더 많이 쳤고 타인의(특히 불우한 이들의) 삶에 더 열심히 관여했다.

빅토리아 시대 런던 사람들은 일단 표면상으로라도 그 이전 세대보다 신심이 깊었고, 그런 이유에서 자신들이 신의 사업을 행한다고 여겼던 것 같다. 또 그들이 의식적으로 모방했던 로마제국의 사람들처럼, 자신들의 성공은 신의 은총을 나타내는 증거라고 믿었다. 그들이 지구상의 그 넓은 땅을 정복한 것은 주님이 바로 그것을 바라시기 때문이었고, 그들이 인도와 아프리카를 들쑤시는 것은 바로 그것이, 맙소사, 그분의 계획이었기 때문이었다.

우리 시대와 비교하면 가히 초인적인 자기확신의 시대였다. 빅토리아 시대의 전형적인 본보기를 하나 들어 보자. 이점바드 킹덤 브루넬이 1854년에 만든 그레이트 이스턴 호는 혁명적인 설계 덕분에 잉글랜드와 오스트레일리아를 왕복하는 데 필요한 석탄을 적재할 수 있었다. 그뿐 아니라 중량 1만 9000톤은 그때까지 건조된 가장 커다란 배보다 네 배나 큰 규모였고 (그보다 중요한 것은 이것인데) 이후 40년간이나 그보다 큰 배가 만들어지지 않았다. 비록 첫 항해에서 거대한 개스킷(gasket) 하나를 날려 먹긴 했지만. 뭐 어떤가. 브루넬의 설계는 10점 만점에 10점이었다.

앨버트 공의 친독일적 영향력 아래 빅토리아 시대 유한층은 그 시대 어떤 집단보다도 진지하게 지성을 발휘했다. 지난 200년의 과학사에서 가장 중요한 발견이라 할 진화론의 주창자는 빅토리아 시대에 브롬리에 살던 바로 그 수염 노인이었다. 혹시 여러분이 기회가 생겨 브롬리 주민들을 만나고 그들이 누리는 유리한 물리적, 지적 조건을 눈으로 확인한다면 찰스 다윈이 어쩌다 자연선택과 적자생존이라는 가설을 정립했는지 이해하게 될 것이다.

빅토리아인들은 거의 모든 종류의 게임과 스포츠를 발명했거나 성문화했다. 오늘날 런던의 모습을 결정한 것 또한 빅토리아 시대의 취향과 상상력, 공학적 활기였다. 나는 학생 시절에, 즉 1980년대의 호황이 절정에 이른 시점에 한 이름난 미국인 교수와 논쟁을 한 적이 있다. 내가 영국은, 또 런던은 과거로 회귀하고 있다고 주장하자 그는 흥, 하고 코웃음을 치며 내 의견을 일축했다. "당신들은 여태 빅토리아 시대의 자산으로 살아가고 있는데요." 정곡을 찌르는 말이었다.

스트랜드에 있는 왕립 재판소부터 앨버트 기념비, 자연사 박물관까지 런던 건축의 가장 풍요로운 산물들을 보라. 또한 런던을 요약하는 단 하나의 이미지, 세계 각국의 관객에게 이 이야기의 배경이 영국임을 단번에 알려 줄 기념엽서 같은 장면을 찾아야 한다고 가정해 보자. 여러분은 아마 C. 배리와 A. 퓨진의 걸작인 웨스트민스터 사원의 하원 의사당을 선택할 것이다. 사람들은 빅토리아 시대 건축을 사랑하며 날이 갈수록 비싸지는 입장료를 흔쾌히 지불한다. 그 아름다운 색조와 정교함, 온기를 보면 그럴 만한 일이다.

상원의 아름다운 금빛 내장을 보든가, 아니면 빅토리아 시대에 지어진 어떤 청사든 골라 그 우아한 양식을 보라. 그런 다음 요즘에 지어진 런던광역시청(Greater London Authority)의 본관을, 철과 콘크리트로 이루어진 그 황량한 잿빛 계란형 건물을 보라. 눈물만 나올 것이다.

푸터 씨*는 타운하우스에 산다고 조롱당했지만, 우리는 현관에 발깔개가 있고 린텔† 위 박공벽에선 어딘가 고전미가 느껴지며 집 뒤편에 손바닥만 한 뜰이 있는 바로 그런 집에 살기를 갈망한다. 런던 사람들은 빅토리아 시대에 조지프 배절제트라는 천재가 런던 땅 밑에 설치한 거대한 하수관망을 통해 매일매일 오수를 내보낸다. 런던 사람들은 세상 어디에도 지하철이 없던 시대에 빅토리아인들이 지은 지하철역으로 들어가서 그들이 뚫어 놓은 터널 속으로 모습을 감춘다. 런던의 간선에 놓인 거의 모든 역은 빅토리아 시대 건축에 관한 고고학 자료나 다름없다.

미국에는 로큰롤 위에 세운 도시가 있다고 이야기한다. 그렇다면 현대 런던은 "벽돌과 레일 위에 세운 도시"이며 더 정확히는 빅토리아 시대의 벽돌과 레일 위에 세워진 도시이다. 그런데 빅토리아 시대의 이 모든 건설 활황에는 그것을 가능케 한 공통의 자원이 하나 있었다. 공학자들이 홀본에 육교를 놓고 강바닥에 터널을 파는 데 동원한 장비가 하나 있었다. 증기기관이나 전기 설비보다도 중요한 기술적 노하우가 있었다. 그것은, 투자금이 수익과 함께 되돌아오리라는 확신하에 합리적인 이율로 돈을 빌려주는 기술 및 돈과 리스크 관리에 따르는 모든 관련 기술들이었다. 런던에는 부채를 사는 전문가와 부채를 파는 전문가, 그리고 그 부채가 앞으로 상환될지 아닐지에 내기를 걸어 돈을 버는 전문가가 있었다.

[*] 19세기 말, 조지 그로스미스가 쓴 코믹 소설 『어느 평범한 사람의 일기』의 주인공.

[†] lintel: 건축물에서 입구 위에 수평으로 가로질러 놓인 석재로 상인방(上引枋)이라고도 한다.

빅토리아 시대 런던은 시티의 금융업을 토대로 위대해졌다. 월터 배젓이 1873년 『롬바드 가: 금융시장에 대한 기술』(*Lombard Street: A Description of the Money Market*)에서 지적한 대로 시티의 세계적인 공헌은 개인의 부를 금융시장으로 끌어들인 것이었다. "마치 물이 흘러 흘러 제자리를 찾아가듯이 잉글랜드의 자본은 그것이 가장 필요하고 가장 효율적으로 쓰일 장소를 빠르고 확실하게 찾아간다." 런던에는 상업은행과 어음할인 시장이 있어 서머싯의 사과주 제조업자들, 링컨셔에 사는 할머니들의 저금이 미국이나 프로이센에 철도를 놓는 데 쓰일 수 있었고 실제로 그렇게 쓰였다.

런던 은행가들의 보증은 세계 무역의 바퀴에 윤활유가 되었다. 1858년 영국 하원의 한 특별위원회에서는 이런 말이 나왔다. "보스턴에 사는 사람은 매더슨이나 베어링의 이름이 찍힌 신용장 없이는 광둥의 차를 구입할 수 없다." 런던이 국제 금융 서비스의 중심이 된 것은 비단 이 도시가 점점 커 가는 세계 제국의 심장부에 있어서만이 아니었다. 비단 세계에서 가장 큰 도시라서, 다른 여러 수도와—저 굼뜬 그레이트 이스턴 호가 부설에 참여했던 해저 케이블들을 통해—긴밀하게 연결되어 있어서만이 아니었다. 물론 전술한 특징도 모두 중요했지만, 금융의 핵심은 우리가 만지는 모든 은행권에 쓰여 있는 그 약속이다.

금융은 무엇보다도 지불에 대한 약속 위에 성립하며, 이 약속에는 신용이 필요하다. 그리고 신용은 차분한 환경에서 더 잘 쌓인다. 런던이 국제 투자가들의 거점이 된 가장 큰 비결은 유럽 어느 나라에 견주어도 외부의 위협이 적어 언제나 평화롭고 안정적인 섬나라의 수도라는 데 있었다. 런던은 그 어느 곳에서도 찾을 수 없는 표현의 자유와 결사의 자유 등 여러 중요한 측면에서도 가장 살기 좋은 도시였다.

중세 이래 은행업은 대체로 주변인, 특히 유대인의 직업이었다. 이

속고 나폴레옹 시대의 지각변동 속에서 수완 좋은 인재들이 점점 많이 런던으로 유입되었다. 그리고 그들은 베어링가(家)를 마주했다. 이 가문은 이름에서 어딘가 게르만의 냄새가 나긴 해도 자신들은 유대인이 아니며 엑서터 지방에 정착했던 루터파 목사의 후손임을 애써 강조했다.

베어링가는 업계 최고라는 타이틀을 즐겨 주장했다. 존 베어링이 런던에 온 시점이 1763년이며, 19세기에 이르면 최소 다섯 개의 귀족 작위 및 성들, 뇌조 사냥지들, 경주마들, 아름다운 아내들을 소유했고, 정부와의 활발한 거래 관계는 무려 1995년까지 계속되었다. 그러다 닉 리슨이라는 싱가포르의 불량 중개인 하나 때문에 극적으로 파산했다.

1795년에는 프랑스군에 정복당한 암스테르담의 세파르디계 유대인이 런던으로 건너왔고, 그다음에는 나폴레옹군에 점령당한 독일 도시들에서 슈로더, 브란트, 후스, 프륄링, 고셴 등의 유대인과 비유대인이 건너왔다. 터키의 박해를 피해 비행기를 타고 온 그리스 은행가들도 있었다. 1840년에는 독일과 덴마크에서 활동하던 햄브로스가 왔다. 1846년에는 비쇼프샤임과 골드슈미트가, 1855년에는 클라인워트가 도착했다. 피바디, J. P. 모건의 아버지 J. S. 모건 같은 미국인도 런던으로 왔다. 그리고 로스차일드가 왔다.

로스차일드는 일개 가문이 아니었다. 종교와 DNA의 끈으로 묶인 합작 기업이었다. 하나의 제국이었다. 유럽의 주요 수도 어디에나 그들의 은행이 있었기에 로스차일드가를 지구를 에워싼 거대한 문어에 빗대는 반유대적인 비유가 등장하기도 했다(최근에는 골드만 삭스를 묘사할 때 똑같은 이미지를 사용하는데, 여기서는 오늘날의 반금융가 정서에 따라 문어 대신 흡혈 오징어가 인류의 얼굴을 감싸고 있다).

성실한 데다 암산에 능했던 로스차일드가는 세계 최고의 부자가 되었다. 미다스 왕이나 크로이소스 왕보다 훨씬 부유했다는 계산도 있으니 그렇다면 역사상 최고의 부자였다. 이들은 격동의 나폴레옹 시대에 처음으로 한밑천을 마련했다. “전쟁은 만물의 아버지”라고 헤라클레이토스는 말했다. 국제 채권 시장 역시 전쟁의 산물이었다. 나폴레옹과 웰링턴이 군사 편성에 능했다면 로스차일드가는 돈을 편성하는 데 기발한 재주가 있었다. 한 동시대인은 이 가문을 우러러 ‘금융의 보나파르트들’이라고 불렀다. 이들의 작전 거점은 런던이었다.

로스차일드가의 이야기는 1577년에 시작된다. 프랑크푸르트의 유대인 거리(Judengasse)에 이자크 엘카난 로트실트라는 남자가 살았다. 그 시대 유대인은 활동에 엄격한 제약을 받았다. 무기나 향신료, 와인, 곡물은 취급할 수 없었고, 주일이나 기독교 명절에는 거주지에만 머물러야 했다. 주화 거래와 대금업으로 먹고살았으나 그것으로 쌓을 수 있는 부에는 당연히 한계가 있었다.

프랑크푸르트 유대인이 이러한 구속에서 해방된 계기는 1789년 프랑스혁명이었다. 이때 마이어 암셸 로트실트라는 사람이 기회를 제대로 잡았다. 그는 나폴레옹에게 추방당한 헤세카셀 선거후(選擧侯)의 ‘펀드 매니저’로서 그의 자산을 신중하고도 효과적으로 운용하여 부를 쌓았다.

고집 센 노인 마이어는 아들들에게 “잘나가는 정부보다는 난관에 빠진 정부와 거래해라”라든가 “사랑받을 수 없다면 차라리 두려워하게 해라” 같은 유용한 원칙을 전수했다. 무척 섬뜩한 교훈도 있었다. “지체 높으신 양반이 유대인과 (경제적으로) 손잡았다면, 그는 유대인의 것이다.”

아들 하나가 그의 교훈을 제대로 익혔다. 네이선 메이어는 직물 수입상으로 맨체스터로 건너왔다가 1804년 런던으로 이주하여 NM

로스차일드 은행을 설립했다. 그리고 곧 영국의 대(對) 나폴레옹전쟁에 자금을 융통하게 되었다. 반도전쟁 당시 에스파냐와 포르투갈의 공급업자들이 지폐를 받고는 웰링턴 부대에 식량을 공급하려 하지 않자 네이선 메이어는 대륙으로 금괴를 반송했다. 1815년 영국 정부의 NM 로스차일드 은행 외상은 1000만 파운드에 달했으며, 리버풀 경은 네이선을 "매우 유용한 친구"라고 표현했다.

그는 증권거래소에서도 이미 거물로 통했다. 당시에 쓰인 한 출처 미상의 기록은 그가 그 "로스차일드 기둥"에 기대어 "두툼한 손을 양 주머니에 꽂은 채로 소리도 움직임도 없는 무자비한 간계를 펼치기 시작하는" 모습을 묘사했다. 독기 어린 묘사는 이렇게 계속된다. "사람의 눈은 영혼의 창이라고들 한다. 그러나 로스차일드의 경우, 그의 눈은 창이 아니거나 그 창으로 비칠 영혼이 없다고 해야겠다." 이 기록에 따르면 웰링턴의 승보를 가장 먼저 들은 사람이 네이선 메이어였다. 그의 전령 하나가 발 빠르게 벨기에에서 건너와 소식을 전했다. 네이선은 서신의 도입부만 훑어보고는 곧장 정부로 향했다.

그러나 정부는 그의 말을 믿지 않았다. 막 카트르 브라에서 패보가 날아온 참이었기 때문이다. 이에 네이선은 증권거래소로 향했다. 결국 소식이 퍼지면 당연히 국채(영구공채) 가격이 오를 테니, 평범한 사람이었다면 국채를 사들였을 것이다. 그는 달랐다. 그러기엔 너무나 교활한 사람이었다.

그는 납덩어리 같은 눈에 해독 불가능한 눈빛을 띤 채 기둥에 기대어 섰다. 그리고 영국 정부의 영구공채를 팔기 시작했다. 그것도 아주 낮은 가격에 무더기로. 어찌나 빠르게 팔아 치웠는지 거래소에 일대 파장이 일었다. 중개인들은 그가 뭔가를 알고 있는 게 틀림없다고 판단했다. 그물망처럼 퍼져 있는 그의 요원들이 워털루의 패전을 알려 온 것이 틀림없었다.

"워털루에서 패배했다네!" 사람들이 귀에서 귀로 전했다. 네이선은 계속해서 국채를 매도했고 영구공채 가격은 폭락했다. 그러다 최후의 최후에, 그가 방향을 틀었다. 매수로 돌아선 것이다. 마치 영화 〈대역전〉(Trading Places)의 클라이맥스에서 에디 머피와 댄 애크로이드가 냉동 오렌지 주스 시장을 매점한 것처럼 NM 로스차일드는 똥값이 된 영국의 영구공채를 대거 긁어모았다.

그 직후, 웰링턴의 역사적인 승리가 영국에 전해졌다. 국채 가격이 다시 치솟았고, 네이선은 본인이 공작한 이 롤러코스터로 2000만 파운드인지 1억 3500만 파운드인지를 벌었다. 1960년대에 로스차일드가(家)의 역사를 정리한 저술가는 조롱조로 말한다. "이 공황 작전으로 인해 얼마나 많은 사람의 기대와 저금이 증발했는지 우리는 짐작도 할 수 없다." 이것은 1940년 요제프 괴벨스가 퍼뜨린 이야기로, 그는 저 간교한 유대인이 프랑스 장군을 매수하여 전투에 지게 했다는 디테일도 첨가했다.

실상은 다소 달랐다. 호메로스가 차린 진수성찬의 찌꺼기로 배를 불린 아이스킬로스처럼, 나는 니얼 퍼거슨의 1000쪽짜리 명저 『로스차일드』에 큰 빚을 지며 이 글을 쓰고 있다. 저자에 따르면 로스차일드가는 워털루전투로 인해 패가하기 일보 직전이었다. 그들은 전쟁이 훨씬 더 오래 이어지리라 예상하고 막대한 양의 금괴를 축적해 두었다. 그들이 첩보망을 통해 워털루의 특종을 입수한 것은 사실이나, 소식을 언제 들었느냐가 중요한 게 아니었다. 소식이 들어왔다는 것 자체가 그들에겐 비보였다.

이제 군대가 해산할 것이고, 식량을 공급할 필요가 없어질 것이다. 그러면 금 가격이 떨어질 것이다. 파멸에 가까운 손실이 코앞에 있었다. 그래서 네이선 메이어는 자구책을 마련했다. 그 방법은 괴벨스가 유포한 이설만큼 매국적(네이선은 귀화 영국인이었다)이진 않았으나 매우 간교하기는 했다. 종전은 어디까지나 영국 정부에 좋은 소식이었다. 앞으로 빚이 줄 테고, 그렇다면 국채 가격이 오를 터였다.

그래서 네이선 메이어는 정부의 영구공채를 더 샀다. 어느 시점에 이르자 경쟁자들은 가격이 더는 오를 수 없다고 판단했지만 그는 그 한참 후까지 계속 채권을 매입했다. 형제들이 좀 더 신중을 기하라고 경고했을 정도였다. 그는 1년 내내 국채를 사들였고 마침내 채권 가격이 처음보다 40퍼센트 상승했다. 그는 바로 그때 채권을 팔기 시작했고, 알려진 대로 큰 이익을 보았다. 그러나 그가 거둔 정확한 차익은 추측을 한참 벗어난 6억 파운드였다.

베어링 가문은 경탄과 존경의 눈길로 그들을 바라보았다. 유대계 독일인 시인 하인리히 하이네는 이렇게 말했다. "우리 시대의 신은 돈이며 그가 선택한 예언자는 로스차일드이다." 네이선 메이어가 세상을 떠난 1836년이면 로스차일드가는 유럽 정계의 중심에 있었다. 네이선은 유럽 대륙의 모든 군주와 모든 총리를 장기판의 말처럼 움직일 수 있었다. 그가 각 정부의 재정에 끼치는 영향력이 얼마나 막대했는지 로스차일드가의 동의 없이는 어떤 전쟁도 시작될 수 없다는 말까지 있었다. 네이선 메이어의 개인 재산은 영국 GDP의 0.62퍼센트에 해당했다.

로스차일드 가문에 없는 것은 딱 하나였다. 워털루 이후의 대성공을 둘러싼 중상모략을 떠올리면 우리는 그게 무엇인지 쉽게 짐작할 수 있다. 그는 '인정'받지 못했다. 성공한 유대인 은행가들은 일상적인 모욕과 무시에 익숙해져 있었다. 나아가 제도적인 차별이 존재했다. 로스차일드 가문은 3대째에 이르러 그것을 밟아 없애기로 했다.

네이선의 아들 라이어널은 향후 10년간 유대인도—일단은 그 자신부터—런던 최고의 클럽에 입장할 권리를 쟁취하기 위해 작전을 펼쳤다. 즉, 그의 목표는 하원이었다. 새로 선출된 하원의원은 오랜 관습과 관례에 의거해 기독교적 색채가 강한 충성 서약을 해야 했다. 계율을 지키는 유대인에겐 불가능한 일이었다. 자유당과 언론을 등에 업은 라이어널은 마침내 이 문제를 시험대에 올리기로 했다.

그는 1847년 여름에 시티 오브 런던 선거구에 출마했다.《타임스》의 주필이자 그의 열성 지지자인 존 딜레인이 출마 연설문을 써주었고《이코노미스트》도 그의 편이었다. 한편 늘 어딘가 편협한 구석이 있던 토머스 칼라일은 라이어널이 자신에게 두둑한 보수를 약속하며 유대인 해방을 옹호하는 팸플릿을 써 달라고 요청했으나 자신이 거절했다고 주장했다. "유대인은 끔찍하다. 그런데 사이비 유대인, 돌팔이 유대인은 어떨까? 어떤 진정한 유대인이 의원이 되겠다고 나설 수 있단 말인가? 아니, 어찌 그 자신의 비참한 조국 팔레스타인 외의 다른 나라에서 국민이 되려고 할 수 있단 말인가? 진정한 유대인의 모든 생각과 걸음과 노력은 어디를 향하겠는가?"

칼라일의 독설에는 별 힘이 없었다. 라이어널은 흔한 용매를 이용해 문제를 풀어 갔다. 존 윌크스 시대 이래 간간이 뇌물을 받아 온 시티 유권자들에게 돈을 넉넉히 쥐어 준 것이다. 그는 중선거구에서 세 번째로 많은 표를 얻어 당당히 당선되었다. 그의 동생 너새니얼은 이렇게 말했다. "이 일은 우리 가문의 위대한 승리였을 뿐 아니라 독일 및 세계 곳곳에 있는 가난한 유대인들에게 대단히 이로운 결과였다."

이제 단 하나의 암초가 남았다. 의회에 입성하려면 "기독교도의 믿음으로" 충성을 맹세해야 했다. 유대인으로서 당선도 쉽지 않았지만, 라이어널은 의회를 설득하여 취임 선서를 바꾸기까지 해야 했다. 이때 용감무쌍하게 싸움에 동참한 사람이 있었다.

곱슬머리가 인상적인 소설가이자 모험적인 정치가인 디즈레일리는 열두 살 때 세례를 받고 기독교도가 되었지만, 혈통으로나 입장으로서나 더없이 친유대적인 인물이었다. 그는 라이어널을 아꼈다. 그의 소설 『탠크레드』(*Tancred*)에는 로스차일드 제국 전체에 경의를 표하는 대목까지 담겨 있다. 유대인 금융가의 딸 에바가 탠크레드에게 묻는다.

"유럽에서 가장 위대한 도시는 어디인가요?"
"두말할 것 없이 제 조국의 수도, 런던이지요."

(…)

"그곳에서 가장 높으신 분은 얼마나 부자일까요! 궁금해요. 그는 기독교도인가요?"
"그분은 당신과 같은 핏줄과 신앙을 가졌답니다."
"파리는 어떤가요? 파리 최고의 부자는 누구인가요?"
"런던 최고의 부자인 그분의 형제입니다."
"빈이라면 제가 잘 알아요." 여자가 미소를 지으며 말했다.
"황제께서 저의 동향들에게 영지를 하사하시지요. 아무렴, 그들이 떠받치지 않으면 이 제국도 한 주 안에 무너질 것입니다."

라이어널은 디즈레일리가 프랑스 철도 주식 투기에 도움을 준 바 있었고, 지금 우리가 이야기하는 바로 그 시기에는 여러 채의 저택과 호화로운 생활 때문에 진 빚을 갚도록 큰돈을 빌려주었다. 검은 머리에 미인이었던 아내 샬럿은 디즈레일리의 아내 메리 앤과 친구 사이였다. 게다가 자식이 없는 메리 앤은 로스차일드 부부의 다섯 아이를 약간 과하다 싶을 만큼 애지중지했다.

이제 디즈레일리는 그의 후원자 및 유대인 전체를 대신하여, 유대인은 예수를 살해함으로써 하느님의 일을 행했다는 신통찮은 논지를 내세우며 의회와의 싸움에 뛰어들었다. 유대인은 하느님의 "자비로운 의도를 달성"한 것이고 "인류를 구원"한 것이라는 주장에 하원의원들은 놀라움을 감추지 못했다. 디즈레일리는 기독교를 "완성된 유대교"라고까지 정의했다. 그는 이 문제를 본인의 복잡한 정체성을 표명할 기회로 여겼던 것이다.

자유당 지지자들은 그의 연설을 마음에 들어 했다. 토리당의 다수는 아연실색했다. 138명에 달하는 의원이 당 지도부에 이의를 제기했다. 오거스터스 스태퍼드는 이렇게 주장했다. "디즈레일리가 구세주를 십자가에 못 박은 자들과 못 박힌 구세주 앞에 무릎 꿇은 자들이 전혀 다르지 않다고 선언할 때, 내가 그에게 환호성을 보내야만 합니까?" 토리당은 그들의 원시적인 본능을 드러내었다. "교황 반대, 유대인 반대"를 외치던 당의 옛 모습으로 공공연히 돌아가고 있었다. 당수 벤팅크는 동료들이 내뿜는 유독한 반동 기운에 절망하고 사임했다.

어쨌든 유대인에 대한 구속을 철폐하는 법안은 토리당의 반대를 넘어 하원을 통과했다. 그러나 상원에서는 훨씬 더 지난한 격론이 벌어졌다. 1848년 5월, 상원에서 이 법안이 논의된 그날 밤, 샬럿은 남편의 귀가를 밤늦게까지 기다렸다. 이윽고 새벽 3시 30분에 라이어널이 돌아왔다. 그는 여전히 미소를 머금고 있었으나—"여간해선 동요하지 않는 대단한 자제력의 소유자였다"— 다른 가족과 지지자 들의 얼굴은 분노와 모멸감에 붉으락푸르락했다. 그들은 샬럿에게 의사록을 읽지 말라고 했다. 그만큼 추잡한 말들이 오갔던 것이다.

"5시에 잠자리에 들었다가 6시에 다시 깼다. 꿈에 거대한 흡혈귀가 내 피를 게걸스럽게 빨아들였다. (…) 투표 결과가 공표되었을 때, 시끄럽고 열정적으로 찬성을 외치는 고함이 의회를 뒤흔들었던 것 같다. 왜, 우리는 그렇게 심한 미움을 받을 이유가 없건만. 금요일 내내 격한 흥분이 가시지 않아 울고 또 울었다."

주교들이 법안에 반대하는 발언을 했으며, 특히 후에 진화론을 공격하여 톡톡히 망신을 사게 되는 윌버포스가 돋보였다. 왕의 삼촌인 컴벌랜드 공작은 우리 구세주의 존재를 부정하는 자들이 하원에 입회하는 것은 끔찍한 일이라고 말했다.

결국 라이어널은 담대한 (그러나 꽤 예상 가능한) 조치를 취했다. 그는 상원마저 매수했다. 동생 너새니얼은 법안이 실제로 통과될 때까지는 돈을 주지 말라고 충고했다. "법안 통과를 결정할 사람들에게 너무 많은 것을 주고 나면 이쪽에서 할 수 있는 일이 더는 없으니까요." 심지어 라이어널은 여왕에게 지대한 영향력을 행사한다고 알려진 그의 배우자인 앨버트 공에게도 매수 비슷한 것을 시도했다.

1850년, 수정된 선서를 통해 의석에 앉을 수 있을지 시험하기에 며칠 앞서 라이어널은 여왕의 남편이 공들이고 있던 사업에 5만 파운드를 기부했다. 하이드 파크의 수정궁에서 찬란하게 막을 올릴 만국박람회가 그것이었다. 독자 여러분이 언젠가 '앨버토폴리스'*에 남아 있는 1851년 박람회의 장엄한 유산을 보게 되면, 라이어널 로스차일드를, 유대인 해방을 위한 투쟁을, 그리고 왕족에게 뒷돈을 찔러주는 은밀한 기술을 함께 떠올리길 바란다.

1857년, 10년간 영국의 기성세력과 끈질기게 교전한 끝에 라이어널은 의회에 입성했다. 상원은 (크림전쟁에서 살육을 지휘하고 막 돌아온) 루칸 백작의 제안으로 유대인은 "기독교도의 참된 믿음으로"라는 구절을 삭제하고 선서할 수 있도록 하원의 절차를 바꾸게 했다.

라이어널과 그의 가문과 그들의 결의는 완벽한 궁극의 승리를 일구었다. 그가 실제로 하원에 입성했다는 이유, 또는 그곳에서 발언을 했다는 이유에서가 아니라, 마땅한 순리를 지켜 냈다는 의미에서 그렇다. 그간 런던의 로스차일드가는 스스로 선택한 조국에 어마어마하게 봉사했다. 대(對) 나폴레옹전쟁에 자금을 댔고 그로써 (당대의 표현을 빌리면) 폭정으로부터 대륙을 구했다.

[*] Albertopolis: 1851년 만국박람회를 기념하여 조성된 런던 사우스 켄싱턴의 박람회 거리(Exhibition Road) 일대를 일컫는 말로, 교육, 문화 시설이 밀집되어 있다.

그들은 런던이 국제 채권 시장의 중심지가 되어 세계 금융 수도로서 더욱 강고한 위상을 다지는 데 기여했다. 또 개인 투자를 바탕으로 철도처럼 장기 성장과 경쟁력 강화에 없어서는 안 될 거대 인프라 사업을 진행하는 방법을 제시했다. 그리고 제국이 수에즈운하를 확보하여 측정 불가능할 정도의 이익을 누리는 데 일조했다.

그들은 라이어널의 집념 덕분에 더 멋진 일까지 해냈다. 유럽의 다른 도시들은 1848년 이후 반유대주의 역풍을 겪고 있던 때에 라이어널은 휴머니티와 상식이라는 동기에서 법의 수정을 견인했다. 대단한 변화는 아니었어도 진작 그렇게 되었어야 했던 일이다. 이는 결코 시시한 업적이 아니었다. 로스차일드 가문이 신장한 개방성과 관용, 다원주의는 향후 150년 동안 이 도시의 가장 큰 매력으로 작용하게 되므로. 영국은 바로 이 측면에서 네이선 메이어의 출생국이자 당시 영국의 가장 강력한 경제 라이벌로 부상하고 있던 독일과 비극적일 만큼 대조적인 행보를 보이게 되므로.

20세기의 로스차일드가는 선대만큼 성공하지는 못했다고 봐야겠다. 어느 시점에서 미국에서 돌파구를 마련해야 했으나 그러지 못했고, 사회적 인정투쟁 면에서는 지나치게 멀리 나갔다. 그들은 베어링가를 본떠 귀족 작위를 손에 넣었을 뿐 아니라, 이 나라의 모든 성공한 상인과 마찬가지로 트위드 코트와 12구경 엽총 차림의 완벽한 토지 귀족이 되려는 그릇된 열망에 사로잡혔다.

이들은 영국과 유럽 곳곳에서 이런저런 양식을 한껏 차용하여 화려한 저택과 성을 지었다. 런던의 거너즈베리 파크부터 버킹엄셔의 워데스던, 프랑스 중부의 페리에르와 카프 페라까지, 마지막으로 셈했을 때 총 41채였다. 이런 일에는 시간이 걸리는 법이다. 말은 훈련시켜야 하고, 수목원은 가꾸어야 하고, 하인은 세심하게 다루어야 한다. 그러다 금융에 쏟아야 할 활기가 소진된다. 네이선 메이어라면 그런 일을 용납하지 않았을 것이다.

지금도 로스차일드가 청년들은 옛 유고슬라비아의 해안에서 호화로운 요트 파티를 연 것으로 신문의 일면을 장식할 수 있다. 그러나 전쟁에 나가기 전에 그들에게 허가를 구하는 사람은 더 이상 없다. 네이선의 시골 별장이었던 거너즈베리 파크는 박물관이 되었다. 워데스던은 게티가(家)에 팔렸고, 피커딜리 148번지는 공중 분해되었다.

그렇지만 역사의 큰 물줄기를 알아보는 사람들에게는 NM 로스차일드 은행이 아직 그곳 디즈레일리 시절에 있던 자리에 서 있으며 여전히 교통 인프라 투자에 관해 유용한 조언을 제공하고 있다는 사실이 위안이 될 것이다. 이 은행은 최근 런던 교통국이 지하철 개선 사업에서 재앙과도 같았던 '민관제휴사업'을 결국 철회하고 더 나은 체제를 수립하는 과정에도 힘을 보탰다.

흔적 없이 밀려 버린 피커딜리 148번지와 한적했던 시절의 파크 레인을 생각하다 보면 또 하나의 거대한 교통 인프라 구상이 떠오른다. 현재 교통부의 서류철 어딘가에는 어니스트 마플스가 구축한 도시고속도로의 속도와 실용성은 그대로 유지하면서도 파크 레인 및 피커딜리 서쪽 경계를 과거처럼 꽃향기 나는 행복하고 특별한 대로로 바꾸는 획기적인 계획안이 꽂혀 있다. 파크 레인 밑에 터널을 뚫으면 된다. 비용은 대로 서편 및 마플스가 철거용 쇳덩이를 휘둘렀던 구역에 일급의 부동산을 조성해서 충당하면 된다.

물론 그러려면 대규모의 선행 투자가 있어야 하고, 적당한 이율에 돈을 빌려줄 은행을 찾아야 할 것이다. 라이어널 로스차일드가 그런 사업에 필요한 모든 것을 알아냈던 덕분에 지금 런던에는 그의 교훈을 잘 배운 은행가가 수두룩하다.

라이어널 로스차일드가 자금 조성에 일조한 만국박람회가 열린 그해에 런던에는 수십만, 많게는 수백만의 빈민이 헛간 같은 집에서 (찰스 디킨스의 표현을 빌리면) 황소도 쓰러뜨릴 만큼 극심한 악취가 나는 잿더미에 둘러싸여 살아가고 있었다.

최하층 사람들은 입장료를 내고 박람회를 구경할 형편이 못 되었다. 그 시대 풍자만화들은 가난뱅이들이 유리벽에 달라붙어 눈을 휘둥그렇게 뜬 모습을 보여 준다. 이 나라는 하늘의 정하심에 따라 해상을 지배하게 되었고, 알버트 공이 켄싱턴에 조성한 재물신 제단에 세상의 모든 보화를 쌓게 되었다. 런던이 세계 최고의 도시라는 사실을 저 가난한 이들이 알았더라면, 과연 조금이라도 위안이 되었을까? 나로선 잘 모르겠다.

인종차별, 성차별, 식민주의, 제국주의, 문화 우월주의, 고속 자본주의로 점철된 만국박람회는 현대의 취향에서는 도저히 받아들이기 어려운 난잡한 축제였다.

그러나 이와 함께 기억해야 하는 사실이 있으니, 빅토리아 시대의 자본주의는 생활 수준을 높이고 가사의 편리를 증대했으며 그로써 인쇄술 혁명 이래 가장 중요한 사회적 혁명의 발발에 일조했다. 바로 여성해방 운동이었다. 19세기 말이면 참정권을 요구하는 여성들이 거리에 설 것이었다. 그런데 그 한참 전에 런던으로 와서, 남자들과 겨루고 거부당하기를 거부한 두 여자가 있었다. 그중 한 사람은 소수 인종이었다.

핑퐁

빅토리아인들이 세상에 기여한 모든 것 가운데 현대 문화에 가장 널리 스며 있는 것은 단연 스포츠다. 전 피파 회장 제프 블라터는 "축구는 중국에서 발명된 스포츠"라는 발언으로 세계인을 충격에 빠뜨린 적이 있다. 인류를 하나로 통합하는 이 위대한 놀이가 1863년 런던에서 성문화되었다는 사실을 잘 알면서 그런 말을 하다니. 서기전 3세기에 하던 축국(비단 천의 구멍에 가죽 공을 차 넣는 놀이라고 한다)이 얼마나 대단한 스포츠였는지 몰라도, 오늘날 우리가 말하는 축구와는 아무런 관계가 없다.

현대 올림픽의 역사는 슈롭셔의 머치 웬록이라는 마을에서 시작되었다. 1850년 이 지역의 윌리엄 페니 브룩스라는 의사가 '머치 웬록 올림픽'을 주최하여 윌배로 레이스*, 노래자랑 등 별의별 게임을 진행했다. 이 행사가 얼마나 성황을 이루었는지, 그리스 국왕과 그리스 총리, 런던의 그리스 대사는 아테네에서 진짜 올림픽을 부활시켜야 한다는 열렬한 한편, 그들로서는 다소 어리둥절한 탄원에 시달렸다. 결국 브룩스의 아이디어는 프랑스의 친영파 스포츠광 피에르 드 쿠베르탱 남작이 계승했다.

이런 일이 19세기 내내 벌어졌다. 영국인은 (주로 런던에서) 수많은 스포츠 종목을 성문화했다. 1866년 웨스트 브럼프턴에서 설립된 '육상 협회'는 이후 '아마추어 육상 협회'로 발전하여 모든 현대적 육상 경기의 규칙과 원형을 만들었다. 남자들은 유사 이래 언제나 서로 머리통을 치고 박으며 놀았고 호메로스의 『일리아드』에도 복싱에 관

[*] wheelbarrow races: 한 사람은 두 팔로 땅을 짚고 한 사람은 앞사람의 다리를 잡고 가는 2인 1조 경주.

한 언급이 있다. 그러나 글러브 착용, 끌어안기 금지 등 세목을 규정한 현대 복싱의 규칙은 1867년 런던에서 퀸즈버리 후작이 정리했으며, 그래서 그 이름이 '퀸즈버리 룰'이다. 1871년, 콕스퍼가의 팰맬 식당에는 32명의 건장한 남자들이 모였는데, 이것이 '럭비 풋볼 협회'의 시작이다. 1882년, 조정 선수들은 '아마추어 조정 연합'을 꾸리고 그간 템스 강에서 벌여 온 치열한 승부를 공식화하기로 했다. 고대 그리스의 돋을새김 작품에는 사람들이 하키로 보이는 놀이를 하는 장면이 있으나, 현대 하키의 규칙은 1886년 '하키 협회'의 창립과 함께 정립되었다.

현대의 론 테니스*는 월터 클럽턴 윙필드라는 별난 소령이 발명했다. 원래 공놀이를 뜻하는 그리스어 '스파이리스티케'(sphairistike) 또는 줄여서 '스티케'(stické)라고 부르던 스포츠가 있었다. 1888년는 윙필드가 선호했던 모래시계 형태 대신 직사각형 코트가 채택되었고 '론 테니스 협회'가 발족했다. 라켓은 런던 채무자 감옥의 수감자들이 처음으로 사용했다. 세계 최초의 스쿼시 코트는 해로에 생겼다. 크리켓의 발상지는 메릴본이다. 역사 최초의 공식 수영 대회는 1837년 하이드 파크 서펜타인 호수에서 열렸던 것으로 보인다.

모든 사례에서 드러나듯 빅토리아 시대 사람들은 꾸준히 할 만한 스포츠 활동을 선택하고 그것을 집요하게 즐기다가 때가 되면 규칙을 수립했다. 그 이유 중 하나는 규칙이 있어야 퍼블릭 스쿨의 '페어플레이' 정신을 구현할 수 있기 때문이었고, 또 다른 이유는 규칙이 있어야 내기의 승자를 결정할 수 있기 때문이었다.

그러나 한 종목만큼은 전적으로 영국인이 발명했다고 할 수 있다. 즉 발상부터 성문화까지 일체의 과정이 영국에서 이루어진 스포츠가 있다. 빅토리아인들은 어찌나 활력이 넘쳤던지 1880년대에 새로운 식사 후 여흥을 고안하기에 이르렀다. 그들은 식탁을 치우고 그 한가운데에 책을 일렬로 세워 장벽을 만들었다. 그러고는 샴페인 마개

[*] lawn tennis: 야외의 잔디 코트에서 벌이는 테니스 경기로, 테니스의 공식 명칭.

나 끈, 또는 그 비슷한 잡동사니로 작은 공을 만들고, 책이나 시가 박스 뚜껑을 이용해 식탁 위로 공을 주고받으며 놀았다.

1890년에 최초로 특허를 낸 형태는 천으로 감싼 30밀리미터짜리 고무공, 끈을 팽팽하게 엮은 라켓, 테이블 전체를 둘러싼 낮은 나무 펜스가 사용했다. 1년 뒤 런던의 게임 회사 존 자크는 '고시마'(Gossima)라는 이름으로 50밀리미터짜리 코르크 볼, 약 30센티미터 높이의 네트, 양피지로 만든 라켓으로 구성된 세트를 출시했으니, 이때부터 핑퐁핑퐁 소리가 나기 시작했다.

시장에는 휘프웨프, 폼폼, 펌팜, 네토, 핑퐁, 거실 테니스, 테이블 테니스 같은 이름의 변종들이 출현했다. 그러나 곧 '핑퐁'과 '테이블 테니스'만이 남았고, 1903년에는 둘의 규칙을 하나로 통일시켜 '테이블 테니스 협회'가 출범했다.

우리는 탁구라는 멋진 스포츠가 어쩌다 잉글랜드의 식탁에서 시작되었는가 하는 흥미로운 질문을 던질 수 있다. 식사가 끝난 뒤로도 대화를 이어가기가 부담스러웠던 탓일지도 모른다. 혹은 먹는 데는 별 관심이 없어서, 혹은 비 때문에 야외 테니스를 즐기지 못할 때가 많아서였을지도 모른다. 아니면, 빅토리아인들은 세상 그 어느 지역보다 부유해서 한가롭게 샴페인 마개를 '핑퐁'거릴 수 있었기 때문이었는지도 모르겠다.

플로렌스 나이팅게일과 메리 시콜

Florence Nightingale and Mary Seacole

간호학을 개척하다

그날 밤 플로렌스 나이팅게일은 피곤하기만 했을 것이다. 그녀는 축하연을 좋아하지 않았다. 술도 즐기지 않았다. 실로 알코올이라면 질색했다.

1856년 8월 25일, 케닝턴의 로열 서리 가든즈는 고막이 터질 듯 시끄러웠다. 연미복을 차려입은 군인 2000여 명이 불쾌한 얼굴로 나이팅게일의 건강을 빌며 고래고래 축배를 들고 있었다. 분위기는 점점 더 달아올랐다. 노랫소리가 신축 뮤직홀의 연철 기둥과 발코니 사이사이로 울려 퍼졌다. 이들은 크림전쟁의 광기와 학살에서 살아남은 것이 기뻤다. 저 상석에 앉은 천사가 자랑스러웠다. 그래서 거듭거듭 그의 이름을 외치는 가운데 점점 뮤직홀 천장에 발린 회반죽처럼 거대한 곤죽이 되어 갔다.

그때 한층 더 큰 소동이 일었다. 좌중에 여자가 한 명 더 있었다. 나이팅게일 못지않게 유명하고 나이팅게일만큼 사랑받은 사람이었다. 병사들은 우레와 같은 환성과 함께 그녀를 공중으로 들어 올려 의

자째 네 거구의 어깨에 앉혔다. 짐작건대 나이팅게일은 이 저급한 곡예를 지켜보다가 여자의 페티코트가 드러난 광경에 경악했을 것이다.

나이팅게일의 라이벌은 군중 사이를 옮겨 다녔다. 건장한 병장 둘이서 누가 옷자락이라도 만지지 못하도록 그녀의 곁을 호위했다. 메리 시콜의 얼굴은 가스등 아래에서 빛을 뿜었으며 그의 시선이 향하는 곳마다 함성이 터졌다.

그날 시콜은 늘 제 '아이들'을 사랑했던 간호사로서 순수한 기쁨을 발산했다. 병사들의 술자리에는 아주 익숙했다. 무엇보다 그는 잉글랜드 역사상 최초로, 아니 서양 역사상 최초로 흑인 여자가 공적인 자리에서 아첨을 받고 있다는 사실에 자부심을 발산했다.

높은 연단의 귀빈석에 앉은 나이팅게일은 그녀의 매부리코를 내려다보았다. 크림전쟁에서 함께 활약한 또 다른 간호사가 영웅으로 추앙받고 있었다. 나이팅게일은 그 모습을 의아히 지켜보았다.

8년 전쯤 나는 이슬링턴에 있는 한 초등학교의 아침 조회에 참석했다. 우리 집 아이가 크림전쟁에 관한 역사극에 출현하는 날이었다. 아이는 플로렌스 나이팅게일과 메리 시콜을 연기하는 다른 두 학생의 가슴에 훈장을 달아주는 빅토리아 여왕 역할을 맡았다. 사전에 연습을 여러 번 해서 나도 대사를 외웠다. "잘하셨습니다, 플로렌스와 메리! 그대들이 없었다면 이 전쟁에서 이길 수 없었을 거예요."

이 기억을 꺼내기 두렵긴 하지만, 당시 나는 살짝 콧방귀를 꼈다. 그래서 연극이 끝나고 아이 엄마들에게 말했다. "흥, 메리 시콜을 누가 안대요? 나는 학교 다닐 때 시콜에 대해 배운 적이 없네요." 듣는 사람이 불쾌해질 정도로 단호한 어조로. "보나 마나 정치적 올바름 때문에 끼워 넣은 거죠." 엄마들을 깜짝 놀라게 하려는 의도도 작지 않았다.

학부모 한 사람이 이의를 제기했던 것으로 기억한다. 집에 돌아와

메리 시콜에 대해 조사해 보았다. 내가 틀렸다는 사실은 곧 밝혀졌다. 나는 앞서 소개한 로열 서리 가든즈 연회에 관한 기록을 찾아냈을 뿐 아니라 그 이듬해 같은 장소에서 '시콜 재단을 위한 군인 대축제'가 열렸을 정도로 그가 실로 대단한 인사였음을 확인했다. 이 행사에는 군악대 11개, 프랑스의 어떤 명지휘자가 이끄는 오케스트라 등 예능인 1000명이 참여했다. 주최 측이 첫날 공연에 1인당 8실링이라는 높은 입장료를 책정했는데도 관객 4만 명이 객석을 메웠다.

메리 시콜의 흉상은 앨프리드 왕의 조각상을 만든 글라이천 백작이 제작했다. 시콜은 200쪽짜리 '자서전'을 썼다. 이 독특하고 재미있는 책이 바로 영국에서 흑인 여성이 출간한 최초의 자서전이다. 여러분도 꼭 한번 읽어 보길 바란다. 시콜이 실로 아주 비범한 사람이었음을 알게 될 것이다.

살만 루시디는 『악마의 시』(*The Satanic Verses*)에 이렇게 썼다. "보라, 여기 메리 시콜이 있다. 크림반도에서 마법 램프를 비추던 또 한 여인만큼 큰 공을 세웠으나, 피부가 검었기에 플로렌스의 촛불에는 거의 비치지 않았던 사람."

그게 벌써 20년도 넘은 일이니, 이제는 누구도 시콜이 "저평가되었다"거나 "기억에서 지워졌다"고 말할 수 없을 것이다. 이 인물은 더없이 우렁차게 숭앙받고 있다. 교육과정에도 확실히 자리 잡았다. 하지만 나에게 특히 흥미로운 점은 그가 한때 정말로 역사에서 사라졌다는 것, 그것도 100년가량 그러했다는 사실이다. 시콜이 시시한 인물이라는 내 말은 틀렸다. 그러나 40년 전엔 우리가 그녀에 대해 거의 배우지 않았다는 것은 틀리지 않았다.

로열 서리 가든즈는 1877년 이전에 화재로 전소했고 부지는 택지로 팔렸다. 시콜 재단 후원 행사의 기억은 뮤직홀과 함께 증발했다. 여러분도 짐작하겠지만 이는 일단 인종차별과 성차별의 결과였다. 현대의 일부 연구자는 가엾은 메리가 편견의 피해자였다고 주장하며, 우리도 이 점을 꼭 함께 살펴보아야 한다. 그녀 자신이 '스쿠타리의 천사'*가 아닌지에 대해서도 말이다.

병사들이 고향에 돌아와 얼마나 기뻤을지, 또 그들이 시콜과 나이팅게일을 왜 그렇게 열렬히 숭배했는지 이해하려면 그들이 겪은 일을 상기해야 한다. 그들은 세바스토폴 총포보다 치명적이고 코사크 기병보다 악독한 적의 손에 무수한 전우들이 쓰러지는 것을 보았다.

19세기 중반이면 런던 사람들도, 크림반도의 병사들도 질병의 무서움을 익히 알았다. 콜레라라는 악마가 무엇 때문에 번번이 도시를 뒤덮는지 그 이유를 과학적으로 이해하는 사람은 없었으나, 그것이 얼마나 빠른 속도로 희생자의 목숨을 가져가는지를 모르는 사람도 없었다. 어제까지 건강하던 사람이 오늘 갑자기 두 빰이 스틸턴산 치즈처럼 생기를 잃고 눈이 푹 꺼지고 피부가 쭈글쭈글해지고 결국 그 끔찍한 이질이 시작되었다. 클러큰웰, 홀본, 세인트자일스의 빈민 구역에는 발진티푸스를 옮기는 이가 들끓었다.

수백만의 가난한 노동자는 의사에게 진료를 받을 여유가 없었고 간병이라는 개념은 아예 존재하지 않았다. 얼마나 많은 사람이 한꺼번에 죽어 나갔던지 묘지에 시체가 흘러넘쳤으며, 묘지 자체가 감염의 원천이 되었다. 세상에서 가장 부유한 도시에서, 역사상 가장 큰 제국의 심장부에서 기대수명이 35세로 떨어졌으니, 런던 사람들은 하드리아누스 황제 때보다도 일찍 죽었다.

19세기 중반의 런던은 크게 성공한 만큼 깊이 병들었다. 플로렌스 나이팅게일이 살아 있는 동안 런던 인구는 10년마다 약 20퍼센트씩 증가했다. 피라미드의 정점에는 믿을 수 없이 부유한 사람들이 있었다. 이 도시의 역사에서 늘 그랬던 것처럼, 가장 수완 좋은 은행가들은 재산이 토지 귀족에 버금갈 만큼 돈을 잘 벌었다. 먼저 베어링스가

[*] 나이팅게일을 말한다. 크림 전쟁 당시 나이팅게일이 스쿠타리(Scutari, 현 위스퀴다르)의 야전 병원에서 활약했던 데 빗댄 별명이다.

(家)와 로스차일드가(家)가 있었고, 이어 무자비하고 냉소적인 거물들이 등장했다. 그들을 풍자한 캐릭터가 트롤럽의 소설 『지금 우리가 살아가는 법』(*The Way We Live Now*)의 오거스터스 멜멋이다. 이자는 처음에 훌륭한 투자가로 환영받으며 라틴아메리카 철도 사업에 사람들의 관심을 불러 모으지만, 이내 비열하고 잔인한 사기꾼임이 드러난다. 1809년에서 1914년 사이에 사망한 최상위 부자 40인 중 14명이 상업 은행가였다.

그런 거물 한 사람 한 사람 밑에는 1000명의 푸터 씨(『어느 평범한 사람의 일기』에 나오는 그 하위 중산층 회사원)가 있었다. 중산층 한 사람 한 사람 밑에는 수천 명의 빈민이 있었다. 더욱이 달마다 농촌 인구가 도시 빈민으로 새로이 유입되면서, 점점 더 많은 사람이 점점 더 궁핍해져만 갔다.

『비루한 런던』(*Ragged London*)에서 존 홀링스헤드는 런던 인구의 3분의 1이 불결한 골목의 형편없이 지어진 건물에서 살아간다고 추산했다. 프랑스 작가 이폴리트 텐은 옥스퍼드가 뒷골목의 삶을 목격하고 충격을 받았다. 그런 구역에는 너무 많은 사람이 숨이 막힐 정도로 다닥다닥 붙어 살았고, 질척질척한 계단에는 창백한 얼굴의 아이들이 옹기종기 모여 있었다. 헨리 메이휴에 따르면 가난한 노인들은 길바닥에서 찾은 더럽고 딱딱한 빵 조각을 물에 씻어 불려서 먹었다.

런던의 비참한 삶을 가장 섬세하게 표현한 저자는 다름 아닌 찰스 디킨스이다. 『황폐한 집』(*Bleak House*)과 『올리버 트위스트』(*Oliver Twist*)는 지금까지 개혁 목적으로 쓰인 가장 강력한 작품 중 하나이다. 우리는 그 안에 그려진 풍경을 통해 빅토리아 시대 런던의 더없이 암울한 모습을 확인하고 기억한다. 그러나 그런 디킨스마저도 19세기 자본주의의 야만성을 완벽하게 포착하지는 못했다.

헨리 메이휴는 한 60세 여성을 인터뷰했다. 어렸을 때 교육을 잘

받았으나 이제는 남편이 죽고 무일푼인 이 사람은 일을 마치면 기진맥진하고 열이 올라 단칸방 바닥에 누워 원기를 되찾아야 한다. 그는 런던의 개똥 수집가 250명 중 하나이다. 말 그대로 거리를 샅샅이 뒤져 주운 개똥을 서더크 근처 버몬지에 가서 무두장이에게 판다. 그는 그 일이 건강에 어떤 악영향을 미칠 수 있는지 전혀 모른다. 메이휴도 거기까지는 몰랐다.

런던이라는 생명체는 병들었고 점점 더 병들고 있었다.

1815년, 당시 점차 널리 쓰이던 조지프 브라마식 변기를 각 가정에 설치해 배설물을 하수도에 바로 버릴 수 있게 되었다. 1828년이면 140개 하수도의 오수가 곧바로 템스강으로 흘러들고 있었다. 1834년 경부터는 수질오염의 심각성이 대두되기 시작했으니, 세인트폴 대성당의 평의원 시드니 스미스는 이렇게 말했다. "런던의 물 한 컵을 마시면 지구 표면의 남자와 여자와 아이보다도 많은 수의 생물이 배 속에 들어간다."

그러나 사람들은 아직 하수 처리와 질병 사이의 인과관계를 이해하지 못했다. 저 지독한 냄새, 이른바 '미아즈마'(miasma)가 병을 일으킨다고만 생각했다. 여기에 '파이선 기원론'이라는 이름까지 붙였다. 에드윈 채드윅은 런던의 오수를 더욱 대대적으로 템스강으로 쏟아 내야 악취가 해결된다고 보았다. 그 결과는 당연히 재앙이었다.

1849년, 다시 한번 콜레라가 창궐하여 1만 4000명이 죽었다. 나이팅게일과 시콜이 각자 크림반도로 떠날 채비를 하고 있던 1854년까지도 수수께끼는 풀리지 않았다. 두 사람은 오늘날 우리가 '기초 위생학'이라고 부를 만한 지식조차 몰랐다. 그러나 이는 그들이 마주한 장벽 중에서는 차라리 사소한 편에 속했다. 두 사람은 경로는 달랐지만 병자를 돕는 삶을 살겠다는 똑같은 열망을 품게 되었다. 간호사라는 전문직의 개념을 수립하는 데도 똑같이 중요한 역할을 했다.

두 사람 모두 자신의 야망을 이루는 과정에서 지금 우리에겐 기이하게만 보이는 편견과 차별을 마주했다. 터키의 한 병원에서 극적으로 조우하기까지 두 사람의 삶을 되짚어 보자. 내 생각을 다음과 같이 말해도 정치적 올바름에 위배되진 않을 듯하다. 나이팅게일의 생애가 의지의 승리였다면, 시콜의 출세에는 그보다도 더욱 놀라운 면들이 있다.

나이팅게일의 외조부는 납 광산으로 재산을 모았다. 이 가문은 더비셔에 영지를 두었고 햄프셔에 엠블리 파크라는 이름의 튜더풍 성까지 있었다. 휴가는 플로렌스와 파리 등 외국에서 보냈으며(플로렌스는 1820년 피렌체 여행 중에 태어났다), 그는 그런 외국 여행 중에 유명 인사들과 조우했다. 나이팅게일은 장래를 고민할 만한 나이가 되자마자 부모님의 기대를 저버리기로 마음먹었다.

정해진 운명대로라면 적당한 청년과 결혼해야 했다. 그러나 그에겐 그럴 생각이 전혀 없었다. 나이팅게일은 간호사가 되고 싶었다. 그는 언니를 상대로, 인형을 상대로 기술을 연습했고 키우던 개의 발에 부목을 대주기도 했다.

나이가 들수록 열정은 커져만 갔다. 그는 뭔가 실용적인 일을 해내고 그것으로 인정받고 싶었다. 그래서 솔즈베리 병원에서 간호사가 되려고 했으나 부모의 방해로 실패했다. 그에게는 일종의 신교도 수녀회를 창립하겠다는 선지적인 계획이 있었다. 서원은 하지 않고, 교양과 뜻이 있는 여자들이 모이는 단체를 만들고 싶었다. 모친이 말했다. “어림없는 소리.”

빅토리아 시대에 ‘nurse’라고 하면 눈물 많고 나이 많은 유모를 뜻하든가, 아니면 간호사, 즉 늘 술에 절어 딸꾹질을 하든가 남자 환자들과 놀아나든가 둘 중 하나인 여자를 가리켰다. 그러니 부모는 완고하게 반대했다. 나이팅게일은 한탄했다. “내가 가정부가 되겠다고 한 것도 아닌데."

그는 부모와 8년간 줄다리기했다. 그러면서 의료 위원회의 방대한 보고서, 공중위생에 관한 소책자를 탐독했다. 런던을 오가는 사이사이에는 몰래 빈민 학교와 구빈원에 들러 빈곤의 공기를 힘껏 들이마셨다. 한순간엔 어머니, 언니와 함께 이국 어딘가의 수도를 거닐다가 다음 순간엔 빈민촌에 나타나는 식이었다.

나이팅게일은 머플러를 멋지게 매는 시인이자 정치가인 리처드 멍크턴 밀네스에게 구애를 받았다. 그만한 배필이 또 없었다. 그러나 그녀는 밀네스를 차 버렸고 모친은 아주 상심했다. 과연 그녀가 애욕을 몰라서 그랬을까? "나에겐 채워지길 바라는 격정적인 기질이 있고, 그라면 그것을 채워 줄 것이다. 그러나 나에겐 채워지길 바라는 윤리적이고 활동적인 기질이 있고, 그의 삶으로는 그것을 채우지 못할 것이다."

빅토리아 시대의 여러 비극 중 하나—물론 비극치고는 사소하지만—가 이것, 나이팅게일이 끝내 그 '격정적인' 기질을 채울 수 없었다는 것이다. 그는 남성과는 한 번도 육체관계를 맺지 않았다.

그 이유가 그가 레즈비언이거나 남성에게 인기가 없던 것이라고 말하긴 어렵다. (참고로 옥스퍼드 베일리얼 칼리지의 학장 벤저민 조웨트를 비롯해 많은 사람이 나이팅게일에게 온갖 종류의 사랑을 바쳤다.) 문제는 그런 모든 관계가 그녀의 눈에는 항복으로, 복종으로, 자신이 그토록 표출하고자 하는 자립성의 상실로만 보였다는 점이었다.

"지금의 내 삶을 이어 가고 확장하지 못하는 것, (…) 온전하고 충만한 삶을 살아갈 기회를 영원히 놓쳐 버리는 것은 나에게 자살이나 다름없다." 나이팅게일이 회고록에 토로하기를, 재능 있고 활기 넘치는 젊은 여자는 정말 끔찍하게도 자신의 직업적 꿈을 이루든지 아니면 구레나룻을 두툼하게 기른 멍청이와 결혼하든지 둘 중 한쪽을 선택해야만 했다.

“기억하건대 지금의 이 생각과 감정은 여섯 살 때부터 쭉 가져 온 것이다. 나에게 가장 중요하고 내가 늘 갈망한 것은 직업, 직무, 꼭 필요한 일, 내 모든 능력을 동원해서 성취할 만한 어떤 것이었다. 기억하건대 내가 품은 첫 번째 생각이자 마지막 생각은 사람들을 간호하는 일이다. (…) 난 안 해 본 일이 없다. 외국도 여행했고 좋은 친구들도 있고 없는 것이 없다. 그러나 신이시여, 저는 대체 무엇이 된답니까?”

신은 늦지 않게 응답하셨다. 나이팅게일은 이집트 테베를 여행하다가 어느 날 전능자의 ‘부름’을 들었다. 신의 부름을 들을 만큼 운이 좋지 않은 나 같은 사람들은 그게 대체 뭔지 궁금할 따름이다. 이를테면 정규 방송 중에 갑자기 총선 정견 방송이 끼어드는 것 같을까? 혹은 말 그대로 머릿속에서 벨소리가 나는지도 모른다. “안녕하세요, 교환수입니다. 하느님이 전화를 거셨네요. 연결해 드릴까요?”

어쨌든 나이팅게일에 따르면 “그날 아침 하느님이 나를 부르시더니 당신만을 위해 힘써 줄 수 있겠느냐고 물으셨다”. 그녀는 빅토리아인다운 지극히 진중한 자세로 신의 제안을 받아들였다. 이후 나이팅게일은 독일의 한 병원에 가서 일했고 1853년에는 그간의 굳건한 결의가 마침내 빛을 보았다.

그는 어퍼 할리가의 ‘부인과 병원’의 감독이 되었다. 모친은 “우리는 야생 백조를 키운 오리였다”며 흐느꼈다. 그러나 틀렸다. 리턴 스트래치에 따르면 그들이 키운 것은 백조가 아니라 독수리였다. 이듬해 나이팅게일은 날개를 활짝 펴고 날아올랐다.

영국은 역사상 가장 거대한 제국을 이루었으나 수도 런던은 그 덕을 보지 못했다. 러시아가 인도에 접근할까 봐 만성 신경과민에 시달리던 영국 정부는 러시아와 터키가 예루살렘 성지 관리를 둘러싸고 갈등을 빚자 이번에야말로 저 큰곰에게 한 수 가르칠 때라고 생각했다. 그런데 어디에서 가르친담? 그들은 지도를 들여다보았다. 널찍한 데가 좋겠어. 그렇담 러시아군. 결국 흑해의 크림반도에서 전투가 벌어지게 되었다. 1854년 9월, 영국군은 터키로 향했다.

얼마 안 가 질병이 군대를 덮쳤다. 병사 8000명이 콜레라나 말라리아를 앓았다. 《타임스》는 군의 의료 문제를 엄혹하게 비판하는 편지를 한 통 게재했다. 그때, 독수리의 눈이 먹잇감에 고정되었다. 그는 전쟁장관 시드니 허버트에게 자신이 나서겠다고 편지를 썼다. 알고 보니 허버트도 친구 플로렌스에게 바로 그 일을 부탁하는 편지를 썼으니, 나이팅게일이 영국의 권력층과 얼마나 가까운 사이였는지 알 수 있는 대목이다. 두 통의 편지는 동시에 상대에게 도착했다.

나이팅게일은 친척 아주머니 마이를 포함하여 간호사 38명으로 이루어진 분견대를 이끌고 보스포루스 해협을 건넜다. 그들은 스쿠타리의 허물어져 가는 거대한 막사를 쳐다보며 누가 병사들을 씻기는 일을 맡을지 의논했다.

이 일련의 사건이 파나마의 어느 호텔 베란다에 앉아 있던 50세의 살집 좋은 주인에게까지 알려진 것은 신문이라는 놀라운 문물 덕분이었다. 적지 않은 나이(나이팅게일보다 열다섯 살 위)에 가볍지 않은 몸과 짙은 피부색에, 공식 자격증 따위는 전혀 없고 러시아가 어떤 나라인지도 모르는 이 사람은 자신이 바로 그곳에 가야 함을 알았다. 그는 일단 잉글랜드로 가서 간호사로 지원한 다음 명예로운 전쟁의 영광과 긍지와 현장을 직접 경험하기로 했다.

메리 제인 시콜은 트라팔가르해전이 벌어진 1805년에 자메이카 킹스턴에서 태어났다. 모친은 그 지역에서 '의사'라고 불리는 치료사였고 부친은 그랜트라는 이름의 스코틀랜드인 장교였다. 즉 시콜은 인종이 섞인 사람이었다. 실제로 그는 제 핏줄 안에 "스코틀랜드인의 좋은 혈통"이 흐른다고 자랑스러워했다. 그렇지만 생김새는 아프리카계 카리브해인의 그것이었으며, 평생 흑인과 유색인의 일원으로서 그들에게 공감했다.

품위 있는 여성이라면 어디를 가든 반드시 보호자를 동반해야 했던 시대에 시콜은 세계를 마음껏 돌아다녔다. 그녀의 추진력이 되었던 천성적인 쾌활함과 활기가 자신의 혼혈 정체성에서 비롯되었다고 믿었다. 그녀는 "나를 '여자 율리시스'라고 하는 사람도 있었다"며 자랑스러워했다.

젊어서는 영국과 바하마, 쿠바, 아이티를 여행했다. 결혼은 넬슨 제독과 해밀턴 부인의 사생아로 알려진 에드윈 호레이쇼 해밀턴 시콜이라는 잉글랜드 남자와 했다. 정체가 무엇이었든 에드윈은 아내만큼 몸이 튼실하지 못하여 1844년에 세상을 떠났다. 그 9년간의 결혼 생활에 대해 시콜은 자서전에서 거의 언급하지 않는다.

그는 이런저런 일을 하며 살았다. 솜씨 좋은 요리사로서 카레를 만들고 구아바를 따다 젤리를 만들었다. 모친과 마찬가지로 자메이카식 의사로서 열대의 온갖 위험한 전염병을 치료했다. 또 여기저기에서 호텔 겸 요양원을 세워 운영했다. 킹스턴에 첫 호텔을 열었을 때는 "죽은 남편의 자리를 차지하겠다고 졸라대는 남자들을 물리치느라 얼마나 고생했는지 모른다"고 했다.

우리에겐 1850년경에 수채로 그린 시콜의 초상화가 남아 있다. 살짝 통통하고 아주 예쁘고 표정이 맑고 부드러운 사람이다. 처음 세운 호텔이 화재로 무너지자 시콜은 다시 호텔을 세웠고 이윽고 파나마로 가서 또 다른 시끌벅적한 숙소를 운영했다. 그는 금맥을 찾아다녔다. 이구아나를 구워서 먹었다. 이름난 섹스 심벌이자 모험가 롤라 몽테와 만났다는 (어쩌면 허구의) 이야기도 있다.

그러는 과정에서 그는 늘 콜레라에 걸린 많은 환자를 돌보았다. "겨자 구토제와 따뜻한 습포를 쓰고 환자의 배와 등에 겨자 반죽을 발랐다. 감홍(염화수은)은 처음엔 많이 먹였다가 양을 점차 줄였다." 그는 이런 탕약이 효과가 있었다고 뿌듯해하지만, 그보다 감탄스러운 것은 늘 적극적으로 배우고자 한 그의 학구열이다.

1849년, 다시 한번 콜레라가 파나마를 강타했고, 그때 시콜이 돌보던 한 살배기 아기가 죽었다. 그는 사람들 몰래 강둑으로 내려가서 메스를 꺼내 부검을 진행했다. 그만큼 탐구심이 강한 사람이었다. "그 사건에 대해서는 길게 이야기할 것도 없고, 독자들에게 부검 결과를 설명할 필요도 없겠다. 나에게는 새롭고도 매우 유용한 사실이었지만 의사라면 누구나 아는 것에 불과했으니까." 시콜은 본인도 콜레라에 걸렸으나 목숨을 건졌고 1852년에 자메이카로 돌아왔다. 그가 여성인데다 흑인이었으며 일생 동안 인종차별에 민감할 수밖에 없었다는 사실을 떠올리면 이 인물의 낙관과 활력이 더더욱 흥미롭게 다가온다.

시콜은 1821년에 여자 친구와 함께 런던을 여행했다. 친구는 시콜보다 피부색이 더 진했다. 두 사람은 거리의 조무래기들에게 놀림을 당했고 그 어떤 경찰도 그놈들을 제지하지 않아 "런던 거리를 걷는 일은 때로 파란만장한 모험과도 같았다". 그렇지만 이듬해에 시콜은 서인도제도산 피클을 팔아 보려고 다시 런던으로 왔다.

시콜은 영국의 인종 편견이 아메리카 지역만큼 지독하진 않다고 굳게 믿었다. 그는 자메이카로 돌아가기 전에 미국 독립기념일 만찬에 참석했는데, 그곳에서 한 미국인이 자리에서 일어나더니 무신경하기 짝이 없는 연설을 했다. "신께서 만드신 황인 가운데 가장 훌륭한 저 여인에게 축복이 있길 바랍니다"라며 제 딴에는 칭찬이라고 하는 말이었다. "신사 여러분은, 이 사람이 완벽한 백인이 아니라는 사실에 저와 똑같이 난처한 마음이 들었을 것입니다. 그러나 완벽한 흑인과는 몇 층의 명암 차이가 있다는 사실에 저와 똑같이 안심했을 것입니다." 시콜의 기분을 맞추겠다고 늘어놓는 천치 같은 말은 계속 이어졌다.

"이 사람의 피부를 하얗게 만들 수만 있다면 우리는 그렇게 할 것이고, 이를 통해 그가 마땅히 누려야 할 모든 자리에서 환영받을 수 있게 할 것입니다."

남자는 술에 취했던 것일 수도 있다. 또 이 일화의 배경이 사실은 파마나의 어느 호텔에서 열린 파티였을 수도 있다. 어쨌든 시콜은 그런 말을 듣고만 있을 생각이 없었다. 그는 자신이 "여느 검둥이처럼 검은" 얼굴을 가졌으면 얼마나 좋았을까 한다고, "아메리카의 풍속은 전반적으로 개혁될 필요가 있다"고 매섭게 응수했다.

시콜의 '자서전'은 표면적인 텍스트가 아니다. 물론 나에겐 그 목소리와 성격이 진실하게 느껴지지만, 이 기록은 분명 'WJS'라는 런던의 업자가 많은 부분에 손을 대고 출판용으로 내용을 순화한 것이다. 로열 서리 가든즈의 귀환병 연회와 마찬가지로 이 책의 목적은 어디까지나 수익금에 있었다. 시콜의 자서전은 그의 활약을 곧 잊을지 모르는 대중으로부터 찬사와 지지를 끌어내기 위해 쓰였다. 그러니 영국 독자들에게 "당신들은 노예를 혹사하는 양키들과는 달리 참으로 선하고 편견 없는 사람들"이라고 강조해서 나쁠 것도 없었다.

시콜은 영국 독자에게 부러 관대한 태도를 취하긴 했지만, 그가 영국인 됨을 영광스러워한 것 또한 사실이다. 그는 제국이 낳은 자랑스러운 아이였으며 파나마에서도, 크림반도에서도 자신이 세운 호텔에 '영국 호텔'이라는 이름을 붙였다. 시콜은 잉글랜드 군인을 치료하고 돕는 것이 자신의 본능이었다고 설명했다. 물론 크림반도의 영국군에 봉사하기로 결심한 데는 애국심과 함께 상업적 기회주의가 작용했다.

그러나 반응은 쓰라릴 정도로 차가웠다. 1854년 가을에 나이팅게일과 시콜은 둘 다 런던에 있었다. 나이팅게일은 겨우 34세의 나이에 터키의 '잉글랜드 종합병원 여성간호진 감독'으로 길을 나설 준비를 하고 있었다. 간호사가 필요하다는 목소리가 요란했고 크림전쟁의 의료 시설에 공공 기부금이 쏟아지던 때였음에도 메리 시콜은 연속해서 퇴짜를 맞았다.

시콜은 육군성을 찾아가서 시드니 허버트(나이팅게일을 파견한 바로 그 인물)를 만나려고 했다. 그러나 그녀를 상대한 젊은 남자들은 그 요청을 번번이 웃어넘겼다. 시콜은 병참감실의 문도 두드렸다. 이번에는 점잖게 즐거워하는 남자가 그의 말을 경청했지만 그뿐이었다. 시콜은 의료부도 찾아갔다. 그것마저 실패하자 나이팅게일의 간호진에 직접 지원하기로 했다. 그는 시드니 허버트를 집요하게 쫓아다니기 시작했다. 그의 집 홀에서 수십 명이 들락날락하는 동안 앉아 기다렸다. 고용인들은 "아무리 안 된다고 설명해도 나가질 않고 아무리 면박을 줘도 당황하지 않는 누런 여자"를 보고 킥킥거렸다. 결국 시콜은 이 방법도 포기하고 플로렌스 나이팅게일의 동료 한 사람을 만났다. "똑같은 반응이었다. 그의 얼굴이 말하고 있었다. 혹시 결원이 생기더라도 그 자리에 나는 결코 뽑힐 수 없다는 것을."

마지막 방법으로 시콜은 전지에 보내 주기라도 할까 싶어 '크림전쟁 재단'의 관리인을 찾아갔다. 가서 보니 분명 그곳만은 뭐라도 해 줄 것 같았다. 그러나 재단은 거절했다.

어느 한 사람도 시콜의 넘치는 자격이나 콜레라를 치료한 풍부한 경험에 관심을 보이지 않았다. 그는 땅거미가 내리는 겨울 저녁, 거리에 서서 절망에 굴복했다. "그때 처음이자 마지막으로 의혹과 불신의 마음이 생겼다. 신이시여, 혹시 내 피부색에 대한 아메리카의 편견이 바로 이곳에서 시작되었던 것입니까? 이곳 여성들이 내 도움을 받아들이지 않는 것은 내 피부 밑에 흐르는 피가 그들의 것보다 탁하기 때문인가요?"

"인적이 빠르게 줄어드는 거리에 서서 바보 같은 얼굴에 눈물을 줄줄 흘렸다. 그 누구도 나의 뜻을 믿지 않는다니, 내가 그토록 구하는 기회를 신이 외면하시다니, 상심의 눈물이 쏟아졌다." 남은 방법은 하나였다. 시콜은 엄청난 배짱으로, 누구의 도움도 받지 않고 혼자 해내기로 했다.

나이팅게일 간호진에 합류할 수 없다면 종군상인이라도 하면 된다. 전투 현장을 따라다니며 군대에 생필품을 파는 공급업자가 되는 것이다. 시콜은 배편으로 몰타를 거쳐 콘스탄티노플로 갔다. 도중에 만난 한 의사가 나이팅게일 앞으로 소개장을 써 주기도 했다.

시콜은 그 서신을 꼭 움켜쥔 채 작은 돛단배를 타고 병원이 있는 스쿠타리의 셀리미에 막사로 향했다. 바다는 거칠었고 배에 오르고 내리는 과정조차 쉽지 않았다. "그간의 고생 끝에 이렇게 잘 여물고 당당한 몸매—앙상한 양키 여자들이 어찌나 부러워하는지—를 가지게 된지라 보스포루스 바다의 온도까지 아주 몸소 익힐 뻔한 위험이 한두 번이 아니었다." 배는 곧 영국군의 우중충한 막사에 가까워졌다. 풍채 좋은 카리브해인은 나이팅게일이 여러 달 전에 와서 일하고 있는 병원의 현관을 향해 가파른 길을 오르기 시작했다.

플로렌스 나이팅게일이 도착했을 때 그곳은 지옥이나 다름없었다. 간호사가 지나다니기 어려울 만큼 비좁게 놓인 침상이 6킬로미터도 넘게 줄지어 있었고 그 위를 러시아군의 대포에 팔다리가 잘린 병사들이 차지하고 있었다. 병원은 쥐와 해충의 천국이었다. 마루판은 썩어 있었다. 병사들에게 대야, 수건, 비누 같은 기본적인 물품도 제공하지 못했다. 최악은, 병원 지하층에 거대한 오수 저장고가 있어 소위 병을 치료한다는 곳이 엄청난 악취를 풍기기까지 했다.

나이팅게일은 (아버지가 어머니의 반대를 무릅쓰고 가르쳐 주었던) 통계학과 수학 지식을 바탕으로 병사들이 계속 이 속도로 사망한다면 곧 군대 자체가 사라질 것이라고 판단했다. 성차별적인 군의관들이 뭐라고 어깃장을 놓든—그들은 그를 '새 님'(The Bird)이라고 부르며 조롱했고 그의 임관을 두고 '웃기는 일'이라고 했다—나이팅게일은 환자들에게 신문과 제대로 조리한 음식과 칫솔을 제공하기를 주장했다.

"군인더러 칫솔로 뭘 하라고요?" 반대파 한 사람이 물었다. 나이팅게일은 그 입을 다물게 했다. 누군가가 무슨 일에 대해 그건 불가능하다고 반대하면 나이팅게일은 "하지만 이렇게 해야만 한다"라고 응수했으며, 목소리 한 번 높이지 않고 실제로 그 일을 해냈다.

그는 악취를 쫓기 위해 창문을 활짝 열었다. 배관도 고쳤다. 병참 속도를 저해하는 불필요한 요식을 없앴다. 그가 오기 전에 이 병원은 도합 일곱 벌의 셔츠를 빨았다. 나이팅게일은 세탁장을 설치했다.

이로써 사망률이 (리턴 스트래치의 주장처럼 42퍼센트에서 2퍼센트로) 급감하기 시작했다면 얼마나 좋았을까. 나이팅게일은 병원 환경을 엄청나게 개선했고 당연히 많은 생명을 구했다. 그러나 위생과 질병의 관계에 대해서는 아직도 제대로 파악하지 못했다.

존 스노가 정답을 내놓은 것이 1854년, 나이팅게일이 전장으로 떠나기 직전이었다. 그는 콜레라 병원체가 물로 전달된다고 보았다. 그러나 이 혁신적인 발견이 널리 이해되지는 못했다. 나이팅게일이 도착하고 6개월간 사망률은 오히려 증가했던 것으로 보인다. 스쿠타리는 그 지역에서 가장 확실한 도살장이었고 나이팅게일이 부임한 첫 겨울에만 4077명이 사망했다.

시콜이 순례 끝에 당도한 곳이 바로 이 죽음의 집이었다. 그녀는 어떻게든 스쿠타리의 천사를 만나 자신의 뜻을 전하고 싶었다. 문이 삐거덕거리며 열리고 한 간호사가 낮은 목소리로 그를 안으로 들였다. 아마도 그때쯤이면 부상병들은 신문과 칫솔을 보급받았고 나이팅게일의 면전에서는 욕지거리를 뱉지 않는 습관을 들였을 것이다. 하지만 병세는 여전히 심각했다. 메리 시콜은 침상을 돌아보았고, 본인의 기록에 따르면 그들의 상태를 보고 흐느끼기 시작했다.

그중에는 서인도제도에서 참전했던 이들도 있어 몇 사람이 킹스턴의 호텔 주인을 알아보았다. 한 아일랜드인 병장이 "시콜 어머니! 시콜 어머니!" 하고 외치며 그 허약한 두 팔을 뻗었다가 이내 베개로 풀썩 쓰러졌다. 그의 바싹 깎은 머리에는 끔찍한 상처가 있었다. 메리는 주제넘게 행동하고 싶지 않았으나 누구도 자신에게 관심을 보이지 않는 듯하여 바로 간단한 간호를 시작했다. 이쪽의 풀어진 붕대는 교체해 주고 저쪽의 붕대는 살짝 느슨하게 풀어 주고 하면서.

나이팅게일은 어디 있담? 시콜은 마침내 편지를 읽어 보겠다는 간호사를 만났다. 그는 손으로 편지를 넘기면서 "시콜 부인, 이곳에 오신 목적이 뭐죠?" 하고 물었다. "돕고 싶어서 왔습니다." 그는 부상병을 위해 일하고 싶었고 마실 물과 먹을 빵 외엔 아무것도 바라지 않았다.

이번에도 상대는 조심스럽게 퇴짜를 놓았다. "우리 병원의 인력은 나이팅게일 부인께서 총괄하고 계십니다만, 제 생각엔 결원이 전혀 없을 것으로…."

시콜은 거절의 말이 채 끝나기도 전에 자신은 며칠만 있다가 전방으로 떠나겠다고 알렸다. 그러자 상대는 더더욱 혼란스러워하더니 그를 병원 주방에 남겨 두고 자리를 떴다. 그로부터 30분 후, 시콜은 드디어 플로렌스 나이팅게일 앞으로 안내받았다. 시콜은 "이 잉글랜드 여자의 이름은, 죽어 가는 영국 남자들이 노래처럼 되뇌던 그 이름은 앞으로 길이 기억될 것이다"라고 썼다.

시콜이 묘사하는 나이팅게일은 마른 몸에, 창백한 얼굴을 한쪽 손바닥에 살짝 기대고 있었으며, 표정은 미심쩍은 듯 진지했다. 다만 오른발을 까닥거리는 데서 조급함이 엿보였다. "시콜 부인, 무엇이 필요하신가요? 저희가 해 드릴 수 있는 일이라면, 제 권한으로 가능한 일이라면 얼마든지 도와 드리겠습니다."

시콜이 무슨 말을 할 수 있었을까? 이 병원에 그의 자리는 없다는데. 그는 밤중에 그 위험한 작은 배를 타고 콘스탄티노플로 돌아가고 싶진 않다는 식으로 대꾸했다. 어디라도 좋으니 잠시 머물 곳이 필요했다. 결국 시콜은 세탁부 숙소 한 구석을 제공받았다. 벼룩이 그의 통통한 몸을 신나게 물어뜯었다. 시콜은 자서전에 이런 농담을 썼다. "내 장담하건대, 그 벼룩들이야말로 터키 전체에서 유일하게 부지런한 생명체였다."

시콜은 온몸과 귓속에까지 벼룩을 달고 나이팅게일의 제국을 떠났다. 그리고 곧 몇백 킬로미터 떨어진 곳에, 다름 아닌 발라클라바 부둣가에 섰다. 선명한 노란색 드레스를 입은 그녀가 팔이나 다리 없이 배에 오르는 병사들을 돕는 모습은 마치 분주한 호박벌 같았다.

시콜에 따르면 수족이 없는 남자들은 자기를 보기만 해도 기뻐 소리쳤고, 애국자답게 맹세하며 다시 전투에 복귀했다. 한 병사는 이렇게 외쳤다. "제 걱정은 하지 마세요, 시콜 아주머니. 러시아 놈들이 나에게 남겨 준 다리로 잘 해 보겠습니다. 어서 돌아가 본때를 보여줄 테니, 걱정하지 마세요."

시콜은 몇 주 지나지 않아 발라클라바에서 몇 킬로미터 거리에 있는 스프링 힐에 적당한 땅을 찾아내어 홍수와 절도, 터키인 목수들의 무능함을 이겨 내고 또 하나의 '영국 호텔'을 세웠다. 고철, 낡은 화물용 상자, 유목 같은 것으로 겨우겨우 꼴을 갖춘 건물의 옥상에는 커다란 유니언 잭이 나부꼈다.

그래도 그 안은 더없이 아늑하고 따뜻했다. 1855년 크리스마스 무렵이면 시콜의 가게는 크림반도에서 가장 인기 있는 장소였다. 이곳에 오면 건포도 푸딩에 적포도주와 사과주 칵테일을 마시며 즐길 수 있었다. 병사들은 그 맛있는 쌀 푸딩을 먹겠다고 막사부터 다리를 절뚝이며 호텔을 찾아왔다. 장교들은 막 구워 낸 따뜻한 타르트에 찬사를 보냈다. 시콜은 요리와 술로 영국군의 사랑을 한 몸에 받았지만, 한편으로는 소위 여성의 한계를 훌쩍 넘어서는 기백을 보여 주었다.

물론 플로렌스 나이팅게일 역시 나름대로 용감했다. 그녀는 결국 전방의 병원들까지 감독하게 되었고 밤낮없이 일했다. 때론 폭설 속에 몇 시간이나 서 있어야 했다. 때론 협곡을 건너고 건너 한밤중에야, 정신이 혼미해질 만큼 지쳐서 허름한 숙소에 돌아오곤 했다. 그러나 무모한 배짱으로 따지자면 나이팅게일은 시콜의 상대가 되지 못한다.

짜릿한 모험을 갈망하고 위험에 무감각했던 시콜은 러시아군의 사정거리를 드나들기까지 했다. 거대한 전함의 포문이 육지 쪽으로 돌아 영국군 진지를 겨냥할 때였다. 때로 시콜이 탄 당나귀 앞쪽에 포탄이 와서 박혔고 그럴 때면 병사들이 소리쳤다. "엎드려요, 어머니! 엎드려요!" 한번은 포탄이 머리 위로 날아들어 온 힘을 다해 땅에 엎드리는 바람에 엄지손가락이 돌이킬 수 없이 망가졌다.

시콜은 체르나야 전투 현장에 있었고, 프랑스군과 사르데냐군, 심지어 러시아군까지 치료했다. 한 러시아 병사가 턱에 심각한 총상을 입자 본능적으로 그의 입에 손가락을 넣고 탄환을 제거하려고 했는데, 그때 병사가 죽음의 고통으로 인해 입을 꽉 다물어 버렸다. 그는 천천히 미소를 짓더니 시콜의 손가락을 문 채로 사망했다. 이로 인한 흉터 역시 평생 남았다. 시콜은 세바스토폴이 포위된 이후 그곳에 들어간 최초의 민간인이었다. 그는 일생 동안 흥미와 자극을 찾아다닌 사람이었다. 간교한 사람이기도 했다(피부병에 걸린 말을 밀가루로 환부를 가려 프랑스군에 팔려 한 적도 있다). 그리고 대단한 의술을 펼쳤다는 증언이 남아 있다.

시콜이 모친에게 전수받았다는 겨자 구토제가 정확히 어떤 약물인지는 몰라도 효과는 좋았다. 여러 장교와 사병이 그의 간호로 위장병이 나았음을 공식적으로 증언했다. "그는 각급 군인을 대단히 성공적으로 치료하고 간호했다." 시콜을 대중에게 널리 알리는 데 중요한 역할을 한《타임스》의 통신원 윌리엄 H. 러셀의 말이다.

전쟁이 끝날 무렵이면 시콜은 나이팅게일에 버금갈 정도로 유명했다. 로열 서리 가든즈 연회가 열리기 직전《타임스》는 리젠트가에 있는 왕립 종합기술 대학에서 "영국군의 어머니를 꼭 닮게 그린 그림"을 5실링, 10실링, 2파운드에 판매 중이라고 전했다. 시콜은 매력적인 괴짜라서가 아니라 크림전쟁에서 큰 공헌을 했기 때문에 널리 이름을 알린 것이었다.

영국의 간호학은 크림반도의 참사 속에서 태동했고, 시콜과 나이팅게일은 그 시작에 함께 관여했다고 할 수 있다. 전염병 증상들에 대한 체계적인 대처는 간호의 기본 개념 중 하나이며, 지금은 이것이 도시 생활의 불가결한 요소로 여겨진다. 빅토리아 시대 자본주의의 승리는 인구 폭발과 더불어 질병 폭발을 불렀다. 간호학은 이 사태에 맞서는 반격의 한 형태였다. 1855년, 나이팅게일과 시콜은 크림반도에서 전염병이라는 적과 맞서 싸웠고 런던에 있던 사람들도 도시의 가장 무서운 감염원들에 대처하기 시작했다.

죽어 가는 동물들의 똥과 피, 비명이 뒤섞인 오래된 도축장인 스미스필드 마켓이 위생 개선을 위해 이슬링턴으로 이전되었다. 같은 해, 의회는 이런저런 하수 관계 당국의 이기적인 줄다리기를 해결하고자 수도권 공공사업국(Metropolitan Board of Works)을 설립했다. 이 부서가 근대 들어 런던 시에 세워진 최초의 중앙집권적 관청이며, 오늘날의 런던광역시청의 전신이다.

1858년, 하원은 템스강의 지독한 악취를 더는 견디지 못하고 마침내 조지프 배절제트에게 거대한 하수도 체계의 설계 및 생산을 맡겼는데, 런던은 지금도 그때 만들어진 하수처리 시설에 의존하고 있다.

통치자들은 제대로 짚었다. 가난한 사람들을 더럽고 궁핍한 환경에서 살게 놔두어 보라. 결국 그들의 질병이 부자들에게 옮겨 갈 터이니. 빈민촌이 정리되기 시작했다. 1867년 바나도 박사는 이스트 엔드의 어린이를 돕는 뜻깊은 운동을 펼치기 시작했다. 1870년 로열 덜튼 웨어사(社)는 오물이 눈에 잘 띄는 흰색 도기 변기를 제작했다.

지금도 런던 중산층이 그렇게들 살고 싶어 하는 타운하우스는 바로 이 시기에 위생과 환기라는 개념을 바탕으로 그 벽과 창문의 비율이 법으로 정해졌다. 1875년에는 신체 건강 증진을 위해 공원을 조성하는 공중보건법이 통과되었다.

인간의 건강한 삶을 목표로 하여 1000여 가지의 혁신이 이루어졌다. 그러나 그중에 나이팅게일과 시콜이 내놓은 단순한 아이디어, 즉 환자가 전문적인 간호를 받으면 생존 가능성을 크게 높일 수 있다는 사실만큼 지대한 영향력을 발휘한 것은 없다. 영국의 국민보건제도는 (크림반도의 병사들이 그랬듯) 모든 사람이 비용을 지불할 능력이 아니라 필요에 따라서 치료받아야 한다는 원칙을 핵심으로 한다. 이 제도는 플로렌스 나이팅게일이 세상을 떠난 뒤 불과 40년 만에 만들어졌다.

20세기 중반에 이르기까지 메리 시콜이 사람들의 기억에서 사라진 것이 그리 놀라운 일은 아니다. 크림전쟁 이후 그는 당당하고 활달한 할머니로 환영받았다. 병영을 순회하며 그를 기억하는 병사들로부터 갈채를 받았다. 왕가의 이런저런 인사들이 그를 초청했고 그중 한 사람은 시콜을 개인 마사지사로 고용하기도 했다. 하지만 시콜의 전설은 얼마 안 가 시들해졌다. 그는 일흔여섯 살까지 살다가 패딩턴에서 내출혈 혹은 울화병으로 사망했다고 한다.

반면에 나이팅게일의 램프는 점점 더 밝게 타올랐으며 사람들은 그를 성인으로까지 추대했다. 그가 장수를 누리다가 메이페어에서 세상을 떠났을 때, 그를 숭배하던 여러 남자들(대표적으로 시드니 허버트와 시인 A. H. 클러프)이 크게 상심했다. 나이팅게일은 간호학을 주제로 백과사전에 버금가는 책을 썼고 구빈원에 전문 간호사를 도입했으며—그래서 국민보건제도의 시조로 불릴 자격이 있다—병원 위생 시설을 설계했다.

메리 시콜에겐 그러한 종류의 이론적 비전이나 야망이 전혀 없었다. 일단 그에겐 돈이 없었다. 인맥도 별로 없었고, 통계학을 공부한 적도 없었다. 시콜의 명성이 상대적으로 축소된 데는 이런 이유들도 각각 작용했을 것이다. 그렇다 하더라도 전후(戰後)에 열렸던 그녀를 기념하는 여러 행사 중에서 앞서 이야기한 요인들로는 충분히 설명되지 않는, 눈에 띄게 실종되어 있는 항목이 있다.

시콜 재단은 왕세자(25파운드)와 그 형제인 에든버러 공(15파운드)에게서 후원을 받았다. 하지만 다른 많은 사람은 허다하게 받았던 표창을 시콜은 한 번도 받지 못했다. 즉, 여왕을 알현하는 자리에 한 번도 초대받지 못했다.

그러므로 우리가 이슬링턴 초등학교에서 본 그 감동적인 훈장 수여식은 결코 열렸던 적이 없다. 인종이 걸림돌이었다는 주장은 설득력이 없다. 헬렌 라파포트가 자세히 밝혔다시피 빅토리아는 놀라울 만큼 피부색을 따지지 않았다. 그는 제국 전역에서 온 다양한 인종의 신민을 직접 만나 치하했다. 그가 직접 쓴 엄청난 양의 편지와 일기에는 조시아 헨슨, 릭스 부인, 세라 포브스 보네타, 둘리프 싱, 알라마유 왕자 등등이 등장하는데, 여왕은 그들 모두를 만났다.

메리 시콜이 누린 명성과 인기, 왕실 인사들의 후원을 생각해 보면 그가 어떤 식으로든 왕을 만난 적이 없다는 사실이 놀랍게 다가온다. 라파포트에 따르면, 누군가가 여왕에게 시콜에 대한 편견을 심었던 게 분명하다. 역시 라파포트에 따르면, 그 누군가는 아무래도 플로렌스 나이팅게일이었던 것 같다.

나이팅게일은 크림반도에서 귀환하자마자 왕의 밸모럴 별장에 불려 갔으며, 두 사람은 몇 번이나 만찬을 함께 하며 전쟁과 간호학의 난제들에 대해 이야기를 나누었다. 이런 대화의 어느 시점에서 여왕은 분명 메리 시콜에 대해 물었을 것이고, 어느 시점에 나이팅게일이 살짝 험담을 했을 것이라는 의심이 간다.

나이팅게일이 형부인 자유당 하원의원 해리 버니 경에게 보낸 편지가 남아 있다. 상단에 "소각할 것"이라고 쓰여 있는 것으로 보아 원래는 불태워졌어야 할 글귀이다. 여기에서 나이팅게일은 시콜이 "병사들에게 아주 친절했고 중요한 일을 해낸 것도 사실이다"라고 썼다. 문제는 술이었다.

그녀는 시콜 때문에 "많은 사람이 술에 취했고" 그의 '영국 호텔'이라는 곳이 "질 나쁜 곳"이라고까지는 할 수 없어도 "그런 곳과 별반 다르지 않다"고 했다. 그리고 결정적으로 "시콜 부인과 손잡는 사람은 대단한 친절을 누리게 되지요. 하지만 그가 가는 곳 어디에나 과음과 부적절한 행실이 나타납니다"라고 덧붙였다.

이러한 정황상 의심이 생겨난다. 우리가 그것을 증명할 순 없지만 말이다. 불쌍하고 상냥한 메리 시콜은 폐하를 알현하여 근사한 칭찬을 듣고 그 풍만한 가슴에 조그만 장신구 하나를 달 기회를, 그 최상의 영광을 빼앗겼다. 왜? 플로렌스 나이팅게일이 은밀하게 그녀를 깎아내렸기 때문이다.

시콜이 '최고급' 적포도주로 병사들을 취하게 했다 한들, 사생아인 예쁜 딸에게 '영국 호텔' 일을 돕게 했다 한들, 몇몇 프랑스군 장교들이 술에 취해 그녀를 껴안고 입을 맞추려고 했다 한들 무엇이 잘못인가? 시콜은 역동적이고 진취적인 여성이었고 다치고 병든 많은 병사를 치료했다.

한편 나이팅게일의 혐의가 사실이라 할지라도 우리는 그를 용서해야 하지 않을까? 그녀는 빅토리아 시대의 위인답게, 신이 인정하신 자기 확신을 갖고 이 세상을 바꾸고자 했다. 사람들이 간호에 대해, 여성에 대해 생각하는 방식을 근본적으로 개혁하고자 했다. 그러려면 무엇보다도 여성이, 간호사라는 직업이 진지하게 받아들여져야 했다.

나이팅게일은 '여왕벌'로 군림하려고, 또는 '영국군의 어머니' 자리를 독차지하려고 (물론 그런 면이 살짝 있었을 수도 있겠으나) 그런 게 아니었다. 그가 개인적으로 술과 섹스에 무척 까다로운 사람이라서 (물론 그런 점이 간접적으로 영향을 미쳤을 수도 있겠으나) 그런 게 아니었다.

그가 시콜이 풍기는 술 냄새와 흥성거리는 분위기를 경계했던 이유는 그로 인해 자신이 힘쓰고 있는 일이 방해를 받을까 하는 염려였다. 그에 관한 증거를 찾아본다면, 사실 나이팅게일은 저 흥겨운 흑인 여성을 무척 존경했으며, 그녀가 시콜 재단에 꽤 큰 돈을 기부했다는 사실이 있다. 물론 익명으로. 그 시대에는 드러나는 모습이 중요했다.

요즘 시콜 지지자들은 나이팅게일이 처음으로 간호사 양성 학교를 연 세인트토머스 병원 구내에 시콜 기념상을 세우기를 건의하고 있다.

그 시대 런던 사람 대다수가 선택한 음주관은 나이팅게일이 아니라 시콜의 것이었다. 술에 흠뻑 절었다고 해도 과언이 아닌 버밍엄이나 맨체스터에 비할 정도는 아니었어도, 런던은 화이트채플 로드에만 술집이 45곳이나 있었다. 거리 모퉁이마다 펍이 있었다. 런던의 펍은 단순히 술을 마시며 기분을 푸는 장소가 아니었다. 펍에 가면 의학적 진찰, 신용, 일자리, 특가, 노조 활동, 정치 토론 등 각종 정보가 있었다. 물론 매춘과 가십, 온기, 음식과 술도 있었다. 그리고 신문도 있었다.

런던 사람들은 신문을 많이 읽었다. 버스에서도 읽고, 새로 생긴 멋진 지하철에서도 읽고, 도심 곳곳에 속속 들어서는 찻집과 식당에서 저렴한 값에 아침을 먹으면서도 읽었다. 런던의 언론은 18세기의 격동 속에서 당당히 한 역할을 맡았다. 그 시대 신문에는 오늘날에는 거의 게재할 수 없을 정도로 지저분하고 막돼먹은 풍자만화가 실렸다.

그러나 19세기 중후반 런던의 신문들은 살짝 칼날이 무뎌진 상태였다. W. H. 러셀과 《타임스》는 스쿠타리의 참상을 밝힘으로써 플로렌스 나이팅게일이 국가적 영웅이 되는 데 한몫했지만, 전체적으로 보아 당시 언론은 빅토리아조 특유의 근엄한 품위에 짓눌려 있었다.

런던의 언론 부흥에 그 누구보다도 큰 역할을 담당한 이가 있다. 그가 저널리즘에 도입한 추문 폭로 방식과 현란한 문체는 (정치인들의 온갖 협박을 뛰어넘어) 지금까지 이어지고 있다. 대판거리 소동을 일으키는 큼직한 타블로이드판 특종에 군침을 돌게 하는 헤드라인, 수상쩍은 인용구, 정체를 속이는 기자들, 그리고 이 모든 것을 두고 저널리즘의 '윤리'가 이러니저러니 하며 신을 내는 대중의 반응까지, 모든 것을 이 남자가 발명했다.

조지프 배절제트와 하수도

코미디언 데이비드 월리엄스가 템스강을 상류부터 하류까지 헤엄치며 자선 모금을 하는 멋진 모습을 보았는가. 그는 용감하게 그런 일을 해냈다. 그러나 19세기 중반에 같은 일을 벌였다면 그건 자살 시도라고 불러야 했을 것이다. 당시 템스강은 하수도보다도 더러웠다. 생물학적으로 죽은 강이었다. 점점 커 가는 도시가 쏟아 내는 고약한 배설물 속에서는 도롱뇽 한 마리, 물고기 한 마리, 새끼 오리 한 마리 살아남기 어려웠다. 런던에 생명을 부여한 템스강이 이제는 인간을 죽음에 이르게 하는 독극물이 되어 있었다.

1848년 가을, 수도를 강타한 역대 최악의 콜레라로 1만 4000여 명이 사망했다. 플로렌스 나이팅게일을 비롯한 많은 사람이 여전히 질병은 공기나 더러운 시트를 통해서만 옮는다고 생각하던 때에 런던의 존 스노라는 의사는 다른 가능성을 떠올렸다. 그는 점 분포도를 이용하여 소호 지역의 희생자들이 모두 브로드가에 있는 한 양수기를 사용했거나 그 근처에 살았다는 사실을 밝혀냈다. 그리고 바로 그 양수기가 감염원이라고 판단했다.

스노는 오염된 식수가 문제의 원인이라고 주장했다. 템스강에 오수를 대대적으로 방류한 직후에 콜레라가 창궐한 것은 결코 우연이 아니었다. 수도권 하수처리 위원회(Metropolitan Committee of Sewers)가 주도한 이 사업의 부(副)조사관은 프랑스 신교도 이민자의 손자이자 장래가 유망한 공학자 조지프 윌리엄 배절제트라는 사람이었다.

8년이 지나고 신설된 수도권 공공사업국의 수석 기술자가 된 배절제트는 스노의 견해에 동의했다. 런던의 기존 하수 체계는 이루 말할 수 없는 것들로 가득한 표층수를 실어다 템스강에 퍼붓고 있었다. 이에 배절제트는 대담한 해법을 제안했다. 그는 132킬로미터 길이의 중추 하수도 및 그에 연결된 1600킬로미터가 넘는 길이의 거리 하수도를 놓는 등 자정 기능을 갖춘 지하 하수도망을 건설하고자 했다. 그러자면 전례를 찾아볼 수 없는 대규모 토목공사가 필요했다. 그러나 예상 가능한 대로 정부는 그의 제안을 다섯 번에 걸쳐 거절했다.

1858년 여름, 후각을 난타하는 '대악취'가 하원의원들을 괴롭히면서 배절제트의 의견에 힘이 실렸다. 강에서 피어오르는 지독한 증기 때문에 하원을 런던 밖으로 옮겨야 할 정도였다. 코밑수염을 풍성하게 기른 공학자는 마침내 당국의 태도를 뒤집고 천재성과 결단력으로 그린 자신의 건축 도면에 승인을 받았다.

배절제트는 도면을 원래의 두 배로 키웠다. 그는 런던의 인구밀도를 파악한 다음 폐수를 흘려보내는 데 필요한 관의 너비를 면밀하게 계산했다. 그러고 나서 런던의 지하철 터널을 건설한 사람들 혹은 런던 국제공항의 부지를 처음 선정한 사람도 했을 법한 말을 그도 했다.

"우리는 이 일을 한 번에 끝내야 해. 이런 일에서는 보이지 않는 앞날을 예측해야만 하지." 그는 터널의 폭에 2를 곱했다. 최근 연구에 따르면, 배절제트가 처음 계산한 수치를 고수했더라면 이 시설은 1960년대에 이미 용량이 찼을 것이라고 한다. 이 성공적인 공사는 뉴욕부터 뉴질랜드까지 세계 여러 도시의 하수도망 건설에 청사진을 제공했다.

250만 인구를 염두에 두고 설계한 하수도망이 지금까지 살아남아 770만 인구의 하수를 처리하고 있다. 빅토리아 시대의 공사에 버금가는 대규모 프로젝트가 최근 들어서야 다시 진행되고 있다는 사실은 배절제트에 대한 찬사이다. '템스강 하저 터널'(강바닥 밑에 거대 하수도를 놓는 공사)이 완성되면 배절제트의 하수도망이 범람할 때 벌어지는 이루 말할 수 없는 문제들을 마침내 해결할 수 있을 것이다. 템스강은 송어가 살기에도 좋고 자선 모금을 위해 수영을 하기에도 안전한 강이 될 것이다.

윌리엄 스테드

William Stead

타블로이드 저널리즘을 창안하다

1885년 7월 4일 토요일,《팰 맬 가제트》(*Pall Mall Gazette*)는 그다음 주에 실릴 기사를 예고했다. 그건 평범한 광고가 아니라 서슬 퍼런 경고였다.

"비위 약한 분들, 점잔 빼는 분들, 짐짓 순진하고 순수한 체하는 가짜 천국이 더 좋지 런던이라는 지옥에서 살아가는 사람들을 괴롭히는 끔찍한 현실에는 이기적일 만큼 무관심한 분들이라면 월요일부터 나흘간은《팰 맬 가제트》를 읽지 않는 편이 좋겠습니다."

이런 종류의 예고편은 대체로 독자를 바짝 흥분시킨 다음 실망시키기 마련이지만, 월요일 자《팰 맬 가제트》는 달랐다. 7월 6일, 이 신문은 기대에 찬 독자들의 눈앞에서 빅토리아 사회의 중심부에 놓인 거대한 암반 하나를 뒤집어엎었다.

아침 식사 자리에서 신문을 읽다가 마멀레이드를 뚝뚝 떨어뜨리게 하는 충격적인 내용이 여섯 쪽이나 이어졌다. 이 신문이 폭로한 것은 빅토리아 사회의 매춘 실태였다. 혹은, 주필이 짐작한 실태라고 해야 할까. 당시《팰 맬 가제트》는 턱수염이 수북하고 아무 때나 성경 구절을 들이대는 북부 출신의 윌리엄 토머스 스테드라는 사람이 이끌고 있었다.

스테드는 "현대 바빌론의 처녀 조공"이라고 이름 붙인 이 기사를 쓰기 위해 몇 주 동안 엄청나게 뛰어다녔다. "현대 바빌론"은 런던이고, "처녀 조공"은 런던의 어린 여성 5만 명이 짊어진 짐을 말한다. 그는 고대 아테네 처녀들이 미노타우로스에게 바쳐진 것처럼 런던 처녀들이 남자들의 욕망에 희생당하고 있다고 썼다.

스테드 일행은 빅토리아 시대 런던의 암흑가를 걸으며 그 더러운 거래와 관계가 있는 사람이라면 아무나 붙잡고 질문을 던졌다.

"저 빌어먹을 시체들로부터 흘러나오는 고름을 밤낮으로 들이켜야만 했다." 스테드는 이렇게 탄식한다. 그는 남자 포주, 여자 뚜쟁이와 이야기를 나누고 딸들을 성 노예로 팔며 먹고사는 가난한 알코올 중독자 부모도 만난다. 하원의 한 늙은 색골은 자신이 주기적으로 어린 처녀들을 매매한다고 뻔뻔하게 말한다.

스테드는 런던 경찰국의 경험 많은 경찰 한 명과 선이 닿아 그에게 미성년 여성을 사는 방법을 묻는다. "여관에 가서 돈을 내면 주인이 곧 진짜 처녀를 붙여준다는 것이 사실입니까? 그러니까, 처녀 행세를 하는 매춘부가 아니라 성 경험이 전혀 없는 여자애를?"

"그렇다니까요!" 경관은 한 치의 망설임도 없이 대답한다.

"비용은 얼마나 든답니까?" 경관이 20파운드 정도라고 말한다. 이제 스테드는 핵심으로 들어가서 자신이 폭로하고자 하는 추문에 대해 묻는다.

"이 어린 여성들이 그런 끔찍한 행위에 동의하는 겁니까, 아니면… 강간을 당하는 겁니까?" 경관이 답한다. "글쎄요, 내가 알기로는 대부분이 마지못해 그 일을 할 겁니다."

"그렇다는 말은 곧…" 스테드는 머릿속으로 헤드라인을 짜며 재차 물었다. "여기 런던에서, 마지못한 처녀들을 매음굴 주인들이 두당 얼마씩 받고 부유한 남자들에게 조달하고 알선하는 식으로 진짜 강간이, 그러니까 법적인 의미에서의 강간이 끊임없이 자행되고 있다는 뜻입니까?"

"그렇다니까요." 친절한 경찰관이 이렇게 대답하는 순간, 빙고. 스테드는 원하는 답을 얻었다. 강간은 당시에 이미 불법이었던바 이 범죄를 핑계 삼아 독자들에게 매춘 이야기를 실컷 들려줄 수 있게 되었다. 그가 힘차게 암흑세계에 뛰어들 이유가 생긴 것이다.

이것은 대량 강간이며 더 이상 용인할 수 없는 문제, 라고 그는 중상류층이 주를 이루는 독자들에게 주장한다. 이것은 특권 계층이 서민 계층을 학대하는 한 방식이다. 빈민층의 딸들에 대한 조직적인 성폭행은 소요로, 나아가 혁명으로 이어질 것이다.

"그런 폭발 사태가 발생하면 왕위가 무너질지도 모른다." 그렇다면 이제 그가 할 일은 자신의 말이 사실임을 입증하여 나라를 구하고 빅토리아 왕을 구하는 것이다.

스테드의 문체는 그저 외설스러운 정도가 아니다. 그는 가히 오페라처럼 강렬한 힘으로 독자들의 관심을 여성의 성적 순결이라는 문제—그것의 가치가 얼마인지, 그것을 어떻게 확인하는지, 그것이 얼마나 끔찍한 방식으로 상실되는지—에 집중시킨다.

이날 발행된 《팰 맬 가제트》에는 지금까지 가장 잘나가고 가장 유력한 타블로이드 신문들이 가장 즐겨 써 온 바로 그 기법이 처음 등장했다. 사람들의 결함이나 성적 행태를 맹비난함으로써 독자들을 도덕적으로 옳은 편에 세우는 한편, 그와 함께 그 문제의 악습 자체를 상세히 기술함으로써 (남성이 대부분인) 독자들이 눈을 휘둥그렇게 뜨며 기사를 탐독하도록, 그래서 신문을 사도록 유인하는 것 말이다.

더 간단히 말하면 스테드는 섹스가 돈이 된다는 것, 그리고 섹스를 이야기하는 가장 좋은 방법은 도덕적인 운동을 가장하는 것임을 알고 있었다. 원래는 다루어선 안 되는 주제를 다루는 특별한 기술을 그는 터득하고 있었다.

스테드는 처녀 증명서를 발급하는 여자들을 찾아간다. 그중 한 사람이 말한다. "애가 처녀인지 아닌지는 이 바닥 사람이라면 금방 알아볼 수 있지요." 그가 만난 한 엽색꾼은 성욕이 닳고 닳은 나머지 열네 살 아이에게만 흥분을 느낄 수 있고, 그러다가 이제는 어린 여자를 침대에 묶어 놓을 때만 흥분할 수 있다고 한다. 그는 이런저런 범죄 현장에, 소리가 새어 나가지 않는 방이나 지하실 등 강간이 자행되는 장소에 가서 고개를 젓는다.

밖에서 보아서는 매음굴이라고 상상할 수 없는 곳들도 있었다. 지금은 국제 금융가들이 많이 사는, 멋지게 미장한 런던 서부의 평범한 저택 중에도 그런 곳이 있었다. "굳이 방음방, 이중방, 지하방이 아니어도 미성숙한 아이의 비명을 만끽하는 그 특별한 사치를 마음껏 즐길 수 있다." 그런 동네의 이웃들은 참견하지 않는다. 스테드는 침을 삼키는 독자들에게 이렇게 설명한다. "나 외에는 누구도 들을 수 없다는 것을 알고 소녀의 비명을 즐길 수 있다."

그는 이런 온갖 인터뷰와 진술로도 부족하여 독자들을 만족시키려면 더한 것이 필요하다고 생각한다. 이를테면 겨우 열세 살 된 여자아이들이 매매되고 강간당하고 있다는 사실을 의심할 여지 없이 입증해야 한다. 독자들이 눈으로 확인할 수 있도록 한 장면 한 장면을 자세히 설명해야 한다. '명명백백한' 증거를 내놓아야 한다. 그래서 그는 그렇게 한다. 도끼로 제 발등을 찍는다.

스테드가 보도하는 런던의 매춘 실태는 이스트 엔드에 사는 열세 살 릴리의 이야기에서 격렬한 절정에 이른다. 그는 독자들에게 거창하면서도 기이한 말을 한다. "이 이야기가 전부 사실임은 내가 개인적으로 보장할 수 있다."

릴리는 이 사회 피라미드의 거의 최하층, 즉 하위 중산층의 고용인이 되는 수천 명 중 한 사람이다. 스테드에 따르면 "부지런하고 착한 아이이다. 강인한 잉글랜드 어린이로 기질이 살짝 거칠다. 눈은 짙은 푸른색에 몸이 작고 다부지다." 릴리는 글을 읽고 쓸 줄 알며 자신의 꿈에 대해 짧은 시를 지을 줄도 안다. 그러나 안타깝게도 그 어떤 재능도 꽃피울 수 없는 형편이다.

알코올 중독자인 모친은 1파운드 금화 한 장에 딸을 뚜쟁이에게 판다. 알코올 중독자인 부친은 그러거나 말거나 관심이 없다. 릴리는 처녀 검사를 하는 산파에게 넘겨진다. 스테드에 따르면 그 경험 많은 낙태 업자마저도 아이의 어린 나이와 순진한 모습에 동정을 느낀다.

"불쌍한 것" 하고 산파가 기자를 향해 외친다. "이렇게 몸이 작으면 고통이 극심하죠. 아이를 너무 무자비하게 다루지는 마시길." 그는 행위의 고통을 완화해 줄 클로로포름 한 병을 건네면서 정가보다 몇 배나 비싼 1파운드 10실링을 부른다. 처녀 증명서의 값은 1파운드 1실링이다.

아이는 리전트가 근처의 매음굴로 옮겨진다. 이제 비참한 대단원이 펼쳐지기 직전, 스테드는 모든 것이 고요하고 조용하더라고 쓴다.

"잠시 후 구매자가 방에 들어가 문을 닫아걸었다. 잠깐 아무 소리도 들리지 않았다. 그러나 곧 사납고 애처로운 울음소리가 터져 나왔다. 시끄러운 비명은 아니고, 겁먹은 양의 울음처럼 깜짝 놀라 무력하게 내지르는 소리였다. 아이가 겁에 질린 목소리로 울며 외쳤다. '방에 어떤 남자가 들어왔어요! 집에 보내 주세요, 제발, 집에 보내 주세요!'"

"이윽고 다시 한번 사방이 조용해졌다."

이 기사가 런던에 얼마나 큰 파장을 일으켰을지는 짐작하는 대로

다. W. H. 스미스는 기사 주제에 대한 반감으로 이 신문을 사들이지 않았으나, 사람들은 신문이 더 찍혀 나오기를 기대하며 《팰 맬 가제트》 사옥 앞에 몰려들었다. 그러다 인쇄된 꾸러미가 나오면 열광적으로 달려들어 신문을 손에 넣었다.

《팰 맬 가제트》의 판매 부수는 1만 3000부로 치솟았다. 남자들은 화장실에서 몰래, 아니면 기차에서 무릎에 실크해트를 얹고 그 사이로 신문을 읽었다. 이것이 36세 스테드가 그의 굴곡진 경력에서 거둔 가장 중요한 승리였다.

타블로이드 신문의 시조 윌리엄 토머스 스테드는 1849년 7월 5일 노섬벌랜드의 엠블턴이라는 마을에서 태어났다. 회중파 교회 목사의 아들이었던 그는 다섯 살 때 벌써 라틴어를 능숙하게 읽었다. 학창 시절 크롬웰에 관한 에세이로 상을 받으며 부상으로 미국 시인 제임스 러셀 로웰의 시집을 받았다. 스테드는 이 문학적 경험과 청소년기 특유의 심원한 종교적 체험을 통해 그 자신이 세상의 죄를 바로잡아야 한다는 메시아적 믿음을 품게 된 듯하다.

로웰이 쓰기를, 편집자의 사명은 그 사회의 모세가 되는 것이다. "우리의 공장들, 도시들에서 새로운 율법을 찾아내어 더 참된 사회질서의 가나안 땅에 이르는 우리의 출애굽을 이끄는 것"이다.

스테드는 이것을 계시로 받들고 그 자신의 편집자 선언으로 삼았다. "나는 내가 쥔 이 신성한 힘을 가난한 사람, 추방된 사람, 박해받는 사람을 위해 써야 한다고 생각했다."

그는 겨우 22세에 《노던 에코》(*The Northern Echo*)의 편집인이 되어 활동을 개시했다. 그가 처음으로 논쟁을 끌어낸 사안은 불가리아 참사(1876년 투르크인이 불가리아의 기독교인 1만 2000명을 학살한 사건)에서 영국이 보인 소극적인 방관에 대한 것으로, 자유당의 글래드스턴은 이 사건을 계기로 다시금 정치력을 행사하게 되었다.

1880년, 왕성한 에너지와 재능의 소유자인 스테드는 이제 런던에 와 있었다. 그에게 런던의 일간지는 무익하고 한심하기만 했다. 배치는 엉망이고 활자는 빽빽하고 내용에 맥이 없었다. 그는 런던의 신문들이 "무게감도, 영향력도, 재현 능력도 없는 허튼 산물"이라고 했다.

1883년, 스테드는 빈민가 주택 설비를 신랄하게 비판하며 새로운 입법 활동을 촉발했다. 이듬해에는 "해군의 진실"이라는 제목의 캠페인으로 정부를 당황케 하여 영국 전함의 품질 개선에 350만 파운드의 예산을 편성하게 했다.

모두가 그의 '신저널리즘'을 반기진 않았다. 시인 앨저넌 찰스 스윈번은《팰 맬 가제트》를 "똥더미 신문"이라고 불렀고, 매슈 아널드는 스테드를 "머리가 빈 놈"이라고 욕했다.

그보다 위험한 결과는 경쟁 신문사들의 질투를 사게 되었다는 점이다.《타임스》의 기자들은 열세 살 '릴리'의 끔찍한 사연을 자체적으로 조사하는 과정에서 스테드의 기사가 사실과는 거리가 멀다는 것을 곧 알아냈다.

기사가 게재된 직후, 언론과 여론은 성관계 동의 연령을 13세에서 16세로 높이도록 의회를 강하게 압박했다. 스테드는 바로 그것을 노린 것이었다. 일부 하원의원은 본인의 특이한 성향 때문인지 아니면 의회가 언론에 휘둘려선 안 된다고 생각해서인지 이 문제에 분명치 않은 태도를 보였다.

내무장관 윌리엄 하코트 경은 스테드에게 활동을 멈춰 주기를 간청했다. 이에 스테드는 "당신들이 법안을 통과시킬 때까지는 그럴 수 없다"고 답하고 윤전기를 다시 돌리라고 명령했다. 7월 8일 수요일, 릴리의 이야기를 게재한 지 단 며칠 만에 의회는 다시 한번 해당 법안을 상정했다. 8월 7일, 새 법이 생겼다.

물론, 오늘날 언론은 힘이 세다. 물론, 오늘날 언론은 섹스나 도덕성을 문제 삼아 정치인들을 괴롭히는 능력을 그대로 지니고 있다. 《뉴스 오브 더 월드》(*The News of the World*)가 소아 성도착자들을 맹공격하는 것을 보라. 그러나 오늘날에도 정부를 뜻대로 주무르는 능력만큼은 스테드를 능가할 자는 없다.

그러나 그의 영광은 오래가지 못했다. 불쌍한 아이 릴리와 그의 '강간' 사건을 채색했던 페인트가 조각조각 뚝뚝 떨어졌기 때문이다. 먼저 아이의 모친이 나타나서 자신은 딸애(본명은 일라이자 암스트롱)가 매춘부로 팔린다는 것을 전혀 몰랐다고 주장했다. 이어 주정뱅이 부친이 희열에 싸인 언론 앞에 나타나 자신의 의견은 누구도 물은 적이 없다고 말했다.

마침내 일라이자를 '구매'한 악마, 그 절정의 장면에서 겁에 질린 아이의 몸을 내리누른 자의 정체가 밝혀졌다. 그는 다름 아니라, 당연하게도, 스테드 본인이었다. 금주를 평생의 원칙으로 지켰던 그가 그날은 아이가 있는 방에 들어가기 전에 샴페인 한 병을 통째로 들이켜고 기세를 올렸다고 한다.

사람들은 비웃고 욕하고 분노했다. 스테드는 야바위로 기사를 썼을 뿐 아니라 그 자신이 막 성공적으로 이끌어 낸 바로 그 법을 위반했다. 실제로 일라이자에게 손을 대진 않았지만(그는 그와 같은 일이 벌어졌을 '수도' 있음을 입증하려 했을 뿐이다) 기사에 나오는 산파와 뚜쟁이 등 이런저런 공모자들과 함께 미성년자를 유괴한 혐의로 기소되었다.

매춘을 비판한 이 영웅적인 사회운동가는 유괴 및 매수 죄목으로 3개월 형을 선고받고 주로 할로웨이 교도소에서 복역했다. 후에 그는 그 시간을 아주 즐겁게 보냈고 감옥 안에서도 《팰 맬 가제트》를 편집했노라고 주장했다. 그러나 다시는 기자로서 과거와 같은 힘을 행사하지 못했다.

스테드는 《펠 맬 가제트》를 떠났고, 이 신문사는 점점 추락하다가 1921년에 결국 《이브닝 스탠더드》(*Evening Standard*)에 합병되었다. 스테드는 《리뷰 오브 리뷰스》(*Review of Reviews*)를 창간하고 편집하면서 당대 유명인들을 소재로 하는 촌평 및 "영아 살해라는 투자 방법", "메이브룩 여사는 죽을 때까지 고문받아야 하는가?"와 같은 불멸의 헤드라인을 선보였다. 1893년에는 《데일리 페이퍼》(*Daily Paper*)라는 이름의 일간지를 발행하기 시작했으나, 보어전쟁에 반대하면서 명성을 잃기 시작했다.

그사이 스테드는 심령론과 세계 평화 운동에 점점 더 몰두하게 되었고—그는 노벨상 후보에 여러 차례 올랐다—독자들의 맥동을 감지하던 그 유연했던 감각을 잃어 가고 있었다.

그는 이따금 어리석었고 '처녀 조공' 건에서는 명백한 실수를 저질렀다. 그러나 그런 부분을 제하고 보면 우리는 그에게서 뭔가 저항할 수 없는 매력을 느낀다. 스테드는 기자라는 직업을 사랑했고 그 일에 헌신했다. 그는 인터뷰, 해설, 인용, 유명인, 소동 같은 요소를 특히 좋아했고 그러한 관심을 바탕으로 신문 세계를 변혁하고 (내 생각에는) 개선했다.

달리 어떤 언론인이 혼자서 신문 두 종을 창간하고, 정부를 움직여 최소 세 가지 법을 만들게 하고, 오스카 와일드와 G. B. 쇼를 기고자로 채용한 업적을 주장할 수 있을까? 스테드는 비상할 정도로 성실했다. 아침 일찍 윔블던에서 기차에 올라 8시 20분이면 사무실에 나와 있었다. 또 그때쯤이면 여러 신문에 실린 기사를 사인(死因)까지 다 읽었다. 일어나자마자 잠옷 차림으로 기도문을 외우고, 자식들을 당나귀에 한 번씩 다 태워 준 뒤에 말이다.

물론 그는 빅토리아 시대의 전형적인 호색한이었다. 심지어 "피부에서 정액이 배어 나오는 사람"이라고, 그게 무슨 뜻인지는 모르겠으나, 최초의 여성 정규직 기자였던 린 린턴은 스테드를 그렇게 표현하기도 했다. 그러나 '처녀 조공' 기사를 구상할 때 그는 결코 부정한 뜻을 품지 않았다.

기법상 문제가 있었다 해도 우리는 세계사에서 거의 처음으로 탐사 보도를 시도했다는 점에서 스테드를 옹호해 마땅하다. 릴리의 이야기가 꾸며 낸 것일지언정 그는 엄연히 자행되고 있던 잔혹한 학대를 폭로하고 사회에 이바지했다.

스테드는 1912년 4월 15일, 20세기의 가장 큰 기삿거리로 남게 될 사건 속에서 세상을 떠났다. 이때는 인용을 날조하지 않아도 되었다. 그의 입맛에 맞게 누군가가 어떤 역할을 연기할 필요도 전혀 없었다. 미장센을 연출할 일도 없었다. 스테드 본인이 눈을 휘둥그렇게 뜨고 사건 전체를 있는 그대로 목격했으므로.

단 하나 유감스러운 점은 그가 그 일을 기사로 내보낼 수 없었다는 것이다. 그는 세계 평화와 관련한 일로 뉴욕에 가기 위해(그가 그해에 노벨 평화상을 수상하기로 되어 있었다는 후대의 짐작도 있다) 처녀 항해에 나선 타이타닉 호에 올라 있었다.

선견지명이 있었던 스테드는 구명정을 충분히 구비하지 않은 우편선이 대서양을 가로지를 때 벌어질 수 있는 일에 대하여, 또한 화이트라인사(社) 선박이 빙산에 부딪힌 배의 승객들을 구할 수 있을지에 대하여 이미 쓴 바 있었다. 생존자 필립 목에 따르면, 스테드는 존 제이콥 애스터 4세와 함께 구명정에 매달려 있다가 점점 몸이 얼어붙어 결국 손을 놓았다고 한다.

또 다른 목격담에 따르면, 스테드는 여자와 아이 여러 명을 구명정에 오르도록 도운 다음 1등석 흡연실로 가서 시가에 불을 붙이고 책을 읽기 시작했다고 한다. 나는 그가 잠시나마 원칙을 저버리고 여느 평범한 남자처럼 보트에 자리를 잡았더라면 어땠을까, 역대 최고의 기자들도 때로 그랬듯이 뭐라도 이유를 대며 그 자리를 지켰다면, 그래서 살아남았다면 어땠을까 하고 상상하곤 한다.

제임스 카메론의 걸작 〈타이타닉〉을 본 사람이라면 누구나 이 선박이 계급으로 철저히 분리되어 있었음을 알 수 있다. 연미복을 차려입은 백만장자들은 파트너와 함께 무도장을 누볐던 반면, 삼끈 벨트를 찬 3등석의 유쾌한 승객들은 증기로 후끈후끈한 저 아래층에서 깽깽이를 켜고 발을 굴러댔다.

대체로 정확하게 재현된 이 세계는 그로부터 겨우 2년 만에 사라진다. 1914년, 연이은 세계대전 중 첫 번째 전쟁이 런던을 급습했다. 두 차례의 전쟁 결과, 영국이라는 나라와 그간 영국이 세계에 행사했던 상업적, 정치적 지배력은 산산이 무너졌다. 런던에서만 12만 4000명의 젊은 남자들이 파병되어 주로 문제의 서부전선에서 떼죽음을 당했다. 1차 대전으로 인해 런던의 20~30대 남성 인구 10분의 1이 죽었다. 런던에는 이에 영향받지 않은 가정이 거의 없었다.

바로 이 충격이 여성해방을 (어쩔 수 없이) 가속화했고 순종과 존중을 바탕으로 한 옛 문화를 치명적으로 약화했다. 전쟁 전의 계급 체계는 그처럼 막대한 살상을 버텨 내지 못했다. 〈다운턴 애비〉의 세계는 (그런 세계가 실재했다면 말이지만) 이제 사라졌다. 윈스턴 처칠이 2차 대전에서 발견하게 되듯이, 영국 병사들은 그들에게 조국을 위해 희생하라고 명령하는 장군들이 꼭 현명하고 정당하지만은 않다는 걸 깨달았다.

하지만 다른 면에서 1차 대전은 런던에 좋은 영향을 미쳤다. 거의 완전고용이 이루어지고 수천 명의 여성이 군수공장에서 일자리를 얻었다. 전간기(戰間期)는 황금시대에 육박했다. 1930년대 런던 도심 북서부 교외를 그린 존 베처먼의 애수 어린 시들을 떠올려 보라. 또 아동문학 『저스트 윌리엄』(*Just Willam*)을 보면 녹음 짙은 낙원을 배경으로 주인공 남자아이가 개울에서 송어와 장난치거나 충성스러운 개와 함께 여기저기 돌아다니고 버려진 헛간에서 놀면서 성장한다. 그곳이 어딘가 하면, 전간기의 브롬리이다. 그때 그곳에서는 여자아이들이 숲을 오래 걸어 다닐(go for a tramp) 수 있었고 부랑자(tramp)들은 두려워할 것이 없었다.*

런던은 지하를 누비기 시작한 근사한 전동 열차와 수목 우거진 거리를 느릿느릿 나아가는 무궤도 전차와 빨간 옴니버스에 힘입어 동서남북으로 더더욱 넓어지고 있었다. 널찍하게 조성된 교외의 평화로운 택지는 튜더풍 주택이나 자갈 섞인 시멘트를 바른 두 가구 연립주택으로 채워졌고, 이 전원도시의 주민들은 매일 아침 그 어느 곳보다 다채롭고 튼실한 경제의 중심지로 쉽고 빠르게 출근할 수 있었다.

1930년대에 영국 대부분 지역이 불황에 시달리고 있을 때도 런던만은 놀라운 호황을 이어 가며 스미스 감자칩부터 진공청소기, 라이플총, 자동차 등 온갖 상품을 제조했다. 1939년이면 런던의 면적은 1880년 때보다 여섯 배 넓어졌고, 인구는 2010년대보다 약 100만 명이 더 많은 870만 명으로 역대 최고치를 기록했다.

이윽고 역사가 20세기의 두 번째 강펀치를 날렸다. 런던은 첫 번째 펀치를 꽤 잘 피했다. 그러나 두 번째 펀치는 이 도시의 얼굴에 정통으로 날아들었다.

[*] 부랑자나 떠돌이, 터벅터벅 (오래) 걷는 소리 또는 행위, 행실이 나쁜 여자를 일컫는 멸칭 등 tramp의 여러 뜻을 통해 go for a tramp라는 표현의 이중적 해석을 이용한 말장난.

런던의 지하철, 튜브

1900년 8월, 은빛이 도는 코밑수염을 기른 한 포동포동한 미국인이 햄스테드 히스에 올랐다. 그는 런던에 피어오르는 연기를 보았다. 이 도시 사람들은 언제든 새로운 거주 지구로 터져 나갈 태세를 갖추고 있었다. 그러나 교통수단이 미비했다. 남자는 살기 좋고 아직 인구도 적은 런던 북쪽의 마을들을 보았다. 그는 그쪽 근교를 런던과 결합할 방법을 알고 있었다.

그의 이름은 찰스 타이슨 여키스(turkeys와 라임이 맞는다). 필라델피아에서 온 63세의 투자자이자 본인도 인정하는 악한. 그는 런던의 지하철망을 완전히 탈바꿈할 계획이었다. 당시 런던 지하철은 40대가 되어 가는 참이라 여기저기 탈이 나기 시작했다.

이 모든 것은 찰스 피어슨이라는 런던의 변호사가 교통 체증 속에서 문득 떠올린 아이디어에서 시작되었다(사실 많은 사람이 런던의 교통지옥에서 영감을 얻는다. 가령 헝가리의 물리학자 레오 실라드는 1933년 블룸즈버리의 사우샘프턴 로우에서 자동차가 조금도 움직이지 못하는 상황을 맞닥뜨려 핵연쇄반응 원리를 정립했다). 마차 체증이 얼마나 심각했던지 피어슨은 열차를 탈 수 있으면 얼마나 좋을까 아쉬워하다가… 문득 깨달았다. 그가 외쳤다. "그래, 철도를 하수도에 놓으면 되지!"

1845년, 하수도 열차는 런던의 주요 종착역인 패딩턴, 유스턴, 킹스크로스를 지하로 연결하는 본격적인 계획으로 발전해 있었다. 타이밍은 더없이 좋았다. 마크 브루넬이 로더하이드와 와핑 사이에 세계 최초로 수도의 강 밑을 뚫어 만든 '템스강 터널'을 짓는 그 장대한 과정을 모든 사람이 지켜보고 있었으니까. 그레이트 이스턴 호를 설계한 아들만큼은 아니어도 나름대로 유명한 공학자인 브루넬은 본인이 막 발명한 '굴착용 방패'를 시험하고 있었다. 요컨대 템스강 밑을 뚫을 수 있다고 하면 지하철망을 뚫는 정도는 식은 죽 먹기일 터였다.

그러나 터널 공사가 예상보다 길어지자 1852년 하원은 '지하철도 법안'을 논하면서 땅속 깊이 굴을 파는 공법 대신 더 간단하게 '위에서 파서 덮는', 이를테면 참호에 뚜껑을 얹는 방식을 선택했다. 8년 후 완공된 메트로폴리탄 라인은 금방 하루에 승객 2만 6000명을 실어 나르게 되었다. 열차는 그레이트 웨스턴 철도 회사가 특별 제작했다. 증기 기관차가 지붕 없는 객차를 끄는 구조였다. 뒤이어 여러 노선이 증설되어 20세기 초반이면 여덟 개 노선에서 여섯 개 회사의 열차가 운행되었다.

이론상 런던 지하철은 성공작이었다. 자유 시장이 수요에 잘 대응했고, 런던은 새로운 광역 교통망을 확보했다. 현실은 어땠을까? 승객과 회사 입장에서 이 시스템은 효율적이지도, 편리하지도 않았다. 업체로서는 손실이 꽤 컸고, 승객으로서는 업체가 여럿이라 열차를 갈아타고 티켓을 구입하기가 번거로웠다.

지하철 회사의 고민을 해결할 방법은 노선을 공격적으로 확장하고 시설을 현대화하는 것이었다. 지하철망이 근교까지 연장된다면 통근자들이 선호하는 종래의 기차에 도전할 수 있었다. 그렇게 된다면 지하철이 지나가는 땅마다 널찍한 주택지를 조성하여 새로운 런던의 건설을 촉진할 수 있었다. 새로 나온 멋진 전동 열차도 도입할 수 있었다. 유일한 문제는 그들에게 그럴 만한 자본이 없다는 것이었다.

세기가 바뀌는 시점에 지하철 회사들은 누가 가장 먼저 런던에 20세기에 걸맞은 교통 해법을 제시할 것인가를 두고 경쟁하고 있었다. 그 승자가 여키스다. 선지자, 괴도 남작, 예술품 사기꾼 등등 여러 모로 악명 높았던 그는 카우보이 시대와 마천루 시대 사이 미국의 화신과도 같은 인물이다. 여키스는 44세가 되기 전에 벌써 한 재산을 모았다가 탕진한 경험이 있었고 정치가들을 협박하기도 했고 절도죄로 수감되었다가 대통령령으로 사면되기도 했다. 그는 시카고 교통 건설에 투자하여 다시 부를 거머쥐었고, 이 성공을 바탕으로 런던의 지하철망 확대 사업에서 이익을 볼 수 있으리라고 확신했다.

햄스테드 히스에서 내려온 여키스는 10월까지 '채링크로스, 유스턴, 햄스테드 철도'(현 노던 라인의 일부이기도 하다)를 건설할 권리를 확보했고, 이듬해 3월에는 디스트릭트 라인과 메트로폴리탄 라인도 사실상 손에 넣었다. 다음으로는 '그레이트 노던 앤드 스트랜드 철도'에 대한 이권을 확보했다. 그 직후인 1902년 3월에는 '브롬턴 앤드 피커딜리 서커스 철도'와 도산 직전의 '베이커 스트리트 앤드 워털루 철도'(둘이 합쳐 지금의 피커딜리 라인을 형성)를 함께 인수했다.

여키스는 트램과 버스 회사들까지 사들여 런던 최초의 통합된 교통망을 건설했다. 이 노련한 거물은 자신의 삶을 돌아보며 이렇게 말했다. "나의 사업 성공 비결은 고철을 사들여 살짝 뜯어고친 다음 다른 사람에게 팔아넘기는 것이다."

그는 1905년에 세상을 떠났지만 그의 회사는 1930년대까지 유지되다가 신설된 공기업인 런던 교통국에 소유권을 '팔아넘겼다'.

윈스턴 처칠

Winston Churchill

숨은 복지국가의 창립자, 그리고 독재로부터 세계를 구한 자

런던에 살면서도 아직 '전쟁 내각실'에 가보지 않은 독자가 있다면, (이 책을 다 읽은 다음) 당장 그곳으로 향하길 바란다. 킹 찰스가의 외무부와 재무부 건물 사이, 클라이브 장군 동상 계단 바로 오른편에 벙커로 들어가는 입구가 있지 않은가. 지금까지는 이곳을 윈스턴 처칠을 모시는 제단으로, 입장료만 터무니없이 비싼 관광 코스로 여긴 분들도 있을 것이다. 그러나 모래주머니를 쌓은 상인방을 지나 계단을 내려가는 순간 이곳이 허접한 가짜가 아님을 알게 된다.

튀소 부인의 인형 박물관 같은 처칠 체험관 따위가 아니다. 이건 진품이다. 문득 시간이 70년 전으로, 런던과 영국이 역사의 대법정에 선 그 순간으로 돌아간다. 눈이 어두침침한 조명에 익숙해지면 2차 대전 당시 런던의 삶이 눈앞에 펼쳐지기 시작한다. 그러면 세계 전역에서 찾아와서 눈을 크게 뜨고 오디오 가이드에 경건하게 귀 기울이고 있는 처칠 순례자들은 문제가 되지 않는다.

구석구석 세심하게 보존한 이 지휘 본부는 1940년대라는 시간을 고스란히 간직하고 있다. 사무실이 다닥다닥 붙어 있는 작은 미로와 전 세계 영국군을 연결하던 빨간색, 흰색, 녹색의 큼직한 베이클라이트* 전화기들이 당장이라도 따릉따릉 울릴 것만 같다. 제복 차림의 남자들이 조용히 속삭이는 소리가 귀에 들리는 듯하고, 광택제를 바른 그들의 코밑수염이 열기에 늘어지는 모습이 눈에 보이는 듯하다. 그들은 지도에 색색의 둥근 머리 압정을 꽂는다. 여기는 주력함이 또다시 침몰한 곳, 저기는 일본군이 방어선을 무너뜨린 곳이라고 하면서.

이곳 대장이 위스키를 연료 삼아 쏟아 내는 속사포 같은 말을 아리따운 속기사들이 타닥, 타닥, 타닥 받아 적는 가운데 그들의 나일론 셔츠 겨드랑이가 땀으로 검게 젖어 든다. 1940년대 기준으로는 신식인 냉방 시설이 힘겹게 돌아가고 있긴 하다. 벽에 선풍기들이 걸려 있고, 미국이 기증한 프리지데어사(社)의 신형 마호가니 에어컨이 한 대 있다.

운이 좋은 날이라면 전시실장 게리 메카트니가 특별히 허락하여 내각실에 입장할 수 있다. 이던, 비버브룩, 파이프를 문 애틀리, 그리고 다름 아닌 처칠까지 이곳의 가장 유명한 체류자들 앞에는 금속제 사각형 재떨이가 하나씩 놓여 있었으니, 이 방에 들어가면 그들이 쉼 없이 들이마시고 내뿜었던 담배의 맛이 혀끝에 느껴지는 것만 같다.

이제는 세상에 없는 역사적인 인물을, 그 사람의 성격을 이만큼 즉각 떠올리게 하는 공간이 또 있을까? 그가 예의 그 빨간색 작업복 차림으로 복도를 걸어 장관 누구를 호출하거나 폴 로저 샴페인 작은 병을 주문하는 모습, 또 지금도 그의 책상에 그대로 놓여 있는 수신기를 통해 대국민 연설을 하기에 앞서 예의 그 위스키 잔에 술과 물을 따르는 모습이 눈에 선하다.

그의 침실에 들어가면 그가 이곳에 물리적으로 실재하는 듯한 느낌에 사로잡힌다. 관급품인 작고 수수한 침대의 장식 없는 헤드보드

[*] bakelite: 과거 전기용품 등에 많이 쓰던 플라스틱의 종류.

와 파란색 누비이불, 발치 밑에 놓인 하얀 도자기 요강, 사이드 테이블 위 철제 상자에 말라붙은 개똥처럼 들어 있는, 실제로 그의 소유품이었던 로메오 이 훌리에타 시가까지. 침대 맞은편 벽에 드리운 커튼을 걷으면 지도들이 나타난다. 짧고 굵은 낮잠을 자주 즐겼던 그가 일어나서 가장 먼저 시선을 주었을 그곳에는 영국군이 잘 막고 있는 지역과 뚫리기 쉬운 지역, 그러니까 독일군이 탱크로 밀고 들어와도 버틸 만한 곳과 그러지 못한 곳이 자세히 표시되어 있다.

우리는 이때 문득, 이 공간을 지배하는 정서를 감지하게 된다. 활기도, 흥분도 아니고 긴장감도 아니다. 절망감이다.

관급용 가구 창고를 요새로 개조하기 시작한 1938년 여름, 영국은 여전히 역사상 가장 막강한 제국의 지위를 지키고 있었고 런던은 여전히 그 심장부였다. 그러나 그로부터 겨우 몇 달 만에 그 모든 권력과 세력이 이 초라하고 비좁은 지하 공간으로 급격히 쪼그라들고 말았다. 촌스러운 갈색 팔걸이의자와 볼품없는 커튼 등 지휘부의 면면을 살펴보다 보면 지역 신문에 가끔 실리는 기사가 떠오른다. 지역 공무원이 아파트 문을 따고 들어갔더니 연금으로 살아가던 독거 노인이 죽어 미라처럼 말라 있더라는 식의 이야기 말이다.

일단 원시적인 정보기술에서 절망감이 느껴진다. 누렇게 바래 가는 기록물과 서류, 냉장고만 한 전파 교란 장치, 처칠의 책상 앞쪽 통에 담긴, 이제는 까만 기름 덩어리가 된 아교풀까지. 이 풀은 처칠이 자신의 브리핑 내용을 원하는 순서대로 자르고 붙이는 데 쓴 것이다. 두더지처럼 빛을 보지 못하고 지내는 여기 사람들에게 바깥 날씨를 알려 주던 작은 나무 표지판에서도 절망감이 느껴진다. 그리고 무엇보다도 천장 위쪽을 덮은 1~2.7미터 사이 두께의 콘크리트판에서 우리는 그들이 얼마나 두렵고 절박했을지를 짐작할 수 있다.

절망의 원인은 단순했다. 런던이 공격받고 있었다. 이 도시는 듣도 보도 못한 무차별한, 사디즘에 가까운 대공세에 시달리고 있었다. 이곳에서 우리는 처칠의 낮고 거친 목소리, 전화기 신호음, 선풍기 소음 따위만이 아니라 런던에 고성능 폭약이 쏟아져 내리는 소리를 상상할 수 있다. 벙커가 직격탄까지는 막아 내지 못하리라는 사실을 알면서도 계속 일해 나가는 사람들의 심정을 상상해 볼 수 있다.

돌아보건대 영국이라는 나라의 세계적인 위상에 있어 2차 대전이 대참사였음은 틀림없다. 다만 내가 속한 세대는 전후에 태어나서 IRA나 알카에다의 산발적 군사 행동을 가장 두려워하며 자랐기에 독일군의 런던 대공습은 우리의 상상력을 넘어서는 공포라고 할 수 있다. 그건 런던 대화재에 비해서도 훨씬 더 무섭고 치명적이었다(대화재 때 몇 명이 죽었다고 했던가? 그렇다, 여덟 명이다). 게다가 한 번에 끝난 게 아니었다. 1940년 가을부터 1941년 봄까지 몇 달 동안 매일 밤 이어졌으며, 1944년에 다시 시작되어 마치 베토벤 교향곡을 마구잡이로 패러디하듯이 귀청을 난타하는 최종 클라이맥스를 한 번도 아니고 여러 번 연주했다.

이런 절망스러운 나날을 모두가 예측했으나 런던은 그저 무방비했다. 1938년 뮌헨에서 돌아온 네빌 체임벌린은 자신이 히틀러의 요구에 타협한 이유를 정당화하면서, 돌아오는 비행기에서 런던을 내려다보다가 수천 채 건물의 허술한 지붕을 보고 공포에 사로잡혔노라고 말했다. 1934년 히틀러가 정권을 장악하고 공군을 강화하기 시작했을 때, 처칠은 런던 공습 위협을 경고하며 정치적으로 시동을 걸었다. "런던은 이 세상에서 가장 멋진 표적이다. 엄청나게 크고 값나가는 통통한 암소가 꽁꽁 묶인 채로 맹수를 유인하는 꼴이다."

그는 이 말에 귀 기울이지 않을 시 어떤 일이 벌어질지를 여러 번 매섭게 경고했다. 고작 1주일에서 열흘 동안 있었던 집중포화에 3만에서 4만 명이 사망할 것이고, 300만에서 400만 명의 런던 사람이 허둥지둥 먼 시골로 탈출할 것이었다. "공중 위협은 도망간다고 해서 해결될 문제가 아니다. 후퇴가 가능한 문제가 아니다. 우리가 런던을 옮길 수 있는가? 템스강 하구에 기대어 살아가는 저 많은 인구를 어디로 옮길 수 있느냔 말이다." 1939년이면 사람들은 일본군이 상하이를 폭격했을 때 벌어진 일과 독일 공군의 콘도르 부대가 1937년에 게르니카를 어떻게 만들었는지 알고 있었다.

파국의 북소리가 점점 고조되면서 두려움이 극으로 치달았을 것이다. 1939년, 어린이 수만 명이 런던 밖으로 소개(疏開)되었다가 폭격 개시가 무산되었을 때에야 돌아왔는데, 그중 다수였던 이스트 엔드 아이들은 이상한 중산층 가족들과 점잔 빼는 습관으로부터 해방되었다고 그저 기뻐했다. 극장과 영화관도 폐쇄되었다가 다시 문을 열었다. 그러다 1940년 9월 7일 토요일 저녁, 폭격이 정말로 시작되었다. 공군 사령부와 참모총장들은 방심하다가 허를 찔렸다. 320대의 폭격기에 600대가 넘는 전투기가 사실상 텅텅 빈 하늘을 가로질러 주요 산업 및 상업 시설을 향했다. 그들은 울위치 무기고와 백턴 가스 공장과 웨스트 햄 발전소를, 또 이스트 엔드의 부두와 빈민가를 폭격했다.

곧 거대한 화염이 치솟았다. 여명처럼 밝아지는 오렌지빛 불길을 편리한 길잡이 삼아 추가로 독일군 폭격기 250대가 날아와 다시 폭탄을 떨어뜨렸다. 스티븐 인우드에 따르면, 다음 날 아침 도시의 1000여 곳이 불타올랐고 있었고 주요 기차역 세 곳이 폐쇄되었으며 430명이 사망하고 1600명이 부상했다. 부두 지역은 그간 런던이 멋진 도시가 되는 데 일조한 수입품과 수출품에서 솟구치는 화염에 휩싸였다.

불타는 후추의 연기에 소방관들은 불 자체를 들이마시는 듯한 고통을 느꼈다. 럼주가 담긴 통들은 폭탄처럼 파열했다. 페인트는 고열의 흰색 불꽃을 겹겹이 피워 올렸고, 고무에서는 지독한 검은색 연기가, 찻잎에서는 멀미를 일으키는 향이 진동했다. 폭격은 가을 내내 이어졌고 다음 해 봄에는 강도가 더욱 세졌다. 1941년 4월 16일, 융커스 88기가 밤하늘을 찢으며 날아와서 런던 개선문에 깊은 상처를 남겼다. 이에 처칠은 그 덕분에 넬슨 기념비가 더 잘 보이게 되었다는 실없는 농담을 구사했다. 공포영화에나 나올 법한 일화들이 무수히 생성되었다. 한 자애로운 교구 목사는 사람들을 피난소로 안내하다가 교회 계단에서 목숨을 잃었고, 플리트의 하수도가 터지는 바람에 지난 200년간 런던 사람들이 맡아 보지 못한 악취가 퍼져 나왔고, 안에 납을 발랐던 관에서 100년 묵은 시신이 터져 나와 그 머리통이 사람들 눈앞에서 통통 튀어 다녔다.

1941년 5월 10일에는 얼마나 두들겨 댔는지 다음 날 아침 (그 와중에 어떻게든 잠을 이룰 수 있었던) 사람들은 잠에서 깨어나 왕립 재판소와 런던 타워와 왕립 조폐국이 전부 폭격된 것을 발견했다. 다리들이 부서지고 기차역들이 폐쇄되었으며 영국 박물관의 도서 25만 권이 소실되었다. 웨스트민스터 홀에 불이 났으며 하원 의사당이 파괴되었다. 빅벤에도 폭탄이 떨어져 시계 판 여기저기가 뚫리고 긁혔다. 이후 두어 해 동안은 잠잠했지만 그 끝에는 무시무시한 클라이맥스가 기다리고 있었다.

1944년, 히틀러는 새로 발명된 제트와 로켓 기술을 바탕으로 V1과 V2을 쏘아 올렸다. 런던 사람들은 앞다투어 도시를 떠났고, 누군가는 존슨 박사의 경구를 뒤집어 "사는 게 시들해진 사람만이 런던에 남기를 택했다"라고 말했다. 이후 전쟁이 끝날 때까지 런던은 계속 재난에 시달렸으며, 그중 다수가 회복 불가능한 피해였다. 크리스토퍼 렌이 건축한 교회 열네 곳을 포함하여 도심 교회 열여덟 곳이 무너졌다. 시티와 이스트 엔드 지역에는 여기저기에 폭삭 무너진 공터가 생겼다. 3만 명에 달하는 시민이 죽고 5만 명이 심하게 다쳤으며, 11만 6000명의 집이 파괴되었고 28만 8000명은 집이 심각하게 파손되었다. 그 밖에도 건물 100만여 채(그중 절반이 거주 시설)도 이런저런 수리가 필요한 상태였다.

대공습의 파괴는 물리적 차원에 국한되지 않았다. 심리적인 충격도 심각했다. 런던의 모든 시민이 역경 속에서도 훌륭하게 처신했다고 주장할 수 있으면 좋으련만, 분명 수치스러운 예외들이 있었다. 필립 지글러에 따르면 "약탈자들은 산산이 부서진 나이트클럽들을 어슬렁거리며 죽었거나 의식을 잃은 사람들의 손가방을 찢고 손가락에서 반지를 뽑았다. 도둑 무리들은 구조대보다 먼저 현장에 도착하려고 공습 중에 미리 정탐꾼을 보냈다. 재난을 틈타 재산을 훔치는 행위는 규정상 사형으로 처벌 가능한 범죄였으나 초기에는 치안판사들이 인심을 후하게 썼다. 그러나 약탈이 점점 횡행했던 탓에 1941년이 되면 통상 징역 5년이 구형되었다. 나이 어린 범인들은 회초리로 맞는 벌을 받았다.

런던 경찰국에 약탈 방지 특별반이 구성되었다. 1941년도의 경관들은 도둑을 신체적으로 체벌하는 데 죄의식을 전혀 느끼지 않았다. 헨리 그린의 묘사에 따르면 경찰에게 붙잡혔던 한 남자는 "옷이 거의 다 찢겨 나갔고 제대로 걷질 못했으며 입에서 피가 줄줄 흘렀다. 얼마나 매를 맞았는지 정신이 온전치 않았다." 요즘 경찰이 약탈범을 다룰 때 법적으로 용인 가능한 범위가 당시로부터 얼마나 달라졌는지 쉽게 알 수 있는 대목이다.

이러한 처벌에도 불구하고 1944년에 재개된 '작은 대공습'(Little Blitz) 기간에는 약탈 사건이 오히려 더 늘었다. 웨스트 햄스테드에 있는 한 라디오 회사는 폭탄이 떨어진 지 20분 만에 탈탈 털렸다. 애거멤넌 로드의 한 주민은 "그날 밤의 약탈은 기가 찰 정도였다. 청과상 부인의 손가방에 들었던 돈이 전부 사라졌다." 대공습의 스트레스 속에서 일부 런던 사람은, 다름 아닌 나치스 독일에서 건잡을 수 없이 기승을 부린 편견과 적대감, 곧 반유대주의라는 바이러스에 굴복하기까지 했다. 마치 폭탄에 마루가 뚫려 그 밑에 잠자고 있던 고대의 병균이 흘러나온 것만 같았다.

전시 런던의 유대인들은 방공호에서 자리를 독차지한다고 비난받았다. 내무부는 반유대주의적인 기사들을 우려하며 이 감정적 갈등에 관한 주간 단위 조사를 의뢰했다. 유대인들이 방공호를 이기적으로 사용한다는 증거 따위는 당연히 없었으나, 조지 오웰처럼 세심한 작가마저도 대기 행렬을 묘사하며 다음과 같이 팬들을 실망시키기에 충분한 표현을 썼다. "유대인의 가장 끔찍한 점은 가만있어도 눈길을 끌 텐데 굳이 용을 써서 눈에 띄려 한다는 것이다."

1943년 3월 3일, 이 전쟁에서 가장 비극적인 사건 중 하나가 발생했다. 사람들이 줄을 서서 베스널 그린 지하철역에 들어가고 있을 때였다. 근처 빅토리아 파크에서 로켓을 일제 발사하는 바람에 한 사람이 계단 꼭대기에서 넘어졌고, 공황에 빠져 몰려드는 인파로 인해 그로부터 단 몇 초 사이에 178명이 압사하거나 질식사했다. 이것이 제5열* 소속 요원이나 독일 간첩의 소행이라고 주장한 사람도 있었지만, 그보다 많은 시민이, 현장에 있지도 않았던 사람들이 유대인을 범인으로 지목했다. 유대인들이 겁을 집어먹고 내달렸던 것이라고 말이다. 이쪽 주장이 런던 전체에 퍼졌다. 그 무렵의 한 여론조사에서는 유대인에 적대감을 지닌 사람이 전체의 27퍼센트에 이르렀다.

이렇게 뜻밖의 고약한 일이 벌어지고 있었다. 그러나 영국인이 전쟁을 수행하는 과정에서 보인 도덕적 과오는 그것만이 아닌 것 같다. 또 하나의 불쾌한 진실은, 대외적으로는 영웅으로 칭송되던 영국군이 실은 싸울 의지가 없다고 비난받았다는 것이다. 당시에 영국군을 (조용히, 나아가 공공연하게) 비판했던 가장 중요한 인물이 바로 윈스턴 처칠이다.

[*] Fifth column: 적국 내에서 외부 세력의 활동에 호응하여, 각종 모략 활동을 벌이는 조직적 무력 집단으로 간첩을 의미하기도 한다.

1940년 1월 16일, 다시 해군장관에 임명된 처칠은 제1 군사위원 더들리 파운드 제독에게 다음과 같이 격렬한 어조의 메모를 보냈다. "우리 육군은 전선에서만큼은 나약합니다. 우리 공군은 독일군에 대한 열세를 극복할 길이 없습니다." 이 말은 사실로써 증명되는 듯했다. 영국군이 수행했던 그 모든 군사작전 중 그들이 그나마 잘했던 것 하나는 퇴각이었다. 육군도 공군도 비굴하게, 부리나케 잘 도망쳤다.

영국군은 1940년 5월 노르웨이 남소스에서 퇴각했으며 처칠은 이 굴욕을 계기로 총리가 되었다. 그가 키를 잡았다고 해서 영국군의 실력이 눈에 띄게 좋아지진 않았다. 영국은 프랑스에서도 쫓겨났으니, 우리가 아직까지도 됭케르크 전투를 승전이라고 부르는 것은 자기기만의 기적 중 하나다. 이 참담한 후퇴가 가능했던 이유 자체가 독일군이 전술상의 터무니없는 착오로 장갑차를 세우고 영국군을 도망치게 해주었기 때문이었다. 1941년 5월에 영국군은 크레타섬에서 참패했다. 에블린 워가 황량하고 신랄한 글로 영원히 남긴 이 전투에서 영국군은 독일군 공수부대의 기량과 배짱에 겁을 먹고 섬을 떠났다. 그러나 노르웨이, 됭케르크, 크레타섬에서의 치욕이 시시해질 정도의 재앙이 싱가포르에서 벌어졌다.

처칠은 2월 10일, 시 애호가이자 당시 인도 총사령관이었던 육군 원수 웨이벌에게 전보를 보내어 상황의 심각성을 알렸다. 그는 런던에서 이 문제를 어떻게 바라보고 있는지를 그가 꼭 알아야 한다고 경고했다. 그때 싱가포르의 영국 병력은 말레이반도 전체의 일본 병력보다도 많았다. "무슨 일이 있어도 끝까지 싸워야 합니다. 18사단은 역사에 이름을 남길 기회를 얻었습니다. 사령관과 상급 장교는 병사들과 함께 죽어야 할 것입니다. 영국 제국의 명예가, 영국군의 명예가 여기에 달려 있습니다. 장군께선 어떠한 종류의 나약함에도 결코 자비를 베풀지 마십시오. 러시아군이 용감히 싸우고 있고 미국군도 루손섬에서 단단히 버티고 있는 지금, 우리 조국과 국민의 명성 전체가 여기에 걸려 있습니다."

아뿔싸, 장성들은 처칠의 간곡한 권유를 따라야 할 이유를 찾지 못했다. 죽음과 불명예의 양자택일에서 그들은 주저하지 않고 불명예를 선택했다. 1942년 2월 15일, 싱가포르가 넘어갔다. 아마도 이 사건이 처칠의 마음속에서 스멀스멀 커져 가던 불안을 사실로 확인해 주었을 것이다. 영국군은 독일군에 비해, 나아가 일본군에 비해서도 병사 하나하나의 자질이 떨어진다는 의심을 말이다. 그는 바이얼릿 보넘 카터에게 보내는 편지에서 "지금 우리 군은 우리의 아버지 세대만큼 훌륭하지 않습니다. 1915년의 영국 병사들은 집중 포격을 당할 때도 단 하나 남은 포탄을 가지고 계속 싸웠건만, 지금은 폭격기에도 맞서지 못합니다. 싱가포르에 그렇게 많은 병사가 있는데도, 고작 이런 결과라니요"라고 자신의 염려를 토로했다.

제국 참모총장 앨런 브룩의 의견도 처칠과 같았다. 그는 1942년 2월 18일 자 일기에 이렇게 썼다. "우리 군이 지금보다 더 잘 싸울 수 없다면 우리는 응당 우리의 제국을 잃게 될 것이다." 브랜디나 퍼마시는 정치가와 사령부의 장군이 병사들을 이렇게까지 비난할 일인가 싶지만, 실제로 일본군은 싱가포르 전투를 행운으로 여겼다. 싱가포르 전투를 다룬 책에 따르면, 승장 야마시타 도모유키는 자신이 밑천 없이 덤볐음을 고백하며 이렇게 말했다고 한다. "내가 가진 병력 3만 명은 영국군의 3분의 1이었다. 싱가포르에서는 길게 싸우면 우리에게 승산이 없었다."

처칠이 싱가포르에서의 항복에 실망했다면, 뒤이어 리비아의 투브루크에서 벌어진 일에는 체면이 깎였다. 무려 그가 백악관에서 루스벨트 대통령과 동석해 있을 때, 그 마을에 주둔한 3만 5000명 병력이 그보다 적은 수의 독일군에게 항복했다는 소식이 들어온 것이다. 그는 일기에 "패배와 불명예는 별개의 문제"라고 썼다. 그러나 처칠이 영국 병사들의 용기와 결단력을 의심했다면, 다른 사람들은 이 전쟁을 이끄는 처칠의 지도력에 의심을 품기 시작했다.

처칠 내각은 보궐선거에서 패배하기 시작했다. 6월 25일 하원의 의사 일정표에는 "전쟁 지휘부에 대한 불신임안"이 발의되었으며 7월에 열린 그 심의에서 모든 당의 하원의원이 처칠을 맹비난했다. 그중 한 사람인(아일랜드 귀족이라 하원의원이 될 수 있었던) 윈터턴 경은 이렇게 말했다. "우리는 지적으로나 도덕적으로나 점점 독일인들과 가까워지고 있다. (…) 총통은 언제나 옳다는 의미에서 말이다. (…) 하원 생활 37년 동안 이번처럼 총리를 내각 책임으로부터 물러나게 하려는 시도는 처음 보았다."

어나이린 베번은 영국 사병들의 투지가 문제가 아니라고, 쓸모없는 장교들이 사태의 핵심이라고 주장했다. 영국군은 계급적 편견으로 가득 차 있었다. "로멜이 영국군이었다면 그는 여태 병장이었을 것이다!" 베번은 로멜이 사관학교를 졸업한 사실을 두고 이렇게 통렬히 야유했다. 독일인인 로멜은 병장이었던 적조차 없었다.

물론 영국군은 마침내 엘 알라메인 전투에서 명예를 상당히 회복했다. 몽고메리는 독일군보다 두 배 많은 병사와 탱크로 제때에 전열을 정비하여 적에게 강타를 날리고 독일군의 카이로 진출을 저지했다. 처칠은 (이것은 "끝이 아니고 끝의 시작조차 아니며 시작의 끝"이라며) 그 순간을 환영했고, 1970년대에 이르러서도 나 같은 사람이 배우기로는 2차 대전의 참전용사들이 직접 가르쳐준바, 바로 그때가 이 전쟁의 전환점이었다.

요즘 와서는 정말 그러했는지 의문이다. 사실 진짜 전환점은 독일군의 모스크바 전투 패배, 혹은 미국의 참전, 혹은 스탈린그라드 전투였다고 봐야 한다. 몽고메리는 엘 알라메인에서 독일군 세 개 사단과 맞붙었다. 러시아군은 스탈린그라드에서 독일군 열세 개 사단을 패퇴시켰다. 두 전투는 규모 자체가 달랐다. 전쟁이 계속되면서 처칠과 영국의 중요성은 과거에 비해 축소되고만 있었다.

연합국이 '오버로드'(Overlord, 대군주) 작전과 유럽 해방을 준비하고 있던 시기에도 처칠은 전략적으로 속도를 따라가지 못하고 계속해서 1차 대전 때 갈리폴리에서 쓴 지엽적인 속임수와 모략을 주장하고 있었던 듯하다. 그는 영국 해군의 위용에 대한 스탈린의 놀림을 들어야 했다. 또 러시아가 영국 수병 두 사람을 학대했을 때—무르만스크에서 소란을 피운 일로 그들을 시베리아 장기 유형에 처했다—처칠이 어떠한 조치도 취할 수 없었다는 사실은 당시 영국의 영향력이 과거에 비해 얼마나 축소되었는지를 분명히 보여 준다.

스탈린과 루스벨트가 독일군 장교 수천 명을 총살하는 것에 대해 농담을 주고받는 동안 처칠은 누구에게도 관심받지 못하고 담배 연기만 폭폭 내뿜고 있었던 듯하다. 엘베강을 사이에 두고 악수를 나눈 것은 러시아군과 미국군이었고, 독일 타도의 가장 큰 공은 그들이 가져가는 것이 맞다. 처칠은 그의 뒤에 있는 조국이 강한 만큼만 강했으며 당시 영국은 지칠 대로 지쳤다. 런던은 무릎을 꿇고 있었다.

런던의 산업 기반은 박살 났다. 생산량이 약 40퍼센트 감소했다. 런던이 자랑하던 제조업은 그 후로 결코 전쟁 전 수준으로 돌아가지 못했다. 사무 공간은 1954년 무렵에야 겨우 전쟁 전 규모로 재건되었다. 아동 교육이 거의 중단된 상태였다. 문해력이 떨어지고 있었다. 버몬시, 핀즈베리, 서더크의 인구가 38퍼센트 줄었다. 포플러와 쇼어디치와 시티는 45퍼센트, 스테프니는 50퍼센트가 줄었다. 폭탄이 떨어진 자리에는 취어초와 분홍바늘꽃이 싹을 틔웠다. 미국인들은 전쟁이 끝나자마자 인정사정없이 무기 대여 정책을 중단했으며 영국은 빚의 이자를 갚느라 여념이 없었다.

처칠은 1942년 11월 10일에 열린 시티 시장 연회에서 이렇게 말했다. "나는 영국 제국의 부채 청산을 주재하기 위해 폐하의 제1 대신이 된 것이 아닙니다." 그러나 처칠이 종전 직후에 (주로 미국의 요청으로) 하게 된 일은 바로 그것이었다. 1930년대의 '광야 시절'에 처칠은 주로 간디와 인도 독립에 반대하는 활동을 했다. 오늘날까지 시간의 시험 앞에 영락없이 퇴색하고 만 그의 여러 발언 중 하나가, 1931년 간디에 대해 "런던 법학원의 선동적인 변호사였던 그가 이제는 탁발승이 되어 반쯤 벌거벗은 차림으로 총독 궁의 계단을 성큼성큼 올라가 황제의 대리인들과 대등한 위치에서 교섭을 벌이는 모습이 놀랍고도 역겹다"라고 비난했던 것이다. 그는 인도의 독립을 허락한다면 대량 실업이 발생할 것이라고 예언하기도 했다. 전쟁 중에 인도가 심각한 기근을 겪고 있을 때, 인도에 군량을 공급하는 방안의 인가를 요청받은 처칠은 잔인하게 대꾸했다. 간디가 아직 살아 있다면 상황이 그렇게까지 심각할 리 없지 않느냐고.

처칠은 일생 동안 괜찮은 농담을 많이 했지만 그것은 해당되지 않았고 1948년에 가서는 그 자신이 농담거리가 되었다. 인도는 결국 독립을 인정받았고 그때 그는 아무것도 할 수 없었으므로. 처칠은 이미 1945년에 총리 자리에서 가차 없이 쫓겨났다.

《타임》(*Time*)이 1945년 7월 16일에 발행한 개표 전날 특별판에서, 한 기자가 70세의 총리를 따라 월섬스토의 개 경주장에 갔다. 처칠과 부인 클레멘타인은 환호 속에 도착했으나 이윽고 우우 하는 야유가 시작되었다. 군중은 "우리는 애틀리를 원한다!"고 외쳤다. 처칠은 "우리 나라와 같은 자유 국가에서는…" 하고 반론을 펴기 시작했지만 《타임》에 따르면 "야유의 대공습이 그를 두들겼다."

처칠이 주택 공급과 식량 생산 증가에 대해 이야기하는 와중에도 야유는 계속되었다. 폭격은 이튿날에도 이어졌고 열일곱 살 아이 하나가 불붙은 폭죽을 그의 얼굴에 던지기도 했다. 처칠은 피폭 지역을 순회할 때 보았던 사람들과 마찬가지로 이들 역시 소수파일 뿐이라고 믿었을 수도 있으나, 마침내 투표함이 개봉되었을 때 그들이 영국의 다수파임이 분명해졌다. 위대한 전쟁 지도자가 한참 잘못 짚고 있었던 것이었다.

처칠의 지도력을 수정주의적으로 재평가한다면 다음과 같을 것이고, 실제로도 이러한 비판이 존재하는 것 같다. 즉 처칠이 1930년대에 부단히 전쟁을 도발했던 이유는 나라의 이익을 위함이라기보다는 본인이 정계 우두머리가 되기 위한 것이었다. 피할 수 있었던 전쟁이 처칠로 인해 시작되고 말았고 그 후 그가 이끄는 싸움은 계속해서 실패했으며 그러는 동안 런던 시민, 특히 가난한 사람들은 무자비하게 폭격당했다. 6년간의 전쟁 끝에 너무도 약해지고 가난해진 영국은 하릴없이 깃발을 내리고, 제국을 포기하고, 국제사회에서 전보다 훨씬 축소된 역할을 받아들이는 수밖에 없었다. 그리고 이러한 격동을 겪은 뒤, 국민 대다수가 20세기 선거 역사에서 가장 압도적인 축에 드는 득표 차이로 처칠을 쫓아낸 것은 그리 놀라운 일이 아니었다, 등등.

처칠을 비난할 혐의는 분명 이 밖에도 더 있을 것이다. 그가 인종차별주의자에 성차별주의자에 우생학 신봉자였다느니, 영국이 독일의 암호를 해독했다는 사실을 노출하지 않으려고 코벤트리가 폭격당하게 놔두었다느니(사실이 아니다), 어쩌면 홀로코스트를 막을 수도 있었으나 그러지 않았다느니(이 또한 사실이 아니다) 등등 많은 설이 있다. 참리, 폰팅, 어빙, 뷰캐넌 등의 주로 수정주의 역사가들이 이런 종류의 주장을 내놓는데—정작 흥미로운 점은 그런 주장에도 거의 달라지지 않는 사실이 있다. 우리가 여전히 처칠을 좋아한다는 것이다—어쨌든 나는 그를 좋아한다. 수정주의자들이 아무리 딱총을 쏘아 댔어도 그의 어마어마한 명성에는 흠집 하나 나지 않았음을 많은 영국인들이 본능적으로 알고 있다.

인류에 속하는 대부분이 그렇지만 영국인은 본능적으로 위계를 따지는 족속이다. 영국인은 사물과 사람에 등급을 매기려는 경향이 있고 그에 대해 논하기를 좋아한다. 그러나 여러분은 이 나라의 어느 편을 가든 두 가지의 중요한 범주에서만은 사람들의 의견이 일치하는 점을 발견하게 될 것이다. 영국 최고의 작가는 셰익스피어이고, 영국 최고의 정치가는 처칠이라는 것. 영국에는 처칠의 이름이 들어간 도로와 대로와 거리와 골목이 약 430군데 있다. 튀소 부인은 지금까지 처칠 인형을 열 개나 만들었다.

처칠이 연설을 얼마나 열심히 준비하는 사람이었는지, 또 그가 어떤 때는 열네 시간이나 매달려 문장을 다듬기도 했고, 연설 중에 말을 멈추거나 강조하는 방법을 거울 앞에서 연습했다는 사실은 이제 모르는 사람도 많을 것이다. 그러나 그가 쓴 많은 문장은 지금까지도 널리 기억되고 있다. 영국인의 마음에 직접 호소하려면 앵글로색슨어의 짧은 단어들을 이용해야 한다는 사실을 그가 잘 알았기 때문이다. "Never in the field of human conflict was so much owed by so many to so few"(인류가 치른 전쟁 가운데 이렇게 많은 사람이 이렇게 적은 사람에게 이렇게 큰 빚을 진 일은 달리 없었습니다), 아니면 "I have nothing to offer but blood, toil, tears, and sweat"(제가 내놓을 수 있는 것은 피와 수고, 눈물과 땀뿐입니다) 같은 말을 보라. 나라면 앵글로색슨 단어 수십 개를 쓰는 대신 라틴 단어 몇 개로 끝냈을 텐데. 그러나 바로 이것이 처칠의 말이 꽂히는 이유이다. 혹은 이건 어떤가. "We shall fight on the beaches, we shall fight on the landing-grounds, we shall fight in the fields and in the streets, we shall fight in the hills; we shall never surrender."(우리는 바닷가에서 싸울 것이고, 착륙장에서 싸울 것이고, 들판과 거리에서 싸울 것이고, 언덕에서 싸울 것입니다. 우리는 결코 항복하지 않을 것입니다) 이 문장에서 라틴어는 물론 'surrender' 하나뿐이다.

6만 개 이상의 어휘를 구사할 수 있었던 처칠은 하고 싶은 말은 무엇이든 멋지게 표현할 줄 알았을뿐더러 짧은 말과 화려한 말을, 묵직한 말과 가벼운 말을 한데 엮는 데 능했다. 1906년에는 "트란스발에서 이루어지고 있는 중국인 계약 노동을 노예제라는 말의 극단적인 의미에 속하는 것으로 분류하려면 용어의 부정확성(teminological inexactitude)이라는 위험을 감수해야만 할 것입니다"라는 유명한 말을 남겼다. "용어의 부정확성"이라는 표현은 곧 의회에서 '거짓말'을 가리키는 유쾌한 완곡어로 자리 잡았다.

존 F. 케네디는 처칠이 영국의 언어를 동원하여 전투에 내보낸 인물이라고 (자기 아버지에게 잘 보이려는 생각으로) 말했다. 처칠은 1953년에 노벨상 수상자로 선정되었는데, 정치가들이 단골로 받는 평화상이 아니라 문학상을 받았다. "뛰어난 역사서와 전기 저술 및 고귀한 가치를 수호하는 훌륭한 웅변"이 그 이유였다. 여러분이 한림원 심사위원들의 취향(W. H. 오든, D. H. 로런스, 에블린 워, 에즈라 파운드 등등에게는 상을 주지 않았다)에 대해 어떻게 생각할지 몰라도, 처칠의 이 업적만큼은 영국의 어떤 정치가도 당분간은 달성할 수 없을 듯하다.

영국 정계에서 처칠은 부적이다. '처칠다운' 면을 입증하기만 하면 그 어떤 종류의 괴상한 구석이나 행동 방침이라도 정당화될 수 있다. 가령, 지금은 사라진 사회자유민주당의 밥 매클레넌 하원의원은 당수 자리를 박탈당하고 우는 모습을 보였다가 신문지상에서 놀림당한 적이 있다. 그때 매클레넌은 자신이 '처칠답게' 눈물을 흘리는 경향이 있긴 하다고 해명했다. 만약 사람들이 당신에게 정치 일선에 나서기엔 나이가 너무 많지 않느냐고 하면, 처칠이 처음 총리가 되었을 때의 나이가 예순다섯 살이었다고 알려 주면 그만이다. 혹시 점심을 먹기도 전에 술에 취했을 때는 처칠이 샴페인과 위스키와 브랜디를 얼마나 마셔댔던가를 언급하면 그만이다. 왜 담배를 끊지 않느냐고 나무라는 사람이 있으면 시가를 물지 않은 처칠의 모습을 떠올릴 수나 있느냐고 대꾸하면 된다. 정치하는 사람이 글쓰기를 병행할 순 없다고 말하는 사람이 있으면 처칠은 정치가 경력 내내 저널리스트로서 글을 썼을 뿐만 아니라 히틀러가 폴란드 공격을 개시하고 본인이 영국 해군 전체를 지휘하고 있던 상황에서도 멈추지 않고 『영어를 쓰는 민족들의 역사』(*History of the English-Speaking Peoples*)를 집필했음을 일깨워 주면 된다.

대단히 멍청한 짓을 저질렀을 땐 처칠이 갈리폴리의 실패를 어떻게 극복했는지 떠올리면 된다. 연설 도중에 갑자기 할 말을 잊고 얼어붙었을 땐 처칠의 모범을 따르면 된다. 하원에서 연설하다가 말문이 완전히 막혀 버린 처칠은 그냥 자리에 주저앉아 머리를 감쌌다. 사람들이 자꾸 당신을 두고 농담을 한다면, 로이 젠킨스가 처칠에 대해(또 물론 그 자신에 대해서도) 꿰뚫어 보았듯이 “참으로 위대한 모든 남자에겐 희극성이라는 요소가 있음”을 기억하길 바란다. 공부 머리가 없어서 라틴어는커녕 수학도 못하는 사람에겐 처칠만 한 모델이 또 없다. 그는 그야말로 인생이라는 대학의 영원한 명예총장이다.

처칠은 지금까지도 온갖 성향의 유권자들에게 독보적인 인기를 누리고 있다. 비단 그가 전시의 거국 내각을 이끌었기 때문만이 아니라, 그의 정치적 정체성이 그만큼 변화무쌍했기 때문이다. 거의 모든 사람이 처칠에게서 마음에 드는 면을 찾아낼 수 있다. 예를 들어 ‘유럽’에 관한 끝나지 않는 논쟁을 생각해 보자. 유럽 통합에 회의적인 영국인이라면 처칠이 1930년에 영국은 성경에 나오는 수넴 여자처럼 어떤 경우에라도 유럽의 다른 국가들과는 떨어져서 살아가야 하리라고 주장했던 연설을 가져올 수 있다. 반대로 유럽 통합 지지자라면 유럽에 미합중국 같은 나라를 건설해야만 한다며 그가 전후에 쏟아 낸 열광적인 발언들에 기대면 된다. 그는 하느님의 이름을 부르지만("나는 나를 만드신 이를 만날 준비가 되었다. 다만 전능자께서 수고롭게 나를 만나 심판하실 준비가 되었는지는 별개의 문제이다") 그를 기독교인으로 보는 사람은 거의 없었다.

처칠의 판단은 늘 급작스럽고 변덕스러웠다. 그는 1930년대 초에 무솔리니가 "로마의 천재, 그 누구보다도 위대한 입법자"라고 선언했다가도 1940년대에 들어서는 영국군에게 사뭇 다른 말을 했다. 그는 파시즘만큼이나 소비에트 공산주의를 싫어했고 자신이 막 태동하던 소련의 목을 조르려고 했다는 말도 했지만, 모스크바에서 열린 정상회담에서는 다음과 같이 입에 발린 말로 스탈린에게 건배를 권했다. "이제 제가 더욱 큰 용기와 희망으로 이 세계를 거닐 수 있는 것은 이 위대한 분, 러시아 전역만이 아니라 세계에 명성을 떨친 이 남자와 막역한 우정을 나누게 되었기 때문입니다." 그는 너무나도 제멋대로, 그 무엇에도 개의치 않고, 여러 정치적 영토에 발을 걸쳤다.

영국 하원 의사당의 로비에 가면 오스카 네몬이 제작한 처칠의 동상 중 하나(두 다리를 벌리고 성큼 걷는 모습)가 있다. 그것을 살펴보면 왼쪽 발치가 눈에 띌 것이다. 동상의 나머지 전체는 갈색이 도는 짙은 검은색인데, 한쪽 발끝은 겉이 벗겨지고 반들반들 닦여 금색으로 빛난다. 마치 천안문 광장의 성문들을 지키는 수호상처럼, 또는 예루살렘 성묘 교회의 제단 아래 바위처럼 그간 수많은 사람이 손으로 만지고 문질러서 그렇게 되었다. 처칠 동상은 영국 정계의 성물이다. 그간 모든 당의 의원이 의사당 회의실에 입장하는 때 버릇처럼 손을 뒤로 끌며 처칠을 쓱 어루만졌다. 마치 저 초능력자 천재 정치가의 발끝에서 뭐라도 흘러나와 자신의 팔을 타고 올라 학업장려금이라든가 주택수당이라든가 하여튼 그날의 주제에 대해 발언하는 데 기운을 북돋워 주기를 기대한다는 듯이 말이다.

의회 경비대장은 청동이 점점 벗겨지고 있으니 상을 만지지 말아 달라고 요청했으나 여태 아무도 그 버릇을 고치지 않았다. 자유민주당 의원들은 처칠이 1904년에 "나는 토리당과 그 사람들과 그들의 말과 그들의 방법이 싫다. 난 어떤 방향으로도 그들에게 동의할 수가 없다"라며 토리당을 버렸으니 자기네 사람이라고 주장한다. 보수당 의원들도 얼마든지 처칠이 자기편이라고 주장할 수 있다. 그가 그 후 또다시 당을 바꾸고 1920년대에는 오히려 지나치다 싶을 만큼 보수적인 재무장관이 되었기 때문이다. 그는 토리당원으로서 나라를 이끌었고 죽을 때도 토리당원이었다. 처칠과의 유연성을 매우 열심히 내세웠던 마거릿 대처는 그를 친근하게 '윈스턴'이라고 이른 적까지 있는데, 두 사람이 한 번이라도 만났다는 증거는 없다.

그런가 하면 노동당의 전통적인 주장은 처칠이 1940년에 노동당 표를 기반으로 권력을 쥐었고, 그러므로 그가 전시에 총리를 지낸 것이 다 자기들 덕분이라는 것이다. 로이 젠킨스는 이들의 주장이 날조된 이야기이며 애틀리였더라도 똑같이 (히틀러와 타협하는 쪽으로 기울고도 남았던) 핼리팩스와 협상했을 것이라고 반박한다. 어쨌든 확실한 사실은 (제국주의적이고 돈키호테적이고 전통주의적이지만 기본적으로 온정주의적인) 처칠의 정치관이 일각에서 주장하는 것만큼 애틀리의 사회주의와 크게 모순되지는 않았다는 것이다.

다시 문제의 개 경주장 사건으로, 1945년 7월 처칠이 선거에서 굴욕을 당하기 바로 전날로 돌아가 보자. 그는 주택과 식량 생산 정책을 향한 야유를 받자 노동당과 사회주의를 향해 맹타를 날림으로써 상황을 타개하려고 했다. "이런 모든 계획을 무용지물로 만드는 것은 바보 같은 이데올로기를 둘러싼 어리석은 파벌 싸움, 특히 인간의 마음과 인간의 정신을 크게 개선하지 않고는 결코 이루어질 수 없을 엉뚱한 유토피아 세계를 꿈꾸는 철학적 백일몽입니다."《타임》에 따르면 사람들은 이 발언에 웃음을 터뜨렸고 처칠은 이렇게 대꾸했다. "내 말에 기분이 상했다면 죄송합니다만."

기사만 봐서는 사람들이 무엇 때문에 웃었는지 확실하게 알 수 없다. 아마 처칠의 토리당 지지자들이 웃었을 것이다. 그가 예의 그 치밀한 두운법을 구사하며 쉭쉭거리는 것에 마음이 놓이고 즐거워서, 또는 좌파에게 한 방 먹이는 말이 통쾌해서. 한편으로는 그를 비웃은 사람들도 있었을 것이다. 그의 말이 우스꽝스러운 풍자로만 들리지 마음에는 전혀 와닿지 않아서. 그날 모인 무리 속에는 1930년대의 실업난을 기억하는 사람들이 있었다. 그들은 처칠이 엉뚱하다고 하든 말든, 유토피아 세계를 한번 세워 보라고 노동당에게 기회를 줄 생각이었다.

이날 처칠의 노동당 비판은 그 한 달 전쯤에 방송되었던, 문제의 '게슈타포' 연설을 약간 변형한 것에 지나지 않았다. 그가 가장 중점적으로 비판한 부분은—이는 오늘날까지도 유효한 지점이다—노동당이 인간 본성을 비현실적으로 해석한다는 것, 그리고 그런 정부가 의지를 행사하려면 온갖 종류의 관료제가 필요하리라는 것이었다. 이런 주장을 한마디로 '보모국가론'이라고 부른다. 처칠 입에서 그런 말이 나오다니, 사람들은 웃지 않을 수가 없었을 것이다.

때는 그가 이 나라 역사상 가장 큰 규모의 상명하달식 정부에서, 그것도 맨 윗자리에서 5년간 일하고 난 뒤였다. 우리에게 잘 알려진 데이비드 로의 카툰에서는 처칠을 선두로 남자들이 빽빽한 대오를 이루고 있다. 다들 소매를 걷어붙이고 보조를 맞춰 행진하고 있으며 그림 밑에 이런 문구가 있다. "윈스턴, 모두가 당신 뒤를 따르고 있답니다." 이는 "우리의 힘을 하나로 모아 함께 전진하자"는 정도의 문제가 아니었다. 저 불빛들은 꺼라, 저기 난간들은 녹여라, 펄프가 필요하니 집에 있는 책들을 내놓아라, 그 대가로 뭘 바라진 마라 하는 식이었다.

역사가 A. J. P. 테일러는 1914년부터 1945년까지의 영국사를 쓰기 시작하면서 "1914년 이전 잉글랜드에서 양식 있는 준법 시민은 평생 우편집배원과 경찰관 외의 국가의 존재는 거의 경험할 일이 없었다"라고 말한다. 반면 1945년 런던에 살던 사람들은 그들더러 뭘 입어라, 뭘 먹어라, 조리는 어떻게 해라, 공적인 자리에서는 이런 종류의 화제에 대해 이야기해라 등등 수많은 것을 규정하는 세계에 익숙했다. 1944년 첫 번째 V2 로켓이 치직에 떨어졌을 때 정부는 가스 폭발이라고 국민을 속이려 했다.

일부 학자는 처칠에겐 이와 같은 국가의 기능 확장과 괴리되는 면이 있었다고 주장하면서 그의 얼근한 음주 습관이나 그가 식량부장관 울턴 경에게 보낸 폴스타프*적인 메모를 근거로 든다. 울턴은 육류 공급 부족 문제를 해결하고자 고기를 뺀 고기 파이인 '울턴 파이'도 충분히 맛있다고 사람들을 설득했던 사람이다. 처칠은 이렇게 썼다. "내가 지금까지 본 입맛 까다로운 사람들은 다들 젊은 나이에 오래 앓다가 죽었습니다. 영국 병사들은 과학자들보다 훨씬 더 정확합니다. 그들이 원하는 것은 소고기뿐입니다. 우리가 수입하고 있는 물량이 얼마인데, 이렇게까지 식량을 까다롭게 문제 삼아야 하는 이유를 저는 알 수가 없습니다. 전쟁에서 지고 싶다면 영국 국민에게 우유와 오트밀, 감자 등등만 먹이고 명절에는 특별히 라임 주스나 마시라고 하면 됩니다."

희극도 이런 희극이 없지만, 사실인즉 연립정부는 '보모' 성향이 강했다. 그간 복지국가를 주장하는 쪽과 반대하는 쪽 둘 다(노동당과 토리당) 전시(戰時)의 연립 내각이 두 극단을 억지로 한데 맨 멍에였던 척하는 편한 입장을 취해 왔다. 또 영국의 좌파적인 정부에겐 처칠

[*] Falstaff: 셰익스피어의 희곡 『헨리 4세』와 『윈저의 즐거운 아낙네들』에 등장하는 인물로, 몸집이 크고 뚱뚱한 늙은 기사이며, 호언장담하지만 겁이 많고, 기지가 풍부하고, 주색을 좋아하는 희극적인 캐릭터이다.

이 호전적이고 호기로운 프론트맨이었던 척하는 것이 편했고, 연체동물 같은 사회주의자들에겐 그가 닳고 닳은 갑각류 같은 영국 보수당 거물이었던 척하는 것이 편했다. 그러나 이는 처칠의 소질과 업적에 대한 정당한 평가가 아니다. "그는 전 세계의 보통 사람에게 지극히 폭넓게 공감하는 사람"이라고 평한 이는 다름 아닌 애틀리였다. 나아가 "그는 평생 변치 않은 좌파 리버럴이었다"라고 평한 사람은 현대 처칠교의 가장 이름난 신자인 앤드루 로버츠다.

1908년 처칠은 영국 정치가 중 거의 최초로 최저임금을 주장했다. 1910년에는 토니팬디 광산 폭동에 병력 배치를 거부했다. 1911년에는 여성 참정권 사안을 국민(물론 남자 유권자의) 투표에 부치고자 했으나 애스퀴스 총리에게 거부당했다. 무엇보다도 처칠이 전쟁 중 복지국가의 태동에 관해 상당히 무지했다거나 무관했다는 주장은 완전히 틀렸다. 그는 1943년 3월 21일 〈전쟁이 끝나면〉이라는 제목의 방송에서 4개년 전후 재건 계획을 이야기하며 "대여섯 가지의 실용적인 대규모 조치를 취할 것"이라고 밝혔다.

그 구체적인 내용은 "모든 계급의 모든 국민이 요람에서 무덤까지 모든 문제에 있어 누릴 수 있는 의무 보험"을 실시하겠다는 것, 정부 정책을 통해 "시기마다 필요한 대로 산업 발전의 스위치를 켰다 껐다 하여 균형을 맞춤으로써" 실업을 해소하겠다는 것, 국가가 소유하고 운영하는 영역을 넓히겠다는 것, 새로운 주택 공급, 전면적인 교육 개혁, 의료 및 복지 서비스 대거 확충 등이었다.

이처럼 처칠은 전쟁의 복판에서, 후에 애틀리 일파가 건설을 꾀하게 되는 새로운 예루살렘을, 바로 그것의 형태를 면밀히 구상했고 그보다도 폭넓은 국유화까지 계획하고 있었다. 그가 총선 유세에서 사회주의 버전의 '게슈타포'며, 국민에게 봉사하지 않는 공무원들로 이루어진 거대 관료 체제를 예언했을 때 사람들은 당연히 실망했다. 그건 처칠 본인의 핵심 매력, 즉 국민을 하나의 위대한 힘으로 통합하는 능력과는 하등 상관없는 내용이었다. 그로서는 자신과 노동당의 차이를 한층 더 부각시키려는 목적에서 국가 통제의 위협을 필사적으로 강조했던 것이다.

그 공격이 과녁에 맞지 못한 이유는, 처칠의 목소리를 국부이자 구국자의 목소리로 듣는 데 익숙해진 사람들이 그에게서 문득 삼류 정치꾼 같은 느낌을 받았던 것이었다. 그러나 그가 국부이자 구국자인 것만큼은 사실이다. 오늘날까지도 처칠이 대중과 정치가의 상상력을 사로잡는 데는 그의 두 가지 위대한 업적을 이유로 꼽을 수 있다.

영국은 그의 지휘 아래 2차 대전이라는 변혁을 경험했다. 이 시련의 시기에 계급과 성별의 장벽이 (또 인종 장벽도 얼마간은) 이전의 어느 시기보다도 실질적으로 무너졌고, 사람들은 그간 정부가 일자리 창출에서 어떤 역할을 해 왔는지를 여실히 확인했다. 그런 면에서 처칠은 '현대'라는 시대를 연 획기적인 인물 중 하나이며, 복지국가, 국민보건제도, 종합교육 등 전후에 이루어진 국가적인 결정들의 밑그림은 분명 처칠 내각에서 이미 그려지고 있었다. 어쩌면 토리당의 누군가는 베버리지 계획의 원안은 사회보장보험에 기초한 체제를 목표했고 오늘날의 복지주의나 빈곤의 덫은 피하려고 했다고 지적할지도 모르겠지만, 그걸로는 발뺌하기에 충분치 않다.

처칠은 전후 세대의 탄생 일조했다. 나아가 일차적으로 영국이 그 전쟁에서 살아남는 데 일조했다. 그는 영국의 승리에 일조했다. 윈스턴 처칠이라는 사람이 1940년에 총리 직을 넘겨받지 않았더라면 과연 우리가 지금에 이를 수 있었을까?

우리는 당시 상황이 얼마나 위태로웠는지를 쉽게 잊는다. 영국은 혼자였다. 역겨울 만큼 냉소적인 태도로 처신했던 러시아는 독일과 손잡고 폴란드를 분할했고 히틀러의 전쟁을 대신할 생각까지 했다. 프랑스는 아주 재빠르게 뒤로 물러섰다. 덴마크, 노르웨이, 네덜란드, 벨기에도 마찬가지였다. 사실 유럽 대륙 전체가 나치의 군화에 짓밟히고 있었고 누구는 적극적으로 그 가죽을 핥고 있었다.

런던 주재 미국 대사 조지프 P. 케네디는 기쁜 목소리로 영국의 민주주의가 끝장날 것을 예언하기도 했다. 그해 여름, 처칠이 전세를 파악하면 할수록 상황은 점점 더 절망적으로 보이기만 했다. 참모들에 따르면 이제 모든 것은 영국 공군에 달려 있었다. 그들이 독일 공군에 밀려 제공권을 잃으면 영국은 버틸 가망이 없었다.

이제 와서 지난 일을 거꾸로 돌아보면, 사실 영국은 어떻게든 목숨을 부지하고 있다가 미국이 (가능한 선택지가 모두 소진된 후에) 최후의 방법을 취하여 화염에 타들어 가고 있는 영국을 구해 줄 때까지 버티기만 하면 되었던 것처럼 느껴지기도 한다. 그러나 1940년 여름에는 그 누구도 일본이 진주만에 폭탄을 떨어뜨리는 실수를 저지를 줄 몰랐다. 독일까지 미국에 선전포고를 할 줄은 몰랐다. 또는 히틀러가 러시아를 공격할 만큼 정신이 나갈 줄은 몰랐다. 런던에는 1차 대전의 끔찍한 인명 피해를 기억하는 사람들이 있었고, 이들은 무솔리니를 중재자로 이용하든가 해서 히틀러와 거래할 수도 있으리라고 주장했다. 어쩌면 지중해와 아프리카의 영국 땅을 주고 평화를 얻을 수 있을지도 모른다고 짐작했다.

처칠은 단호했다. 지금도 그의 "가장 영광된 시간"이 영국에는 재앙이었다고 주장하는 역사학자들이 있다. 그러나 상상력을 조금만 발휘해 보면 그런 반(反)사실적인 세계(가령 핼리팩스가 1940년에 강화를 요청했을 세계)에서는 정치와 도덕에 개기일식이 일어나 이 나라와 세계가 암흑에 처박혔을 것임을 충분히 짐작할 수 있다.

물론, 그랬더라면 영국은 제국 영토를 더 오래 붙들어 두었을지도 모른다. 하지만 영국이 독일에 소심하게 백기를 들었다고 해서 간디와 그 지지자들이 독립운동을 단념할 이유가 있었겠는가? 더 중요하게는 유럽 대륙이 야만적인 나치 체제에 넘어갔을 테고, 영국은 파도에 출렁이는 한심한 땅뙈기가 되어 불쾌한 인종주의 정권과 원만한 교역 관계를 유지해야만 하는 처지가 되었을 것이다. 이 위협을 가장 분명하게 내다본 사람이 처칠이었다. 그는 한참 전부터 그걸 알고 있었다.

1930년대에 노동당이 평화주의에 취해 있을 때, 처칠은 재무장을 주장했고 그가 옳았다. 보수당 다수가 유화 정책을 지지했을 때 처칠은 반대했고 그가 옳았다. 이런 입장을 취하는 데는 당연히 정치적인 비용이 들었으니, 어느 시야 좁은 두꺼비 같은 인물의 지휘 아래 모두가 한목소리로 처칠을 그의 자리에서 끌어내리려고 했다.

그러나 영국인에게 용기를 주는 말을 찾아낸 사람은 처칠이었다. 그가 끝까지 싸워 나가자고 말하면 국민은 그 자신, 처칠이 끝까지 싸워 나가리라고 믿었다. 그의 용기에는 전염성이 있었고, 국민이 알기로 그가 숱한 극적인 모험을 겪어 왔다는 사실도 중요하게 작용했다. 처칠은 1896년 쿠바에서 처음 참전했고 그때 시가를 피우고 낮잠을 자는 습관을 들였다. 1897년에는 인도 북서 변경의 여러 전투에 나가서 잿빛 조랑말을 타고 전선을, 그야말로 사선을 누볐다. 1898년 수단 옴두르만에서 영국 육군의 마지막 기병전에 참가한 뒤에는 모친에게 이렇게 썼다. "다섯 명은 확실히 쐈고 둘은 미심쩍어요. 저는 아무 데도 다치지 않았고, 저는 저를 괴롭히던 자들을 전부 없애 버렸어요."

1899년, 처칠은 신문사 통신원으로 보어전쟁에 나갔다. 그런데 이 기자는 스스로가 사건을 몰고 다녔다. 그가 탄 열차가 매복 공격에 탈선하고, 또 본인이 영웅적으로 반격을 조직하고, 포로로 잡히고, 이어 수용소를 탈출하고, 화물 열차에서 뛰어내리고, 숲에 숨었다가, 더반에 도착해 군중의 환호를 받는다. 그는 1차 대전의 전야에 (이제 막 발명되어 너무도 위험해 보였을) 비행기를 환영했을 뿐 아니라, 본인이 직접 140번이나 비행기를 몰았고 조종사 면허를 따기 직전에 아내의 간청에 포기했다.

처칠은 갈리폴리 작전에 실패한 뒤, 관직에서 물러나 서부전선에 가는 것으로 속죄했다. 그곳에서 왕립 스코틀랜드 보병연대를 이끌고 100차례 넘게 무인 지대를 원정했고 밤에는 철조망과 시체들 사이를 돌아다녔다. 나이가 일흔 살에 가까웠던 그가 2차 대전 내내 보여준 정력과 무모함은 경이로울 정도였다. 그는 심하게 덜컹거리고 뼛속까지 춥고 축사처럼 좁은 비행기로 18만 킬로미터 이상을 여행하며 스탈린과 루스벨트와 그 밖의 원수들을 오가는 왕복 외교를 필사적으로 수행했다. 1943년에는 173일을 외국에서 보냈다. 그가 탔던 비행기와 배는 그가 내린 후에 격추당하고 침몰되곤 했다.

서부전선에 참전했던 처칠은 나치가 장악한 유럽을 전면 공격할 때 벌어질 결과를 깊이 염려했던 듯하다. 그래서 본인이 직접 상륙작전에 참여하려고 했지만, 다름 아닌 조지 6세의 간청으로 포기했다. 심리학자라면 이렇게까지 위험을 무릅쓰고 자기를 선전하려 하는 맹렬한 욕망의 기원을 찾아내고 싶어 할지 모르겠다. 어쩌면 그건 마음의 불안을 무마하는 방법이었을까? 처칠은 하급 장교 시절에 다른 젊은 장교를 범했다는 별나고도 악의적인 고발(자유당 하원의원이자 저널리스트였던 헨리 라부셰어라는 얼빠진 인간의 주장이었다)을 당한 적이 있다.

이 거짓 주장이 꽤 널리 유포되자 처칠과 그의 모친 제니는 (당시로서는 거액인) 2만 파운드의 손해배상을 청구했다. 그렇다면 그가 쿠바 전투나 그 밖의 마초적인 모험에 나선 데는 이 거짓말을 한 번에 잠재우려는 목적도 어느 정도 있었던 걸까? 아니면, 아버지의 유령을 기쁘게 하고 감동시키려는 잠재의식적인 욕망이 그의 유일한 동기였을까?

그러나 보다 유력한 설명은, 그가 원래 그런 사람이었다는 것이다. 처칠은 오늘날 우리보다 더 크고 더 웅대한 규모로 만들어진 인물이었다. 그가 처음 하원의원이 되었을 때의 국왕이 빅토리아였다는 사실을 기억하도록 하자. 그는 빅토리아 시대의 그 대단한 자기 확신을, 또 가능한 가장 넓은 무대에서 영광을 누리려 하는 그 귀족적인 욕망을 20세기로 들여왔다.

런던 사람은 처칠의 확신에 반응했고, 이끄는 자와 따르는 자 사이에 정신적 연속체(psychic continumm) 같은 것이 형성되었다. 필립 지글러가 입증했듯이 '대공습에 관한 신화' 따위는 없었다. 그 시기는 이 도시의 일생에서 실로 놀라운 순간이었다. 사람들은 더 활기차고 더 특별한 기분을 느꼈으며 소설가 엘리자베스 보엔의 표현을 빌리면 때로 더 '독신자' 같은 기분을 만끽했다. 런던 사람들은 서로에게 수없이 친절을 베풀었다. 어디서 폭탄이 터졌어도 대다수 런던 사람은 공황에 빠지지도, 남의 물건을 약탈하지도 않았다.

뱅크역 방공호가 공습을 받았을 때 그곳에 있었던 한 헝가리인 의사는 말했다. "잉글랜드 사람들은 자신들이 얼마나 자제력이 강한지 스스로도 모른다. 나는 이성을 잃고 소리치는 환자를 한 사람도 보지 못했다. 다른 나라에선 있을 수 없는 일이다." 정신과 병원들은 폭격으로 인한 온갖 신경증에 대비하여 시설을 마련해 두고 있었다. 그러나 환자가 없어 전부 문을 닫았다. 런던 사람들은 분노한 상태에서도 냉정하고 합리적으로 행동했다. 한 남자가 붙잡힌 독일군 폭격기 조종사를 발로 차기 시작했을 때, 군중은 굳이 그를 말리지 않았다. 그러나 그가 조종사의 리볼버를 들고 그를 쏘려는 자세를 취하자 둘 사이에 끼어들어 경찰이 도착할 때까지 두 사람을 붙잡고 있었다.

죽음과 위험이 상존하는 상황, 그것이 사건들에 의미를 부여했고, 나아가 그런 의미 있는 사건들과 구체적인 개인들을 아주 밀접하게 연결했다. 바로 이 효과에서 이익을 얻은 사람이 처칠이지만, 그 시대의 국가 정신을 구체적으로 표현한 사람 역시 처칠이었다. 그는 나중에 이렇게 설명했다. "나는 사자가 아니었다. 사자처럼 포효할 특권을 누렸을 뿐이다." 정치 생활 말년에 이르러서는 처칠이라는 개인의 고유한 특징이 가히 나라 전체의 고유한 특징으로 바뀌어 가는 듯했다. 후에 이넉 파월은 이렇게 표현했다. "1955년이면 윈스턴 처칠은 영국의 과거를 한 개인의 몸에 축적하고 있었고 그로써 살아 있는 영국이 되어 있었다. (…) 그는 아주 길고 대단한 공적 인생을 누린 끝에 영국인의 화신이 되었다."

이는 아낌없이 사랑받는 반려 동물과 주인의 관계와도 비슷했다. 어느 쪽이 어느 쪽을 닮았는지 알 수 없어진 그런 관계 말이다.

그의 얼굴 생김을 떠올려 보자. 두툼한 코와 뺨, 살짝 튀어나온 턱, 불퉁한 입술이 토비 주전자* 그 자체이고 영락없는 '존 불'†이다. 그는 100마력의 정신력을 가졌지만(그 시대에 100마력은 엄청난 힘이었다) 결코 지적인 사람이 아니었다. 그는 클레멘타인과 자녀 넷을 낳고 오래 행복하게 살았다. 아리따운 속기사들과는 단 한 번도 추문도 일으키지 않았다는 점에서 '웬만하면 섹스는 참읍시다' 하는 영국인의 성격과 잘 들어맞았다.

처칠은 이 나라의 상징이었고, 또한 그가 수호한 이 웅대하고 특이하며 전통적이지만 기술 진보에 강박적이고 무엇보다도 복원력이 탁월한 도시, 런던의 상징이었다. 그러므로 1955년에 그의 은퇴에 맞추어 엘리자베스 왕이 그에게 런던 공작 지위를 제안하려 한 것도 더없이 자연스러운 일이었다. 다만 아쉽게도 국왕 비서가 처칠이 작위를 거절하리라는 것을 미리 확인했다고 한다.

물론 당연히 그랬어야 할 일이다. 그 작위가 랜돌프 처칠과 그 후손과 상속자에게 이어지지 않게 된 것이 다행이기도 하지만, 나는 런

[*] toby jug: 18세기부터 국왕 등 유명인의 모습으로 빚은 도자기 병 또는 컵.

[†] John Bull: 전형적인 잉글랜드인을 뜻한다.

던 사람들이 처칠을 아무리 존경했더라도 이제는 그가 자신들의 '공작님'이라는 데는 어떻게 반응했을지 모르겠다. 열광한 사람도 많았겠지만 절대로 모두가 반기지는 않았을 것이다. 런던과 런던 사람은 대공습을 통해 전과는 달라졌고, 처칠은 그 사실을 잘 알고 있었다.

나는 내각 비서 에드워드 브리지스 경이 앉았던 곳 바로 뒤편에 서서 전시실장 게리 매카트니 씨와 이야기를 나누고 있었다. 런던의 수많은 보물이 파괴되어 가고 수많은 사람이 목숨을 잃어 가고 게다가 이 사태의 책임이 부분적으로는 그 자신에게 있다는 비난이 들려오는 상황에서 처칠이 어떤 심정으로 이곳에서 일했을까 상상해 보고 있었다. 그는 아침마다 이곳에 앉아 사상자 명단과 피해 상황 목록을 받아 들었을 것이고, 워싱턴이 아침을 맞을 때까지 기다렸다가 스크램블러를 켜서 그쪽에 조금이라도 진전이 있는지, 언제쯤 우리를 구해 줄 수 있는지 확인해야 했다. 과연 그는 이 자리에서 무엇을 생각하고 느꼈을까.

결국 난 참지 못했다. 게리가 "평소에는 허용되지 않는 일입니다. 처칠 가족이 우려하셔서…"라고 말렸으나 이미 늦었다. 나는 그가 전쟁을 지휘했던 그 의자에 앉았다. 그가 70년 전에 소매로 반질반질하게 닦아 둔 그 나무를 내 소매로 문지르면서. 처칠만의 활력을, 아니면 상대에게 멋지게 한 방 먹이는 그의 위트를 조금이라도 흡수하고 싶어서. 그러나 나는 그저 울적하고 어색한 기분만 느꼈고, 지나가는 관광객 중 누군가가 유리창 사이로 내 모습을 찍어 트위터에 나의 허세를 폭로할까 봐 불안하기만 했다. 나는 금세 자리에서 일어났다. 그래서 내가 여러분에게 알려드릴 수 있는 것은, 세상을 폭정으로부터 구하는 데 큰 역할을 한 남자의 물건치고 그 의자와 책상은 아주 작고 평범했다는 것, 그리고 그건 그를 비롯한 여러 사람이 건설한 전후 세계의 평등주의적 노력과 썩 잘 어울린다는 것뿐이다.

❦

1965년 1월 30일, 윈스턴 처칠 경은 그의 마지막 대작전을 지휘하여 무대에 올렸다. 그는 그날 사람들이 불렀으면 하는 찬가까지 조목조목을 결정해 두었다. 작전명은 '바라지 않는 작전'(Operation Hope Not). 그의 관은 3일간 웨스트민스터 홀에 놓였고 32만 1360명의 조문객이 줄을 지어 20세기의 가장 위대한 잉글랜드인에게 경의를 표했다.

이어 그는 포차에 실려 엄청난 인파를 통과하여 세인트폴 대성당으로 옮겨져 장례식을 치렀다. 다음으로는 런던 타워로 가서 헤이븐 고어 호에 실려 런던 브리지 밑을 거쳐 상류로 향했다. 워털루에 도착해서는 특별히 준비된 증기기관차가 그를 옥스퍼드셔 블레이던의 매장지까지 모셨다.

사람들은 코트 차림으로 거리에 나와 묵묵히, 때로는 눈물을 흘리며 그를 떠나보냈다. 작은 기정이 강을 거슬러 오를 때는 공군 비행정 열여섯 기가 런던 하늘을 낮게 날았다. 하지만 아마도 그날 가장 감동적인 장면은 그가 런던 타워와 런던 브리지 사이의 풀 오브 런던(Pool of London)을 지나갈 때 거대한 크레인들이 고개 숙여 경례하던 모습이었을 것이다.

그로부터 10년 후면 그때 그 크레인들은 모두 사라지고 없을 터였다. 그 부두도 더 이상 존재하지 않을 터였다. 아울루스 플라우티우스가 처음 터를 잡은 지 1900년이 지나 그 항구는 더 이상 힘을 쓰지 못하게 되었다.

런던은 1960~70년대를 거치며 침체기 또는 쇠락기에 접어들었다. 오래된 산업들이 붕괴했고 인구가 감소했다. 영국은 수에즈에서는 미국에 수모를 당하고 1963년 유럽 공동시장에 가입하려고 했을 때는 드골에게 거절당했다. 이제 이 나라는 운이 다한 기분을 느끼기 시작했다.

그러나 런던에는 아직도 세상에 내놓을 멋진 것들이 있었다. 처칠의 장례식 영상을 자세히 들여다보면 거기 찍힌 사람들은 어떤 면에서 내가 속한 시대와는 전혀 다른 시대에 속했음이 느껴진다. 세인트폴 대성당 앞의 남자들은 실크해트를 썼고, 사람들은 카메라가 자신을 향하면 모자를 벗고 차분하게 눈을 깜박인다.

한편 여자들의 모습을 살펴보면 장화며 무릎까지 오는 코트와 같은 그들의 차림에서 1960년대가 한창이었음을 알 수 있다. 그들은 내 어머니의 가장 오래된 사진 속 모습을 닮았다. 처칠이 세상을 떠난 무렵이면 비틀스는 이미 미국을 정복했다. 처칠의 장례식이 끝나고 딱 네 달 후에 롤링 스톤스는 키스 리처즈가 한밤중에 떠올린 노래를 발표하여 세계 전역에서 넘버원을 차지했다. 그 제목은 「새티스팩션」([I Can't Get No] Satisfaction)이었다.

루트마스터 버스

2005년, 런던 교통국이 마침내 루트마스터 버스의 운행을 중단하겠다고 발표했을 때 애도와 통곡의 목소리가 도시를 가득 메웠다. 그건 런던 타워의 까마귀들을 박멸하겠다는 소리나 다름없었다. 신문에 청원이 실렸고, 이미 유물 반열에 오른 차량을 지키려고 전문적인 내용의 소책자까지 만들어졌다.

치직의 생산 라인에서 마지막 루트마스터가 제작된 때가 1968년이니, 그 시절에 만들어진 버스가 아직까지 남아 부상당한 전투 코끼리처럼 붕붕거리고 끙끙거리며 차도를 달리고 있었다. 내부에 에어컨조차 없었다. 유럽연합은 루트마스터가 건강과 안전에 관한 현대의 기준을 모욕한다고 비난했다.

그러나 사람들은 루트마스터를 좋아했다. 일단 이 버스는 20세기 런던의 상징물이었다. 영화에 빨간 버스를 잠깐 등장시키기만 하면 그곳이 어디인지 설명할 필요가 없었다. 루트마스터는 전후의 잿빛 세계에서 유일하게 선명한 색채를 가진 풍경이었다. 루트마스터는 이후 50년 동안 그 멋을 지켰다. 그럴 수 있었던 근본적인 이유가 있다. 그것은 런던 사람을 위해서, 런던 승객의 필요에 주목하여, 런던 사람이, 런던에서 만들어, 런던 거리에 내놓은 마지막 버스였다.

루트마스터의 이야기는 1947년에 시작된다. 그해에 영국은 국민보건제도 등 인기 있는 혁신을 여럿 계획하고 있었다. 치직은 전시에 버스 대신 공군의 중폭격기 핼리팩스를 생산했고, 그 경험에서 배울 만한 게 없는지를 묻기 시작했다. 결론은 '있다'는 것이었다. 런던 교통국은 전후 시기답지 않은 확신에 차서 그동안 버스와 승객에 관해 배운 모든 것을 동원하여 명작 버스를 만들기로 했다.

연구, 설계, 개발에 수년이 걸렸지만(러시아인은 그보다 짧은 기간에 스푸트니크 호를 우주로 쏘아 올렸다) 마침내 1956년에 준비가 완료되었다. 그들은 리벳으로 알루미늄을 엮어 만든 전투기 동체를 본떠서 레고처럼 조립과 해체가 가능한 버스를 만들었다.

이 버스에는 개방형 승강구로 자유롭게 버스를 오르내리는 승객과 부딪히지 않게 차장이 서 있을 특별한 구석 공간이 새로 들어갔다. 난방 시스템도 있었는데, 당시로서는 큰 발전이었다. 바퀴에는 독립식 서스펜션을 달았고, 전자동 변속기가 더 부드러운 승차감을 제공했다. 그러나 루트마스터는 무엇보다도 도시 디자인의 걸작이었다.

런던 교통국의 전설적인 국장 프랭크 픽은 1941년에 세상을 떠나기 전, 버스는 일단 멋있어야 한다고 선언했다. 버스는 "도시의 가구"여야 했다. 경찰의 헬멧이나 자일스 길버트 스콧의 전화박스처럼 사람들의 시선을 끌고 붙들어야 했다. 루트마스터의 곡선형 지붕과 모서리를 둥글린 창문은 더글러스 스콧이 디자인했다(포터턴 보일러와 리디퓨전 라디오 수신기도 그의 작품이다). 그는 버스 내부에 "버건디색의 내장 패널, 중국풍 녹색의 창문 테두리, 송나라풍 황색의 천장"을 지정했다. 좌석에는 암적색과 노란색의 타탄 패턴 모켓 천을 썼다. 그 좌석에 많은 사람이 앉길 바란 런던 교통국은 디자인에 대단한 창의력과 에너지를 쏟아부었다.

당시에 버스는 점점 자가용과 경쟁하고 있었다. 런던에는 1945년에서 1960년 사이에 승용차가 두 배로 늘었다. (깨끗하고 친환경적이고 인기도 높았던) 트롤리버스는 자동차에 길을 내주기 위해 거리에서 밀려나고 말았다. 그 빈자리를 루트마스터가 채워야 했다.

결과는 대성공이었다. 루트마스터는 1954년부터 15년간 2875대가 생산되었고, 승무원이 얼마나 부족했던지 런던 교통국은 바베이도스, 자메이카, 트리니다드에서 운전사와 차장을 적극 모집했다. 그렇다. 루트마스터는 카리브발 이민에 한 역할을 했고 그 결과 런던의 모습이 달라지고 다양해졌다. 루트마스터는 1970년대, 1980년대에도 쭉 도로를 누볐고, 1990년대 들어 600대밖에 남지 않았을 때도 이 도시의 랜드마크였다. 트래비스 앨보로가 표현한 대로, 디젤유로 달리는 우람한 빨간 버스는 한 대 한 대가 런던을 상징하는 근위병이었다.

그런 물건이 2005년에 이르러 사형선고를 받게 된 굵직한 이유를 하나 꼽자면, 그것은 1960년대에 정부가 런던만을 위한 버스 개선에 투자하는 대신 브리티시리랜드사(社)의 버스에 (그 망해 가는 회사를 살려 보겠다고) 돈을 퍼붓기로 한 치명적인 결정 때문이었다.

그로 인해 오늘날 거리의 버스들은 트럭용 엔진과 트럭용 변속기를 달고 있으며 누가 봐도 승객보다는 자갈 32톤을 운반하는 데 더 적합해 보인다. 그러한 상황에서 깨끗하고 친환경적인 기술로 '런던을 위한 새 버스'가 설계된 것은 어쩌면 필연적인 결과였다. 옛 루트마스터의 매력에 큰 부분을 차지했던, 문 없는 승강구도 다시 돌아왔다.

키스 리처즈

Keith Richards

세상에 록 음악을 선물하다

고대인은 바쿠스 축제의 효과에 익숙했다. 그들은 음악과 알코올이 결합하면 어떤 일이 벌어지는지 잘 알았다. 에우리피데스는 우리에게 원래는 온순하던 여자들이 섹스에 미친 그루피로 변신하여 펜테우스라는 남자를 붙잡고 그의 팔다리를 갈가리 찢어 버린 사건을 전한다. 그들은 코르셋을 벗고 머리를 풀어헤쳤다. 걱정과 자의식을 전부 내던지고 정말 지독하게 놀아 젖혔다.

이 글을 읽고 있는 독자 가운데 그 비슷한 경험이 없는 사람은 없을 것이다. 익히 알다시피 일단 적당량의(리듬을 느끼는 원시적인 감각은 남길 정도의) 알코올을 들이켜야 한다. 적당한 음악도 필요하다. 내 경우에는 10대 후반의 어느 시점, 어느 기숙사—정확한 위치를 밝혔다가는 보복을 당할지 몰라 익명으로 처리하겠다—에서 그런 일을 경험했다. 그날, 누군가가 롤링 스톤스의 「스타트 미 업」(Start Me Up)을 틀었다.

벌써 여러분이 킥킥 웃는 소리가 들린다.

취향 좋은 양반들이 이 곡 맨 첫 마디의 세 코드에 대해 어떻게 생각하는지는 나도 익히 안다. 내 오랜 친구인 제임스 델링폴*은 「스타트 미 업」(Start Me Up)을 논하는 오만한 글에서 이 곡이 얼마나 진부한지 모른다고 쓰기도 했다. 그러나 그날 낡아빠진 테이프 플레이어에서, 바로 그 소음이 터져 나왔을 때, 나는 흉곽이 진동하는 것을 느꼈다. 내 몸의 내분비계 어딘가(부신인지 뇌하수체인지 시상하부인지)에서 무언가가 꿀렁 샘솟았다. 그러더니 앞서 한 시간 동안 옆자리 아가씨와 대화를 이어 가려고 진땀을 흘리던, 숫기 없는 여드름투성이 공부 벌레였던 내가 펑! 하고 변신하는 것을 느꼈다….

…두 번째 마디로 넘어가서 그 멋진 세 번의 전기 경보가 다시 한 번 울린 순간, '지킬 박사와 하이드 씨' 같은 일이 벌어졌다. 클라크 켄트가 전화박스에 들어갈 때 일어나는 일이 벌어졌다. 내가 자리에서 벌떡 일어나 가슴을 쾅쾅 두드리며 옆자리 아가씨의 손을 덥석 잡았다는 말은 아니다. 하지만 그랬을 가능성을 배제할 수도 없는 것이, 사실 난 그 순간을 자세히 기억하지 못한다. 다만, 모두가 서랍장 같은 데 올라가서 춤을 추고 의자도 몇 개 집어 던지던 것은 기억난다. 그때 그 기분, 음악이 일으킨 정신의 흥분과 돌진은 지금도 생생하다.

지금도 나는 키스 리처즈가 연주하는 그 도입부 리프를 듣는 즉시, 그날의 기분을 다시 맛볼 수 있다. 이런 사람이 나 말고 수십억 명은 될 것이다. 우리 마음의 아이팟에 끝까지 남아 우리가 겪는 경험에 강렬한 힘을 더하고 우리 삶에 사운드트랙이 되어 주는 것은 바로 록/팝 음악의 역사에 나타난 몇백 개의 인상적인 소리 조각이므로.

나는 이렇게 주장하고 싶다. 아니, 반박당할 가능성이 없으니 주장이 아니라 확언이다. 록/팝은 20세기의 가장 중요하고 인기 있는 예술 형식이었고 지금도 그 높은 지위를 점하고 있다. 시각 및 조형 예술, 시와 산문, 그 어느 분야에서도 변변한 도전자가 나오지 않았고,

[*] James Delingpole: 보수당을 지지하는 영국의 작가 겸 저널리스트.

록/팝은 영화보다도 문화적 파급력이 훨씬 크다. 그렇기에 이 대중음악 장르가 1960년대 런던에서 특히 아름답고 황홀하게 꽃피웠다는 사실은 영국 문화의 쾌거일 수밖에 없다.

그것은 일단 뜻밖의 쾌거였다. 지금까지 우리는 런던이 배출한 세계 최고의 시인과 극작가, 소설가와 화가, 건축가와 과학자, 자유사상가, 웅변가, 사전 편찬자에 대해 이야기했다. 그러나 이 도시의 2000년 가까운 역사에서 런던 토박이가 세계 음악계의 선도자로 인정받은 순간은 그리 많지 않았다. 이 도시에는 돈이 있고 후원자가 있었기에 런던에 와서 음악을 한 사람이야 꽤 있었다. 그러나 그들의 이름은 하이든, 헨델처럼 다 어딘가 이국적이었다.

런던 음악계는 20세기 후반에 이르러서야 윌리엄 셰익스피어를 배출한 16세기 연극계처럼 인재들이 모이는 입자가속기가 되었다. 그리고 최소한 두 개의 광휘, 두 번의 초신성 폭발을 전 세계가 목격했다. 먼저, 지난 100년간 가장 막강한 음악적 영향력을 행사한 그룹인 비틀스가 나타났다(그들은 물론 리버풀 출신이지만 거의 모든 곡을 런던에서 녹음했고 런던에서 유명해졌다). 이어 비틀스보다 아주 살짝 더 에너지 넘치는 라이벌이자 음악사상 가장 성대한 순회공연을 이끌게 되는 롤링 스톤스가 등장했다.

런던 변두리에는 그 밖에도 많은 성좌가 떠올라 국제적으로 인기를 끌었다. 하지만 비틀스와 스톤스가 그중 가장 빛나는 두 성좌였다고 주장하는 데는 별문제가 없다고 본다.

이 모든 것이 어느 정도는 취향의 문제이다. 사람들은 늘 비틀스와 스톤스 중 누가 더 위대한가, 또 비틀스와 스톤스 각각 어느 멤버가 제일 위대한가를 두고 갑론을박한다. 그런 사람들은 내 판정에 대해서도 이의를 제기하곤 한다. 스톤스의 중년 팬은 대체로 믹 재거 신자(가령 토니 블레어) 아니면 키스 리처즈 추종자인데, 나는 아주 어릴 때부터 지금까지 진정한 주인공은 키스라고 믿는다.

사춘기의 결정적인 순간에 어떤 현자가 나에게 가르쳐 주었다. 믹은 프론트맨이고 오르페우스 같은 매력을 지녔지만 뮤지션으로서는 키스가 한 수 위라고. 「앤지」(Angie), 「풀 투 크라이」(Fool to Cry) 등 구슬픈 선율로 가슴을 후비는 느린 곡만으로는 키스의 진가를 말할 수 없다. 그는 「유 캔트 올웨이즈 겟 왓 유 원트」(You Can't Always Get What You Want)처럼 웅장하고 힘찬 코러스가 들어가는 곡에도 똑같이 일가견이 있었다. 하지만 무엇보다도, 기타로 굵직한 코드를 긁어 대는 키스 특유의 폭발적인 인트로를 들으면 동공이 확장되고 입술이 벌어지고 떨리는 손을 뻗어 집어던질 의자를 찾게 된다.

현자는 나에게 「새티스팩션」이나 「브라운 슈거」(Brown Sugar)나 「점핑 잭 플래시」(Jumping Jack Flash)의 도입부를 떠올려 보라고, 그게 바로 키스라고 했다. 그는 일단 지진을 일으키고 이어서 곡을 절정으로 끌어올리는 데 통달한 뮤지션이었다. 내가 열여섯 살 무렵 딱 붙는 자주색 코듀로이 바지를 사 입은 것(이 문장을 쓰는 지금 이마에 땀이 송송 맺힌다)도, 누군가에게 기타를 빌려다 통통하고 서툰 손가락으로 「새티스팩션」을 연습했던 것도 모두 키스를 닮으려는 딱한 노력이었다. 그렇게 록스타가 되려다 참담하게 실패한 나는 내 영웅을 더 깊이 흠모하게 되었다.

내가 아는 한 믹과 키스 콤비, 일명 글리머 트윈스(Glimmer Twins)에서 천재는, 《뉴 뮤지컬 익스프레스》(*New Musical Express*)지가 선정한 '곧 죽을 것 같은 록스타' 1위 자리를 몇 년이나 굳게 지킨 동시에 서구에서 가장 이국적인 여성들(우시 오버마이어, 아니타 팔렌버그, 패티 한센 등등)과 잔 키스였다.

수십 년간 코로, 입으로, 주사로 얼마나 많은 화학물질을 들이켰는지 키스의 얼굴은 마치 잉카의 미라처럼 조직이 박제된 것만 같다.

하지만 그러는 동안에도 쉬지 않고 내놓은 작품의 양과 독창성은 그의 얼굴이 달라진 만큼 록 음악의 얼굴을 완전히 바꾸어 놓았다.

그는 엄청난 부자이다. 가령 1989년부터 2003년 사이 롤링 스톤스는 12억 3000만 파운드(약 1조 8000억 원)를 벌었다. 60세를 한참 넘겼을 때에도 얼마나 에너지가 넘쳤는지 조니 뎁이 블록버스터 영화 〈캐리비안의 해적〉에서 반지와 팔찌를 주렁주렁 찬 키스의 과장된 스타일을 차용했을 정도이다. 2010년대에도 키스는 다시 한번 투어를 계획하고 있다. 특유의 영웅적으로 피곤해 보이는 모습만 아니었어도 여러분은 그가 순도 높은 헤로인과 코카인이 건강에 좋다는 사실을 온몸으로 증명하는 사례라고 생각했을지도 모른다.

몇 년간 이 글을 쓸 준비를 하면서 나는 키스와 관련된 런던의 모든 장소를 둘러보았다. 트위커넘의 강변 공원 개막식에 참석했을 때는 건너편 일파이섬의 방갈로와 집배를 살펴보았다. 나는 축축한 습지를 응시하면서 그 유명한 일파이아일랜드 호텔이 의문의 사고로 전소하기 전의 풍경을 상상해 보았다. 마법 같은 60년대의 밤공기에 키스의 울부짖는 기타 소리와 마약 냄새와 파촐리 향이 가득한 가운데 선명한 패턴이 찍힌 무명천 원피스를 입은 여자들이 여울물을 참방거리고 돌아다녔을 것이다. 나는 옥스퍼드가의 '100 클럽'에 다니면서 그곳의 어려운 운영을 돕는 활동에도 힘을 보태고자 했다.

일링 브로드웨이 뒤편의 껌 자국 천지인 골목도 탐색했다. 알렉시스 코너의 유명한 클럽이 있었던 곳이자, 50년 전인 1962년 7월 12일에 믹과 키스가 처음으로 브라이언 존스와 함께 그 무대에 섬으로써 사실상 롤링 스톤스를 결성했던 역사적인 현장이다. 또 자전거로 첼시의 이디스 그로브를 숱하게 오가면서 키스와 브라이언 존스가 초창기에 함께 살았던 102번지의 공동주택 주방 창문을 구경했다. 두 사람은 주방이 손댈 수 없을 만큼 더러워지자 결국 포기하고 모든 걸

싱크대에 처박아 둔 채 주방 입구를 강력 테이프로 봉해 버렸다.

나는 수년간 키스의 자취를 캐고 다녔으나 그의 실물은 그림자 끄트머리조차 볼 수 없었다. 그런데 얼마 전, 운명이 나에게 너무도 믿기 힘든 행운을 베풀었다.

코벤트 가든에서 한 행사가 있었다. 내 임무는 기품과 학식을 갖춘 코(Coe) 경을 위해 짧은 연설을 하고 그에게 상을 건네는 것이었다.

로열 오페라하우스에 도착하자 거대한 리무진과 번쩍거리는 검은색의 벤틀리와 마이바흐가 거리를 점령하고 있었다. 밤 10시가 한참 지났는데도 셀럽들의 사인을 받으려는 군중이 지나가는 아무에게나 환호하고 소리를 지르고 있었다.

건물 안에서는 인기와 명성을 얻고 유명세를 치르는 사람들, 즉 셀럽을 향한 국가적 숭배의 가장 중요하고도 신비로운 의식이 거행되고 있었다. 나는 아치 지붕을 얹은 온실처럼 생긴 중앙 홀로 들어가서 턱시도 차림의 군중 위로 스포트라이트가 왔다 갔다 하는 광경을 바라보았다. 그들은 A급 유명인 정도가 아니었다. A급 스타들이었다.

가짜 정보로 이쪽저쪽에 흘리는 주최 측의 전략이 먹혔다. 보노 관계자에겐 스팅이 온다고 전하고, 스팅의 관계자에겐 보노가 온다고 말한다. 이 방법이 통한다면? 보노와 스팅이 모두 참석하는 것이다. 그리하여 서로가 서로를 축하하는 떠들썩한 주인공들만의 축제가 벌어지면 살만 루슈디가 카일리 미노그에게 자신의 다음 작품 줄거리를 설명하고, 마돈나가 빌 클린턴의 무릎 위에 앉아 있고 테레사 수녀가 그의 다른 쪽 귀에 야한 농담을 속삭이는 광경이 펼쳐진다. 나머지 우리 B급, C급, D급 인사들은 저 신들과 같은 공기를 마셔서인지, 아니면 신들의 입술이 닿은 저 잔, 저 성배와 똑같은 잔으로 마시는 오스트레일리아산 와인 때문인지 기분이 엉뚱할 만큼 들뜨고 유쾌해진다.

그날 나는 내 자리를 찾아 A급 스타 정치인 조지 오스본과 A급

스타 홍행사 트레버 넌과 그들의 A급 스타 부인들에게 인사를 올린 뒤 그런 기분을 느꼈다.

"죄송해요. 제가 너무 늦었죠." 나는 옆에 나타난, 말도 안 되게 키 크고 날씬한데 어딘가 풍만한 느낌을 주는 관계자에게 우물쭈물 말했다.

"괜찮습니다. 스티븐 프라이 씨가 연설을 너무 길게 해서 시간이 약간 지체되었답니다."

"다행이네요. 제 차례는 언제인가요?"

"얼마 안 남았어요. 올해의 작가인 키스 리처즈 씨 다음입니다." 그 말에 내가 믿을 수 없다는 듯 거친 소리를 내자 관계자가 설명했다. "바로 저기 계시네요."

"어디요?" 나는 눈을 부릅떴다.

"저쪽, 맨 앞줄에요." 손가락이 향한 곳에는 누구나 알아볼 수 있는 그의 잿빛 까치집 머리가 있었다.

다음 몇 분간 나는 먹잇감에 시선을 고정하고 그가 고개를 돌려 그 유명한 프로필을 보여 주기를 기다렸다. 이윽고 그 아름다운 옆모습이… 잠깐, 왜 로마풍이지? 이런. 그는 키스가 아니었다. 머리에 회색 왜가리 둥지를 이고 다니는 또 한 사람인 톰 스토파드 경이었다.

그럼 키스는 대체 어디에 있는 거지? 하지만 안내인은 사라졌고, 나는 눈으로 계속 그를 찾으면서 선택지를 쭉 검토해보았다. 내 경험상 이런 일, 즉 특급 유명인과의 즉흥 인터뷰에서 뭘 건지기는 아주 어렵다. 일전에 자크 시라크를 좇아 사흘간 프랑스를 횡단한 적이 있다. 그가 유세 활동 중간에 잠시 '짬'을 내어 나와 인터뷰를 해 줄 것이라고 보좌관에게 약속을 받아놓았기 때문이다. 하지만 번번이 그를 놓치기만 하다가, 마침내 집회장을 나와 시트로엥 차량으로 향하는 그를 마주하게 되었다.

"시라크 대통령님", 나는 손을 내밀며 외쳤다. "런던에서 온 보리스 존슨입니다." 그는 1나노초쯤 주저하더니 내 손을 맞잡으며 환히 웃었다. "파리에서 온 자크 시라크랍니다!" 그때 나는 양쪽에서 공격받은 쿼터백의 심정을 이해했다. 경호원 한 쌍이 우리의 대화를 끊었기 때문이다. 시라크는 그렇게 가 버렸고, 난 아무리 머리를 써도 그의 대답 한 줄로는 멋진 기사를 써낼 수 없었다.

그러므로 나에게 주어진 시간을 제대로 활용하려면 단 하나의 결정적인 질문을 던져야 한다는 걸 잘 알았다. 밤이 깊어 가고 시상식 분위기가 무르익는 가운데, 나는 내가 뭘 알고 있고 뭘 더 알고 싶은지를 따져 보았다.

나는 그날 키스에게 작가상을 안겨 준 자서전 『라이프』(*Life*)의 애독자이다. 이 책을 여러 번 탐독하면서 어쩌다 이 모든 일이 벌어졌는지를 어렴풋하게나마 파악했다. 롤링 스톤스는 트라팔가 광장의 사자들만큼 비바람에 시달리고, 유서 깊고, 런던 현대사의 한가운데에 선, 우리 문화의 랜드마크이다.

앞서 말했듯 이들은 68세의 나이에도 여전히 멋있는 록스타다. 빌 와이먼은 최근 들어 그 대열에서 좀 빠지는 것 같지만. 그들은 각종 수입원에서 수십억 파운드를 벌어들이고 있다(제도를 교묘하게 이용하여 영국에는 세금을 얼마 안 내지만). 그들의 쑥 내민 혀는 이 나라의 가장 강력한 브랜드 중 하나이다. 이건 진지한 이야기다. 나는 그 두툼한 입술 심벌이 주식회사 영국의 가장 중요한 상품으로 조사되었다는 발표를 여러 번 들었다.

그보다 더 중요한 사실은, 그들이 록/팝의 주옥같은 명곡을 많이 만들었다는 것이다. 인간은 창조성을 자극하는 광기 같은 것 없이는 그렇게 오랜 세월에 걸쳐 그렇게 많은 작품을 생산할 수 없다. 이 다작 능력은 다름 아니라 믹 재거와 키스 리처즈 두 사람에게서, 특히 그들의 공공연한 애증 관계에서 비롯된 것이 틀림없다. 둘의 복잡한 우정이 시작된 순간을 찾으려면 반세기보다 더 긴 시간 뒤로 돌아가야 한다. 그들이 1962년에 일링에 있는 알렉시스 코너의 클럽 무대에 서기도 전, 저 역사적인 1961년 12월에 두 사람이 시드컵 기차역에서 우연히 마주친 날(척 베리와 머디 워터스의 레코드 한 무더기를 겨드랑이에 끼고 런던 정치경제대학교로 등교하던 믹을 키스가 발견했다)보다도 전으로.

믹과 키스의 관계를 이해하려면, 사실상 런던 교외 지역인 다트퍼드의 웬트워스에서 초등학교를 다니던 열한 살의 두 사람에게 무슨 일이 있었는가를 알아야만 한다. 핵심만 간추리면, 믹 재거는 진학 시험에 통과하여 다트퍼드 그래머스쿨을 거쳐 대학에 이르는 순탄한 길을 밟았다. 반면에 시험에 떨어진 키스는 모던스쿨*에 들어갈 뻔했지만, 그림과 음악에 소질을 보여 다트퍼드의 테크니컬스쿨†에 진학했다. 그러나 그곳에서도 그의 작업은 형편없는 성적을 받게 되어 그는 (분노한 채로) 1년을 유급해야 했다.

우리는 인터뷰 장면이나 『라이프』만 보아도 키스가 얼마나 생각이 깊고 똑똑한지를 쉽게 알 수 있다. 그는 《롤링 스톤》(*Rolling Stone*)지가 발표한 역대 최고의 기타리스트 10인에 드는 뮤지션일 뿐 아니라, 코네티컷주 자택의 아름다운 서재에서 전쟁사 서적을 탐독하는 사람이다. 그러나 영국 교육제도는 열한 살의 앳된 소년에게 너의 지능은 네 친구이자 이웃과는 다르다고 통보했다.

양과 염소를 구별하려는 의도로 1944년에 제정된 치욕스러운 버틀러 교육법(영국 중산층은 곧 이에 반발했다)에 따르면, 키스는 추상적 사고가 덜 능숙하고 부르주아적 직업에 덜 어울리는 아이였다. 마이클 필립 재거에 비하면 그렇다는 것이다. 10대 소녀 떼를 바쿠스의 여사제들처럼 신음하게 만들던 기타 리프는 키스의 머리에서 나온 것

[*][†] 영국의 공립 중등교육 학교 중 하나로, 모던스쿨은 11~15세 학생들을 대상으로 일반 중등교육과 함께 실업교육에 중점을 두었으며, 테크니컬스쿨은 공학, 농업, 공예와 같은 분야의 기술교육에 초점을 맞춘 5년 과정의 중등학교다.

이었으나, 공식적으로 더 똑똑한 쪽은 재거였다.

지성과 창의성의 우위를 둘러싼 이 미결의 문제가 바로 롤링 스톤스를 굴리는 모터였다. 이 그룹의 핵심부에서 두 거물은 경쟁하는 동시에 협력한다. 여러 형태로 드러났던 두 사람 사이 경쟁은, 50년이 지나고 나서 보면 몇몇 측면에서 믹 재거 경이 앞서고 있는 것 같다.

삶의 원초적 투쟁, 즉 여성 동반자를 둘러싼 싸움을 예로 들어 보자. 처음에는 둘 다 엇비슷했다. 그들의 첫 넘버원 곡의 참으로 성차별적인 가사를 이용해 보면, 키스는 본인이 여자를 더 능숙하게 다루었다고 말한다.

그는 브라이언 존스의 연인이던 아니타 팔렌버그를 빼앗은 일에 대해서도 말을 아끼지 않는다(궁금한 독자를 위해 설명하면 이 일은 스톤스 역사에 분수령이 된 1967년 여름, 키스가 '블루 레나'라고 부르던 벤틀리 뒷좌석에서 벌어진 일이다. 두 사람은 기사가 모는 차를 타고 스페인을 거쳐 모로코로 향하는 도중에 그렇게 되었다). 키스는 믹이 영화 〈퍼포먼스〉의 목욕 장면을 촬영한 후 어느 시점에 아니타와 관계를 가졌다고 주장하지만(지금도 여자 쪽에선 그런 일은 없었다고 말하는 것 같다) 본인 역시 믹과 사귀던 메리앤 페이스풀과 동침함으로써 동점을 이루었다. 그는 어느 날 믹이 갑자기 귀가하는 바람에 침실 창문에서 급히 뛰어내리느라 양말을 흘리고 온 적이 있다는 일화도 전한다. 키스와 메리앤은 지금도 그 일을 두고 농담을 한다고 한다.

그리고 음울한 분위기를 지닌 바이에른 출신의 섹시하고 미인인 우시 오버마이어도 두 남자 모두와 잔 것으로 보이는데, 당시 우시는 귀를 쫑긋 세우고 있는 대중 앞에서 키스의 손을 들어 주었다. 믹은 "완벽한 신사"이지만 여자의 몸을 잘 아는 키스가 연인으로는 더 낫다고 판정한 것이다. 물론 이 분야에선 빌 와이먼도 빠지지 않았다. 그는 메트로놈처럼 여성 팬들과의 섹스에 성공한다는 평판을 들었다.

하지만 키스는 그런 명성은 인정하면서도 와이먼의 방에 초대받았던 아가씨들은 밀크티 비슷한 음료 한 잔 말고는 별 대접을 받지 못했다고 살짝 헐뜯는다.

요컨대 키스는 경쟁심이 강한 사람이고, 본인이 우리가 짐작하는 것보다 더 많은 여자들과 관계를 가졌다는 사실을 알리고 싶어 한다. 그러나 내막을 잘 모르는 사람이라도 이성애적 남성성을 두고 벌이는 이 터무니없는 오랜 공개경쟁의 최종 승자는 믹이라고 생각할 것이고 아마도 그게 맞을 것이다. 결국엔 믹과 관계한 여성의 명단이 더 길고 더 화려하며, 믹과 함께일 때 여성들은 요구받지 않은 성적 행동을 시도해 볼 자극을 얻는 듯하니 말이다.

예전에 내가 사귀던 여자 친구가 어느 날 파티에 다녀오더니(나는 거기 초대받지 못했다) 방금 믹 재거를 만났다고 했다. 그리고 "당연히 그에게 입을 맞췄지"라고 말했다. 나는 "왜?"라고 물었다. "뺨에다만 했어. 왠지 그래야 할 것 같아서." 키스 또한 그 정도로 본능적인 반응을 끌어내는 남자였을지 모르겠다. 더욱이 그는 『라이프』에서 이 주제를 논하는 내내, 자신은 딱히 이 경쟁에서 이기려는 생각이 없었다고 강조하며 사실은 여자 앞에서 수줍음을 타는 편이었다고 말한다(벤틀리 뒷자리에서 먼저 손을 내민 것은 아니타였다). 무엇보다 사티로스의 후예인 재거와 달리 그는 최근 몇십 년간 패티 한센과 행복한 단혼 생활을 이어 가고 있다.

키스는 이른바 사회적 신분 상승을 둘러싼 경쟁에서도 재거와 겨룰 생각이 없었다. 두 사람 모두 꽤 잘사는 중산층 출신이었다. 재거의 아버지와 할아버지는 교사였고, 키스의 할머니는 월섬스토 시장의 아내였다(1945년 처칠이 야유를 받던 개 경주장에 있었던 게 거의 확실하다). 1960년대의 런던에서는 '신흥 귀족'이 옛 귀족과 한데 어울렸다. 런던 토박이 인재들이 높이 부상하고 있었으니, 영화 스타, 디자이너,

얄궂은 사진만 찍는 사진가가 있었고, 교외에서 온 록스타와 모델이 있었으며, 어딘가 부티 나는 이튼 출신의 심약한 마약 중독자와 그림 중개상이 있었다.

키스와 믹 가운데 한때나마 정치에 뜻을 품었고, 또 상류층과 자주 어울려 다녔던 쪽은 믹이었다. 어떤 잡지에서 두 사람에게 누구를 존경하는지 물은 적이 있다. 믹은 "공작님들"이라고 답했고 키스는 "1963년의 열차 탈취범"이라고 답했다.

마지막 배신의 순간은 2003년에 찾아왔다. 믹이 키스에게 전화를 걸어 토니 블레어가 주는 기사 작위를 수락했다고 말한 것이다. 자기가 거절할 수 있는 일이 아니라면서. 이에 키스는 "세상에 네가 거절하지 못할 일이 어디 있어?"라고 쏘아붙였다. 후에 키스는 그 "웃기는" 상에 대해 불평했다. 그는 "머리에 관을 쓰고 문장을 두른 분"과 한 무대에 서고 싶지 않았다.

믹 재거는 키스 리처즈가 원체 "불만이 많은 인간"이라고 되받았다. 불만이 많다니 그게 무슨 뜻이냐고 인터뷰어가 묻자 "그러니까, 걘 원래 불만스러워한다고요. 이 말이 이해가 안 가면 대체 뭘 이해할 수 있나요"라고 답했다.

롤링 스톤스 전체의 공로에 대한 평가가 지나치게 한쪽으로 기울어져 있으니, 불만을 품을 이유라면 충분했다. 믹은 젊은이들에게 빛나는 귀감이 될 수 있다는데, 키스는 한갓 약에 절은 노인으로 취급받았으니 말이다.

두 사람 다 마약 때문에 경찰에 체포되었고 둘 다 (잠시나마) 감옥살이를 했다. 그럼 두 사람이 사회에 기여한 바가 달랐던가? 말은 바로 하자. 믹이 기사 작위를 받은 것은 예의 퍼블릭 스쿨 출신의 로커 지망생 중 하나이자 믹의 숭배자인 블레어 덕분이었다. 당시 공보수석이었던 앨러스테어 캠벨은 작위 수여자 명단에 스타 한 명쯤 끼워 넣어도 좋겠다고 판단했을 테고.

키스 본인이 뭐라고 주장하든 간에, 공로를 공평하게 인정받지 못한 데 쓰라린 감정을 느꼈을 것이 틀림없다. 『라이프』에서 그는 믹이 얼마나 재능이 넘치는 뮤지션이고 얼마나 빠르고 효과적으로 가사를 쓰는 작사가인지 칭찬을 늘어놓는다. 믹의 가사는 관능적이고 퇴폐적이고 풍자적이고 감상적이고 감동적이고 반(反)감상적이고 악마적이다. 그의 가사에는 박력이 있고, 불필요한 부분이 없으며 때로는 부조리하다. 가령 「브라운 슈거」를 들어 보라. "흉터가 있는 늙은 노예 상인"이 "한밤중에" 여자들을 채찍으로 때리며 즐거워하는데, 거기에 이런 후렴이 붙는다. "오, 흑설탕아, 넌 어쩜 그렇게 맛있니, 응?"

인종차별과 성차별의 경계를 아슬아슬하게 기웃대는 이런 가사가 더 널리 비난받지 않는 이유는, 다름이 아니라 우리가 대체로 믹의 가사를 못 알아먹은 채 노래를 들어 왔다는 것이다. 나만 해도 토리당 모임에서 온갖 종류의 "진에 흠뻑 젖은 술집 여왕들"을 보았고 「홍키 통크 위민」(Honky Tonk Women)이라는 곡을 수없이 들었지만, 바로 그 첫 구절이 "멤피스에서 진에 흠뻑 젖은 술집 여왕을 보았네"였다는 것은 수십 년 만에 누군가가 일깨워 주었을 때에야 깨달았다.

또 나는 「와일드 호스」(Wild Horses)의 맨 첫 가사를 "사는 데 지쳐서"(tired of living)라고만 생각했다. 그런데 최근에 알고 보니 "어릴 때의 삶이란"(childhood living)이었다. 무슨 말인가 하면, 가사는 곡의 전체적인 정서와 분위기 조성에 분명히 중요한 역할을 하지만, 가사에 힘을 실어 주는 것은 바로 멜로디다. 우리로 하여금 콧노래를 부르게 하고 춤을 추게 하는 것은 멜로디이고, 그 멜로디의 아이디어 대부분은 키스에게서 나왔다.

「새티스팩션」의 가사를 쓰고 노래를 부른 사람은 믹이지만, 그 멜로디를 발견한 사람은 키스다. 그는 어느 날 새벽에 잠에서 깨어 카세트 리코더를 켜고 꿈에 뮤즈가 들려주고 간 선율을 떠올렸다고 한다. 그러니까 이 곡은 그가 한밤중에, 한순간에 쓴 것이다. 비전문가인 나 같은 사람은 키스가 기타의 올바른 연주법과 튜닝법, 본인이 창시한 '개방현 G코드 튜닝'(인지 뭔지)에 대해 자세히 논하는 대목을 읽으면서 살짝 전율을 느낀다. 그가 본인의 머릿속에 있는 사운드를 구현하기 위해 어떤 노력을 기울이는지 설명할 때, 이런 사람이 감식가구나 하고 깨닫는다.

그건 마치 일급의 화가가 빈 화폭에 수수께끼 같은 선을 그려 넣으면서 본인의 스케치 테크닉을 가르쳐 주는 장면처럼 특별하고 귀한 경험이다. 키스가 앰프를 켜고 기타를 연결하고 카세트 리코더를 켜서 쉽게 잡히지 않는 어떤 효과를 포착하려 하는 모습에는 미치광이 과학자 같은 면이 있다. 또 그가 녹음실에 들어가면 곡 하나를 완성하는 데 얼마나 오랜 시간을 쏟는지, 다른 모든 관계자는 바닥에 널브러지고 약의 힘으로 활활 불타는 그만이 원하는 것을 손에 넣을 때까지 밤새 달그락거리곤 한다.

바꿔 말하면 키스의 자화상에는 어딘가 좀 모순적인 구석이 있다. 그는 2005년의 한 인터뷰에서도 으레 믹이 모범생이고 자기는 비교적 평범하다는 주장을 펼쳤다. "나야 잠에서 깨면 신께 기도를 올리고 전화기는 다 꺼 두는 사람이죠. 믹은 아침에 일어나는 순간 벌써 할 일이 정해져 있는 사람이에요." 그러나 나에겐 이런 태도가 영국인 특유의 가짜 겸손, 아마추어 행세로만 보인다.

키스가 나팔바지나 입고 늘어져 사는 평범한 약물 중독자가 아니라는 건 두말할 필요가 없다. 사실 그는 소련의 광부처럼 근면한 예술가이다. 『라이프』에서 그는 블루스가 로큰롤로 진화한 과정 및 그 서사 속에서 스톤스가 점하는 위치를 자신 있게 설명한다. 여기 담긴 메시지는 자신이 믹에게 결코 뒤지지 않는 지성의 소유자이며 영국

교육제도의 판정은 틀렸다는 것이다.

불을 피우려면 막대기 두 개를 비벼야 한다. 저 빛나는 천재의 광휘를 일으킨 것은 두 사람의 끊임없는 경쟁심, 특히 상대를 누르고 말겠다는 꺼지지 않는 욕망이었다. 바로 그것이 스톤스에 전력을 공급한 내부 발전기였다. 그런데 그것만으로는 충분하지 않았는지 라이벌이라는 외부의 엄청난 압력도 존재했다. 세상에 믹파와 키스파가 존재하는 것과 똑같이, 인류는 비틀스파와 스톤스파로 양분된다(물론 그때그때 기분에 따라 둘 중 어느 편에라도 설 수 있다).

둘 다 전원 남성 밴드였고, 주축을 이루는 두 인물 간의 창조적 긴장이 좋은 결실을 본 경우였다. 둘 다 미국을 정복하러 나서서 대단한 성공을 거두었다. 두 밴드가 함께 몇몇 곡을 작업한 적도 있지만—상대의 홍보를 방해하지 않도록 곡 발매 일정을 조율하기까지 했다—탄생한 순간부터 공공연한 라이벌 구도를 이루었다.

원래 비틀스 홍보 담당자였다가 스톤스의 매니저가 된 앤드루 루그 올덤은 믹과 키스가 큰일을 내려면 척 베리의 음반을 커버하는 정도로는 부족하다고 보았다. 방법은 존과 폴의 선례를 따르는 것이었다. 그래서 올덤은 믹과 키스를 방에 가둔 채 자작곡을 쓰게 했고, 이러한 시기를 거쳐 찬란한 60년대 내내 비틀스와 스톤스는 공식전에 버금가는 경쟁을 치르게 되었다. 비틀스와의 차별화가 관건이라고 생각한 루그 올덤은, 비틀스는 건전한 밴드이니 스톤스는 엉큼하고 원시적이고 더 노골적으로 섹슈얼한 밴드가 되어야 한다고 판단했다.

비틀스 멤버들은 신시아 레넌이나 제인 애셔 같은 점잖은 여성과 사귀었다. 스톤스의 여자 친구들은 모피 코트 아래 아무것도 입지 않았고 그들 근처에 먹다 만 초콜릿 바가 굴러다녔으며, 그들을 급습한 경찰은 근거 없는 외설스러운 이야기를 언론에 흘렸다. 비틀스는 사이키델릭 음악을 했다. 스톤스도 사이키델릭 음악을 했지만 이쪽은 악마 숭배의 느낌이 훨씬 강했다.

비틀스가 「서전트 페퍼스 론리 하츠 클럽 밴드」(Sergeant Pepper's Lonely Hearts Club Band) 앨범을 냈다. 스톤스는 그것을 흉내 내어 「데어 사타닉 마제스티스 리퀘스트」(Their Satanic Majesties Request)라는 앨범을 냈다. 예술적 성공의 잣대가 대중의 인정이라면 비틀스가 한참 앞선다고 볼 수밖에 없다. 비틀스는 1970년 이전에 해산했지만 롤링 스톤스를 포함한 그 어떤 밴드보다도 많은 10위권 히트곡과 1위 곡, 10위권 앨범과 1위 앨범을 발표했다. 그러나 그런 비틀스 또한 어디까지나 그 시대의 산물이었고, 히트곡을 제조하는 내내 그들에게 자극제가 된 것은 차트 1위를 얼마든지 다른 뮤지션에게 뺏길 수 있다는 사실이었다.

60년대 말 런던 교외에는 온갖 종류의 재능이 꽃폈다. 국민보건 제도, 무료 치과 진료, 하수 시설 개선, 1인당 국민소득 증가, 무엇보다 공공 자금으로 운영되는 그래머스쿨과 아트칼리지의 수준 높은 교육을 양분 삼아 새로운 세대가 출현했다. 런던의 침대방과 차고에서는 여드름투성이 10대 아이들이 머리에 실크 수건을 두르고 가죽조끼와 때 묻은 양가죽 코트를 입고 일순 화려한 록스타로 변신했다.

스톤스의 나머지 멤버들은 모두 런던 출신인데, 빌 와이먼은 루이셤 출신이고 로니 우드는 런던 자치구 힐링던의 운하에서 거룻배를 모는 집안에서 태어났으며 찰리 와츠는 이즐링턴 출신이다. 브라이언 존스가 퀸즈웨이의 화이틀리스 백화점에서 영업사원으로 사회생활을 시작했다는 사실도 잊으면 안 되겠다.

야드버즈의 제프 벡은 헤스턴크로이던 근처 월링턴 출신이다. 더 후는 거의 모든 멤버가 액턴 카운티 그래머스쿨에서 공부했다. 레이 데이비스 등 킹크스의 멤버들은 혼지 출신이다. 데이브 클라크 파이브는 토트넘 출신, 스몰 페이시스는 이스트 햄 출신이다.

그들은 런던 변두리의 클럽에서 연주했다. 특히 남서부에 그런 곳이 많았다. 리치먼드에는 스테이션 호텔과 리치먼드 클럽, 또한 크로대디 애슬래틱스 클럽이 있었다. 물론 일파이 아일랜드와 일링 등등 역시 있었다. 런던은 1570제곱킬로미터가량의 면적을 지닌, 유럽에서 단연 가장 큰 도시이며 주거 지역과 도심이 촘촘하게 엮여 있는 거대한 네트워크다. 1960년대의 록/팝 붐은 그것을 이룰 수많은 다양한 인재가 있었기에 가능했다.

로큰롤은 척 베리, 머디 워터스, 엘비스 등등의 미국인이 창시한 장르이다. 그러나 런던의 독자적인 공헌을 이해하려면 그 시대 미국에는 대도시라 할 만한 도시가 거의 없었다는 점을 기억해야 한다. 뉴올리언스, 내시빌, 멤피스, 디트로이트, 로스엔젤레스, 샌프란시스코, 뉴욕 등 미국의 여러 도시들이 실로 음악 혁명의 중심지였다. 그러나 런던만큼 인재가 집중된 단일한 메트로폴리스는 아직 없었다.

다시 한번 원자력의 비유를 들면, 런던이라는 원자로에는 미국의 그 어떤 도시에서도 볼 수 없는 많은 우라늄봉이 들어 있었다. 이곳에서 핵반응이 시작되면 그 광휘가 세계를 비추었다. 비틀스와 스톤스가 그랬다.

그런데 마지막으로 한 가지, 런던이 음악사에서 이 중요한 역할을 해낸 이유가 또 있다. 미국의 젊은 백인과 달리 런던의 젊은 백인은 마음 편히 흑인 음악을, 그들의 12마디 블루스를 연주할 수 있었다.

척 베리가 「조니 B 구드」(Johnny B Goode)를 부르는 영상을 보면 이 모든 것이 어디에서 시작되었는지 대번에 파악된다. 그러나 미국의 흑인 재즈, 블루스 뮤지션들은 수십 년 전부터 백인들이 자기네 아이디어를 효과적으로 훔쳐 가서 더 많은 돈을 버는 데 이용한다고 비난해 왔었다. 이 비난에는 근거가 충분했기에 미국의 백인 연주자들은 블루스 음악을 차용하여 흑인 스타일로 연주하는 것 자체를 망설이

게 되었다.

반면에 리처즈와 재거 같은 런던의 중산층 백인에게는 그런 제약이 없었다. "아침에 일어나 보니 그녀는 떠나고 없네" 하는 식의 노래를 부르는 것이 그들에게는 우스꽝스럽거나 무례한 일이 전혀 아니었다. 그건 그들이 좋아하는 음악에 대한 찬사일 뿐이었다. 그렇게 로큰롤이라는 음악은 이 도시의 최대 장기인 '수입 후 재수출'의 가장 눈부신 사례가 되었다.

믹 재거와 키스 리처드, 또 그들과 비슷한 젊은이들이 머디 워터스와 척 베리의 음악을 탐청했다. 그들은 자기 침대방이나 아트칼리지의 화장실 바닥에 앉아 미국 흑인 음반을 들었다. 그리고 경건하고 신실한 태도로 그들을 모방했고 꽤 흑인다운 방식(이길 바라며)으로 노래하고 연주했다. 믹과 키스는 그 얼마 후인 1964년 무렵 사이키델릭과 팝으로 가지를 뻗기 시작했고 마침내 「점핑 잭 플래시」로 완연한 록 음악에 도달했다. 이처럼 스톤스의 음악은 미국에서 발명된 장르인 블루스에서 시작되었으나, 정작 미국의 대다수 음악 대중은 대서양을 건너온 스톤스를 통해 처음으로 그 장르를 접했다.

그것은 런던의 승리였고, 그날 시상식이 절정으로 향하는 와중에 나는 바로 그 점을 키스 본인에게 확인하자고 생각을 정리했다. 시간은 밤 11시가 다 되었고, 검정 넥타이를 맨 초대 손님들은 점점 지쳐갔다. 벌써 많은 일급 유명인이 무대를 장식한 뒤였으므로 이제는 누가 등장해도 덤덤한 분위기였다. 그러다 마침내 키스의 이름이 불리고 그가 설렁설렁 몸을 흔들며 무대에 오르자—재킷 소매를 걷어 올려 그 탄탄한 팔목을 드러냈고, 헤드밴드를 두른 모습은 꼭 왕년의 존 매켄로 같았다—모두가 저도 모르게 기립했다.

그의 연설은 짧고 익살맞고 수수했다. 그가 무대에서 내려왔을 때, 나는 때가 왔음을 알았다. 내가 그토록 바라던 순간이. 나는 무대에 올라 서배스천 코 경을 소개하는 역할을 마저 해치운 다음, 키스의 에이전트인 바바라 샤론(이전에 잠깐 만났을 때 보니 친절한 사람이었다)에게 살짝 강경한 태도로 사정을 설명하며 나를 그의 옆자리에 앉혀 달라고 애원했다. "5분만요, 바바라, 아니 3분만요."

마침내 사진을 찍으러 갔던 키스가 자리로 돌아왔고, 그의 옆자리에 앉는 영광을 누리려는 사나운 경합이 벌어졌다. 나중에 들은 이야기로, 그날 키스의 관계자는 스티븐 프라이를 데이비드 캐머런 총리로 착각하고 퇴짜를 놓았다고 한다.

수십 년간 바라고 바라던 끝에 나는 눈에 먹칠을 한 인신(人神)의 코앞에 앉게 되었다. 그의 얼굴은 오든처럼 주름이 깊었지만 치아는 미국인처럼 하얬다. 우리는 가벼운 화제로 대화를 시작했다. 내가 『라이프』를 얼마나 재미있게 읽었는지, 그의 조부모님은 어떤 분이셨는지, 전시의 다트퍼드에서 보낸 유년기 이야기, 로켓 폭탄이 터져서 그의 유아용 침대에 벽돌이 떨어진 그 유명한 일화 등이 테이블을 오갔다.

그러나 주변의 사람들이 점점 더 극성스레 떠들고 떠미는 탓에 결국 나는 너무도 생뚱맞게 그 이야기를 꺼내야만 했다.

"그게요, 키스." 나는 더듬거리며 운을 뗐다.

"네, 시장님." 그가 예의 그 정중한 말투로 응했다.

"제가 이런 이론을 세우게 되었습니다. 그러니까…."

사람들은 하르피이아처럼 우리 머리 위에 진을 치고 냅킨에, 20파운드짜리 지폐에, 자신의 왼쪽 가슴에, 또 어디 어디에 사인해 달라고 조르고 있었다. 그러다 사람들이 아주 잠깐 잠잠해지자 나는 잽싸게 이글스의 천재 기타리스트 조 월시가 했다는 말부터 확인했다.

월시는 스톤스 콘서트에 가기 전까지는 머디 워터스라는 이름조차 들어 본 적 없다고 했다는데 "그게 정말인가요?"

"정말 그랬답니다." 키스가 고개를 끄덕였다.

"그렇다면 스톤스가 로큰롤 역사에서 갖는 큰 의미는—이쯤에서 난 거의 소리를 지르고 있었다—미국에 블루스를 '되돌려 준' 것이라고 볼 수 있지 않을까요?"

"저는 그렇게 보고 싶군요." 키스가 더없이 상냥하게 동의했다.

"저도 그렇게 보고 싶습니다, 키스." 너무도 충분한 대답이었다. 록 저널리즘 역사상 가장 길고 가장 면밀한 인터뷰는 아니었을지 몰라도, 시라크와의 대화에 비하면 더없이 유익한 시간이었다.

난 그 이상 키스의 시간을 낭비할 이유가 없었다. 꺅꺅거리고 꽥꽥대는 팬들 한복판에 그를 억지로 앉혀 놓고 그의 자서전에서 읽고 또 읽었던 일화를 되새김질할 필요가 없었다. 그는 내 생각이 맞다는 것을 확인해 주었다. 스톤스가 없었다면 이글스 같은 위대한 미국인 밴드가 머디 워터스에 관심을 가질 일도 결코 없었을 것이다. 키스 리처즈의 중개가 없었더라면 조 월시가 「호텔 캘리포니아」(Hotel California)의 클라이맥스를, 디들리 디들리 디들리 디들리 딧 딧 디들리 디들리 디이 하는 그 대단한 기타 솔로를 연주하게 되는 일도 결코 없었을 것이다.

19세기 런던이 설탕과 오렌지를 들여다가 마멀레이드로 세계에 되팔았듯, 20세기 런던은 미국의 블루스를 수입해다가 그것을 록/팝으로 재수출했다. 참으로 멋진 장사였다.

이윽고 키스가 오페라하우스를 나서는 행차가 시작되었고, 나는 숭배자 무리 맨 끝에서 그를 뒤따랐다. 중국의 신년 폭죽처럼 사방에서 카메라 플래시가 터지고 수행원이 그를 대형 리무진으로 안내하는 모습을 바라보며, 그가 처음 음악계에 등장한 이래 런던이 참으로 많이 변했다는 생각을 했다.

키스가 아직 청소년이던 시절에 로큰롤의 가장 중요한 가치 중 하나는 전복성이었다. 로큰롤은 사람들이 좋아하지 않는 음악이었고, 그게 핵심이었다. 《멜로디 메이커》(*Melody Maker*)는 로큰롤이 "대중음악에 벌어진 아주 끔찍한 사건"이라고 표현했다. 런던 동부의 영화관에서 120명의 '테디 보이'가 쏟아져 나와 시 소유 화단을 밟고 올라가 춤을 추었을 때, 일급의 지휘자 맬컴 사전트 경은 "이 음악은 원시적으로 북이나 둥둥 쳐 댄다. 청년들에게 폭동을 선동할 수도 있다는 점에서 끔찍한 음악이 분명하다"라고 불평했다.

영화 〈록 어라운드 더 클락〉(Rock Around the Clock)은 상영 금지까지 당했다. 동성애를 금지하는 악법이 존재하고 왕실 시종장이 연극을 검열하고 『채털리 부인의 연인』이 금서이던 시대였다. 1966년 '풍기 단속반'이라는 멍청이들은 오브리 비어즐리의 그림을 압수하겠다고 빅토리아 앤드 앨버트 박물관의 엽서 가게를 수색했다.

반(反)문화가 형성되려면 바로 이런 반대 정서가 필요하다. 무언가에 반항한다는 사실 자체가 재미의 큰 부분이므로. 키스는 마약도 하고 여장도 하면서 그 시대 반문화의 한 영역을 이루었다. 그 얼마나 눈부신 현상이었는가. 그 빛이 꺼지기 전까지는.

1960년대 반문화는 경찰의 단속과 부르주아의 히스테리와 엄격한 치안판사를 이겨 냈다. 나아가 어떤 종류의 힘이든 탄압이 시도되는 동안은 계속 인기를 누렸다. 필연적으로, 그 시대 반문화가 단 하나 이겨 낼 수 없던 상대는 기성 사회의 인정이었다.

내가 꼽는 추락의 시작은 1967년 7월 1일, 《타임스》의 논설이 그 악명 높은 롤링 스톤스가 레드랜즈 별장에서 마약 단속을 당한 사건을 다룬 그때이다. 마치 빅토리아 시대 노파가 코르셋을 풀고 자이브 춤을 추기 시작한 것처럼 《타임스》는 스톤스가 받은 선고가 지나치게 가혹하다는 의견을 개진했다. 윌리엄 리스모그 기자가 머리를 굴려 붙인 제목은 「누가 바퀴로 나비를 뭉개는가?」(Who Breaks A Butterfly upon A Wheel?)*였다.

《타임스》라는 무려 '천둥을 내리는 자'라는 별명의 신문이 골반을 살살 흔드는 약쟁이 건달들을 편들다니. 1960년대 반문화는 바로 그 순간부터 쭉 내리막길이었다. 세월이 흐르면서 동성애자 인권과 성평등과 표현의 자유 따위를 보장하는, 전보다 훨씬 자유주의적인 법안들이 통과되었고, 그 결과 오늘날 반문화라는 개념은 완전히 소멸했다고 봐도 무방하다.

그동안 반문화의 가치들은 주류에 편입되었고 꽃향기 나는 제도권의 품에 안겼으며 이제는 시상식에서도 기념된다. 나는 라디오 방송에서 그런 주장을 했다가 인터넷상에서 뭇매를 좀 맞았다. 자기는 전과 다름없이 사도마조히즘과 시체애호증과 기타 등등의 취미에 심취해 있으며, 고로 자신이 자랑스럽게 지지하는 그 문화는 교양 있는 사회로부터 가치를 인정받지 못한다는 점에서 여전히 반문화라고 분개하는 사람들이 있었다. 아이고, 기특하십니다. 하지만 당신들은 앞으로도 쭉 행복한 비주류로 남겠네요.

현시점에서 눈에 띄는 젊은 (주로 남성인) 집단이 하나 있긴 하다. 과거와 마찬가지로 사회 전체의 염려를 자극하는, 그러나 1960년대의 반항아들이 채택했던 바로 그 가치(이를테면 성적인 관용과 자유)를 분연히 거부하는 이들이 있다. 관용을 허하지 않는 이 이슬람 과격파가 혹자에게는 새로운 반문화로 보일 만도 하다.

그러나 과거의 반문화는 런던이라는 도시와 런던 경제에 이로운 방향으로 포섭되고 확장되고 사회에 침투했다. 메리 퀀트가 자신의 단칸방에서 가위를 들고 천을 난도질했던 자리에 지금은 210억 파운드 규모에, 고용인 8만 명을 거느린 패션 산업이 들어서 있다. 윌리엄 버로스, 프랜시스 베이컨 같은 방탕한 인물들이 있던 자리를 지금은 '젊은 영국 화가들'(yBa)이 차지하고는 다이아몬드를 박은 해골 따위

[*] 앨릭잰더 포프의 시에서 차용한 구절로 "모기를 보고 칼을 뺀다"와 비슷한 뜻이다.

에 어마어마한 가격을 붙이고 실제로 그만큼의 돈을 벌고 있으며, 자신이 보수당 지지자임을 서슴없이 천명하는 트레이시 에민 같은 아티스트까지 등장했다.

콜로니 룸은 지금도 영업 중이지만 이제는 그라우초 클럽 등 호화로운 화장실을 갖춘 업소들에 둘러싸여 있다. 지금도 그 동네는 예술가 비슷한 사람들의 아지트다. 광고, 미디어, 홍보, 텔레비전, 영화 편집 등등에 종사하는 이들 말이다. 이제 런던이 세계에서 가장 중요한 '예술, 문화, 미디어' 산업의 중심지로 꼽히는 이유는 넘쳐 난다.

그 가장 중요한 이유로 영어라는 언어를 들 수도 있겠고, 역동적인 금융 산업 및 제반 법률, 회계 서비스, 또 그에 필요한 각종 창조적인 업무 분야가 지척에 있다는 이유를 들 수도 있겠다. 이 나라가 유럽연합과 미국 사이에서 누리고 있는 이중적인 관계도 한몫할 것이다. 그러나 그 무엇보다도 런던에는 우리의 감정에 강렬한 힘을 더해주는, 더없이 직접적인 연상 작용으로 독특한 분위기와 감정을 끌어내는 예술 형식이 있다. 런던에는 그 무엇보다 도시를 멋있게 만드는 예술 형식이 있다. 음악이다. 문화에 목마른 각지 사람들은 음악이 멋진 도시 런던이야말로 세상에서 가장 흥겹고 힙한 장소임을 깨닫게 된다.

런던에는 세계 그 어떤 도시보다도 많은 약 400개의 음악 공연장이 있으며 매일 저녁 그 어느 도시보다 많은 공연이 이루어지고 있다. 1960년대에 런던은 세계 록/팝의 수도가 되었고 거기엔 롤링 스톤스를 이끈 키스 리처즈의 역할이 매우 컸다. 기사 작위? 그에겐 몇 개를 주어도 충분하지 않다.

미들랜드 그랜드 호텔

The Midland Grand Hotel

저녁 식사를 함께하기로 한 친구가 아무래도 늦겠다고 해서 이 레스토랑과 직원들을 찬찬히 관찰할 시간이 생겼다. 참 멋스러운 곳이다. 금발의 여자 직원 세 명인가가 내 자전거 헬멧과 륙색을 받아들고 비교적 조용한 테이블로 안내해 준 덕에 여기 이렇게 편하게 앉아 주변을 두리번거리고 있다.

벽은 진한 겨자색이다. 이 차분하고도 우아한 색상 덕분에 가느다란 대리석 벽기둥 위쪽을 수놓은 고불고불한 금색의 너도밤나무 잎 장식이 더 돋보인다. 천장은 휘황찬란한 웨딩케이크처럼 물결무늬와 소용돌이무늬로 뒤덮여 있다. 무엇보다 방이 파도가 치는 듯한 곡선형이라 술을 마시지 않았는데도 벌써 몽롱한 기분이 든다.

친구는 아직도 오지 않았지만, 계약 성사를 축하하는지 얼근히 취한 IT계 컨설턴트 무리가 내게도 와인 한 잔을 건네주니 기분이 좋아진다. 마침내 그녀가 나타날 즈음엔 주방에서 무슨 요리를 내놓든 다 먹어치울 수 있을 것처럼 배가 고파졌다. 내가 레스토랑 비평가는 아니지만 나오는 음식만 봐도 여긴 무척 고급스러운 요릿집이다.

시키지도 않았는데 노란색의 뭔가가 작은 도자기 그릇에 담겨 나온다. 수프? 아님 무스? 우리가 먹는 아이스크림이 토마토 맛인지 바닐라 맛인지 아니면 둘을 섞은 것인지 분간이 안 된다. 그래도 한 시간쯤 뒤 식당을 나설 때 우리는 정신적으로 상당히 고양되어 있다. 그때, 타미르라는 직원이 우리를 불러 세우더니 건물을 둘러보게 해주겠단다. 그는 이곳이 얼마나 좋은 직장인지 거듭 강조하는데, 그럴 만하다 싶다.

우리는 DNA 나선처럼 양쪽으로 갈라진 계단을 오르며 '근면'이니 '관용'이니 하는 상징적인 이름이 붙은 여자들이 고전적인 의상을 입고 앉아 있는 빅토리아 시대의 그림을 지나친다. 벽은 고상한 붉은색이고 그 위에 금빛 백합꽃 문양이 찍혀 있다. 난간의 오크는 윤기가 흐르고 따뜻한 느낌을 준다. 친츠(chintz) 재질 카펫은 두껍고 폭신하며 칸칸이 번쩍이는 놋쇠 가로대로 고정되어 있다. 타미르는 우리에게 호텔의 메인 객실을 보여주고 싶다면서 무전으로 프런트에 객실이 비어 있는지 묻는다. 우리는 그곳이 얼마나 호화로울지 상상한다. 시가 보관함이나 자쿠지 욕조가 있을까? 하지만 누군가 메인 객실을 빌려 지금 한창 쓰고 있다니, 아쉽지만 어쩔 수 없다.

우리는 '부인용 흡연실'이라고 이름 붙은 곳을 둘러본다. 1902년에 여성 참정권 운동가들을 기려 붙인 이름이라고 한다. 아름다운 아치로 이루어진 내부가 마치 코르도바의 대(大)모스크처럼 희미하게 공명한다. 발코니로 나가자 유스턴 로드의 냄새가 풍겨 온다. 나는 도로 쪽을 내다보고—차량 통행이 원활하다고 기록할 수 있어 기쁘다—다시 내 뒤쪽 위로 펼쳐진 호텔의 정신 사나운 축성을 살핀다. 가파르게 비탈진 지붕에는 군함의 총안처럼 지붕창이 늘어서 있고, 마법사 모자 같은 원뿔 모양 탑이 솟아 있다. 어디선가 팅커벨이나 덤

블도어가 날아오를 것만 같다. 바이에른 왕 루트비히 2세가 기차역 호텔을 설계해 달라는 의뢰를 받고 베네치아 두칼레궁과 브뤼셀 그랑플라스의 격렬한 융합을 구현했다면 딱 이런 모습이지 않을까? 빅토리아 시대 신고딕 양식에 따라 이탈리아 햄 같은 분홍색 벽돌로 지은 이 흥미로운 건물은 근 140년 런던 역사의 산증인이다.

사실 우리는 저녁 식사나 하려고 이곳에 온 것이 아니다. 우리의 목적은 이 도시에 힘이 차고 기울고 다시 차오르는 과정을 생생하게 증언하는 이 건물의 영광스러운 부활에 대해 조사하러 왔다. 미들랜드 그랜드 호텔이 2011년에 '밀레니엄 호텔'—꼭대기 층은 고급 아파트이다—로 재개장했을 때, 이 건물은 조지 길버트 스콧의 처음 의도를 마침내 관철한 복원술의 걸작으로 호평받았다. 그런데 알고 보면 이 건물이 지금 여기에 존재하는 것 자체가 기적이다. 내가 살아오는 내내, 나아가 가히 20세기 거의 내내 이 호텔은 폐쇄당하고 방치당하고 조롱당하고 무시당했으며 1966년에는 완전 철거 계획까지 발표되었으니까.

1873년 처음 개장했을 당시, 미들랜드 그랜드 호텔은 점점 화려함을 더해 가던 런던의 기차역 호텔 가운데서도 가장 호화롭고 비싼 '최고'를 목표로 했다. 고급 객실에는 그랜드피아노가 있었고, 바닥엔 액스민스터산 카펫이 깔렸다. 외투와 짐을 객실로 나르는 수동 승강기가 있었다. 병입 설비를 갖춘 와인 저장고가 있었고, 하루에 리넨을 3000장까지 삶고 말리고 다릴 수 있는 세탁장에, 더러워진 시트를 세탁장으로 곧장 보내는 관까지 있었다. 개장 직후 《빌더》(*Builder*)지는 "비용을 조금도 아끼지 않은 듯 건물 전체가 더없이 정교하고 사치스럽게 장식되었다"라고 평했다.

버킹엄셔에서 교구 목사의 아들로 태어난 조지 길버트 스콧은 그 시대의 리처드 로저스 또는 노먼 포스터라고 할 수 있는 스타 건축가였고 고딕 어휘의 열렬한 신봉자였다. 이 건물은 일개 호텔이 아니었다. 채색한 코니스 하나하나, 뾰족한 탑과 소용돌이무늬 하나하나, 원래는 무의미한 장식에 지나지 않았을 구석구석이 다 하나의 언명이었다. 이것이 우리다, 이것이 빅토리아 시대 런던 사람이다, 이것이 우리가 짓는 기차역 호텔이다, 하는. 그렇다면 우리가 의회와 궁전은 어떻게 지을지 상상해 보라, 하는.

이 방법이 몇십 년간은 잘 통했던 것 같다. 미들랜드 그랜드 호텔은 셰필드에서 온 날붙이 상인, 웨스트 라이딩에서 온 양털 상인, 클라이드사이드에서 온 조선업자 사이에 명소로 자리 잡았다. 호텔은 시설을 부단히 개선하며 고객을 유치했다. 1880년대에는 전기 조명이 설치되었다. 투숙객들이 마차 소음에 대해 항의하자 나무 블록 사이사이에 고무를 대는 방식으로 길을 다시 포장하도록 호텔에서 공사비를 댔다. 1899년에는 런던 최초의 회전문 중 하나가 설치되었다. (나중에 개장한 사보이 호텔과는 달리) 욕실 딸린 객실이 턱없이 적었음에도 미들랜드 그랜드 호텔은 1차 대전 때까지 계속 번창했다.

그러던 1918년 2월 17일, 대성당처럼 천장이 둥근 역 매표소가 독일 공군에 폭격당했다. 이 폭발로 20명이 죽고 많은 부상자가 발생했다. 그러나 진짜 재난은 1921년에 시작되었다. 시대와 상황이 점점 빡빡해지고 있었다. 철도 국유화에 이은 경영 합리화로 세인트팬크라스역이 담당하던 지역(글래스고, 맨체스터, 셰필드, 리즈, 노팅엄)을 유스턴 역에서도 전부 갈 수 있게 되었다. 호텔을 찾는 발길이 뜸해지기 시작했다. '그랜드'했던 분위기는 흔적 없이 사라졌다. 1930년경이면 분위기가 얼마나 어수선해졌는지 오스트레일리아에서 온 크리켓 선수단 중 한 명이 가방을 도둑맞는 사건도 있었다. 화가 폴 내시는 1930년대 초 어느 저녁, 라디오마저 고장 나서 조용하기 짝이 없는 호텔에 앉아 "지금까지 마셔 본 것 중 가장 역한 커피"를 마셨다.

'런던 미들랜드 앤드 스코틀랜드 철도'의 사장 조샤 스탬프는 궁리 끝에 저 걸출한 건축물을 철거하기로 했다. 이 호텔은 난파선이었다. 더는 시장에 통하지 않는 빅토리아 시대의 허식을 떠올리게 하는 난처한 유물이었다. "이걸 부순다는 건 최상급의 반달리즘이 아니겠습니까?" 그는 한 만찬 모임에서 이렇게 물으며 동의를 구했다. 1935년, 호텔은 폐쇄되었고 명목상 그 철도 회사의 사옥이 되었다. 실제로는 유지비가 하도 많이 들어 건물 대부분이 쓰이지 않았다.

가끔 아이들이 판자로 막아 둔 문을 뚫고 들어가 카펫에 검댕이 잔뜩 낀 계단을 오르다가, 런던의 '근면'과 '관용'은 이미 그들에게 등을 돌렸는데도 여태 거만하게 도시를 내려다보고 있는 빅토리아 시대 여인들을 발견했다. 건축사가 마크 기로드는 1950년경 이 건물에 들어가서 지저분한 빈 객실을 둘러보다가 서쪽 탑 꼭대기로 올라가는 사다리를 발견했고, 그곳에 오르니 런던 일대의 장관이 펼쳐졌더라고 회상한다. 1960년대에 들어서면 서해안 간선 철도의 전력화로 인해 대부분의 열차가 유스턴 역에 도착했고, 그 결과 세인트팬크라스 역은 중요도가 떨어졌다. 1966년 영국 철도공사는 '꼭 필요한 변화'에 내각의 승인을 요청하는 운명의 편지를 보냈다.

위엄이 땅에 떨어진 노쇠한 옛 호텔은 빅토리아 시대의 저 높은 지위에서 완전히 추락해 버린 이 나라의 문화와 사회를 상징하는 은유였다. 자기확신과 물질적 풍요, 국제적 위상 면에서 계속 쇠락하기만 하는 도시의 표상이었다. 이제 런던은 근 200여 년 역사에서 처음으로 예상 밖의 실질적 인구 감소를 겪고 있었다. 1940년 이래 도시계획자들은 영국 경제가 런던에 지나치게 집중되어 있다며 부를 창출하는 동력을 다른 지역으로 분산해야 한다고 고집스럽게 주장했다. 그들은 바라던 바를 결국 이루었다. 그러나 그들이 바라던 방향대로는 아니었다.

이 이상한 작전은 런던이 제조업과 상업을 과도하게 점유하고 있다고 본 전시(戰時)의 '발로 위원회'(Barlow Commission)에서 시작되었다. 1941년, 런던 시의회는 패트릭 애버크롬비에게 도시 계획을 의뢰했고 1944년에 그 유명한 보고서가 발표되었다. 애버크롬비의 제안에는 좋은 점도 많았다. 그는 런던의 오래된 도심과 마을이 가지는 중요성과 교통망 개선의 필요성을 인정했다. 그러나 그의 주안점은 런던 인구 60만 명을 '신도시'나 '전원도시'로 옮기는 것이었다. 의도야 물론 좋았으나, 이 강제 대이동은 많은 경우 친척이나 친구와의 오랜 유대가 끊기고 도시 변두리에 매력 없는 고층 주택군이 건설되는 결과를 낳았다.

발로와 애버크롬비의 교조는 1967년까지도 영향력을 행사했던 듯하다. 그해에 '동남부 개발 의회'가 첫 보고서에서 거듭 공언한 핵심 과제는 지금 시각에서 보면 한때 제국 경제의 발전소이자 '세계의 공장'이었던 도시를 마구잡이로 공격하는 것으로만 보인다. "제조업을 이전하기 위한 전폭적이고도 지속적인 노력이 필요하며 (…) 업무 지구 개발을 계속 통제하고 가능한 모든 장려책을 동원하여 업무 중심지를 런던 밖으로 옮겨야 한다. (…) 제조업을 런던 밖으로 분산하는 것은 국가적인 중대사이다."

우리가 당시 런던의 고용 상황에 이미 벌어지고 있던 일까지 고려하면 이는 더더욱 엉뚱한 주장으로 들린다. 도시 계획자들은 런던의 부를 가져다가—꿀이라도 펴 바르듯—다른 지역에 펼쳐 놓아야 한다고 주장했다. 그러나 그들은 부두의 몰락과 전통 제조업의 쇠퇴를 예견하지 못하는 치명적인 실수를 저질렀다.

내가 태어난 해인 1964년도만 해도 런던의 부둣가는 분명 번창하고 있었다. '서인도 부두'는 설탕, 과일, 목재 유통의 중심지였고, 런던 브리지에서 하류 쪽으로 약 50킬로미터 거리에 정유소, 발전소, 냉장

창고 같은 시설과 포드사의 대거넘 공장 같은 대형 제조업체가 늘어서 있었다. 런던의 부두에는 여태도 매일 1만 1000대의 트럭과 화물차가 오갔고 6300척의 바지선에서 온갖 종류의 상품이 오르내렸다. 그러나 수면 아래 런던항의 실상은 마냥 좋지만은 않았다.

런던의 부두는 노조 활동으로 인해 오랫동안 신음하고 있었다. 나는 고(故) 빌 디즈가 겪은 분한 일을 결코 잊지 못할 것이다. 내가 그에게 직접 듣기로는, 부두의 노동자들이 "대금을 받지 못했다"는 이유로 노르망디 상륙작전 디데이에 쓸 주정의 선적을 거부해서 병사들이 직접, 목숨의 위험을 무릅쓰고 그 일을 해야만 했다. 1947년, 부두 노동청은 경쟁 관계의 다른 항구들에서는 발견할 수 없는 강성한 계획을 도입했다. 그러나 부두의 핵심은 유연성이다. 결국에 부두가 번창하려면 국제 무역이 축소되는 것이 아니라 확장되어야 한다.

1960년대에는 컨테이너 수송의 시대가 열렸다. 이제 상품들은 높이 2.5미터, 너비 2.5미터, 길이 12미터의 금속 직육면체에 담겨 런던에 도착하기 시작했다. 이런 배들에는 각각 100제곱미터의 정박 공간이 필요했다. 뱃짐을 내리고 싣고 운반하고 창고를 관리하는 한 부대의 노동자는 필요 없었고 누가 무슨 일을 해도 되는지를 규정하는 복잡한 관할 구분을 지킬 필요도 없었다. 컨테이너를 운반할 대형 트럭을 몰 줄 아는 사람만 있으면 되었다. 런던의 오래된 부두는 곧 잡초에 뒤덮였다. 런던 도크와 세인트캐서린 도크는 부동산업자에게 팔렸고, 1981년에 이르면 빅토리아 시대에 지어진 거대한 부두들마저 끝내 폐물이 되었다. 제러미 블랙이 전후 런던 역사를 요약하며 표현한 대로 "최근 역사에서 런던이 겪은 상대적 위상의 추락은 런던 부두의 쇠퇴와 맥을 같이한다".

경제적 상황이 달라졌기에, 또한 도시 계획자들이 계속 분산을 촉구했기에 사람들은 에식스, 세인트올번스 등의 변방 소도시로 떠나기로 했다. 런던 인구는 1960년대 중반부터 쭉 매우 가파르게 감소했다. 1939년에 870만 명이었던 인구가 1951년 819만, 1961년 799만, 1971년 745만, 1981년 680만으로 줄었다. 1991년에는 689만, 1993년에는 693만이었고, 현재는 760만이다. 전쟁 전 수준으로 돌아가려면 시간이 한참 걸릴 것이다. 전통적인 고용 능력이 사라지고 안정적이었던 옛 지역 공동체가 와해된 상황에서, 당연하다면 당연하게도 범죄가—특히 1955년에서 1967년 사이에 세 배로—증가했고 1970년대 이후에도 계속 늘었다.

런던의 교통 문제에 대해서는 '외곽순환도로'를 위시한 급진적인 해법들이 주민들의 항의 속에서 강행되었다. 범죄는 늘었고 도로는 경화증에 걸렸으며 정부는 업무 지구 개발에 적대적이었고 부두는 쇠락하는 상황에서, 당연하게도 상업과 산업 시설이 런던을 탈출하기 시작했다. 그 시대에는 '영국병'(British disease)만 있었던 게 아니다. '런던 인자'(London factor)라는 것도 있어, 바로 그 둘이 투자와 성장을 억제하는 주요인으로 꼽혔다. 나는 1970년대에 런던에서 어린 시절을 보냈고 지금도 그때를 기억한다. 물론 좋았던 기억도 있다. 2페니면 아이스크림콘이나 얼음과자를 사 먹을 수 있었고 공원이나 수로 옆에서 다른 아이들과 놀았다. (그리고 싸울 때는 칼이 아니라 주먹을 썼다.) 우리는 초퍼사(社)의 자전거로 개똥(그 시절엔 이상하게 흰색이었다)을 이리저리 피해 달렸고, 이블 크니블의 오토바이 점프를 따라 하겠다고 널빤지를 얹은 우유 상자 위를 뛰어넘기도 했다.

그러나 나는 만성이 된 경제적 위기감 또한 기억한다. 전깃불이 가물가물 오락가락했고, 정부와 노조는 무의미한 전쟁을 치렀다. 난 어느 캄캄한 오후에 우리 집의 르노 4 뒷좌석에 앉아 킹스 크로스를 지나다가 미들랜드 그랜드 호텔이 트란실바니아의 괴괴한 고성처럼 서 있는 모습을 올려다보고 저게 뭐냐고 물었다.

아, 저건 빅토리아조 건물이지, 라고 누가 못마땅하다는 듯 알려 주었다. 그 시절에 '빅토리아조' 하면 고루하고 우습고 한물갔다는 뜻이었다. 그때 그 안에 들어가 보았더라면 마크 기로드가 그 20년 전에 들어갔을 때보다도 더 짠한 모습을 발견했을 것이다. 카펫은 삭고 페인트는 벗겨졌다. 마루가 바닥에서 튀어나와 있고 문은 경첩에서 빠져 있었다. 이제는 '영국 철도'가 쓰고 있던 객실 몇 개는 샹들리에 대신 길쭉한 형광등이 달려 있고 벽의 페인트는 초등학교나 정신병원에서 자주 쓰는 수수한 녹색으로 다시 칠했다.

영국 철도에서 이 건물을 매입할 사람은 아무도 없었다. 시인 존 베처먼 등이 나서서 건물 철거를 막아냈지만—1급 유적으로 등재시키기까지 했다—별다른 쓸모가 없었고 호텔 업계에서도 전혀 수요가 없는 듯했다. 그렇게 옛 미들랜드 그랜드 호텔은 위대한 도시는 성할 때도 있지만 쇠할 때도 있음을 기억하게 하는 경고처럼 그 모퉁이에 오래도록 서 있었다.

디트로이트에 가면 1950년부터 2008년 사이에 인구가 58퍼센트나 줄어 버린 이 도시에는 한때는 호화로웠던 호텔의 폐허와 그 안의 황폐해진 무도장을 숱하게 볼 수 있다. 바그다드에 가보면 이곳이 한때는 지구상에서 가장 큰 힘과 가장 많은 인구를 자랑하는 도시였다는 사실이 믿기지 않는다. 오비디우스는 이렇게 노래했다. "트로이가 있던 자리에 이젠 곡식이 자란다."

미들랜드 그랜드 호텔은 이 특수법인에서 저 특수법인으로 줄곧 떠넘겨지는 신세였다. 그러다 1980년대 들어 드디어 무슨 일인가가 벌어졌다. 런던의 하락세가 반등하기 시작했다. 인구도 다시 서서히 늘기 시작했다. 버려졌던 부둣가 건물들이 멋진 강변 저택으로 탈바꿈했다. 분명 어떤 사람 또는 어떤 일이 런던을 되살렸다. 물론 이 현상에 대해서는 어떤 관점에서 분석하든 반론이 뒤따르기 마련이다.

BBC의 토론 프로그램 〈퀘스천 타임〉(Question Time)에서 가장 쉽게 야유당하는 방법이 무엇인가? 마거릿 대처를, 또는 1980년대의 모험 정신이나 금융업 붐을 언급하는 것이다. 대처 반대파라면 그가 총리였던 시절에 런던이 어떻게 변했든 간에 그건 결코 특별한 일이 아니었다고 지적할 게 분명하다. 뉴욕 또한 런던과 아주 흡사하게 일개 항구에서 금융업 등 서비스 산업에 의지하는 경제 도시로 부활했다고 말이다. 대처 지지파라면, 런던의 변모가 뉴욕보다 훨씬 대단했으며 이제까지 이 도시가 경험한 성장과 호황의 시기 중에서도 가장 긴 축에 드는 1980년대는 영국 정부의 적극적인 노력에서 비롯된 결과였다고 주장할 법하다.

정부는 고층 사무실에 관한 규제를 풀고 노동당의 조지 브라운이 처음 도입했던 개발 금지법을 파기했다. 그들은 1986년 '금융 빅뱅'을 추진했고 그 결과로 런던에 새로운 종류의 강력하고 거대한 금융 산업체가 형성되었다. 그들은 런던 여피들의 야성적인 충동을 해방하고 그들의 저속한 탐욕과 속물근성을 해금했다. 1996년이면 런던은 뉴욕, 도쿄와 함께 세계 최대의 금융 수도로 다시 지도에 등장했다. 프랑스와 이탈리아의 주식 거래 중 절반 및 유럽 전체의 국제적 주식 거래 중 90퍼센트가 런던에서 이루어졌다. 세계의 선박 중개 중 절반과 기업 인수합병의 절반이 런던에서 성사되었다. 시티가 성장하고 법률, 회계, 보험 등 관련 서비스 산업이 발전하면서 사무실 수요가 점점 늘었고, 부동산 가격 상승과 함께 사람들은 재개발 단지의 저렴한 매물을 찾아다니기 시작했다.

1989년, 옛 미들랜드 그랜드 호텔은 마침내 제대로 된 개발업자에게 매각되었고 이 건물을 다시 호텔로 사용하기 위한 계획이 제출되었다. 그러나 그 무렵이 되어서도 이 사업 제안은 썩 신통치 않았다. 아직 한 가지 변화가 더 일어나야만 했고, 나는 바로 이 점에 있어 대처 정부가 얼마쯤은 공을 인정받아야 한다고 본다. 그들이 캐너리 워프 부둣가에 구상한 새로운 금융 지구는 교통 인프라(도크랜드 경전철과 주빌레 라인 연장선) 덕분에 타당성을 확보했다. 나아가 대처는 영국과 프랑스 사이 해협 아래에 두 나라를 잇는 고정된 교량이 필요하다는 데 프랑수아 미테랑과 합의했고, 1996년 메이저 정부가 그 계획을 이어받아, 유럽에서 해협 터널을 통해 들어와 스트랫퍼드 역을 거쳐 세인트팬크라스 역에 이르는 고속 열차를 개통하기로 했다.

유로스타라는 새로운 철도의 등장과 역의 대대적인 보수는 옛 호텔의 경제성을 뒤바꾸었다. 수많은 열차를 유스턴 역에 빼앗기게 된 1921년의 불운은 행운으로 반전되었다. 이제 세인트팬크라스 역은 국제 연애의 무대가 되었고, 서로를 끈적하게 껴안은 거대한 커플 동상까지 가지고 있다. 이 역은 파리로 가는 관문이다. 그 덕분에 런던은 세계에서 프랑스인이 대여섯 번째로 많이 사는 도시가 되었으며 프랑스의 대통령 후보들은 런던에 건너와서 유권자들에게 지지를 호소할 정도이다.

이제 와 돌이켜 보면 20세기 중반은 미들랜드 그랜드 호텔만의 시련기가 아니라 런던의 교통 부문 투자에 있어서도 '잃어버린 몇십 년'이었다. 지하철이 부식해갔다. 빅토리아 시대에 다리들이 대거 건설된 뒤로 새로 놓인 다리는 1933년에 생긴 치스윅 브리지뿐이었고, 타워 브리지 동쪽으로는 다트퍼드 크로싱이 놓일 때까지 아무것도 새로 생기지 않았다. 런던 인구가 (영국 나머지 지역에 비해서) 비교적 빠른 속도로 회복되고 있는 지금, 우리는 그런 실수를 다시 저질러선 안 된다. 런던 교통국의 설계가들은 해크니-첼시 간에 제2의 크로스레일을 건설하여 앞으로 버밍엄과 고속 열차로 연결될 유스턴의 압력을 일부 완화할 계획이다.

이 밖에도 앞으로 노던 라인과 베이커루 라인을 런던 남부로 연장하고, 런던 동부에 새로운 교량을 놓고, 도크랜드 경전철이나 크로이던 트램링크 같은 경전철과 트램의 노선을 확장할 계획들이 있다. 그뿐만 아니라 동서로 크로스레일을 놓고, 지하철을 재정비하고, 템스강 밑에 초대형 하수도를 건설하여 조지프 배절제트의 업적을 완성하는 신빅토리아적 건설 사업들이 진행 중이다. 이 중 지하철 정비 사업은 경제적인 이유보다도 인도주의적 목표 아래 추진되고 있다. 새로운 신호 체계로 인해 운행 속도가 빨라지면 더 많은 운동에너지가 열로 변환되므로, 우리가 수용력을 늘려 증가하는 수요에 대응하지 못한다면 런던 지하철은 유럽연합 기준에서 가축 운송용으로도 부적합 판정을 받게 될 것이다.

한편, 부두의 급격한 쇠퇴는 우리에게 아주 큰 교훈 하나를 남겼다. 앞서 살펴보았듯 런던 항은 수요가 줄어서 몰락했던 게 아니다. 1970년대에는 국제 교역이 전반적으로 계속 발전하고 있었다. 사실 런던은 항구 도시로서의 지위를, 즉 펠릭스토나 로테르담 같은 중계무역 중심지 역할을 계속 유지할 수도 있었다. 문제는 인프라였다. 런던 부두는 컨테이너화를 감당하기엔 너무 작았다. 그리고 이 패배로 인해 런던의 제조업, 투자, 고용, 그리고 자기확신이 줄줄이 무너졌다.

윈스턴 처칠이 비행기라는 위험하기 짝이 없는 새로운 교통수단을 타는 취미로 아내를 경악하게 한 지 약 100년이 지났다. 이제 항공은 사업 출장만이 아니라 상품 수송에도 더없이 긴요한 수단이다. 세계 무역의 3분의 1 이상이 공중에서 이루어지고 있다. 가령 영국의 제약 산업만 해도 상품의 71퍼센트가 비행기로 수출되고 있고 그 비율이 점점 더 늘고 있다. 중국은 대다수 영국인이 이름조차 들어 보지 못한 도시들에 계속해서 공항을 신설하거나 확장하고 있다. 하지만 영국 기업들은 이 새로운 시장들과 접촉하는 데 상대적으로 불리한 입장이다. 매주 프랑크푸르트에서 중국 본토로 향하는 항공편의 총 좌석 수는 1만 7500석이다. 파리발 중국행은 1만 5000석, 암스테르담은 1만 1000석이다. 런던의 히스로 공항에서 출발하는 비행기는 주당 겨우 9000석이다. 중국과 인도 모두 미국의 GDP를 추월하리라고 예상되는 현재, 사업가들은 대륙에 비해 런던에서 미래의 메가시티로 향하기가 어렵다. 경쟁 관계에 있는 유럽 대륙의 다른 공항들에는 청두, 난징, 항저우, 샤먼, 광저우 등으로 가는 직항편이 있지만, 히스로에서는 바로 가는 방법이 없는 것이다.

이에 대한 해결책이 런던 서부의 히스로 공항을 확장하는 것은 아니라고 본다. 이미 공항의 소음으로 인해 25만 주민이 피해를 보고 있고 그게 아니라도 M4와 M25에 지옥 같은 교통 체증이 예상되기 때문이다. 그런데도 만약 어떤 몰지각한 정부가 기어이 히스로에 활주로를 하나 더 튼다 해도 여전히 암스테르담(6개), 파리(4개), 마드리드(4개)에는 미치지 못할 것이다. 이에 현재는 템스강 하구나 그 근처에 24시간 운행하고, 환경 친화적이고, 활주로가 네 개인 새로운 허브 공항을 세우는 쪽으로 점점 더 의견이 모이고 있다. 그쪽이라면 사람이 받을 악영향은 최소화할 수 있고 새 때문에 문제가 생길 일이 거의 없을 것이다.

공항 건설이 이 방향으로 추진된다면 영국의 해운업 쇠퇴로 인해 큰 타격을 입었던 (타워 브리지부터 셰피섬에 이르는) 템스 게이트웨이 지역이 재생할 것은 물론, 유럽의 상업 수도인 런던의 지위가 앞으로 더욱 강고해질 것이다. 비행기가 온실가스를 배출하는 것은 사실이다(이 점은 배도 마찬가지다). 그러나 언젠가는 훨씬 더 깨끗한 비행기가 나올 것이고, 우리는 바로 그때를 준비해야 한다.

런던이 중세에 거둔 성공은 항구와 다리 덕분이었고, 그건 무거운 짐을 옮기는 데 물이 땅보다 저항이 적기 때문이었다. 공기는 그보다도 저항이 적다. 21세기의 교통수단은 비행기이다. 런던은 항구가 너무 작아서 고생한 경험이 있다. 그렇다면 이제 공항에 대해서는 빅토리아적 정신으로 크게 생각해야 할 때이다. 비단 비즈니스 클래스를 애용하는 사업가나 중국인 관광객을 실어 나르기 위해서만이 아니라 시민 전체에게 이익이 되기 때문이다. 다른 모든 단점은 차치하더라도 현재의 규제들은 서민층의 부담을 가중한다. 런던이 아무리 아름다운 도시라 해도, 휴가를 즐길 권리는 누구에게나 있지 않은가.

우리가 프랑스로 들어가는 고속 열차를 짓는 것은 비단 대륙의 사업가가 세인트팬크라스 역의 호화 호텔에 와서 사치를 누리게 하기 위함이 아니다. 이 도시와 이 나라에 사는 수많은 사람에게 경제적 이익이 되기 때문이다.

요컨대 내가 지금까지 항공을 통한 새로운 연결망이 중요하다고 역설해 온 이유는 그것이 결국 런던 사람을 풍요롭게 하는 길이기 때문이다. 나는 모든 종류의 인프라가 가지는 어마어마한 중요성을 실감하고 있다. 만약 아울루스 플라우티우스가 그때 그 다리를 놓지 않았다면 이 도시는 존재하지도 않았을 것이다. 정복왕 윌리엄의 노르만식 요새는 앵글로색슨 사람들에게 삶의 현실—그들이 패배했다는 뼈아픈 사실—을 알려 주며 평화와 안정의 시기를 끌어냈으며 그 결과 중세에 런던이 부상할 수 있었다.

빅토리아 시대의 열차와 지하철은 런던을 세계 최초의 거대한 통근 도시로 바꾸어 놓았다. 배절제트가 설계한 제국적 규모의 하수도는 그 많은 런던 사람이 서로에게 끔찍한 질병을 옮기지 않고 함께 살아갈 수 있게 해 주었다. 오늘날의 혹독한 경제적 기후에서 그러한 역사는 미래를 위한 소중한 교훈이 된다. 물론 우리가 배워야 할 것은 그 밖에도 많다.

런던은 지난 수천 년간 재산가와 정치가 사이의 끝없는 알력을 겪었다. 그 긴장은 때로는 창조적으로, 때로는 파괴적으로 작용했지만, 어쨌든 런던은 이 도시의 역사 거의 처음부터 존재해 온 두 도시, 즉 시티 오브 런던과 시티 오브 웨스트민스터의 결합체였고 지금도 마찬가지이다.

최근 런던 사람들은 경제 위기의 책임을 물어 은행가나 그 비슷한 사람들을 비난하고 적대하고 있지만, 이는 전혀 놀라운 일이 아니다. 런던의 역사에는 이와 비슷한 이야기가 넘쳐 난다. 사람들은 부유한 상인, 특히 외국인의 성공에 늘 분개했다. 사람들은 로스차일드가를 싫어했다. 1381년에는 플랑드르 사람들과 이탈리아 은행가들을 죽였다. 이주자가 세운 도시를 통째로 파괴한 부디카의 반란에도 부자에 대한 적개심이 엿보인다고 주장할 이유가 충분하다. 그런데도 이 도시가 지금껏 훌륭하게 살아남은 것은 바로 그 갈등을 해결해야 함을 정치가들이 대체로 잘 알았기 때문이고 부자와 빈자 사이의 영원한 격차를 메우기 위해 그들이 최선을 다했기 때문이다.

런던의 역사에서 정치가들은 때때로 민중의 편에 섰다. 가령 시의원 턴지는 농민들이 다리를 건너 도시를 장악하도록 도왔다. 때로는 상인 편에 서서 왕의 특권에 맞섰으니 존 윌크스가 그 한 예이다. 제 이익만 생각해서 어리석게 행동한 상인들도 있었지만, 지혜롭게 멀리 내다보고 자선을 베풂으로써 대대로 이름을 남긴 리처드 휘팅턴 같은 은행가도 있었다. 서양 경제의 앞날을 불안해하는 사람은 런던 사람들의 이야기에서 여러모로 위안을 받고 용기를 얻을 수 있지 않을까 한다.

런던은 어떤 일을 겪고도 다시 살아난 도시이다. 학살부터 화재, 전염병, 대공습까지. 폭탄이 터진 자리에 자라난 들풀처럼, 런던 사람은 어느 자리에서나 위대하게 꽃을 피우는 능력을 가졌다. 코벤트 가든 이발사의 아들이 미술에 혁명을 일으키고 인상주의의 물결을 일으키리라고 누가 상상할 수 있었겠는가? 시드컵 기차역은 이래저래

괜찮은 장소이지만, 그 누구도 세계 최고의 로큰롤 밴드 중 하나가 그곳에서 탄생했다는 사실을 그 겉모습만으로는 즉각 떠올리지 못할 것이다.

누가 나에게 이 도시 사람들의 삶을 뒤바꾸고 그들에게 불꽃을 일으킨 것이 무엇이냐고, 단 한 마디로 대답하라고 한다면, 그건 다른 런던 사람들과 가까이 지냈다는 것이라고 하겠다. 지금까지 여러 번 역설한바, 런던은 재능의 입자가속기이다. 이 도시 최고의 인재들은 다른 인재들의 자극이 있었기에 꽃을 피웠다. 위대한 도시는 교류와 영감과 경쟁을 제공하는 법이다. 셰익스피어는 두말할 나위 없는 천재였지만, 그는 분명 말로의 『몰타의 유대인』(*Jew of Malta*)을 알고 『베니스의 상인』(*Merchant of Venice*)을 썼고 토머스 키드의 『레어 왕』(*King Leir*)을 알고 『리어왕』(*King Lear*)을 썼다.

또한 런던의 환경에는, 이 도시의 모습과 이 도시가 돌아가는 방식에는 특별한 무언가가 있다. 우리가 1700년도에 세인트폴 대성당 꼭대기에 올라갔더라면 볼 수 있었을 광경, 그러니까 여기저기 마을이 흩어져 있었을 뿐인 그때의 런던을 다시 떠올려 보노라면, 인도의 위대한 지도자 마하트마 간디가 남긴 명구가 떠오른다. "인도의 참모습은 고작 몇 개의 큰 도시가 아니라 70만 개의 작은 마을에 있다. 이 나라의 발전은 도시가 아니라 마을에서 비롯된다." 무척 낭만적이고 매력적인 생각이지만, 근래에 인도에 가 본 사람이라면 누구나 그의 말이 완전히 틀렸음을 인정할 것이다. 인도는 도시에 사는 사람이 시골에 사는 사람에 비해 더 좋은 의료와 교육을 누리고, 1인당 GDP가 높고, 탄소 배출량은 낮다. 그래서 인도에선 사람들이 도시로 몰리고 있다. 런던도 다르지 않으며, 특히 생산력은 나라 전체에 비해 약 30퍼센트가 높다. 그런데도 우리의 영혼 속 어느 부분은 아직도 간디의 말에 끌린다.

우리는 마을이라는 개념을 갈망한다. 우리가 단체로 쫓겨난 에덴을, 타락하기 전의 순수와 아름다움을 간직한 공동체를 꿈꾼다. 그러니 런던을 걸어서 둘러본다면, 이 도시가 아직도 중세 때와 똑같이 150개의 마을과 작은 도심의 집합체이며 그것들이 대중교통망으로 효과적으로 연결되어 있음을 알 수 있다.

본질적으로 도시는 익명인 채로 쾌락을 추구하고 돈을 벌기에 좋은 곳이다. 그러나 때로는 도시에 마을을 되돌려 놓아야 할 이유들이 분명히 보인다. 그래서 런던 지자체는 여러 방면에서 큰 비용을 들여 지역 공동체를 한데 모으고 도제 교육을 장려한다. 또 수천 그루의 나무를 심고 사람들에게 저 큼직한 파란 자전거—살펴보았듯 런던에서 (발명된 것은 아니라도) 개량된 기계이다—로 거리를 누비라고 권하는 등 도시의 분위기를 개선할 수 있는 온갖 종류의 사업을 추진한다.

21세기 초의 런던을 바라보노라면 이 도시의 옛사람들이 우리를 자랑스러워할 게 틀림없다는 결론을 내리지 않기가 어렵다. 여러분은 내가 이런 말을 하는 게 뻔하다고 생각할지 모르고, 또 이런 말을 하는 게 내 직업이긴 하지만, 눈부신 과거를 자랑하는 도시 앞에는 특별한 미래가 기다리고 있다는 것이 나의 믿음이다.

런던은 뉴욕, 상하이와 3자간 대화를 하기 딱 좋은 시간대에 있다. 또 언어도 딱 좋은 언어를 가졌다. 신용경색으로 인해 재앙을 겪은 뒤에도 우리는 여전히 세계에서 가장 큰 금융 산업을 유지하고 있다. 근래에는 사람들이 조금은 1381년도 풍으로 외국계 은행을 미워하고 있지만, 그들이 런던에 얼마나 많은 현금과 일자리를 가져다주는지 잊어선 안 된다. 할리우드의 영화는 소호 사람들이 편집하고 특수효과를 입힌다. 세계인이 쓰는 아이폰의 여러 앱은 쇼어디치에서 개발된다. 치스윅은 네덜란드로 자전거를 수출하고, 월섬 포레스트는 프랑스로 케이크를 수출한다. (나는 늘 "빵이 없으면 월섬스토의 케이크를 드세요"라고 말한다.) 해크니는 점점 더 많은 발레 슈즈를 중국에 수출하고 있다.

내가 일하는 사무실에서 몇백 미터 근처에 '더 샤드'(The Shard)가 완공을 눈앞에 두고 있다. 여러분이 렌조 피아노의 설계에 대해 어떻게 생각할지 몰라도, 이 건물은 유럽에서 가장 높은 사무용 건물이 될 것이다. 그러나 그보다도 대단한 것은 올림픽 파크와 런던 동부, 부둣가 등 새로 개발된 지역이고 또 배터시, 크로이든, 얼스 코트 등등 앞으로 개발될 수 있는 지역들이다.

어떻게 보면 해법은 간단해 보인다. 교육제도를 개편하고, 교통 인프라에 계속 투자하고, 적당한 가격의 주택을 더 많이 지어 공급하고, 항공 문제를 해결하고, 방음이 미비한 수십만 가구에 시설을 보완한다면, 런던은 앞으로도 영국 경제의 회복을 이끌고 세계인의 감탄을 끌어낼 것이다. 옛 런던 사람들은 지금처럼 공원과 플라타너스가 우거진 정원 도시를 건설했고, 수백만 명을 최대한 빠르고 편리하게 한데 모았다가 돌려보내는 정교한 해법을 찾아냈다. 그 많은 런던 사람 가운데 천재가 나타나 이 세상의 모습을 결정했다. 물론 나머지 대다수는 이름이 없었다.

그러나 그들은 높은 건물과 멋진 경치와 효율적인 대중교통 체계로 이루어진 이 귀중한 집합체보다도 훨씬 대단한 것을 우리에게 남겼다. 그들은 로마인들이 아주 잘 알았던 것을 창조했다. 그건 글로벌 브랜드이다. 그들이 우리에게 남긴 것은 모두가 오고 싶어 하기로 이름난 도시이다. 모두가 이곳에 와서 런던 브리지를 성큼성큼 걸으며 돈과 음식과 명성과 우정을, 인간의 심장을 빠르게 뛰게 하는 모든 것을 찾는다.

결국 런던이라는 세계적인 브랜드와 매력을 창조한 것은 2000년간 이어져 온 런던 사람들의 행렬이다. 런던이 낳은 가장 유명한 시인 겸 극작가의 표현을 빌리자면 "사람을 빼면 도시에 무엇이 있겠는가?"

감사의 글

스티븐 인우드가 없었다면 이 책을 쓸 수 있었을까 모르겠다. 그는 지금까지 런던의 역사를 다룬 책 가운데 가장 재미있고 심오할 뿐더러 단 한 권으로 끝나는 읽기 쉬운 책을 썼다. 우리는 어느 날 (모로코 요리인가로) 간단히 점심을 하고 치프사이드를 어슬렁거렸다. 그날 그가 이야기한 멋진 생각들이 나로 하여금 이 책을 쓰게 했다. 그는 나의 초고도 읽어주었다. 그러나 이 책에 쓰인 사실과 취향과 판단 등등에 어느 하나라도 잘못된 부분이 있다면 그것은 전적으로 내 책임이다. 나의 브라켄버리 초등학교 동창에게 깊은 감사의 말을 전한다.

나는 이 책을 쓰는 동안 너무나 많은 책을 들춰보았기에 그 제목이나 저자 이름을 일일이 나열하기가 불가능하다. 하지만 독자들을 위해서 내가 특별히 즐겁게 또는 흥미롭게 읽은 참고도서 몇 권을 알려드리겠다.

부디카 왕에 관해 더 알고 싶은 독자는 미란다 올드하우스그린(Miranda Aldhouse-Green)의 책을 참고하시라.

앨프레드 대왕에 관해서는 리처드 에이벌스(Richard Abels)의 책이 가장 알차고 재미있다.

존 윌크스에 대해 흥미가 생긴 사람이 있다면 당장 아서 캐시(Arthur Cash)가 쓴 전기를 구해 볼 것.

런던 박물관의 관장 잭 로먼은 내가 말도 안 되는 시간에 찾아가서 서재의 책들을 살펴보게 해 주었다. 그와 박물관 직원들에게 정말 감사드린다.

데이비드 제프콕은 이번 책에서도 온갖 것을 알려주고 고쳐주었다. 앤드루 로버츠는 처칠 장을 읽어주었다. 비키 스프랫은 여러 인물에 대해 정보를 조사해주었다. 성 마그누스 교회와 대모신에 연관성이 있는 듯하다는 사실은 대니얼 모일런이 알려주었다. 런던 경찰의 기원에 관해서는 라라 존슨이, 핑퐁에 관해서는 지나 밀러가 각각 흥미로운 단서를 제공해주었다.

조너선 와트는 책 전체에 크게 기여했으며, 특히 나에게 중세의 길드 조직과 다리 건설에 관련한 지식을 압축적으로 전수해주었다. 이번에도 나타샤 페어웨더가 내 에이전트라는 사실에 감사드린다. 무엇보다도, 대단한 열정과 지적 추친력으로 이 프로젝트를 성사시킨 발행인 수전 와트에게 고마움을 전한다.

찾아보기

[ㄱ]
개릭, 데이비드(David Garrick) 165~167
그레이스처치가(Gracechurch Street) 17, 21, 30
글로브 극장(Globe Theatre) 57, 108, 111
기번, 에드워드(Edward Gibbon) 34
길드홀(Guild Hall) 29, 89~91, 99, 103, 114, 213

[ㄷ]
대처, 마거릿(Margaret Thatcher) 24, 344, 392, 393
데인족(Dane) 47, 51, 52, 54, 58, 59, 62, 129
도드, 윌리엄(William Dodd) 160, 161, 173~175, 180~184
드라이스, 카를(Karl Drais) 256
디즈레일리, 벤저민(Benjamin Disraeli) 259~261, 273~275, 278

[ㄹ]
러스킨, 존(John Ruskin) 239
런던 대화재(Great Fire of London) 130, 133, 329
런던 브리지(London Bridge) 9, 10, 14, 15, 17, 23, 27, 31, 32, 69, 70, 78~80, 127, 128, 131, 135, 154, 218, 225, 226, 355, 388, 400
런던 타워(London Tower) 60, 61, 67, 79, 122, 202, 214, 331, 355
레이놀즈, 조슈아(Joshua Reynolds) 167, 238, 239
레인, 렘브란트 판(Rembrandt van Rijn) 235, 239
렌, 크리스토퍼(Christopher Wren) 37, 132, 133, 137, 144, 148
로랭, 클로드(Claude Lorrain) 240
로제, 파스카(Pasqua Rosee) 143
로트실트, 마이어 암셸(Mayer Amschel Rothschild) 269
론디니움(Londinium, 현 런던) 18, 26
롤로(Rollo) 61
롤링 스톤스(Rolling Stones) 356, 360, 362, 364, 367, 371, 375, 380, 382
룬덴윅(Lundenwic) 46, 48, 53
리치필드 대성당(Lichfield Cathedral) 164
린턴, 엘리자 린(Eliza Lynn Linton) 320
릴리, 피터(Peter Lely) 136

[ㅁ]
마플스, 어니스트(Ernest Marples) 259, 278
말로, 크리스토퍼(Christopher Marlowe) 116, 117, 123
매콜리(Macaulay) 176
매클라이즈, 대니얼(Daniel Maclise) 245

머시아(Mercia) 46, 48, 53

[ㅂ]
배절제트, 조지프(Joseph Bazalgette) 266, 302, 308~310, 394, 396
버러 마켓(Borough Market) 223
버비지, 제임스(James Burbage) 111, 116, 117
버크, 에드먼드(Edmand Burke) 164, 168
보일, 로버트(Robert Boyle) 137
볼링브로크, 헨리(Henry Bolingbroke) 84, 95
볼테르(Voltaire) 189, 198, 206
브럼멜, 조지 브라이언(보 브럼멜, George Brian Brummell) 227, 228, 257
브렘브르, 니컬러스(Nicholas Brembre) 84, 95
블랙프라이어스 브리지(Blackfriars Bridge) 31, 32, 155
블러드워스, 토머스(Thomas Bloodworth) 129, 130
빌링스게이트(Billingsgate) 53, 83, 99
빙켈만, 요한 요하임(Johann Joachim Winckelmann) 206

[ㅅ]
성스테파노 예배당(Saint Stephen's Chapel) 245
세인트조지스 필즈(St George's Fields) 211, 212, 217, 223, 224
세인트폴 대성당(Saint Paul's Cathedral) 37, 38, 40, 42, 76, 114, 132, 154, 164, 225, 288, 355, 398
수에토니우스 파울리누스(Gaius Suetonius Paulinus) 17, 25, 30, 64
스노, 존(John Snow) 298, 308, 309
스콧, 조지 길버트(George Gilbert Scott) 358, 385
스쿠타리(Scutari) 286, 297, 298, 307
스트랜드(Strand) 46, 55, 122, 154, 257, 265, 325
스트로, 잭(Jack Straw) 79, 81

[ㅇ]
아울루스 플라우티우스(Aulus Plautius) 23, 35, 355, 396
애버크롬비, 패트릭(Patrick Abercrombie) 388
애설버트(Aethelberht) 40, 41
애설울프(Aethelwulf) 48, 49
앤스거(Ansgar) 64, 65, 67, 68
어퍼 할리가(Upper Harley Street) 291
에딩턴(Edington) 52
에식스주(Essex) 18, 46, 389
엘리엇, T. S.(T. S. Eliot) 10, 31, 158, 162
엘리자베스 1세(Elizabeth I) 24, 105
여키스, 찰스 타이슨(Charles Tyson Yerkes) 323, 325
올덤, 앤드루 루그(Andrew Loog Oldham) 374
올드위치(Aldwych) 44, 46, 53
와일드, 조너선(Jonathan Wild) 186
워드, 존 윌리엄(John William Ward) 187
월워스, 윌리엄(William Walworth) 75, 78, 80, 95
웨스트민스터 사원(Westminster Abbey) 64, 65, 68, 85, 99, 172, 265
윌슨, 리처드(Rochard Wilson) 241
유스턴 로드(Euston Road) 384
이케니족(Iceni) 18, 20, 22, 24
인우드, 스티븐(Stephen Inwood) 133, 152, 330

[ㅈ]
재거, 믹(Mick Jagger) 362, 367, 368~371, 377
제임스 2세(James II) 131
존 오브 곤트(John of Gaunt) 72, 73, 77, 79, 96
존스, 브라이언(Brian Jones) 364, 369
존슨, 데니스(Denis Johnson) 256, 257
존슨, 벤(Ben Jonson) 116, 123

[ㅊ]
체임벌린, 네빌(Nevile Chamberlain) 329
치체스터(Chichester) 98
치프사이드(Cheapside) 18, 29, 53, 69, 94, 130

[ㅋ]
카물로두눔(Camulodunum, 현 콜체스터) 18
캔터베리 대성당(Canterbury Cathedral) 69, 93, 196
커즌스, 로버트(Robert Cozens) 241
컨스터블, 존(John Constable) 230~232, 233, 249
케네디, 조지프(Joseph Kennedy) 349
코벤트 가든(Covent Garden) 36, 44, 47, 135, 154, 169, 236, 250, 256, 365
크롬웰, 올리버(Oliver Cromwell) 97, 136, 163
크룩섕크, 조지(George Cruikshank) 251
클라우디우스(Claudius) 18, 20, 22~24, 26

[ㅌ]
타이번 처형장(Tyburn) 117
타일러, 와트(Wat Tyler) 78~80
템스가(Thames Street) 57, 76
템스강(Thames River) 15, 44, 48, 53, 60, 61, 63, 70, 99, 127, 148, 154, 168~170, 188, 208, 218, 238, 248, 253, 288, 302, 308~310, 324, 330, 395

[ㅍ]
펠더, 빌럼 판더(Willem van de Velde) 225
푸생, 니콜라(Nicolas Poussin) 235, 239, 240
피아노, 렌조(Renzo Piano) 400
피프스, 새뮤얼(Samuel Pepys) 130~132, 152
필, 로버트(Robert Peel) 185, 187

[ㅎ]
할리가(Harley Street) 246, 291
헨리 2세(Henry II) 69, 70, 119
헨리 5세(Henry V) 90, 91, 96, 98, 124
호노리우스(Honorius) 39, 43

보리스 존슨 Boris Johnson

영국 보수당의 정치인이자 저널리스트, 인기 있는 역사가이기도 하다. 이튼 칼리지를 나와 옥스퍼드 대학교에서 서양고전을 공부한 뒤, 《데일리 텔레그래프》, 《스펙테이터》 등을 거치며 저널리스트 경력을 쌓았다. 이후 보수당에 입당, 2001년부터 하원의원으로 정치 생활을 시작했다. 2008년부터 2016년까지 런던 시장을 지낸 후, 2018년 7월까지 외무부장관을 역임했다. 유럽연합(EU)의 정책이 영국의 이해와 충돌한다며 EU의 결정을 비판하는 때가 많았다. *The Dream of Rome*, *The Churchill Factor* 등 다수의 책을 썼다.

이경준

대중음악평론가. 서강대에서 영어영문학을 전공한 후 음악 관련 책을 쓰고 한국어로 옮기는 일을 하고 있다. 옮긴 책으로 『광기와 소외의 음악 혹은 핑크 플로이드로 철학하기』, 『Wish You Were Here: 핑크 플로이드의 빛과 그림자』, 『지미 헨드릭스: 록스타의 삶』 등이 있다.

오윤성

대학에서 미학과 영문학을 공부한 뒤 전문 번역가로 활동 중이다. 옮긴 책으로 『사커노믹스』, 『말 기술』, 『레너드 번스타인의 음악의 즐거움』 등이 있다.

뻔뻔하지만 납득되는
런던 위인전

보리스 존슨 지음
이경준, 오윤성 옮김

초판 1쇄 인쇄 2019년 4월 5일
초판 1쇄 발행 2019년 4월 10일

ISBN 979-11-86000-84-7 (03920)
값 20,000원

발행처 도서출판 마티
출판등록 2005년 4월 13일
등록번호 제2005-22호
발행인 정희경
편집장 박정현
편집 서성진, 조은
마케팅 최정이
디자인 오새날

주소 서울시 마포구 잔다리로 127-1, 레이즈빌딩 8층 (03997)
전화 02. 333. 3110
팩스 02. 333. 3169
이메일 matibook@naver.com
블로그 blog.naver.com/matibook
트위터 twitter.com/matibook
페이스북 facebook.com/matibooks